근대 초기 잡지와 분과학문의 형성

지은이 구장률(具壯律, Koo Jang-yul)은 연세대학교 문리대학 국어국문학과를 졸업하고 같은 학교 대학원에서 박사학위를 받았다. 현재 연세대학교 인문예술대학 조교수이다. 지식체계의 근대적 재편과정과 이어져 있는 문학의 위상 변화에 관심을 가져왔으며, 문학이 분과학문의 하나로 제도화되는 과정을 다룰 『문학지(文學知)의 성립』을 집필 중이다. 공저로는 『근대계몽기 단형서사문학 자료전집』, 『근대계몽기 문학의 재인식』, 『식민지시기 검열과 한국문화』 등이 있고, 저서로 『지식과 소설의 연대』가 있다. 그 외 다수의 논문을 발표했다.

근대 초기 잡지와 분과학문의 형성

초판 인쇄 2012년 7월 10일 **초판 발행** 2012년 7월 20일
지은이 구장률 **펴낸이** 공홍 **펴낸곳** 케포이북스
출판등록 제22-3210호 **주소** 서울시 서초구 서초동 1599-2 엘지에클라트 302호
전화 02-521-7840 **팩스** 02-6442-7840 **전자우편** kephoibooks@korea.com

값 30,000원

ISBN 978-89-94519-26-5 93010

근대 초기 잡지와 분과학문의 형성

The Formation of Science in the modern Korean Magazine : 1896~1910

구장률

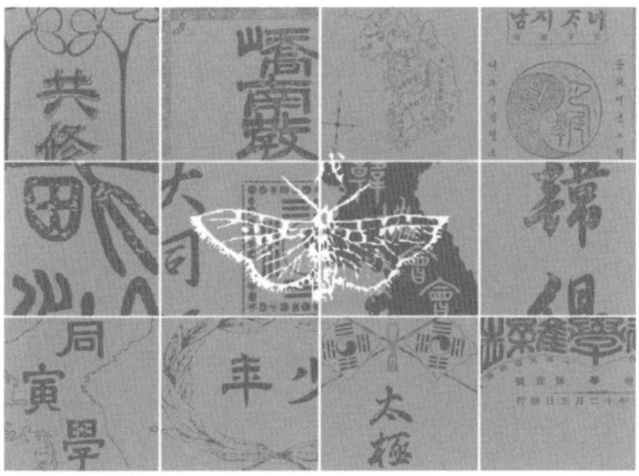

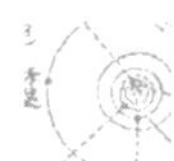

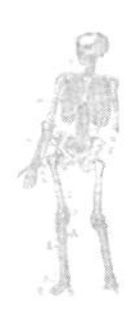

케포이북스
KEPHOIBOOKS

책머리에

근자에 학문 내지 지식의 방향성을 놓고 통섭이나 융합과 같은 말들이 유행하고 있다. 이 말들은 지향점이 아니라 이미 실현되고 있는 현실의 한 국면이다. 분과학문들 사이의 대화가 필요하다는 주장은 연구자 집단 내부에서 오래 전부터 제기되었다. 분업화된 학문 연구가 결국 학문 그 자체와 연구자의 자기소외를 가져온다는 위기감, 그리고 무엇보다 쪼개어진 학문들이 연대할 때 새로운 학적 대상을 발견할 수 있으리라는 기대가 주요했다. '새로운'보다는 '근본적'이라는 표현이 더 적합하겠다. 통섭에 대한 시도는 단순히 이전에 없던 연구영역을 찾겠다는 의도가 아니라 인간과 세계에 대한 진실에 좀 더 다가가기 위한 노력이기 때문이다. 에드워드 윌슨의 말을 빌자면 진리의 행보는 우리가 애써 만들어 놓은 학문의 경계를 존중해주지 않는다.

국가기관과 대학의 행정당국은 학제간 연구가 새로운 성장동력이 될 것이라 확신하면서 지난 수년 동안 인센티브를 부여해왔다. 연구자들이 자신의 전공을 넘어서 기계적 결합이 아닌 화학적 연대를 실현하려면, 그래서 새로운 질문을 구성하고 방법론을 창안하려면 성찰의 시간이 필요하다. 하지만 성과사회는 그런 느릿느릿한 움직임을 허용하지 않는다. 현실적인 여러 어려움에도 불구하고 학제간 연구는 연구자들의 요구와 사회적 기제들의 자극 속에서 적지 않은 성과를 산출했다. 과거에 수행하기 어려웠던 대규모 프로젝트가 진행되고 있으며, 연구자들의 네트워크는 재구축되었다. 다양한 전공의 연구자들이 힘을 합치지 않으면 해결할 수 없는 흥미로운 아젠다를 학문 전 영역에 걸쳐 탐구하고 있는데, 때로는 이 성과들이 고착화된 교육 현장에 어떻게 적용될 수 있을지 고민이 될 정도로 연구 풍토 전반이 빠르게 바뀌어가고 있다.

그러나 학문 간의 융합과 통섭이 지식체계의 변동을 가져오고 있음을 실감하는 가운데 떨치기 어려운 부채감은 여전히 남아있다. 근대에 접어들면서 일어난 학문의 구조 변화, 우리 자신이 전공이라고 부르는 각 분과학문들의 역사가 과연 학술사의 수준에서 어느 정도 해명되었는지 자문하게 되기 때문이다. 새로운 학문 경향을 만들어가는 것도 중요하지만 식민화와 분단을 거치면서 제도화된 한국의 특수한 학술사를 이해하고 역사적 자의식을 갖는 일 또한 중요하리라 생각한다. 즉 우리는 학문의 통섭을 생각하면서 학문의 분화과정을 재구성해야 하는 이중의 과제를 수행할 필요가 있는 것이다. 내가 알고 있는 범위에서 인문학과 사회과학은 최근 자기학문의 역사를 복원하는 작업을 시도하고 있는데, 이때 근대 초기를 좀 더 상세히 살펴볼 필요가 있을 듯하다. 지식체계의 구조변동이 일어난 시기이기 때문이다.

한국에서 전통 학문인 유학을 과학이 대체하기 시작한 시점은 근대 초기이다. 19세기 후반부터 실용학문으로서의 과학과 각종 분과학문들이 소개되기 시작했고, 1900년대 후반에 이르면 학문이 곧 과학을 의미하는 개념의 재편이 이루어진다. 동시에 30여 종의 잡지를 중심으로 현재 우리가 전공하고 있는 대부분의 분과학문들이 소개, 전유되었다. 일본과 중국을 경유하여 서구의 지적 시스템을 수용하는 가운데 폭발적으로 늘어났던 지식담론이 강제병합을 기점으로 사라졌다는 사실은 식민통치의 효과를 학술사의 측면에서 재고하게 한다. 식민지 문화전략과 교육정책은 1900년대의 학술운동을 젊은 지식인들의 기억에서 서서히 소거시켰고, 근대 학문의 내용과 형식을 특정한 형태로 주조했으며 학적 상상력의 지평을 제약했다. 현대의 연구자들은 대개 그 영향을 암묵적으로 받고 있는 바, 근대 초기는 근대의 출발점에서 근대의 외부를 상상할 수 있는 가능성을 품고 있다는 점에서 학술사적인 의미가 있는 시기이다.

이 책은 같이 출간하는 『지식과 소설의 연대』를 집필하면서 찾아보게 된 여러 자료들을 바탕으로 하고 있다. 다양한 분야의 전공자들이 모이는 학술대회나 심포지엄에 참석했을 때 근대 초기의 자료들이 충분히 알려져 있지 않다는 사실을 새삼 깨달으며 책을 준비하게 되었다. 1부에서는 근대 초기의 정황과 잡지를 통해 수용된 분과학문의 지형을 정리했다. 19세기 후반부터 1910년에 이르기까지 지식장의 변동을 크게 네 단계로 나누어 살폈고, 학문의 개념 변화와 당대인들이 생각한 과학성 및 학문분류의 체계를 검토했다. 2부에서는 크게 인문학과 자연과학으로 학문을 대별하고 당시에 발표된 각 학문별 텍스트 목록과 대표사례를 실었다. 당시 잡지들의 절반가량은 여러 도서관에 산재되어 있어 접근성이 떨어진다. 또한 국한문으로 쓴 글들이 대부분이기 때문에 다양한 전공자들이 보기에는 가독성이 좋지 못한 형편이다. 원본 확인을 거쳐 각종 분과학문을 소개한 글들을 잡지별, 학문별로 모아 목록을 작성하여 향후의 연구에 도움이 되고자 했다. 또한 대표 사례가 될 글을 뽑아 당시의 글이 가진 질감을 해치지 않는 선에서 국한문을 국문으로 바꾸어 예시하였다.

학제 간 연구가 필요한 부분에 대해 혼자 작업을 하다 보니 내용이 공소하다. 다만 한국의 학술사 연구에서 근대 초기를 돌아볼 때 거친 약도라도 되기를 바랄 뿐이다.

2012년 여름 梅芝에서

구장률

차례

〈표〉 차례

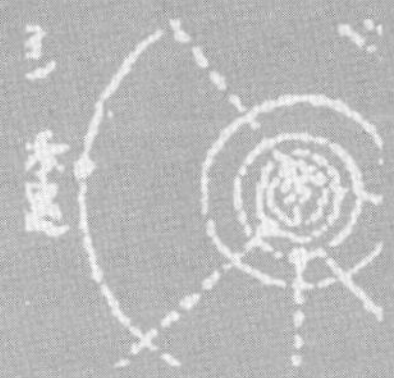

1부

근대 초기 잡지와 분과학문의 형성

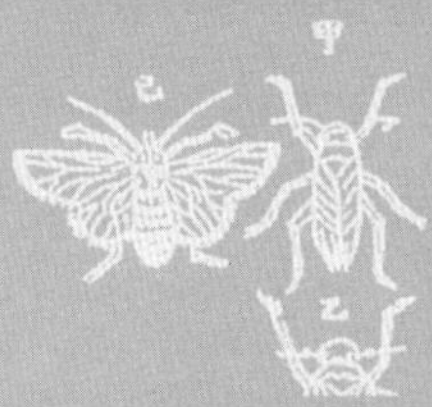

1장_근대 초기 지식장(知識場)의 변동

한국의 근대 학문은 언제 시작되었을까? 근대 학문이란, 다시 말해 학문의 근대성이란 무엇인가? 이러한 질문에 답하기 위해서는 지식체계의 구조변동이 일어나게 된 역사적 정황과 경위, 전통학문과 구별되는 근대 학문의 성격, 서구의 지식체계를 수용하는 가운데 탄생한 텍스트들의 분포와 지형 등을 우선 살펴볼 필요가 있을 것이다.

서구의 분과학문들은 한국이 자본주의 세계체제에 편입되는 개항(1876) 이후부터 중국과 일본을 거쳐 점진적으로 수용되었다. 근대 이전에 '학문(學問)'은 시서육예(詩書六藝)를 배우고 익히는 일을 뜻했다. 하지만 통국가적인 지식의 교통 속에서 유교적 세계관에 기초한 지식체계의 설명력이 현저히 약화되었고, 유길준의 『서유견문』을 신호탄으로 지식체계의 구조적 변동이 시작된다. 학문의 의미는 점차 '과학'으로 재편되었으며, 특히 러일전쟁이 종료되는 1905년 이후에 이르면 과학이 전통적인 앎의 체계를 대체하기 시작한다. 30여 종의 미디어가

과학의 제 영역들, 즉 국가학, 사회학, 정치학, 법률학, 경제학, 교육학, 심리학, 언어학, 지리학, 물리학, 공학, 동물학, 식물학, 광물학과 같은 분과학문들을 앞 다투어 소개했다. 일본의 보호국이 되는 시점부터 제국의 지식체계가 급격히 유입, 확산되었던 것이다. 그 결과 우주의 보편질서를 인간 삶에서 실천적으로 구현하고자 했던 유학(儒學)은 근대적 합리성과 자본주의 세계질서에 맞서 더 이상 헤게모니를 유지할 수 없었다.

이러한 변화는 한국의 근대 초기에 일어났다. 여기서 '근대 초기'는 개항 이후부터 1910년 강제병합까지를 가리킨다. '개화기'나 '근대계몽기'같은 용어 대신 '근대 초기'라는 말을 사용한 이유는 강제병합이나 해방과 같은 역사적 분절점 또한 '근대성'이라는 지평에서 사고할 필요가 있음을 강조하기 위해서이다.[1] 미완의 근대가 시작되고 지속된다는 점에서 시대적 특성을 규정하는 용어보다 '근대 초기'가 더 적합하다고 판단했다. 조공체제가 붕괴되고 조선이 만국공법체제에 진입하는 시점에서 과거로는 결코 회귀할 수 없는 분기점을 지나 '역사적 근대'[2]로 이행하게 된다. 앎의 역사를 기준으로 보았을 때 우리는 근대 초기를 크게 네 단계로 나누어 살필 수 있다.

첫 번째 단계는 개항 이후부터 1896년까지는 관(官) 주도의 지식 근

---

1 '개화기' · '계몽기' · '애국계몽기' · '근대전환기' · '근대계몽기' 등의 명칭과 관련된 시기 설정에 대한 논의로는 다음의 연구들을 참조할 수 있다. 김교봉, 설성경, 『근대전환기 소설연구』, 국학자료원, 1991; 임형택, 「20세기 초 신구학의 교체와 실학」, 『민족문학사연구』 9호, 1996; 최원식, 「1910년대 친일문학과 근대성」, 『민족문학사연구』 14호, 1999; 고미숙, 「근대계몽기, 그 생성과 변이의 공간에 대한 몇 가지 단상」, 『민족문학사연구』 14호, 1999; 권보드래, 『한국 근대소설의 기원』, 소명출판, 2000 참조.

2 이매뉴얼 월러스틴, 나종일 · 백영경 역, 『역사적 자본주의, 자본주의 문명』, 창작과비평, 1993 참조.

대화가 이루어진 시기이다. 개항 이후부터 아관파천에 의해 김홍집 내각이 붕괴되는 1896년까지 지식의 근대화는 관료집단이 주도했다.[3] 이들의 지향은 개인마다 차이가 있지만 기본적으로 실용주의적 관점에서 서양의 기술문명을 도입하는 데 초점을 두었다. 수학·물리·화학과 같은 자연과학 중심의 신학문을 가르쳐야 한다는 입장이 공적으로 제기되었고, 개화관료들이 설립한 근대식 학교에서 실제 그러한 학문들을 교수한 바 있다. 그러나 관료집단이 추진한 지식 근대화는 국체의 보존과 문명국 진입을 위해 실제 생활에 유용한 지식을 받아들이고 교육해야 한다는 현실적 필요성에 주안점을 두고 있었다. '동문학(同文學, 1883)', '육영공원(育英公院, 1886)', '경학원(經學院, 1887)'의 교육과정은 동도(東道)를 근간으로 삼아 서기(西器)를 부수적으로 첨가하는 방식이었다.[4]

갑오개혁을 거치면서 신지식의 수용과 변용은 관과 민간의 차원으로 다변화된다. 갑오개혁을 기점으로 한 지식체계의 변동과 관련하여 우리는 특히 두 가지 측면을 주목할 수 있다. 첫째는 과거제도(科擧制度) 폐지이고, 둘째는 국가 차원의 교육제도 개편이다. 유교 윤리의 핵심은 지식인의 도덕적 자기수양을 통한 덕치(德治)를 실현하는 것이며, 과거제도를 통해 덕치의 실질적 주체인 지식인 관료들을 선발한다.[5]

---

3 신교육의 수혜를 받은 새로운 세대는 『독립신문』 발간 이후 형성된 공론장을 통해 발화할 수 있었고, 개신유학자들 또한 독립협회의 아고라를 목도하면서 신지식을 본격적으로 전유하기 시작했다. 이 외에도 서학의 흐름을 이어간 선교사들의 활동이 중요하겠지만, 시기를 1896년 이전으로 한정했을 때 근대지식의 확산과 제도화 과정에서 중심 주체는 개신관료들이었다고 볼 수 있다.

4 『한성순보』(1884.6.4 등) 및 각 학교의 교육목표와 교과과정 참조. 이에 비해 선교사들이 설립한 '배제' '경신' '이화' 등의 경우 기독교적 전인교육의 맥락에서 수학 물리 화학 음악 미술 등의 과목을 적절히 결합시키고 있었다는 점이 특징이다.

또한 과거는 경학(經學)과 사장(辭章)을 중심으로 한 지식을 시험함으로써 유학의 지배구조를 보장하는 핵심 제도이기도 하다.[6] 그러나 그 폐해는 고종 연간까지도 끊이지 않았다. 유생과 관료들이 다 같이 제도의 개선을 상소했고, 고종 역시 '과거의 폐단이 고질적이며 선비와 관리들이 이렇게 만들어 놓았다'라는 판단을 하고 있었다.[7]

제1차 갑오개혁에서 군국기무처는 '과문(科文)으로 취사(取士)하는 것은 조가(朝家)에서 정한 일이지만 공허한 문예(文藝)로 치러지므로 참된 인재를 얻기 어렵다'[8]는 취지로 국왕의 재가를 받아 1894년 7월 과거제를 폐지한다. 새로운 관리임용제도로는 보통시험과 특별시험을 두고, 각종 신식학교를 설립하여 인재를 양성하기 전에 잠정적으로 천거제(薦擧制)를 활용하는 방안을 택했다. 보통시험은 국문, 한문, 사자(寫子), 산술(算術), 내국정(內國政), 외국사정(外國事情), 내정외사(內政外事)로 고시하고, 보통시험 후 특별시험에 응시할 수 있도록 했다.[9] 과거를 폐지함으로써 국가 차원에서 지식과 언어의 혁신을 주도한 것이다.

과거 폐지가 위로부터 지식체계의 변화를 직접 촉발했다면, 교육제도 개편은 근대지식의 재생산구조를 안착시키기 위한 시도였다. 고종은 「교육입국조서(教育立國詔書)」(1895.2)[10]에서 세계의 시세를 이해하는 신민(臣民)의 양성을 위해 허명(虛名)을 버리고 실용을 위주로 한 덕

---

5 이성무, 『한국 과거제도사』, 민음사, 1997, 564쪽 참조.
6 조좌호, 『한국과거제도사연구』, 범우사, 1996 참조.
7 『고종시대사』 2~3권, 국사편찬위원회, 1970 참조. 구체적인 실록의 날짜는 다음과 같다. 『고종실록』 19권 고종 19년 8월 30일, 9월 1일, 10월 15일; 21권 고종 21년 7월 17일, 8월 17일, 11월 26일; 24권 24년 8월 4일, 28권 28년 5월 21일 등.
8 『고종시대사』 3권, 512~513쪽.
9 위의 책, 521~526쪽 참조.
10 官報, 開國五百四年二月初二日(1895.2.2).

양(德養)·체양(體樣)·지양(智養)의 교육을 실시할 것을 선포했다. 로크와 스펜서로부터 유래한 '지덕체론'이 일본을 거쳐 새로운 교육지침으로 선택되었고, 무엇보다 실용을 학제개편의 목표로 삼았다. 「교육입국조서」 선언은 「한성사범학교관제(漢城師範學校官制」(1895.4)를 필두로 새로운 교육시스템을 확립하기 위한 노력이 이어졌다. 외국어학교관제(1895.5), 성균관관제(1895.7), 소학교령(1895.7) 등이 뒤를 이어 보통교육과 고등 및 전문교육에서 학문의 변화를 견인했다.[11] 이와 같은 일련의 조치들은 기존의 실용주의 노선을 유지하되 좀 더 적극적으로 서구의 근대지식을 수용하면서 전통적 학문체계를 개편하기 위한 시도였다.[12] 학부는 외국어학교·한성사범학교·성균관을 관할하는 가운데 교과서 출판과 해외유학생 파견을 본격적으로 시행한다. 정부는 시급히 국운을 개척해야 하는 상황에서 유학생들이 가능하면 실용적 지식을 익히기를 권장했다.[13] 하지만 이러한 관 주도의 지식 근대화는 을미사변과 아관파천으로 인해 일본과 관련된 갑오개혁의 주체들이 배척됨으로써 새로운 국면을 맞이하게 된다.

두 번째 단계는 1896년에서 「대한국국제」가 반포되는 1899년까지

11 소학교의 경우 심상과(尋常科) 3년, 고등과 3년으로 편성되었다.

12 근대 초기 교육정책과 교과과정에 대한 상세한 논의로는 다음을 참조할 수 있다. 이원호, 「개화기 교육정책의 사적 연구」, 동아대 박사논문, 1982; 이해명, 『개화기 교육개혁 연구』, 을유문화사, 1991; 김성학, 「서구 교육학 도입과정 연구」, 연세대 박사논문, 1995; 함종규, 『한국교육과정개혁사』, 교육과학사, 2003; 구희진, 「한국 근대개혁기의 교육론과 교육개편」, 서울대 박사논문, 2004.

13 전문교육과정을 이수하는 유학생의 비율이 늘어난 것은 1900년대에 접어든 이후였다. 관비유학제도를 주관하던 개화파 관료들이 힘을 잃고 관비유학생이 크게 줄어듦에 따라 보통과를 이수할 유학생이 급감했다. 1890년대에 도일(渡日)해서 공부하던 이들은 가운데 일부는 급변한 시국으로 인해 귀국할 때를 늦추고 고등과에 진학하는 경우가 많았다. 연도별 유학생 수의 추이 및 전공에 관해서는 김성학의 앞의 책을 참조할 수 있다.

로, 개화관료뿐만 아니라 민(民)이 중심이 되어 근대적 정체(政體)를 모색한 시기이다. 김홍집 내각이 붕괴되고 독립협회가 결성되는 1896년부터는 근대 미디어를 통한 민간의 활동이 지식생산의 다른 큰 축을 형성했다. 1895년 『서유견문』을 기점으로 언론출판을 통한 지식의 보급은 민권의식의 신장 및 미디어의 발달과 더불어 확산되었다. 『친목회회보』(1895.2)와 『독립신문』(1896.4)이 창간되면서 공론장이 형성되고, 새로운 국가 상(像)과 개인-사회의 관계에 대한 모색이 활발하게 나타났다. 정체에 관한 논의가 개방되자 관이 주도한 교육개편에서는 볼 수 없었던 다양한 지식담론이 출현했다.[14] 『대조선독립협회보』(1896.11), 『조선그리스도인회보』(1897.2), 『그리스도신문』(1897.4), 『협성회회보』(1898.1), 『제국신문』(1898.8), 『황성신문』(1898.9) 등은 입헌군주제나 공화제 및 민권에 대한 지식을 전파하고, 신학문을 알리기 시작한 매체였다.

민간의 학교 설립도 활발해져서 갑오개혁부터 을사늑약 이전까지 200개 가까운 사립학교가 설립되었다.[15] 서울의 명문 사립은 주로 외래 문물을 일찍 접한 전현직 고위관료들이 설립했다. 흥화학교(興化學校), 우산학교(牛山學校), 광흥학교(光興學校), 시무학교(時務學校), 한성의숙(漢城義塾), 보성학교(普成學校) 등이 대표적이다. 각 학교들은 영어, 일어, 산술, 지리, 역사 등 보통교육에 해당하는 기초지식과 법률, 경제, 행정 등 전문학교 수준의 교과를 편성하기도 했다. 지방의 사립학교는 대부

14 19세기 말 창간된 미디어에 나타난 지식담론의 지형에 대해서는 이화여대 한국문화연구원이 펴낸 다음의 책들을 참조할 수 있다. 『근대계몽기 지식개념의 수용과 그 변용』, 소명출판, 2004; 『근대계몽기 지식의 발견과 사유지평의 확대』, 소명출판, 2006; 『근대계몽기 지식의 굴절과 현실적 심화』, 소명출판, 2007.

15 김영자는 『독립신문』, 『황성신문』, 『제국신문』의 기사를 참조하여 184개의 사립학교가 설립되었음을 밝혔다. 김영자, 「한말의 사립학교에 관한 연구(1)」, 『교육연구』 11, 1984.

분 지방관과 유생에 의해 설립되었고, 원산학사(元山學舍)처럼 서당이 발전한 형태가 대부분이었다. 재(齋)나 향교(鄕校)같은 전통적 교육기관의 토지와 재정을 활용했으며, 서울과 달리 지방관이나 고을 유생들이 유학적 소양이 있는 인물을 천거하는 방식으로 교사를 채용하였다.[16]

그렇다고 갑오개혁 이후부터 「대한국국제」가 반포되는 1899년에 이르는 시기에 학문의 구조변동이 본격적으로 일어났던 것은 아니다. 먼저 관립 신학교가 신지식의 창출에 얼마나 현실적인 효과를 산출했는지가 의문이다. 관립학교의 수와 수용인원이 미미했고 주로 실용을 위한 기술적 학문을 신학문으로 이해하고 학습하던 상황이었기 때문이다. 관립보통학교의 취학률은 1904년 당시 1%도 되지 않았고 예산도 부족했다.[17] 최고 고등기관이었던 성균관은 시의에 따라 본국지지나 만국사, 산술 등을 가르친다고 했으나 사서삼경 및 언해와 강목(綱目－宋元明史)이 기본 과목이었다.[18] 과거제도는 폐지되었지만 관립학교들은 동도서기(東道西器)를 위하여 『소학(小學)』으로 대표되는 수신과목을 필수로 삼았다. 소학교 교사를 양성하는 고등교육기관이었던 한성사범학교의 경우, 입학시험은 경서에 관한 한문 시험이었다. 그나마 권세가 자제들의 사청(私請)이 심하여 일반인들에게는 입학의 문턱이 극히 높았다. 교관들마저 신학문을 이단시할 정도였고, 수학 물리 화학 등에 대한 학습이 신선한 충격을 주었으나 여전히 경서 공부가

16 상기한 서울 주요 사립학교의 경우 근대 사상을 수용한 개신유학자나 유학생들이 교사로 임명되었다. 류방란, 「한국 근대교육의 등장과 발달」, 서울대 박사논문, 1994, 121~130쪽 참조.

17 노인화, 「대한제국 시기 관립학교 교육의 성격 연구」, 이화여대 박사논문, 1989, 59~62쪽.

18 유미코시 토오루, 한용진 역, 「성균관 경학과규칙」, 학부령 제2호, 1895.9.27, 『한국 근대대학의 성립과 전개』, 교육과학사, 1997, 46쪽의 원문 참조.

가장 많은 시간을 차지했다.

민간의 지식생산이 근대 국민국가와 관련된 새로운 개념과 표상을 유포한 점은 분명 혁신적이었다. 하지만 태서(泰西)의 새로운 세계와 문물을 문명론의 시각에서 소개하는 것이 중심이었고, 그러한 에너지가 학문의 구조변화로 이어지기에는 시간이 필요했다. 『서유견문』의 경우 분명 천문학이나 지리학과 같은 근대 학지의 방법론과 언술체계가 글쓰기 차원에도 영향을 미치고 있다.[19] 이러한 사례는 『친목회회보』나 『대조선독립협회보』와 같은 잡지의 글 일부에서 찾아 볼 수 있는데, 학문에 대한 인식의 근간을 바꿀 정도로 파급력이 있었다고 하기에는 무리가 있다.[20] 신문과 잡지에서는 시국에 대한 정론(政論)과 국내외의 소식이 대부분을 차지했다. 독립과 부강을 위해 '학문'의 필요성이 끊임없이 강조되었지만 신구학이 복잡하게 공존하면서 정작 조선에 적합한 학문의 상이 가시화되지 못하던 상황이었다.[21] 전현직 관리, 유생, 유지인사들이 설립한 사립학교도 유교적 전통과 배치되지 않는 선에서 '개명(開明)에 유익한 학문을 교습하고 신진계도(新進開導)에 주의한다'[22]는 추상적 원칙을 공유하는 정도였다.

---

19 근대의 문화교차상황을 직접 체험한 유길준조차 학문에 대해 여전히 『서경(書經)』에서 연원한 '이용(利用)' '후생(厚生)' '정덕(正德)'의 맥락에서 그 가치를 부여하고 있다는 사실은 이 시기의 지식담론이 전통적 학문과 근대 학문의 가교(架橋)로서 위치하고 있음을 보여준다.(유길준, 허경진 역, 『서유견문』, 서해문집, 2004, 371쪽) 계몽기 知의 장에 대한 의미 있는 지적과 『서유견문』이 갖는 특이성에 대한 분석은 다음의 연구를 참조할 수 있다. 김현주, 『한국 근대 산문의 계보학』, 소명출판, 2004; 『이광수와 문화의 기획』, 태학사, 2005.

20 이 외에도 『독립신문』이 '학문이라는 것이 다른 것이 아니라 각색 물건과 생물과 자연의 이치를 자세히 아는 것'이라 하면서 생물학을 논설란에 꽤 긴 기간 동안 게재한 예외적인 경우가 있다. 『독립신문』, 1897.6.17~7.24.

21 『독립신문』, 1896.10.10 논설 등.

22 「有崔有趙」, 『황성신문』, 1899.5.5 및 「大邱學校」, 『황성신문』, 1899.12.14.

무엇보다 새로운 학문관이나 방법론을 둘러싸고 심도 있는 논의를 벌이기에는 너무 급박하게 변화하고 있던 국내외의 정세가 문제였다. 을미사변에 이은 아관파천으로 일본과 연계된 개화관료들은 권력의 중심에서 배척당했다. 그 결과 대한제국 수립 이후 국가권력을 둘러싸고 고종과 개화관료 사이에 돌이킬 수 없는 정치적 균열이 발생하게 되는데,[23] 이는 개혁 주체 사이에 표면화되지 않고 있던 정체(政體)에 대한 이견(異見)이 표출된 것이기도 했다. 사태는 민권 개념의 확산과 더불어 독립협회와 만민공동회의 반정부활동으로 이어지지만, 1899년 만민공동회가 강제 해산되고 「대한국국제(大韓國國制)」가 반포됨으로써 일단락된다.

세 번째 단계는 1899년부터 1905년까지로 광무정권으로 인해 근대화 논의가 소강상태에 이르는 시기이다. 열강들로부터 자주권을 지키기 위해 보수적 근대화 노선을 택할 수밖에 없었다는 점을 감안하더라도 대한제국기의 황제권 강화는 그 정도가 심했다. 근대국가체제에 대한 논의가 활성화될 수 없었고, 새로운 지식담론의 생산과 수용은 수면 아래로 잠복했다.[24] 국제반포로부터 러일전쟁에 이르는 기간 동안 근대 지식의 수용과 생산이 전혀 없었던 것은 아니나 그것은 극히 미약한 수준이었다. 학부 발간 교과서 수종과 각종 서포에서 출판한 10

---

23 왕과 관료의 대립이 조선을 유지하던 지배연합의 붕괴로 이어졌다는 시각에 대해서는 김동택, 「19세기 말 근대국가 건설과정에서 나타난 정치적 균열」, 『한국정치학회보』 34집 4호, 2001.2.

24 계속되는 쿠데타와 암살모의를 겪는 가운데 특별 경찰 기구를 설치하여 준계엄 상태에서 통치하는 등 황제권에 대한 도전을 허용하지 않았던 상황에 대해서는 다음의 연구를 참조할 수 있다. 차선혜, 「대한제국기 경찰제도의 변화와 성격」, 『역사와 현실』 16, 1996; 서영희, 「광무정권의 형성과 개혁정책 추진」, 『역사와 현실』 26, 1997 등.

여 종의 서적이 단행본으로 출간된 전부였다.[25]

『황성신문』은 민(民)보다 사(士)를, 문명(文明)보다는 변통(變通)을 중시했다. 경학을 체(體)로 삼으며 신학은 용(用)으로 취하는 가운데 서구 문명을 수용할 수밖에 없음을 강조하는 선에서 유생들을 설득하고자 했다.[26] 『제국신문』은 실학을 재조명하여 신지식을 받아들이는 기틀을 마련하고자 했으나 점차 개혁의 가능성에 대해 회의적이 되어갔다. 민간의 사립학교 설립은 상당히 늘었지만 공적인 발언을 소통할 수 있는 공간이 광무정권에 의해 제한되어 있었다. 결국 근대지식의 본격적인 확산은 1905년을 지나면서 본격적으로 나타나는데, 여기에는 '제국―식민지'라는 새로운 국면이 놓여 있었다.

네 번째 단계는 1905년 후반부터 1910년까지이다. 러일전쟁이 종료되면서 조선을 둘러싼 열강의 각축이 일본의 승리로 마감되는 1905년부터는 19세기 말부터 나타나기 시작한 지식체계의 구조적 변동이 보다 광범위하게 진행되었다. 1900년대 후반에는 '지식혁명'이라 부를 만한 학문 전반의 급격한 재편이 이루어졌다. 러일전쟁은 다양한 근대적 지향들이 정형화되는 조건을 제공했다. 독립협회가 해산된 이후 위축되었던 담론 생산이 각종 신문사와 학회의 설립과 더불어 폭발적으로 늘어났고, 국민 · 민족과 같은 개념들이 현실의 요구에 따라 구체적인 의미를 획득하기 시작했다. 요컨대 독립협회와 만민공동회에서 빛

25 당시의 서적 발간에 대해서는 김봉희, 『한국 개화기 서적 문화 연구』, 이화여대 출판부, 1999 참조.

26 「論教育發達之策」, 『황성신문』, 1902.12.21 및 「警世之拘儒及新進」, 『황성신문』, 1904.4.29 논설 등. 1899년에서 1904년에 이르는 황성신문의 논조에 대해서는 길진숙, 「문명의 재구성 그리고 동양 전통 담론의 재해석」, 『근대계몽기 지식의 발견과 사유지평의 확대』, 소명출판, 2006 참조.

을 발한 후 가능성의 영역에 잠복해 있던 근대성 논의가 러일전쟁과 연동하여 벌어진 일련의 사태들과 더불어 특정한 방향으로 응고되기 시작했던 것이다.

전과 비교할 때 을사늑약 이후의 지식은 그 성격·수용경로·제도화의 방식 등에서 큰 차이를 보인다. 역설적이게도 독립협회 해산 이후 광무정권의 통제 하에 놓였던 근대화 담론은 을사늑약으로 인해 반(半)자율적인 조건에 놓였다. 통감부는 1907년 체결된 '한일신협정'에 따라 다와라 마고이찌(俵孫一)가 학부 차관으로 부임한 이후 '사립학교를 대폭 줄여 조선인들의 보통교육 기회를 차단하고 중등교육 및 실업·기술교육을 실시하지 않음'[27]으로써 지적 저열화를 기도하는 우민화정책을 실시했다. 동시에 '한일관계 및 양국의 친교를 저해하거나 우국심 혹은 배일사상을 고취'[28]하지 않는다면 언론출판활동에 대해 용인하는 전략을 취했다. 이러한 불균형은 오히려 식민지 민간학(民間學)이 활성화되는 요인 가운데 하나가 되었다.

을사늑약으로부터 강제병합에 이르는 약 5년 사이에 구축된 지식담론은 일단 그 양과 다양함에서 이전을 압도한다. 국내에서 한국인에 의해 창간된 미디어만 해도 신문이 13종, 학회지와 잡지가 40여 종이고 성격 또한 다양하다. 단행본의 경우 1906년 단 한 해 동안 출간된 수가 1900~1904년 사이에 출판된 서적의 3배를 넘는다.[29] 담론생산주체도 다양해져서 사상적 배경·이념적 편차·출신지역·수학(修學)경험 등

27 문정창, 『군국일본조선강점30년사』 상, 백문당, 1969, 197쪽에서 재인용.
28 『대한매일신보』, 1909.3.13 잡보.
29 함동주, 「1900년대 초반 단행본과 교과서 텍스트에 나타난 사회담론의 형성」, 『근대계몽기 지식의 발견과 사유지평의 확대』, 소명출판, 2006, 140~142쪽 표1 참조.

에 따라 세분화되는 경향을 보이며, 특히 만민공동회 해산 이후 조선에 발을 붙일 수 없었던 유학생들이 전면에 등장하기 시작한다.

1900년대 후반은 한국 근현대사를 통틀어 지식담론에서 '비동시성의 동시성'[30]을 가장 선명하게 확인할 수 있는 시기다. 19세기 후반부터 축적된 에너지가 일본과 중국을 경유한 서구의 분과학문과 격렬하게 화학반응하면서 그 어느 때보다 다채롭고 불균등한 스펙트럼을 그리기 때문이다. 이러한 지적 시스템의 전환은 결국 전통 학문인 유학을 근대의 분과학문이 대체하는 형국으로 전개되었다. 과연 신학(新學)이 가진 무엇이 그토록 오랫동안 지속된 유학을 구학(舊學)으로 강등시켰을까. 핵심은 당대의 지식인들이 신학문의 특성을 무엇으로 파악했고, 학문의 근대성을 구축해가는 과정일 것이다. 이는 학문을 개념화하고 분류하는 방법과 연결되어 있다.

30 '비동시성의 동시성'에 대해서는 라인하르트 코젤렉, 한철 역, 『지나간 미래』, 문학동네, 1998 참조.

2장_과학으로서의 학문과 분류의 체계

인간과 세계를 이해할 때 관계성을 중시하는 동아시아와 달리, 서양은 모든 사물들을 개별적으로 독립된 개체로 보고 각각의 개체들을 공통된 속성을 가진 것끼리 분류하며 분석하는 인식의 방법을 발전시켰다.[1] 그 결과 16~17세기에 이르러 갈릴레이 · 케플러 · 뉴턴 등이 주도한 과학혁명이 일어났으며, 도서관도서관 · 교과과정 · 백과사전을 삼각대로 삼는 '과학(science)'이 지식의 지배적 형식이 되었다.[2]

과학혁명 이전까지 서구의 과학은 아리스토텔레스적 과학관, 즉 우주를 하나의 거대한 생물로 간주하는 자연관을 토대로 하고 있었다. 하지만 과학혁명은 이전에 거의 사용되지 않은 수학과 실험의 방법을 학문 연구에 도입했으며, 인과론적 설명방식에 따라 우주를 하나의 거

1 리처드 니스벳, 『생각의 지도』, 김영사, 2004 참조. 주지하다시피 과학은 '나누다, 분리하다(sceadan, separate)'라는 뜻을 가지고 있다.
2 피터 버크, 박광식 역, 『지식 - 그 탄생과 유통에 관한 모든 지식』, 현실문화연구, 2006; 이언 F. 맥닐리, 리사 울버턴, 채세진 역, 『지식의 재탄생』, 살림, 2009 참조.

대한 기계로 간주하는 세계관을 구축했다. 대상의 전체적 특성을 연구하기보다는 가장 단순한 요소로 분해한 후, 다시 이를 종합하여 전체를 이해하는 분석(analysis)과 종합(synthesis)의 방법을 활용했다. 자연계뿐만 아니라 인간사회의 모든 현상을 원인과 결과의 관계로 설명하기 시작했고, 모든 변화와 운동의 과정은 인과적 연쇄의 메커니즘으로 해석되었다. 과학혁명으로 인해 장인들의 기술(art)과 실험 결과들을 학문 연구에 받아들였고, 이는 다시 과학에 추진력을 제공했다.[3]

과학혁명은 지식체계의 성격과 배치에 근본적인 변화를 가져왔다. '자연의 수학화'를 실현한 과학혁명을 진원지로 하여 '근대적 합리성'이 지식 일반의 목표이자 방법론이 되어갔기 때문이다. 학문의 영역에서 볼 때 근대적 합리성은 유사한 것들을 엄격하게 분류하고 사물들 사이에 수학적 질서를 부여하는 것을 본령으로 하는 특정한 종류의 합리성으로, 그 밖의 것들은 배제함으로써 이성의 경계를 새롭게 구획한다.[4] 이에 따라 주체와 객체의 분리가 명확히 전제되었고, 앎과 실천이 구별되었으며, 학문의 영역이 그 대상과 내용에 따라 세분화되었다. 삶의 기술(技術)이었던 인문의 영역은 고등교육기관에서 살아남기 위해서는 과학이 요구하는 기준을 충족시켜야 했으며, 자체의 대상과 방법을 갖는 연구 또는 탐구 행위인 인문학(humanities)으로 새롭게 편제되어야 했다.

동아시아의 전통에서 '학(學)'은 자체의 고유한 대상이 정해져 있지 않았다.[5] 유럽에서도 과학혁명 이전에 인간학과 자연학이 명확히 분리

---

3 김영식 편, 『근대사회와 과학』, 창작과비평사, 1989; 존 로제, 최종덕 · 정병훈 역, 『과학철학의 역사』, 한겨레, 1986 ; 김영식, 『과학혁명—근대과학의 출현과 그 배경』, 민음사, 1994 참조.

4 이진경, 『철학의 외부』, 그린비, 2006 참조.

되지 않았던 것처럼, 동아시아의 학문 전통에서 자연학은 개별 학문으로 독자적인 영역을 갖지 않았다. 학문 연구의 방법이라고 할 수 있는 '격물치지(格物致知)'는 도덕적 수양(誠意, 正心, 修身)과 이에 근거하는 사회적 실천(齊家, 治國, 平天下)을 위한 선행 조건이었다. 외부 사물에 대한 이치의 탐구, 그리고 그 결과로서 습득한 지식을 도덕적 수양과 사회적 실천에 필수적이라고 본 것이다. 앎에 이르기 위한 격물(格物)의 과정에서 '사물[物]'은 객관 존재 그 자체라기보다는 인간의 실천과 결부된 대상 즉 일[事]이며, 그렇기 때문에 사물의 이치[理]는 존재 그 자체의 법칙이라기보다 실천과의 관련 속에서 파악된 존재의 원리이자 실천의 원리[事理, 道理]이다.[6] 그리고 객관 세계의 이치에 도달하는 방법은 관찰과 실험이라기보다 경전과 사서에 담겨 있는 진의를 체득함으로써 스스로 덕을 함양하는 것이었다. '격치학(格致學)'이나 '궁리학(窮理學)'과 같은 말이 물리학과 철학을 가리키는 용어로 사용된 것은 서구의 분과학문이 수용되기 시작한 근대 초기였다. 이와 같은 동아시아 전통 학문인 유학의 특성을 이행훈은 다음과 같이 적확하게 정리하고 있다.

> 근대 이전 동아시아 유교문화권의 학문은 대체로 인간과 자연, 앎과 실천의 합일[天人合一, 知行竝進]을 목적으로 하는 것이었다. 송대에 이르러 체계화된 신유학은 태극(太極), 이기(理氣) 개념을 중심으로 인간과 사회,

5 류준필은 『논어(論語)』의 「學而時習之」 장과 그에 대한 주자학자들의 주해(註解)를 분석하면서 '학(學)'의 구체적인 주체는 상정할 수 있을지언정, '○○學'이라고 할 때의 개별 학과는 달리 '학(學)' 그 자체는 대상을 지니지 않거나 모든 것을 대상으로 삼는다고 본다. 류준필, 「『論語』 경학에서의 '學' 개념과 그 인식 층위」, 『한국한문학연구』 45, 2010.

6 김용헌, 「格物致知, 사물의 이치를 따져 보는 공부」, 『조선유학의 개념들』, 예문서원, 2002, 350쪽 및 353쪽.

우주와 자연을 연속성상에서 통일적으로 설명하였으며, 이러한 철학체계 내에서 인간학과 자연학은 미분화된 상태로 존재했다. 우주 자연의 원리는 인간을 포함한 모든 사물에도 내재한 것으로서[各具一太極, 理一分殊], 소학으로부터 대학에 이르기까지 수양과 공부의 방법은 모두 천부의 이치[性卽理]를 자각하고 실천하는 것으로 모아진다.

학문의 목적과 수행체계는 『대학』의 3강령에서 확인할 수 있다. 즉 학문 주체의 내면적 수양과 사회적 실천, 그리고 최고의 덕을 실현하는 것이 학문의 내용이며 목표로 설정된다. 유학이 추구하는 진리는 언제나 인간이 발 딛고 선 그 자리에 있었다. 일면 매우 비근하게 여겨지는 일상적 삶이 학문의 출발점이자 도달점이었으며, 이의 수행방안 역시 '親親, 仁民, 愛物'의 범주를 넘어서지 않는다. 인간 삶을 떠난 형이상학적 실체에 대한 물음이나 탐구는 관심 영역에서 배제되었다. 우주 자연의 섭리[天命]를 인식하는 것은 언제나 일상의 삶과 매개됨으로써 그 의의를 획득하였다. 이와 관련하여 『중용』의 첫 머리는 학문의 체계를 우주 자연으로부터 인간으로 이어지는 이법(理法)으로 구조화한다.[7]

유학(儒學)과 유럽의 과학은 근본적으로 다른 종류의 지(知)에 해당했다. 유학(성리학)은 이(理)와 기(氣)·태극과 음양·도(道)와 기(器)·성(性)과 정(情)·천리(天理)와 인욕(人慾)·도심(道心)과 인심(人心)·사단(四端)과 칠정(七情) 등을 통해 인간과 세계를 설명하는 형이상학적 논리체계이며, 개인의 도덕적 수양을 바탕으로 한 삶의 통합적 원리에

7 이행훈, 「학문 개념의 근대적 전환」, 『동양고전연구』 37집, 2009, 382~383쪽.

관한 학문이다. 그러나 과학은 각각의 연구대상과 방법론을 가진 분화되고 전문화된 지식이다. 또한 획득한 지식을 시험 가능한 법칙과 원리로 응축하는 체계적이고 조직화된 지식이다. 과학이라 할 수 있으려면 다른 사람들이 독립적으로 수행해도 같은 현상이 나와야 하고, 그런 현상에 대한 해석이 새로운 분석과 실험을 통해 입증되거나 반증될 수 있어야 한다.[8]

근대 초기 동아시아는 과학혁명・르네상스・계몽주의를 거치면서 구축된 유럽의 지적 시스템을 받아들여 지역과 국가에 따라 독자적인 앎의 체계와 가치관을 창출했다. 서구의 지식체계를 수용한 동아시아의 개인들은 의식적이든 무의식적이든 새로운 담론의 질서에서 통용되는 언술 규약의 영향 아래 놓였다. 그리고 전통적인 앎과 새로운 지식들 사이에 경합과 절합(節合, articulation)이 벌어지면서 개인과 지역마다 차이를 형성했다. 하지만 역사적 근대로 진입한 이후 동아시아의 어떤 개인도 국민국가를 단위로 하는 자본주의 세계체제로부터 자유로울 수 없었던 것처럼, 지식 역시 번역과 전유의 과정에서 발생한 차이를 감안하더라도 과학이라는 지평을 벗어나기 어려웠다.

유럽의 근대 학문은 과학혁명을 기점으로 하여 16~17세기부터 쪼개어지기 시작한 학문들이 각각 고유한 대상과 방법론을 가진 분과학문으로 발달・재편되면서 역사적으로 구축된 지식체계인 바, 국내에 서구의 분과학문들을 본격적으로 소개한 선례를 『서유견문』에서 찾아볼 수 있다. 유길준은 서양의 학문이 1600년대에 이르러서도 허실(虛

8 에드워드 윌슨, 최재천・장대익 역, 『통섭』, 사이언스북스, 2005, 112~113쪽 참조.

實)이 뒤섞여 이론이 분명하지 못했는데 갈릴레오와 뉴턴 같은 이들이 "실용적인 학문을 연구하고 이론을 구체적으로 증명하여, 세상 사람들의 의혹을 깨우치고 몽상을 깨뜨렸으며, 허탄한 풍속을 배척하였다"[9]고 하면서 17세기의 과학혁명에 주목한다. 그리고 농학, 의학, 산학(算學), 정치학, 법률학, 물리학(격물학), 화학, 철학, 광물학, 식물학, 동물학, 천문학, 지리학, 인체학(人體學), 고고학, 언어학, 군사학, 기계학, 종교학에 대해 간결한 설명을 시도했다.

유길준이 보기에 "서양식 학문의 주된 의도는 만물의 원리를 연구하고 그 효용을 발명하여, 우리 생활을 편리하게 돕는 데"[10] 있었다. 그런데 분과학문의 형성과 관련하여 『서유견문』이 문제적인 지점은 책 전편에 걸쳐 과학의 방법론을 세계에 대한 인식과 글쓰기의 수준에서 적용하고 있다는 사실이다. 이에 관해 김현주는 다음과 같이 분석한다.

> 서양 학문의 특성이 사물의 원리를 연구하는 데 있다고 한다면, '어떻게'라는 질문을 제기하지 않을 수 없다. 사실 '방법'이야말로 전래의 학문과 서양의 학문을 구별하는 핵심이다. 후쿠자와 유키치는 물리학을 중심으로 서구의 근대 자연과학 방법의 도입을 촉구했다. 그는, 서구의 기술 혁신은 사물의 구체적인 원리를 탐색, 분석하는 물리학의 방법이 일상생활에 적용된 결과라고 생각하였으며, 물리학 이론은 보편적 · 필연적이고 시간과 공간을 넘어 타당하며 세계와 우주를 관통하여 적용될 수 있다고 판단하였다. 이러한 관점에서 보자면, 『서유견문』의 천문 · 지리학과 정치학에 대

9 유길준, 허경진 역, 「서양학문의 내력」, 『서유견문』, 서해문집, 2004, 349쪽.
10 위의 책, 351쪽.

한 연구는 그것이 생산하는 지식 자체보다 그 지식을 생산하는 '방법'에 더 주목해야 한다. 『서유견문』은 근대 서양의 특정 학문을 수용한 데 그친 것이 아니라 그것을 통해 근대 서양의 학문적 담론 시스템의 방법과 언어, 한마디로 '규칙'을 수용하고 있기 때문이다.[11]

과학의 담론규칙, 과학의 방법론, 과학의 개별 분과학문은 『서유견문』이 집필된 19세기 말을 즈음해서 한국에 수용된다. 동시에 유학(儒學)은 과학[新學]과 대비하여 구학(舊學)으로 명명되기 시작했다.[12] 『독립신문』은 서양이 '문명하고 부강한 이유가 옛적 썩은 학문을 버리고 향기 나는 새 학문에 힘 쓴 효험'[13]이라고 하며 학문의 변통(變通)을 주장했고, 최초의 근대 잡지인 『친목회회보』는 물리학이나 경제학과 같은 분과학문을 알렸다. 이미 배재, 숭실학당과 같이 선교사들이 세운 사립학교들은 비교적 일찍부터 기초 과학을 교과과정에 반영하고 있었다. '구학이란 동아시아의 유학이고 신학은 서양의 물질학'[14]이라는 변별은 19세기 말부터 상식이 되어갔다.

전통 학문을 수학한 개신유학자들도 시의(時宜)에 적합한 신학(新學)을 배울 것을 체용(體用)의 관점에서 거듭 권고했다.[15] 개신유학자들에게 서양의 신학문은 용(用)의 측면에서 반드시 필요하지만, 문제는 그

11 김현주, 『한국 근대산문의 계보학』, 소명출판, 2004, 88쪽.

12 근대 초기 구학과 신학에 대한 당시 지식인들의 입장에 대해서는 다음의 연구를 참조할 수 있다. 이광린, 「구한말 신학과 구학과의 논쟁」, 『동방학지』 23권 24집, 1980; 이행훈, 「신구 관념의 교차와 전통 지식 체계의 변용」, 『한국철학논집』 32집, 2011.

13 「논설」, 『독립신문』, 1896.4.7.

14 박해원, 「신구학변(新舊學辨)」, 『대한학회월보』 2호, 1908.3.25, 10쪽.

15 박은식, 「舊習改良論」, 『서우』 2호, 1907.1.

것을 받아들이고 활용하는 주체[體]가 스스로를 올곧게 하는 삶의 통합적 원리였다. 이를 위해서는 시세(時世)가 아무리 변하더라도 공맹의 도를 버릴 수 없다고 판단한다. 여기서 '공맹의 서'는 주자학이라기보다 시의에 맞게 해석된 유학의 본의(本義)를 뜻한다. 유학생을 비롯한 개화론자들에게 '구학'은 보통 새로운 문명의 도래를 막는 장애물로 여겨졌지만, 개신유학자들은 온고지신(溫故知新)의 차원에서 옛 것이 다시 새롭게 거듭날 수 있는 가능성을 포기하지 않았다.

이러한 입장에서 박은식은 농학(農學), 무학(武學), 의학(醫學), 화학(化學), 격치학(格致學), 천문, 지리 등 실용학문의 중요성을 강조한 바 있다.[16] 또한 경세제민학(經世濟民學)으로서 경제학, 정치학, 법률학 등의 필요성을 주장했다.[17] 장지연은 '고루한 유림들이 신학문을 배척하는 이유가 선성(先聖)과 선사(先師)의 대도(大道)를 깨닫지 못하기 때문이며, 국가의 부강을 위해서는 수시변통(隨時變通)하여 신학문을 수용해야 한다'[18]고 보았다. 신채호 역시 한국이 쇠약해진 이유를 유교의 신앙이 그 도를 얻지 못했기 때문이며, 존화주의(尊華主義)나 완고사상(頑固思想)이야말로 유교의 적이니 유교의 진리를 확장하여 허위를 버리고 실학에 힘쓰기를 당부한다.[19] 1900년대 후반에도 일부 지식인들은 여전히 "구학이라고 폐기하고 신학이라고 거부해서는 안 된다. 동체이

---

16 「興學說」, 앞의 책, 401~402쪽.

17 박은식, 「學規新論」, 『박은식전서』 中, 단국대 동양학연구소, 1975, 24~25쪽; 박은식, 「北京報謄載後識」」, 『서우』 7호, 1907.6. 신용하는 「興學說」의 내용을 중심으로 편의상 박은식이 수용하려했던 신학문을 ① 기술과학, ② 사회과학, ③ 국학과 민족문화, ④ 체육 네 가지로 나눈다. 신용하, 『박은식의 사회사상연구』, 서울대 출판부, 1982, 50쪽.

18 장지연, 「國家貧弱之故」 續, 『대한자강회월보』 7호, 1907.1.

19 「警告儒林同胞」, 『대한매일신보』, 1908.1.16 논설. 단재신채호선생 기념사업회, 『개정판 단재신채호전집』 별집, 형설출판사, 1977, 106쪽.

용(同體異用)을 분별하되 체용상수(體用相須)의 묘(妙)를 얻어야 한다"[20]는 입장, 즉 구학의 개신(改新) 가능성을 포기하지 않았던 것이다.

전통학문에 익숙한 지식인들은 과학을 도학(道學)에 치중하는 허학(虛學)이 아닌 실사구시를 추구하는 실학(實學)으로 이해하는 경우가 많았고, 일본유학생 가운데도 그러한 사례를 드물게 찾아볼 수 있다.[21] 그럼에도 전반적으로 보아 러일전쟁 이후로 각종 분과학문을 활발하게 번역해서 알리는 가운데 학문은 곧 '과학'을 의미하게 되었다. 또한 구학(舊學)과 대비되는 신학(新學)은 구체적으로 '경제, 정치, 농학, 공학, 화학, 이학'[22]과 같은 분과학문을 지칭하는 것이 일반화되었다.

> 학식(學識)은 일정한 현상에 대하여 그 원인과 결과의 관계를 이해하고 해석하는 것인즉, 우리가 연구한 소득(所得)이라. 우주의 삼라만상(森羅萬象)에 대하여 해득(解得)한 학식의 전체를 범칭하여 학(學)이라, 혹은 과학(科學)이라 하니 과학이라는 것은 세계 각국을 열국(列國)이라 부르는 것과 같이 학(學)의 사례가 될 수 있는 여러 학문들을 말한다.[23]

> 과학이라 하는 것은 어떠한 성질을 구비한 연후에 과학이라 부를 수 있는지, 환언하면 어떠한 요건을 갖춘 연후에 과학의 요건을 만족할까 하면 다음과 같은 세 가지 조건을 구비한 후에야 실로 과학의 성질을 모두 갖추었다 하리로다. 一 관찰, 二 분류, 三 설명[24]

20 김사설(金思說), 「학문체용(學問體用)」, 『대동학회월보』 1호, 1908.2.25, 41쪽.
21 김영재, 「과학의 급무」, 『태극학보』 제20호, 1908.5.
22 究新子, 「구학과 신학의 구별」, 『서우』 1권 8호, 1909.1.
23 권보상, 「법학용어해(法學用語解)」, 『대동학회월보』 제2호, 1908.3.25, 109쪽.

근대 초기 한국에서 과학의 의미는 중층적이었다. 초기에는 구학(舊學)에 대비한 신학(新學)을 의미했으며, 사물을 정밀하게 궁구하는 태서(泰西)의 학문을 뜻하기도 했고, 성리학과 같은 형이상학을 허학(虛學)이라고 비판할 때 실학(實學)을 가리키는 말로 사용되기도 했다. 그러다 점차 1900년대 후반으로 갈수록 위 인용문처럼 어떠한 현상에 대해 인과관계를 밝힌 학식 전체, 혹은 '관찰, 분류, 설명'이라는 연구방법을 가진 학문 일반을 뜻하게 된다. 특히 서양 학문의 핵심을 '물질학'이라고 규정할 때 과학은 자연과학의 영역을 가리켰다.

근대의 학문이 바로 과학이며 관찰, 분류, 설명을 특징으로 한다는 인식은 번역의 과정에서 확립된 것이었다. 첫 번째 예문으로 든 권보상의 글은 1912년도 명치대학(明治大學) 법학과 1학년 강의록 『法學通論』[25]과 내용이 거의 유사하다. 역술이라는 표기가 없는 것으로 보아 1905년 명치대학 법과 1학년에 교외생(校外生)으로 입학했을 당시의 강의록을 원본으로 삼았던 것으로 추정된다. 두 번째 인용문인 장응진의 글은 특정 텍스트를 모본(母本)으로 하여 번역을 시도한 것은 아니지만 동경고등사범학교(東京高等師範學校)에서 공부한 내용을 바탕으로 삼고 있다. 장응진은 1906년 4월 1년급 1학기를 시작하여 1909년 3월까지 동경고등사범학교에서 수학했다.[26] 사범학교·중학교·고등여학교의 교장 및 교원을 양성하는 것을 목표로 삼았던 동경고등사범학교의 학제는, 장응진이 수학하던 당시 여느 대학들처럼 예과(豫科)·본과(本

24 장응진, 「과학론」, 『태극학보』 5호, 1906.12, 10~11쪽.
25 山田三良, 『法學通論』, 明治大學出版部, 1912.
26 「本會 春期運動」, 『대한흥학보』 제2호, 1909.4.

科)・연구과(硏究科)로 구성되어 있었다.[27] 본과는 국어한문부(國語漢文部)・영어부(英語部)・지리역사부(地理歷史部)・수물화학부(數物化學部)・박물학부(博物學部) 5개 과로 나뉘었는데 장응진이 진학했던 곳은 수리과, 즉 수물화학부였다.[28] 장응진은 언어횡단적 실천 속에서 습득한 지식을 바탕으로 「과학론」, 「심리학상으로 관찰한 언어」, 「교수와 교과에 대하여」와 같은 글을 쓸 수 있었다.[29]

1900년대 후반 주로 유학생이 중심이 되어 '학문'='과학'이라는 도식이 일반화되었고, 최남선이 1910년대에 이르러 다음과 같이 기술한 시점에서는 학문은 곧 과학이라는 인식이 지식장(知識場)에서 안착한다.

> 학(學)이란 조직된 지식(Partially unified knowledge)이란 뜻이니, 자세히 말하자면 : (제1)은 널리 관찰하야 많은 재료를 한 대 뭉쳐 그 전반에 관통되는 말만 '개괄적 지식'이오, (제2)는 그 재료를 수집배열하는 데 일정한 방법을 좇아 계통을 明正하게 하여 분류를 한 체계적 지식이오, (제3)은 정돈된 재료사실의 관계를 밝혀 그 사이에 있는 이법(理法)을 정확하게 단정하여 그 사실을 설명할 수 있는 합리적 지식이라야 하는 것이다.[30]

27 예과는 일종의 대학예비문이다. 1886년 동경대학을 제국대학으로 개칭하면서 미국보다 수준이 높고 유럽에 뒤지지 않는 대학을 만들기 위해 유럽의 학제와는 달리 일본에서는 중등학교 졸업자에게 바로 대학 입학자격을 주지 않았다. 이를 위해 만든 과정이 대학 예과로, 이후 구제(旧制) 고등학교로 변한다. 연구과는 지금의 대학원과 유사한 단계로 본과의 전공과목을 좀 더 깊이 있게 연구하는 과정이었다. 天野郁夫, 『日本の教育システム』, 東京大學出版部, 1996, 71~4쪽 참조.

28 『東京高等師範學校一覽』, 東京高等師範學, 1906. 동경고등사범학교의 학제, 교과과정, 장응진이 받은 영향 등에 대해서는 다음의 책을 참조할 수 있다. 졸저, 『지식과 소설의 연대』, 소명출판, 2012, 283~297쪽.

29 장응진, 「과학론」, 『태극학보』 제5호, 1906.12; 장응진, 「심리학상으로 관찰한 언어」, 『태극학보』 제9호, 1907.4; 장응진, 「교수와 교과에 대하야」, 『태극학보』 제15호, 1907.10.

30 최남선, 「百學名解」, 『청춘』 1호, 1914.9, 76쪽.

근대 초기에 형성된 '과학'의 용법은 지금과 크게 다르지 않다. 천정환의 지적처럼 현재 '과학'이라는 말은 크게 두 가지 의미를 갖는다. 하나는 인문'과학'이나 사회'과학' 혹은 '과학'적이라는 관형어에서처럼 근대적 학문과 동의어로 쓰이는 과학이다. 과학은 넓은 의미로 정치화되고 체계화된 이론적 지식으로서의 '학문(Wissenschaft)'을 일컫는다. 이때 학문은 주체와 인식 대상이 분리되어 있으며, 도덕이나 가치 또는 숙련 등의 실천적 지식을 배제한다. 또 다른 과학의 의미는 자연과학과 의학, 공학을 비롯한 이과(理科)지식이다.[31]

이와 같은 학문 개념의 변동에 따라 하위에 있는 다양한 분과학문을 분류하고 소개하는 시도가 나타났다. 개신유학자이면서 신학문을 알리는 데 열정적이었던 이기는 사농공상의 관념을 유지하면서 "정치학·법률학은 사(士)의 학문이요, 농상학(農桑學)·종식학(種植學)은 농(農)의 학문이요, 상무학(商務學)·경제학(經濟學)은 상(商)의 학문이요, 광학(光學)·성학(聲學)·중학(重學)·화학·기계학은 공(工)의 학문이요, 가정학·국가학·병학은 사농공상 공통의 학문"[32]이라고 분류하기도 했다. 하지만 이러한 분류가 일반적이었던 것은 아니며, 대개 학문(과학)은 '두 문화' 즉 인문학과 자연과학으로 크게 분류되었다.

장응진은 '이성을 가진 인간이 자연현상의 일정한 법칙을 연구하는 것을 자연과학 혹은 사실과학(事實科學)이라 하고, 사회생활에 필요한 규칙을 제정하거나 표준을 세운 후에 선악(善惡)·정부정(正不正)·호불호(好不好) 등의 구별을 정신상으로 판단하는 학문을 규범적 과학'[33]

31 천정환, 『대중지성의 시대』, 푸른역사, 2008, 213쪽.

32 이기(李沂), 「호남학회월보발행서(湖南學會月報發行序)」, 『호남학보』 1호, 1908.6, 2쪽.

이라고 하면서 인문학 대신 규범과학(規範科學)이라는 용어를 사용하고 있다. 자연과학에 해당하는 학문으로는 천문학, 지리학, 박물학(博物學), 물리학(物理學), 화학(化學), 심리학(心理學) 등 기타의 구별이 있다. 규범과학은 윤리학, 정치학, 미학(美學), 논리학 등을 하위 분과로 삼는다. 장응진은 이학(理學)에 대비되는 규범과학을 문학(文學)이라고 칭하기도 했다.[34]

1900년대부터 분류와 관찰, 설명의 방법을 잡지 『소년』의 편집방식으로까지 밀고나갔던 최남선은 와세다대학 역사지리과에서 수학한 경험을 바탕으로 좀 더 정밀한 분류를 시도한다. 육당은 학문을 문학과 이학으로만 나누는 것으로 만족할 수 없기 때문에 문학 내에서도 사학, 철학, 언어학, 순문학으로 분류할 필요가 있다고 한다. 나아가 철학 내에서도 순정철학・심리학・논리학・생리학・윤리학・종교학・사회학 등을 나누어 연구하고, 심리학은 다시 아동심리와 병적심리로, 논리학은 연역과 귀납 등으로 세분화될 수 있다는 것이 최남선이 그린 학문 분류의 체계였다.[35]

죽포생(竹圃生)은 조금 다른 분류법을 제시한다. 문학(혹은 철학, 규범

---

33 장응진, 「과학론」, 『태극학보』 5호, 1906.12, 10쪽.

34 1910년 이전 최남선, 홍명희, 이광수를 제외하면 문학을 지금 우리가 생각하는 예술의 한 형식, 다시 말해 순문학(純文學)으로 이해한 인물은 없었다. 이광수가 「문학의 가치」를 쓰기 이전에 문학은 이학(理學, 자연과학)에 대비되는 정신과학 내지 규범과학, 어학(語學)을 교수하는 과목, 우미주의(優美主義)를 양성하는 학문, 문과의 하위 교과 등을 뜻하는 용어였다. 류근 역술, 「교육학원리」, 『대한자강회월보』, 제6~13호, 1906, 12~1907.7; 심의성 역술, 「정치학의 국가주의」, 『대한자강회월보』 제12호, 1907.6 ; 장응진, 「교수와 교과에 대하야」, 『태극학보』 15, 1907.10; 권보상, 「법학용어해」, 『대동학회월보』, 제 2~5호, 1908.3~6; 정영택, 「교육의 목적」, 『기호흥학회월보』 제1호, 1908.8; 이응종, 「學典」, 『기호흥학회월보』 제12호, 1909.7 등.

35 최남선(崔生), 「지리학 잡기」, 『대한유학생회회보』 제2호, 1907.4.

과학, 정신과학)과 이학(자연과학, 사실과학)이라는 구분법 대신 수학(數學)을 따로 분류하고 문학과 이학을 함께 묶는 방식이다. 그에 의하면 과학에 두 가지가 있으니 하나는 형식적(形式的) 과학이고, 다른 하나는 실질적(實質的) 과학이다. 형식적 과학은 순수한 수학을 말하며, 실질적 과학은 다시 정신적 과학과 자연적 과학으로 변별된다. 정신적 과학에는 심리학, 사회학, 교육학, 윤리학, 논리학, 정치학, 법률학, 산학(算學), 경제학, 사학(史學) 등이 있다. 그리고 자연적 과학에는 물리학, 화학, 식물학, 동물학, 지리학, 생리학 등이 있다.[36]

가장 세밀한 분류를 보여준 이는 권보상이다. 권보상은 과학을 자연적 현상의 연구를 목적으로 하는 자연과학, 인류의 정신적 작용 즉 인위적 현상의 연구를 목적으로 하는 정신적 과학 둘로 나누고 다시 이를 다음처럼 세분화했다(그림이 큰 관계로 다음 페이지에 제시한다).

권보상이 100여 년 전에 보여준 학문의 분류는 당시의 자료 가운데 가장 세밀하며, 지금의 학문 분류체계와 크게 다르지 않다. 학문 개념의 변동은 분류의 체계에 대한 관심으로 이어졌고, 자연스럽게 다양한 개별 분과학문들을 소개하는 과정으로 나아갔다. 실제 근대 초기 미디어는 권보상이 제시한 분과학문 대부분을 개론의 형태로 알리고 있다. 개별 분과학문을 국민교육의 차원에서 확산시키는 역할을 했던 것은 잡지였다. 이미 현실적으로 국권을 상실한 상황에서 관(官)이 주도하여 고등지식을 전파하는 일은 불가능했으며, 통감부는 식민체제를 구축하기 위해 고등지식을 교육할 뜻이 없었다. 다만 선교사들이 세운

36 죽포생(竹圃生), 「學問硏究의 要路」, 『서북학회월보』 14호, 1909.7.1, 33쪽.

소수의 사립학교들만이 기초과학에 해당하는 교과를 가르치고 있었을 뿐이다.[37] 이러한 상황에서 개별 분과학문들은 정치단체, 학회, 유학생단체 등이 창간한 29종의 잡지들을 통해 번역, 전유된다. 따라서 근대 초기 잡지와 분과학문의 지형을 확인해 볼 필요가 있다.

37 근대 초기 민간사립학교의 학제와 교과과정에 대해서는 다음의 연구를 참조할 수 있다. 류방란, 「한국 근대교육의 등장과 발달」, 서울대 박사논문, 1995; 김기석, 『한국고등교육연구』, 교육과학사, 2008 등.

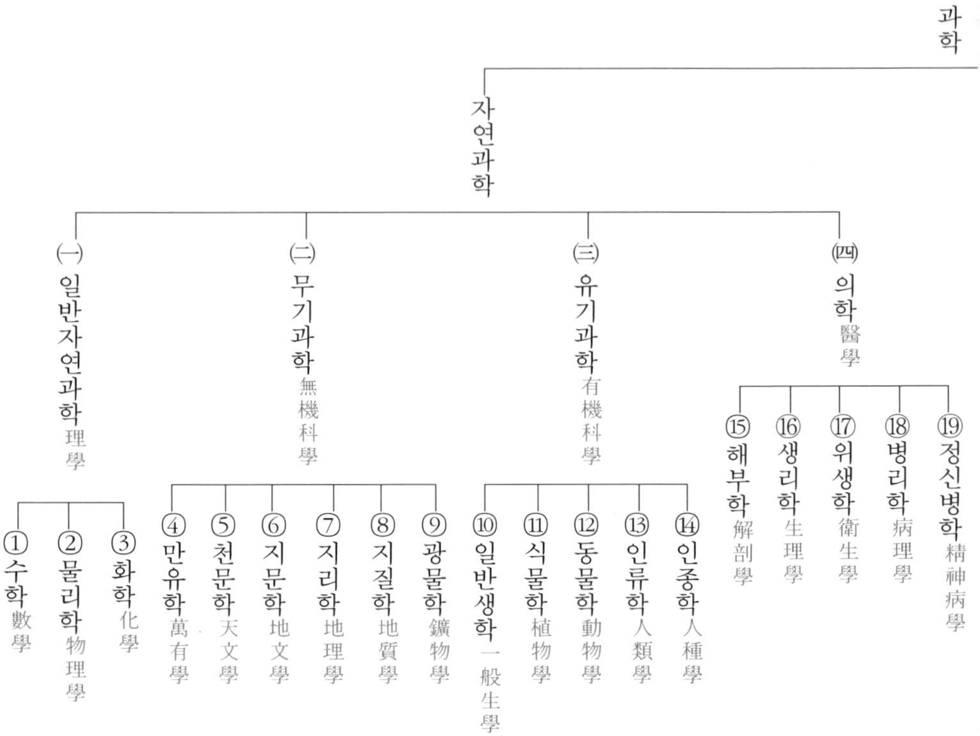

과학
자연과학
(一) 일반자연과학 理學
① 수학 數學
② 물리학 物理學
③ 화학 化學
(二) 무기과학 無機科學
④ 만유학 萬有學
⑤ 천문학 天文學
⑥ 지문학 地文學
⑦ 지리학 地理學
⑧ 지질학 地質學
⑨ 광물학 鑛物學
(三) 유기과학 有機科學
⑩ 일반생학 一般生學
⑪ 식물학 植物學
⑫ 동물학 動物學
⑬ 인류학 人類學
⑭ 인종학 人種學
(四) 의학 醫學
⑮ 해부학 解剖學
⑯ 생리학 生理學
⑰ 위생학 衛生學
⑱ 병리학 病理學
⑲ 정신병학 精神病學

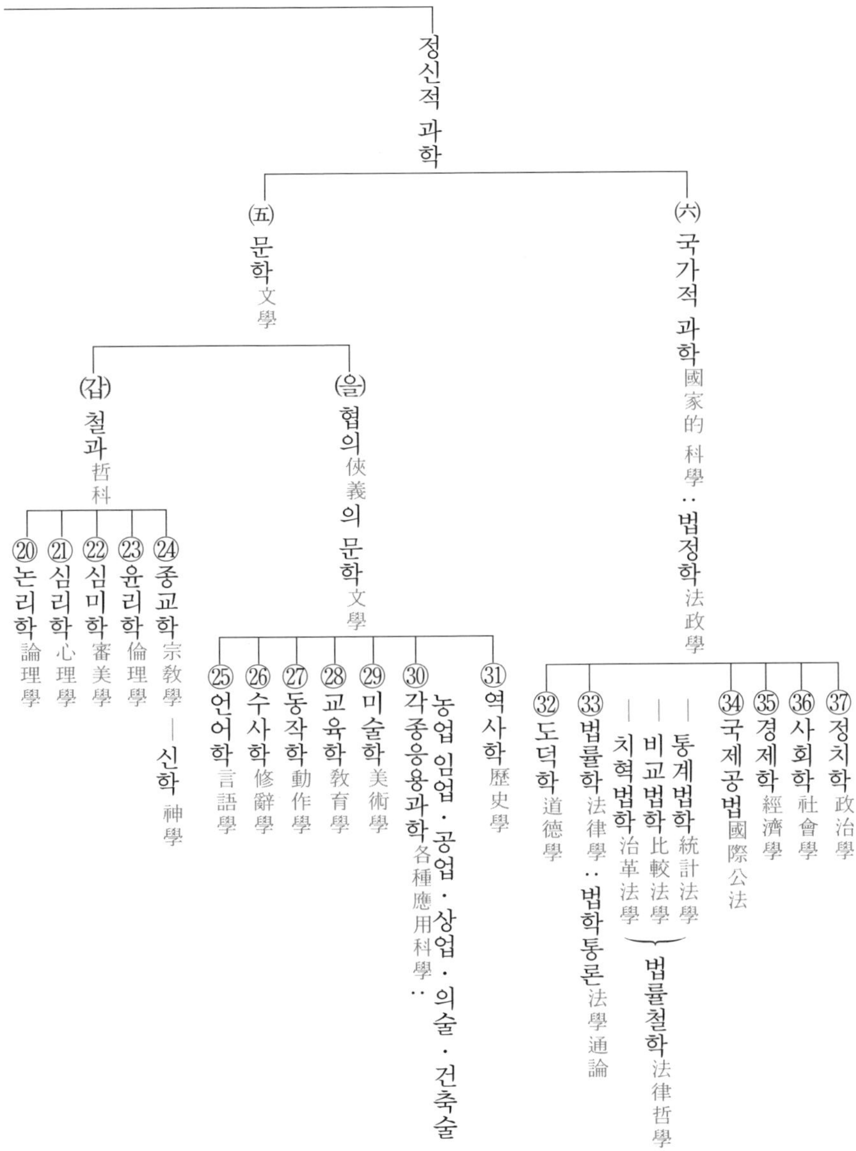
정신적 과학
(五) 문학文學
(갑) 철과哲科
⑳ 논리학論理學
㉑ 심리학心理學
㉒ 심미학審美學
㉓ 윤리학倫理學
㉔ 종교학宗敎學 — 신학神學
(을) 협의俠義의 문학文學
㉕ 언어학言語學
㉖ 수사학修辭學
㉗ 동작학動作學
㉘ 교육학敎育學
㉙ 미술학美術學
㉚ 각종응용과학各種應用科學: 농업 임업 · 공업 · 상업 · 의술 · 건축술
㉛ 역사학歷史學
(六) 국가적 과학國家的 科學: 법정학法政學
㉜ 도덕학道德學
㉝ 법률학法律學: 법학통론法學通論
— 통계법학統計法學
— 비교법학比較法學
— 치혁법학治革法學
법률철학法律哲學
㉞ 국제공법國際公法
㉟ 경제학經濟學
㊱ 사회학社會學
㊲ 정치학政治學

3장_지식과 매체, 근대 초기 잡지와 분과학문의 지형

근대 초기에 출현한 신문과 잡지가 물리적 시간의 우연한 일치에 기초하는 동시성을 일상화 했으며, 편집과 소비의 방식에서 지식의 대중화 내지 민주화에 기여했다는 사실은 잘 알려져 있다.[1] 그런데 신문과 잡지는 이와 같은 근대 미디어로서의 속성을 공유하는 한편 그 기능과 역할에서 차이점 또한 적지 않다. 특히 앎의 전달이라는 측면에서 볼 때 신문이 신속하고 간결하게 정보를 파급한다면, 잡지는 특정 주제에 대한 폭넓고 심화된 지식을 제공한다. 한기형은 지적 시스템의 근대적 전환과 관련하여 신문과 잡지의 역할 차이에 대해 "가장 현저한 것은 잡지가 신문에 비해 제도적 지식, 혹은 지식의 제도화에 보다 깊은 관심을 가졌다는 점"[2]이라고 하여 핵심을 지적한 바 있다.

1 베네딕트 앤더슨, 윤형숙 역, 『상상의 공동체』, 나남출판, 2002; 천정환, 『대중지성의 시대』, 푸른역사, 2008.

근대 초기 한국에서 발간된 신문 가운데 '특정한 대상에 대한 체계화된 지식'으로서의 '학문'을 연재한 경우로는 『독립신문』, 『만세보』, 『제국신문』 정도를 들 수 있다. 『독립신문』은 1897년 6월 17일부터 16일간 생물학에 관한 글을 연재했다. 『만세보』는 주필(主筆) 이인직의 구상에 따라 아리가 나가오(有賀長雄)의 『국가학』[3]을 번역한 「국가학」을 연재했다.[4] 『제국신문』은 1907년 5월 사장이 이종일에서 정운복으로 바뀌고 『만세보』와 『소년한반도』의 필진이 참여하면서 분과학문을 소개했다. 이때부터 『제국신문』은 「학문의 필요」라는 섹션을 따로 두고 물리학, 이학(理學), 화학, 생리, 심리, 철학, 광물학, 가정학, 윤리학, 위생학을 1면 논설란의 위치에 연재했다.[5] 이러한 예외적인 사례를 제외한다면 심화된 지식인 분과학문은 대개 신문이 아닌 잡지를 통해 생산, 유통, 소비되었다.

당대 지식인들은 문명(文明)과 부국(富國), 자기 능력의 발달을 실현하는 소프트웨어가 과학(科學)으로서의 '학문'이었다고 보았다. 그리고 관(官)이나 민간사립학교, 출판자본이 감당하지 못한 선진적이고 수준 높은 지식담론을 잡지에서 개진했다. 일본과 중국을 경유한 서구의 분과 학문이 언어횡단의 과정을 거치면서 잡지를 통해 활발하게 소개되었고, 논자들은 새로운 지식을 전유하는 가운데 잡지라는 미디어를 통해 심도 있는 사유를 개진하였다. 따라서 잡지는 한국의 근대성이 담

---

2 한기형, 「근대잡지와 근대문학 형성의 제도적 연관」, 『대동문화연구』 48집, 2004, 37쪽.
3 有賀長雄, 『國家學』, 東京 : 牧野書房, 1889.
4 「국가학」, 『만세보』, 1906.9.19~11.22.
5 『만세보』와 『제국신문』이 분과학문을 소개하게 된 경위 및 의미에 대해서는 다음의 책을 참조할 수 있다. 졸저, 『지식과 소설의 연대』, 소명출판, 2012, 110쪽 및 153쪽.

론 수준에서 구축되는 초기적 양상, 지식 체계의 근대적 재편과정, 근대 초기 지식인들의 시대정신과 현실에 대한 대응방식 등을 살피고자 할 때 무엇보다 중요한 자료라고 할 수 있다.

한국인에 의해 발간된 잡지의 역사는 『친목회회보(親睦會會報)』와 『대조선독립협회보(大朝鮮獨立協會報)』로부터 출발한다. 『친목회회보』는 한국인에 의해 만들어진 최초의 잡지로, 대조선인일본유학생친목회(大朝鮮日本留學生親睦會)가 일본 동경에서 간행했다. 1896년 2월 15일 1호를 발간하여 1898년 4월 9일까지 2년 2개월간 모두 6호를 간행했다.[6] 이름은 '회보'였지만 유학생 그룹의 소식지가 역할을 넘어서 근대지식을 전파하는 데 선구적인 역할을 했다. 『친목회회보』는 한국 근대 초기 잡지의 지향점과 성격을 집약하고 있다. 친목회를 결성한 일본유학생들은 학문을 하는 이유에 대해 문견과 지식을 넓혀 '국가정치(國家政治)의 기초(基礎)를 스스로 기약하고 문명개화의 정신과 골자를 자임하자 함'이라고 밝혔다. 이에 따라 '사방에 흩어져 살아 소식이 잘 통하지 않는' 유학생들의 소통과 친목을 두텁게 하고 '지식을 교환'하기 위해 『친목회회보』를 발간했다.[7] 『친목회회보』 이래 한국 근대 초기의 잡지는 대개 독립된 국민국가의 건설, 특정 그룹의 공적인 입장 개진과 결속 도모, 지식의 전달이라는 지향점을 공유했다.

1896년 11월 30일 창간된 『대조선독립협회보』는 한국인이 국내에서 발간한 최초의 잡지이다. 독립협회의 기관지로서 체제와 내용은

6 『친목회회보』에 대해서는 다음의 연구를 참조할 수 있다. 차배근, 『개화기 일본유학생들의 언론출판활동 연구(Ⅰ)』, 서울대 출판부, 2000.

7 「회지(會旨)」, 『친목회회보』 1호, 1986.2.

『친목회회보』에 비해 비교적 단순하고 소략한 편인데, 1897년 8월 15일에 간행된 18호가 현재 확인할 수 있는 마지막 책이다. 『한국잡지백년』[8]과 같은 잡지사(雜誌史)에서는 『죠션크리스도인회보』(1897.2)[9]와 『협성회회보』(1898.1)를 잡지로 분류한다. 하지만 논설(論說)과 기사(記事)가 중심을 차지하는 섹션의 구성 등을 염두에 둔다면 잡지라기보다 당시의 신문과 유사하다. 또한 새로운 학문을 적극적으로 소개하지 않았다.

개신유학자들이 중심이 되어 1898년에 창간한 『제국신문』과 『황성신문』이 1910년에도 꾸준히 발간되었던 반면, 종교지를 제외한 잡지는 1899년 이후 지속적으로 간행되기 어려웠다. 초기의 잡지 발행은 주로 서구의 근대문물을 접하고 본격적으로 수용하고자 했던 이들이 주도했다. 일본 유학생 · 독립협회 · 배재학당은 각각 문화 교차의 중심에 있었던 그룹, 개화를 주도한 정치세력, 근대식 교육기구를 대표한다. 그런 만큼 독립협회와 만민공동회가 강제 해산되고 「대한국국제」가 선포되는 1898년~1899년에 이르자 잡지 발간은 급속히 줄어들 수밖에 없었다. 다음의 표는 근대 초기에 한국인이 발간한 잡지의 수를 연도에 따라 통계한 것으로, 잡지의 발간과 폐간이 당시의 정세와 얼마나 긴밀한 관련이 있는지를 보여준다.[10]

---

8 최덕교 편저, 『한국잡지백년』 1, 현암사, 2004.

9 1897년 12월 8일 제1권 45호부터는 『대한크리스도인회보』로 제호가 변경된다. 『대한크리스도인회보』부터는 섹션이 분화되어 잡지의 면모를 갖추기 시작하지만 분과학문을 본격적으로 소개하지는 않았다.

10 아래의 표는 1896~1910년 사이에 발간된 잡지 가운데 분과학문을 소개한 29종을 대상으로 만든 것이다.

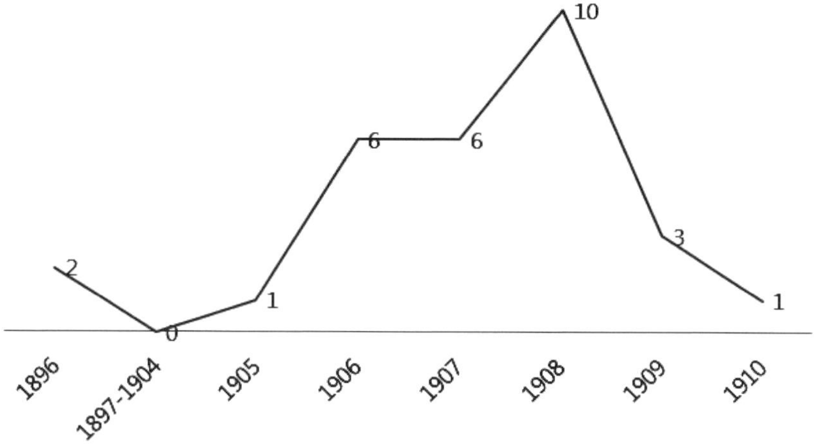

〈표 1〉 연도별 잡지 발간 변화 추이(1896-1910)

광무정권은 식산흥업과 관련된 정책과 몇 가지 개혁을 추진했지만 황제권 강화를 정책수립의 필요조건으로 삼았고, 입헌제를 바탕으로 하는 근대국민국가에 대한 모색 및 새로운 지식담론의 생산은 소강상태에 빠지게 된다. 1899년 국제반포 이후부터 을사늑약 체결 사이에 한국인이 국내에서 창간한 잡지로 『일진회회보(一進會會報)』(1904.9)가 유일하는 사실은 근대 초기의 잡지 간행이 시대적 상황에 얼마나 많은 제약을 받았는지 보여준다.

근대 초기 잡지의 역사는 1905년 후반을 넘어서면서 전기(轉機)를 맞이했다. 앞서 언급했듯이 러일전쟁 종결과 을사늑약 체결로 인해 민간의 공론 활동이 반(半)자율적인 조건에 처했기 때문이다. 광무정권의 통제력이 와해되는 한편, 일본의 지배체제가 구축되기 시작하던 단계였다. 지배 권력의 공백 내지 이행의 과정 속에서 만민공동회 해산 이후 가능성의 영역에 잠복해 있던 근대화에 관한 모색이 활발하게 전개되는데, 주권을 상실한 상황에서 독립된 국민국가를 건설하려는 고투는 교육과 언론출판활동에서 두드러졌다. 러일전쟁이 끝난 이후부터 강제병합에 이르는 기간 동안 잡지 창간이 급격히 늘어났고, 계몽운동이 가장 활발했던 1908년이 정점을 이루었다가 1909년 이후로 줄어드는 양상을 보인다. 불과 5년 동안 40여 종이나 되는 잡지가 창간되었다는 것은 당시의 문화적, 물적 조건을 감안할 때 한국 근대사에서 이례적인 일이다.

강제병합 이후에는 잡지뿐만 아니라 신문을 포함한 정기간행물이 모두 일소되었다. 초대총독 데라우치 마사타케(寺內正毅)는 도쿠토미 소호에게 언론정책과 총독부 기관지 운영을 위임했고, 도쿠토미 소호의 의견을 받아들여 「신문통일정책」을 강행한다. 조선인이 발간・운영하던 미디어만 폐간 대상이 아니었다. 일본인이 경영하던 『대한일보(大韓日報)』, 『조선신문(朝鮮新聞)』 등도 폐간되었다는 사실을 기억할 필요가 있다. 일본어 민간지로는 유일하게 『경성신보(京城新報)』가 존속했으나, 이마저 사회주의를 지향했다는 이유로 1913년 2월 폐간 당한다.[11] 애국계몽단체뿐만 아니라 일진회 등의 친일단체도 모두 해산당하면서 자체 발행하던 학회지 및 기관지들 또한 사라지게 된다.

흔히 애국계몽기로 불리는 1900년대 후반은 한국의 지성사와 학술사에서 매우 중요한 시기이다. 근대성의 실체, 근대적 정체(政體)와 학

11 박인식, 『日製の朝鮮支配における言論・政治相互關係』, 모든북, 2009, 87쪽.

문의 방향, 그것을 사고할 개념과 언어 등을 본격적이고 집단적으로 논의하기 시작했기 때문이다. 대개 새로운 학문의 내용을 번역하여 소개하는 일을 우선으로 삼는 경우가 많았으나, 신채호와 같은 경우에서 확인할 수 있듯이 전통학문을 바탕으로 서구에서 유입된 지식과 사상적인 대결을 벌이는 가운데 탈근대와 탈식민의 길을 개척한 인물들도 있었다.[12] 역사에 가정은 있을 수 없겠지만 1900년대의 흐름이 이후에도 이어질 수 있었다면 한국 근대 학문의 폭과 깊이는 훨씬 넓고 깊었을 것이다. 우리는 식민화의 과정이 폭력적으로 한국의 학술사를 왜곡시켰다는 사실을 충분히 강조할 필요가 있다.

러일전쟁 종전을 즈음하여 강제병합 전까지 창간된 잡지는 분과학문의 형식을 취하는 근대 지식의 수용과 대중화에 결정적인 역할을 했다. 일본의 보호국이 됨에 따라 관(官) 주도의 지식근대화는 기대할 수 없는 상황이었고, 근대식 민간사립학교 또한 많지 않았던 상황에서 학술지의 성격을 갖는 잡지들이 그 역할을 담당했다. 한국인이 근대 초기에 발행한 잡지는 『친목회회보』부터 『보중친목회보(普中親睦會報)』에 이르기까지 모두 41종으로 확인된다.[13] 이 가운데 원본을 확인할 수

12 신채호 사상의 탈식민성에 관해서는 다음의 연구를 참조할 수 있다. 하정일, 「급진적 근대기획과 예술의 정치화」, 『탈식민의 미학』, 소명출판, 2008; 졸고 「낭객 신채호와 정명(正名)의 문학」, 『민족문학사연구』 44, 2010.

13 41종의 잡지는 다음의 연구 내지 목록집을 통해 파악한 것이다. 국회도서관 사서국에서 만든 『한국신문 · 잡지총목록』은 1890년부터 1945년에 걸쳐 국내외에서 간행되었던 신문과 잡지의 목록을 수록하고 있다. 그 가운데 1~2부가 국내외에서 발간된 1050 여종의 잡지 목록을 제공한다. 김근수의 『한국잡지개관 및 호별목차집』은 총 468종의 잡지에 관한 목록을 수록하고 있다. 『한국잡지백년』은 1896년부터 1953년까지 출간된 잡지 368종의 목록을 제시했는데, 국회도서관과 김근수가 작성한 목록을 벗어나지 않는다. 윤정원의 「한국 근대 정기간행물에 관한 서지학적 연구」는 기존 연구와 광고 자료 등을 참조하여 가장 많은 1320여 종의 잡지 리스트를 제공하고 있다. 국회도서관사서국 편, 『한국신문 · 잡지총목록』, 국립국회도서관, 1966; 김근수 편저, 『한국잡지개관 및 호별목차집』,

있는 잡지가 34종이었고, 그 가운데 29종이 각종 분과학문들을 소개하고 있다. 『협성회회보』, 『한양보(漢陽報)』, 『동인학보(同寅學報)』, 『여자지남(女子指南)』, 『법학협회잡지(法學協會雜誌)』는 분과학문을 따로 소개하지 않았다. 이들 29종의 잡지는 모두 25종의 분과학문을 다루고 있다. 글의 내용으로 보아 구분하기가 어려운 지리학과 지문학을 분리시키고, 글의 제목과 내용이 일치하지 않는 공학(工學)을 추가한다면 모두 27종의 학문이 소개된 셈이다.[14] 29종의 잡지 제호와 각 잡지에서 소개한 분과학문을 표로 정리하면 다음과 같다.

〈표 2〉 분과학문을 소개한 근대 초기 잡지 목록(1896~1910)

잡지 제호(題號)	창간일	소개한 분과학문
친목회회보(親睦會會報)	1896년 2월 15일	교육학, 정치학, 국가학, 물리학, 경제학, 법률학
대조선독립협회회보(大朝鮮獨立協會會報)	1896년 11월 30일	법률학, 광물학, 지리학・지문학
수리학잡지(數理學雜誌)	1905년 12월 5일	수학
조양보(朝陽報)	1906년 6월 25일	교육학, 정치학
대한자강회월보(大韓自强會月報)	1906년 7월 31일	교육학, 국가학, 경제학, 법률학, 지리학・지문학, 정치학
태극학보(太極學報)	1906년 8월 24일	국가학, 과학, 위생학, 법률학, 언어학, 교육학, 수학, 지리학・지문학, 천문학, 농학, 화학, 철학, 생리학
가정잡지(家庭雜誌)	1906년 8월 25일	언어학

한국학연구소, 1973; 최덕교 편저, 『한국잡지백년』 1~3, 현암사, 2004; 윤정원, 「한국 근대 정기간행물에 대한 서지학적 연구－1889~1945」, 이화여대 석사논문, 1997.

14 상호(尙灝), 「공학(工學)」, 『소년한반도』 2~3호, 1906.12.1~1907.1.1. 이 외에 『공업계』에 도기(陶器), 목공(木工), 금공(金工)과 관련된 글이 실렸다.

소년한반도(少年韓半島)	1906년 11월 1일	교육학, 사회학, 경제학, 위생학, 지리학 · 지문학, 심리학, 물리학, 식물학, 광물학, 수학, 국가학, 동물학, 법률학, 생리학
서우(西友)	1906년 12월 1일	수학, 법률학, 국가학
야뢰(夜雷)	1907년 2월 5일	화학, 생리학, 경제학, 농학, 국가학, 광물학, 법률학
대한유학생회학보(大韓留學生會學報)	1907년 3월 3일	법률학, 지리학 · 지문학, 화학
대한구락(大韓俱樂)	1907년 4월 15일	국가학
공수학보(共修學報)	1907년 4월 30일	국가학, 지리학 · 지문학, 교육학
법정학계(法政學界)	1907년 5월 5일	법률학, 경제학, 국가학, 정치학, 사회학, 교육학
낙동친목회학보(洛東親睦會學報)	1907년 10월 30일	법률학, 교육학, 지리학 · 지문학, 국가학, 정치학, 경제학
장학보(獎學報)	1908년 1월 1일	정치학, 법률학, 위생학, 경제학, 물리학, 심리학, 철학, 과학, 생리학, 윤리학, 국가학
대한학회월보(大韓學會月報)	1908년 2월 25일	위생학, 경제학, 법률학, 물리학, 심리학, 철학, 과학, 생리학, 윤리학, 국가학
대동학회월보(大東學會月報)	1908년 2월 25일	법률학, 국가학, 경제학
대한협회회보(大韓協會會報)	1908년 4월 25일	정치학, 법률학, 국가학, 언어학
호남학보(湖南學報)	1908년 4월 25일	가정학, 국가학, 정치학, 법률학, 농학
서북학회월보(西北學會月報)	1908년 6월 1일	국가학, 교육학, 과학, 경제학, 생리학, 식물학
교육월보(敎育月報)	1908년 6월 25일	지리학 · 지문학, 수학, 물리학, 위생학
자선부인회잡지	1908년 8월 5일	지리학 · 지문학
기호흥학회월보(畿湖興學會月報)	1908년 8월 25일	생리학, 지리학 · 지문학, 정치학, 광물학, 동물학, 식물학, 경제학, 교육학, 법률학, 윤리학, 화학
소년(少年)	1908년 11월 1일	식물학, 지리학 · 지문학, 국가학
공업계(工業界)	1909년 1월 28일	화학, 물리학
대한흥학보(大韓興學報)	1909년 2월 20일	지리학 · 지문학, 삼림학, 국가학, 정치학, 문학

교남교육회잡지 (嶠南教育會雜誌)	1909년 4월 25일	지리학·지문학, 법률학, 생리학
보중친목회보 (普中親睦會報)	1910년 6월 10일	과학, 동물학, 언어학, 천문학, 지리학·지문학, 화학, 물리학, 식물학, 수학, 광물학

29종의 잡지들은 다양한 성격을 지니고 있는데 크게 여덟 가지 유형으로 변별할 수 있다. 첫째는 정치단체의 기관지이다. 『대조선독립협회보』, 『조양보』, 『대한자강회월보』, 『대한협회회보』가 여기에 속한다. 둘째는 학회기관지로 발간된 잡지들이다. 『서우』, 『서북학회월보』, 『호남학보』, 『대한학회월보』, 『대동학회월보』, 『기호흥학회월보』가 여기에 해당한다. 셋째는 일본유학생단체 기관지들이다. 『친목회회보』, 『태극학보』, 『대한유학생회학보』, 『낙동친목회회보』, 『대한흥학보』가 유학생단체 잡지의 계보를 잇고 있다. 넷째는 종합지로서 『소년한반도』, 『야뢰』, 『소년』을 들 수 있다. 다섯째는 『가정잡지』, 『자선부인회잡지』와 같은 여성잡지이다. 여섯째는 교육 전문잡지로 『장학보』, 『교육월보』, 『교남교육회잡지』가 여기에 속한다. 일곱째는 특정 학문분야의 전문잡지로서 『수리학잡지』, 『법정학계』, 『공업계』를 묶을 수 있다. 여덟 번째로 기타 『대한구락』과 『보중친목회보』가 있다. 『대한구락』은 홍재기(洪在祺), 엄주일(嚴柱日) 등 귀국한 유학생들이 중심이 되어 만든 사교단체 대한구락부의 기관지였으며, 『보중친목회보』는 보성중학교(普成中學校) 졸업생의 친목회지이다.[15]

15 근대 초기 잡지에 대한 해제와 연구가 어느 정도 축적되어 있으므로 개별 잡지에 대한 설명은 생략하도록 한다. 개황을 정리하거나 해제를 시도한 연구, 잡지 발간주체에 관한 연구로는 다음을 참조할 수 있다. 이송희, 「대한제국 말기 애국계몽학회연구」, 이화여대 박사논문, 1985; 정진석, 『한국언론사』, 나남출판, 1990; 정관, 「한말 애국계몽단체 연구」,

간단한 일별을 통해서 실감할 수 있듯이 근대 초기의 잡지는 그 다양성과 질적 수준에서 『학지광』·『청춘』으로 대표되는 1910년대와 비교가 되지 않는다. 매체와 참여주체의 다양성, 전문성만큼 잡지를 통해 구축된 지식담론도 그에 걸맞은 내용과 수준을 갖추었다. 정치단체의 기관지인 『대한자강회월보』나 『대한협회보』는 자연과학과 관련된 내용보다는 국가학·정치학·법률학·정당론·자치제와 같이 근대국민국가의 정치체제와 관련된 지식을 보급하는 데 주력했다. 또한 교육학·경제학·농업·어업 등 교육과 식산에 관련된 내용을 주로 게재했다. 출신지를 연고로 한 학회의 발간지 가운데 『서우』는 국가·단체·민권과 관련된 지식을 논구하는 한편 교육부와 위생부를 두어 교육학·가정학 및 위생과 관련된 지식을 전달했다. 『호남학보』는 「各學 要領」을 두어 국가학·정치학·법률학·가정학·농학·식산학에 관한 지식을 연재했다. 『기호흥학회월보』는 학지(學知)들의 분류가 좀 더 다채로웠는데 「學海集成」이라는 섹션을 기획하여 다른 잡지들에 비해 자연과학 분야인 생리학·응용화학·식물학·동물학·광물학을 추가하고 있다.

문화교차의 중심에 있던 유학생들의 학회지 『태극학보』·『대한유학생학보』·『대한흥학보』는 신지식을 소개하는 차원을 넘어 근대 분과학문이 사유와 감각의 회로로 내면화되는 과정을 보여준다. 일본의 근대학제를 경험한 유학생들의 경우, 각 분과학문에 대해 개론적으로 소개할 뿐만 아니라 신지식을 숙지한 상태에서 현실적 논제를 구체적

효성여대 박사논문, 1992; 최덕교, 앞의 책; 임상석, 『20세기 국한문체의 형성과정』, 지식산업사, 2008 등.

으로 다루는 글쓰기를 시도한다. 『소년한반도』, 『야뢰』, 『소년』과 같은 종합잡지는 각종 학지를 전체적으로 소개하는 동시에 더 쉽고 흥미롭게 전달하는 채널을 발견해가던 중이었다. 학회나 정치단체에서 발간한 잡지들이 이념적 지향을 공유하는 지식인 네트워크를 기반으로 하고 있다면, 이들 종합지는 처음부터 독자층의 확산을 지향했다. 뿐만 아니라 내용과 편집방식에서도 의식적으로 신문이나 단행본과 변별되는 잡지의 정체성을 추구했다는 점에서 중요하다. 여타의 간행물들에 비해 논의의 다양성·대중성을 풍부하게 확인할 수 있음은 물론이다.[16]

한편 특정 학문분야의 전문가 집단이 형성되고 있었으며, 이들이 전공 지식을 활용하여 잡지 창간의 일익을 담당했음을 알 수 있다. 『수리학잡지』와 『공업계』는 각각 수학과 공학을 중심으로 한 이학(理學)을 전문적으로 다루었다. 『법정학계』는 근대적 정체의 기반이 되는 정치·법률 제도에 관해 깊이 있는 논의를 개진하고 있으며, 새로운 사상적 조류를 보여주는 글을 게재하고 있다. 전문적인 교육 잡지 또한 출현했다. 대개의 잡지들이 국민교육을 가장 중요한 목표로 삼았음에도 '교육'을 전체 구성에서 하나의 섹션으로 분할하는 경우가 대부분이다. 이에 비해 『장학보』는 국내의 신학교 중학 과정 이상의 학생들이

16 기존 연구에서는 『소년한반도』나 『야뢰』를 상업적 성격의 잡지로 분류하기도 한다. 하지만 잡지의 발행 목적, 게재된 글의 구체적인 내용, 추정되는 인쇄부수 및 판매부수 등을 고려할 때 종합지로서 독자들을 배려한 측면을 발견할 수는 있어도 상업성을 본격적으로 추구했다고 보기는 어렵다. 17세기에 프랑스 출판업자의 신간 소개 카탈로그로부터 출발했다고 하는 잡지는 태생적으로 출판자본과 공공하게 결합되어 있었지만, 근대 초기 한국에서 발행된 잡지들이 추구한 존재의미의 근간은 국권회복과 국민 창출을 위한 지식의 생산과 보급에 있었다.

활발하게 참여하는 언로(言路)를 개척했으며, 『교육월보』는 순한글로 잡지를 통한 보통교육의 실현을 추구했다. 또한 교육이라는 심급에서 전통과 근대가 충돌하고 교합하는 국면을 여실하게 보여준다.

그 외에 여성잡지는 여성 및 가정교육과 관련된 지식을 전달하고 있으며, 『대한구락』에서는 '구락부'라는 취미단체가 1900년대에 탄생하는 흥미로운 과정을 읽을 수 있다. 『대동학회월보』에서는 전통적 지식인들의 자기갱신과 근대화에 대한 응전의 방식을 보여주는데, 『대동학회월보』의 경전강연 등을 제외한다면 근대 초기 잡지에서 전통 학문은 실상 근대 분과학문에 주도권을 거의 내어준 상황이었다. 매체의 분화는 지식의 분화와 연동하고 있었던 바, 이들 29종의 잡지에는 25종의 분과학문을 소개한 총 260편의 글이 게재되어 있다. 게재한 글의 편수와 소개한 학문의 다양성을 기준으로 삼아 상위 10개 잡지를 통계하면 다음과 같다.

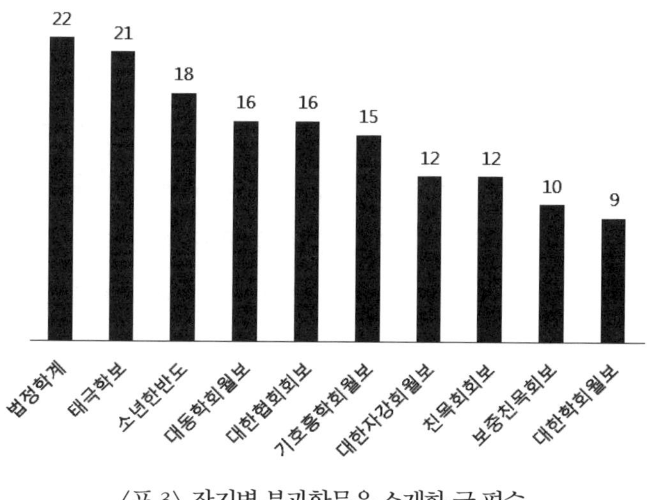

〈표 3〉 잡지별 분과학문을 소개한 글 편수

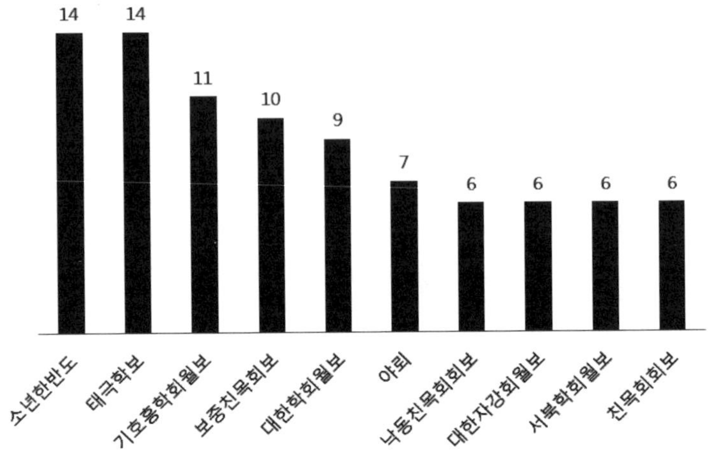

〈표 4〉 잡지별 분과학문의 종류

『법정학계』와 『태극학보』는 분과학문을 소개한 근대 초기 잡지 가운데 가장 오래 발행된 잡지였기 때문에 해당하는 글도 가장 많다. 『법정학계』는 1907년 5월 5일 창간되어 1907년 7월 5일 발간된 24호까지 발행되었다.[17] 『태극학보』는 1906년 8월 24일 1호를 시작으로 1908년 11월 24일 26까지 발행되었으며 결호는 없다. 『대동학회월보』도 총 20호를 발간해서 당시로서는 비교적 지속성을 유지한 잡지이다. 일반적으로 발간 호수와 분과학문을 소개한 글의 편수가 비례하는 양상을 볼 수 있으며, 학회 · 유학생 · 정치단체의 기관지들이 분과학문을 대중화하는 데 주력했다는 사실을 통계로 확인할 수 있다. 전문학교 이상의 근대식 고등교육을 체험한 여러 전공의 유학생들이 중심이 된 『태극학보』, 「학해집성」을 두어 다양한 학문의 소개를 기획했던 『기호흥학회

17 이 가운데 3, 4, 5, 10, 11, 12, 13호가 결호인 상황이다.

월보』, 수준은 높지 않지만 교과과정에 필요한 지식들을 고루 전달하고자 했던 『보중친목회보』가 지식의 다양성을 확보한 잡지였다. 그런데 발행기간이 짧고 발간주체의 정치적 성격이 모호함에도 불구하고 다양한 분과학문을 소개한 잡지가 있으니 바로 『소년한반도』이다.

『소년한반도』는 1906년 10월 23일 내부(內部)의 인가를 받아 11월 1일 창간호가 발행되되었고 1907년 4월 통권 6호로 종간되었다. 매월 1일 1회 정기 간행했으며 보광학교(普光學校) 내에 임시사무소를 두고 김상만서포, 박문서림, 대한매일신보사 등에서 발매했다. 『소년한반도』는 '대한제국의 독립기초와 자유정신과 평등주의로써 국민적(國民的)의 뇌수(腦髓)를 자양(滋養)하는 신경원소(神經元素)요, 교육계의 학리를 밝히는 해상등대(海上燈臺)'[18]가 될 것을 목표로 삼았다. 이인직과 조중응을 비롯해 일본 유학을 마치고 돌아온 이들이 창간의 중심이 되었으며, 낙연의숙의 후신인 보광학교(普光學校)에서 학교 운영을 담당했던 이해조・박정동・이응종 등이 찬술원으로 참여했다.

『소년한반도』의 가장 큰 특성은 근대 분과학문을 알리는 글로 잡지 전체를 구성하고 있다는 점이다. 당시에 발간된 잡지들은 대개 창간 취지에 따라 정치적 입장을 논설이나 사설을 통해 밝히고, 잡지의 정체성과 연관된 분야의 지식을 전달하는 데 집중하는 경향이 있다. 반면 『소년한반도』는 논설을 거의 게재하지 않았고 자연과학을 중심으로 재편된 근대 분과학문 일반을 균질하게 배치했다. 국가학, 사회학, 법률학, 경제학, 교육학, 언어학, 심리학, 지리학, 물리학, 수학, 공학,

---

18 「광고」, 『소년한반도』 1호, 1906.11.

동물학, 식물학, 광물학, 농학 등 전문학교 수준의 교과과정에 해당하는 학문 영역을 고루 아우르고 있다. 또한 각론이 아닌 개론을 가장 많이 싣고 있는 잡지이며, 문답체 등을 활용하여 보다 쉽게 고등지식을 알리고자 했다.

『소년한반도』는 편집과 발행에 중심이 되었던 이인직이 대한제국의 독립을 포기하는 쪽으로 방향을 선회하고, 이인직의 친우이자 『소년한반도』 필진이었던 조중응이 법상에 오르면서 폐간된다. 『소년한반도』는 보호국 상황에 대한 비판적 언설을 게재한 적이 없으며, 시국에 대한 입장 표명도 하지 않았다. 대신 전문학교 수준의 근대 학지를 전체적이고 균질하게 배치함으로써 지(知)를 통한 식민화의 의도가 엿보이는 잡지라고 할 수 있다.[19] 『소년한반도』의 사례는 근대 초기에 분과학문을 교육하고 확산시키는 일이 반드시 애국계몽운동으로 이어지는 것은 아니라는 사실을 보여주며, 당시의 공론장을 보다 입체적으로 파악할 것을 요구한다.

연도에 따라 25종의 잡지에 실린 분과학문 관련 글 260편이 분포되어 있는 양상은 '연도별 잡지 발간 추이 변화(1896~1910)'와 거의 유사하다. 잡지의 양적 증가가 근대 학문을 소개한 글의 양적 증가와 일치하는 모습이다. 근대의 학문을 크게 '두 문화'[20], 즉 인문학과 자연과학으로 나눈다면 260편 가운데 인문학에 해당하는 글이 69%, 자연과학를 다룬 글이 31%를 차지한다. 인문학에서는 법률학, 국가학, 정치학, 경

19 『소년한반도』에 소개된 지식 내용 및 배치의 특성에 대해서는 다음의 연구를 참조할 수 있다. 한기형, 앞의 글; 졸고 「근대 초기 잡지의 영인현황과 연구의 필요성」, 『근대서지』 1호, 소명출판, 2010.

20 C.P. 스노우, 오영환 역, 『두 문화』, 사이언스북스, 2001.

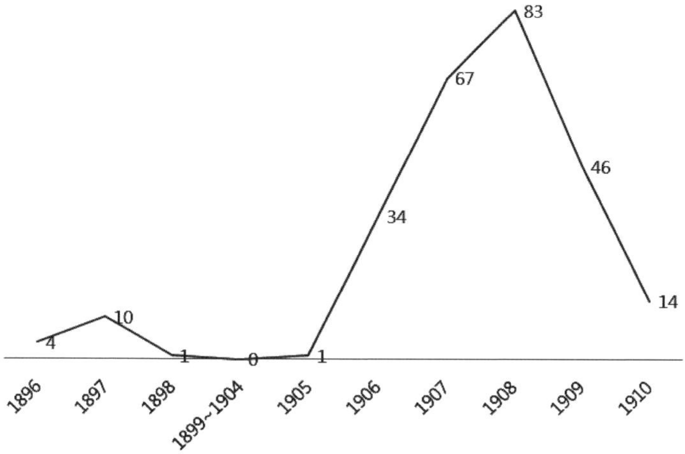

〈표 5〉 연도별 분과학문 관련 글 편수의 추이

제학, 교육학의 비율이 압도적이다. 근대 초기 정치, 문화, 학술 모든 영역에서 최종심급은 국민국가 건설이었다. 아래의 통계에서도 당시 지식인들이 근대 국가체제와 사회구성체의 상(像)을 모색하는 데 필요했던 학문을 집중적으로 탐구했다는 사실이 증명된다.

법률학이 유독 많은 편수를 차지하고 있는 이유는 『법정학계』 때문이다. 『법정학계』를 발간한 법정학회 회원들은 '법률은 나라를 다스리는 잣대이고 세상을 경영하는 먹줄이니, 이 원리 원칙을 연찬(硏鑽)하여 과거를 뉘우치고 현재를 밝히어 장래를 이루고 국가의 흥운을 판정하는 학문이 법률학'[21]이라고 생각했고, 모두 11편의 법률학 관련 글들을 실었다. 다른 잡지들이 보통 1~2편 정도 법학을 소개하고 있었던 것에 비해 상당히 많은 수이다. 국가학, 정치학, 경제학, 교육학은 모든

21 「취지(趣旨)」, 『법정학계』 1호, 1907.5.5, 1쪽.

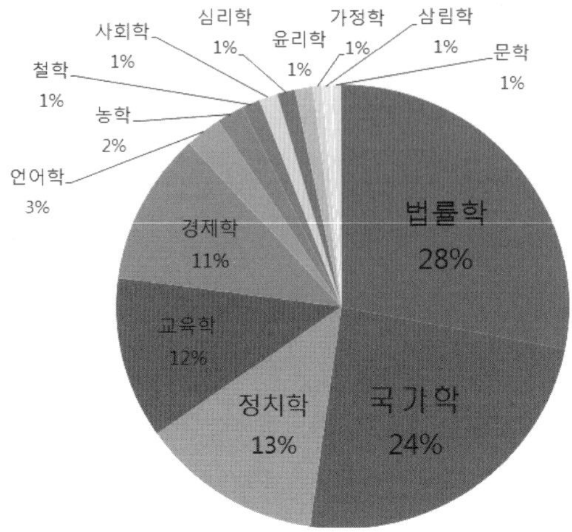

〈표 6〉 인문학 내 분과학문별 텍스트 분포 비율

잡지에서 고른 분포를 보여준다. 개신유학자들은 이들 학문을 경세제민학(經世濟民學)으로 이해했고, 유학생들은 국가정신을 함양하고 식산흥업을 가능하게 해 줄 규범과학(規範科學)의 핵심 분과로 생각했다. 교육학은 근대적 주체로서의 국민을 창출하는 데 특히 중요했다. 삼림학과 농학은 앞서 다룬 권보상의 학문분류의 사례에 따라 인문학의 영역으로 분류하였다.[22]

흥미로운 점은 지금의 인문학에 해당하는 문학·역사·철학에 관한 소개가 거의 없다는 사실이다. 문학 관련 글은 이광수의 「문학의 가치」가 유일하다.[23] 철학 관련 글이 두 편인데, 하나는 개론의 형식을 취하고 있으나 나머지 한 편은 자연과학과 대비되는 인문학의 의미로

22 권보상, 「법학용어해」, 『대동학회월보』 제2호, 1908.3.
23 이보경, 「문학의 가치」, 『대한흥학보』 11호, 1910.3.

철학을 소개하고 있다.[24] 그나마 역사학을 분과학문의 하나로 소개하는 글은 강제병합 이전에 찾아볼 수 없다.[25] 동아시아의 학문 전통에서 문학・역사・철학은 '경사자집(經史子集)'의 체계로 서로가 서로를 비추는 관계 속에서 결합되어 있었던 바, 과학의 하나로서 이들 학문을 사고한다는 것은 근대 초기 지식인들에게 무척 낯선 것일 뿐만 아니라 굳이 그 필요성을 실감하기도 어려운 일이었다. 10대 후반부터 근대식 교육을 받은 일부 유학생들만이 분과학으로서의 문학・역사・철학을 체험할 수 있었으며, 일본에서도 이들 학문은 대학 수준에서 가르치는 고등지식이었다.

인문학 관련 텍스트에 비해서 자연과학 관련 글들은 학문 분야별로 고르게 해 분포되어 있는 양상을 확인할 수 있다. 지리・지문학(地理・地文學)이 가장 많은 편수를 차지하는 이유는 우선 두 학문을 소개한 글들을 합쳤기 때문이다. 당시의 글에서 지리학과 지문학의 구별은 명확하지 않다. 예컨대 「지리학잡기」[26]는 지문학과 지질학을 지리학의 하위 분과, 다시 말해 협의의 지리학 가운데 하나로 설정하고 있다. 많은 경우 유사한 분류를 시도하고 있어서 여기서도 지리학, 지문학, 지질학을 하나로 묶어 통계했다. 지질학에 관한 글은 한 편뿐이다.[27] 또 다른 이유로는 많은 이들이 세계체제에 포섭된 한국의 위치를 자연과학

---

24 학해주인(學海主人), 「철학초보(哲學初步)」, 『태극학보』 21~22호, 1908.5~6; 이창환, 「철학과 과학의 범위」, 『대한학회월보』 5호, 1908.6.

25 그나마 최남선의 글이 지리학을 역사학과 연계하여 포착하고 있으나 다음의 글이 역사학에 대한 개론의 성격을 갖는다고 보기는 어렵다. 최남선 역재(譯載), 「지리학 연구의 목적」, 『소년』 12호, 1909.11.

26 최남선, 「지리학잡기(地理學雜記)」, 『대한유학생회학보』 2호, 1907.4.

27 여병현(呂炳鉉), 「本國地質을 由혼 物產論」, 『대한자강회월보』 12호, 1907.6.

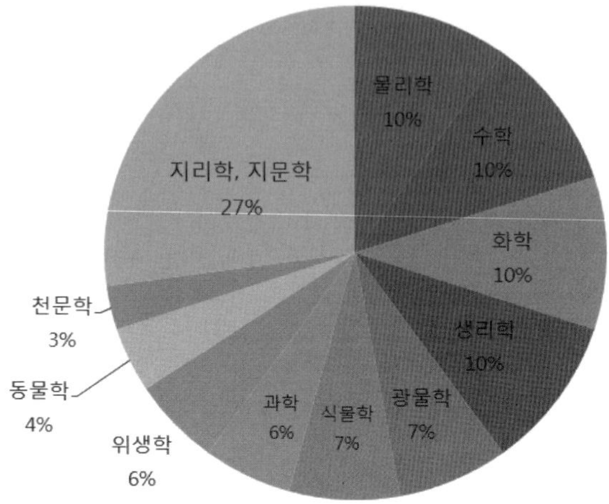

〈표 7〉 자연과학 내 분과학문별 텍스트 분포 비율

의 수준에서 가시화시키는 지리 · 지문학의 효용에 관심을 가졌기 때문이다. 특히 최남선이나 장응진의 사례에서 확인할 수 있듯이 역사와 지리는 세계 속에서 한국의 위치를 발견하는 중요한 통로였으며, 천문지리는 국가의 경계를 넘어서 우주와 인류의 관계를 새롭게 상정하는 데 큰 영향을 미쳤다.[28]

기초과학이라고 할 수 있는 수학 · 물리학 · 화학 · 생물학이 10% 정도의 비율로 거의 동일하며, 나머지 응용과학이라고 할 수 있는 학문들이 기초과학에 비해 비율로 엇비슷하게 분포되어 있다. 공학(工學)에 대한 글이 있었지만 여기서는 따로 다루지 않았다. 상호(尙灝)가 쓴 「공학(工學)」[29]은 식산흥업을 위해 공학이 중요함을 언급하고 있지만 실

28 최남선, 위의 글; 최남선, 「세계적 지식의 필요」, 『소년』 7호, 1909.5; 최남선 역재(譯載), 「지리학 연구의 목적」, 『소년』 12호, 1909.11; 장응진, 「과학론」, 『태극학보』 5호, 1906, 12; 장응진, 「진화학상 생존경쟁의 법칙」, 『태극학보』 4호, 1906, 11.

제 글의 내용이 분과학문으로서의 공학에 대한 소개가 아니다. 『공업계』에 실려 있는 「도기개론(陶器槪論)」, 「금공개론(金工槪論)」, 「목공개론(木公槪論)」이 공학에 가깝지만 모두 각론이며, 학문들의 위계체계에서 공학이 차지하는 위치나 성격에 관한 일반적 설명을 결여하고 있어 제외하였다. 인문학과 자연과학으로 나누지 않고 학문별 글 편수를 통계하면 아래와 같다.

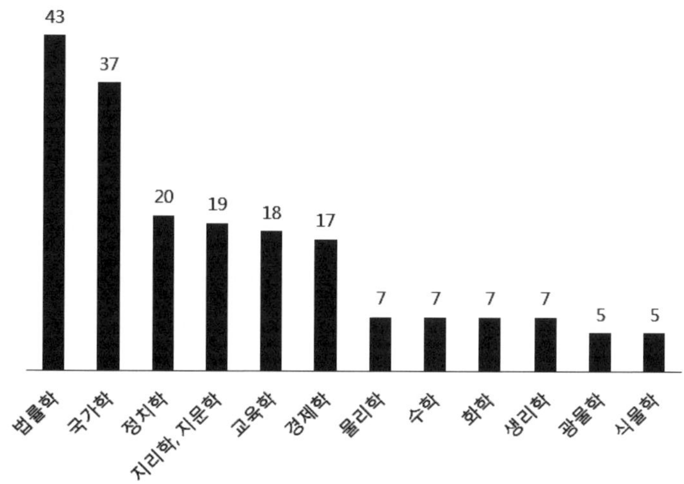

〈표 8〉 분과학문별 글 편수 (1)

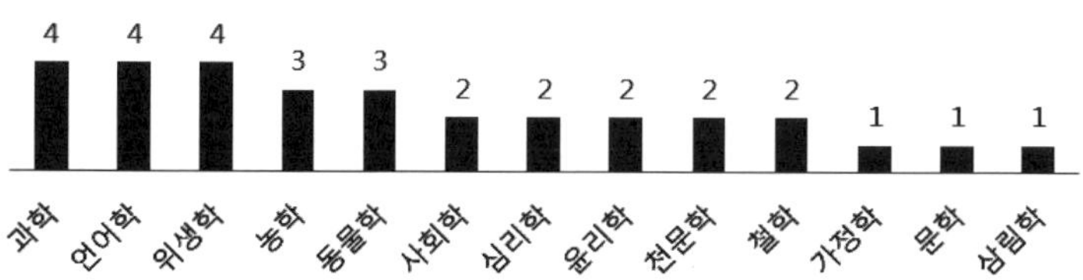

〈표 9〉 분과학문별 글 편수 (2)

29 상호, 「공학(工學)」, 『소년한반도』 2~3호, 1906.12~1907.1.

인문학과 자연과학 전체에서 역시 국가와 정체에 관련된 학문들을 다룬 글이 가장 많고, 자연과학에서 많은 비중을 차지했던 지리・지문학이 상위를 차지하고 있다. 자연과학 가운데 기초과학이 다음으로 많이 발표되었고, 지금의 사회과학에 해당하는 학문을 제외한 인문학 분과학문이 가장 적은 편수를 기록하고 있다. 큰 흐름만 다시 정리하자면 근대 초기 한국에서 가장 긴요하게 여겨졌던 학문은 당시 지식인들이 '국가학(國家學)' 혹은 '국가적 과학(國家的科學)'으로 크게 분류하였던 국가학・법률학・정치학・경제학・사회학이었다. 그 다음이 동아시아의 전통학문에 부족하다고 여겨진 학문들, 즉 서구 문명과 부강의 엔진으로 간주되었던 수학・물리학・화학・생물학・지리・지문학과 같은 자연과학이었다. 몇 명의 예외적인 유학생들을 제외하면 현재의 인문학에 속하는 문학・역사・철학을 분과학문으로 이해하는 이들은 거의 없었다. 동아시아의 학문 전통에서 문학・역사・철학은 학문 그 자체를 의미했거니와, 일찍부터 서구의 지식을 받아들인 일본에서도 그 위치가 유동하고 있던 중이었다.[30]

근대 초기에 폭발적으로 들어났던 지식담론들이 강제병합을 기점으로 사라졌다는 사실은 식민통치의 효과를 학술사의 측면에서 재고하게 한다. 식민지 규율권력은 조선에서 고등교육을 철저히 통제했다. 제국의 신민(臣民)으로서 본분을 수행하는 데 불필요하거나, 피식민인이 현실의 모순을 자각하는 데 도움이 되는 고등지식의 교육과 생산을 원천적으로 차단하기 위해서였다.[31] 1900년대 후반 수준으로 분과학

30 鈴木貞美, 『「日本文學」の成立』, 作品社, 2009.

31 식민지 시기 고등교육에 관해서는 다음의 연구를 참조. 정선이, 『경성제국대학연구』, 문

문들이 다시 논의되기 시작한 것은 1920년대에 접어들면서였다. 3·1 운동과 민립대학설립운동, 제2차 조선교육령 등의 영향으로 교육정책과 미디어 환경이 바뀌었다는 점 등을 이유로 들 수 있다.

문제는 1910년대를 거치면서 근대 초기에 폭발적으로 나타났던 학술운동을 젊은 지식인들의 기억 속에서 왜곡되거나 소거되었다는 사실이다. 식민주의를 실현하기 위한 교육정책과 문화전략은 독립의 가능성을 꿈꾸던 강제병합 이전의 역사를 점진적으로 지워나갔다. 더구나 관학(官學)과 사학(私學), 제국대학과 전문학교의 중첩된 위계구조는 피식민인들의 학적(學的) 상상력을 특정한 방향으로 유도 혹은 봉쇄하는 데 큰 영향을 미쳤다. 한국의 근대학문의 계보를 작성하기 위해서는 식민지 아카데미즘을 강제병합 이전의 학술운동과 연계하여 사고할 수 있는 연구가 축적되어야 할 것이다. 근대 초기의 잡지에는 근대의 출발점에서 탈근대를 사유할 수 있는 가능성이 잠복해 있다.

음사, 2002; 연세대 국학연구원 편, 『근대학문의 형성과 연희전문』, 연세대 출판부, 2005; 윤종혁, 『근대 이후 한국과 일본의 학제 변천 과정 비교 연구』, 한국학술정보, 2008; 김기석, 『한국고등교육연구』, 교육과학사, 2008 등.

4장_잡지별 분과학문 관련 텍스트 목록

근대 초기에 형성되기 시작한 분과학문들에 관해서는 분야별, 학제간 연구가 동시에 필요할 것이다. 우리는 개별 분과학문의 역사가 학술사의 측면에서 충분히 정리되지 않았다는 문제와 시대적 요청에 의해 학문 간의 통섭을 피해갈 수 없다는 이중의 요구를 마주하고 있기 때문이다. 이 장에서는 25종의 잡지에 게재된 분과학문 관련 텍스트 목록을 제시하여 향후의 연구에 도움이 되고자 한다. 잡지별로 목록을 작성하여 매체와 지식의 상관성을 일별할 수 있도록 했다.

〈표 10〉『친목회회보』 소재 분과학문 관련 텍스트 목록
『親睦會會報』(1896년 2월 15일 창간)

저자명	제목	표기	권호(발행일)	쪽수	학문분류
崔相敦	教育論	국한문	제3호(1896.10.23)	18~19	교육학
安明善	政治의 得失	국한문	제3호(1896.10.23)	21~24	정치학
劉昌熙	國民의 義務	국한문	제3호(1896.10.23)	27~28	국가학
金基璋	政治本原	국한문	제4호(1897.9.26) 제5호(1897.9.26)	7~8 15~18	정치학
鄭寅昭	國家의 觀念	국한문	제4호(1897.9.26)	18~19	국가학
元應常	教育에 對ᄒᆞ야 國民의 愛國想像	국한문	제5호(1897.9.26)	9~13	교육학
卞國璿	物理總論畧述	한문	제5호(1897.9.26)	27~30	물리학
魚瑢善	經濟學槪論	국한문	제5호(1897.9.26)	43~47	경제학
鄭在淳	法律槪論	국한문	제5호(1897.9.26)	47~52	법률학
李苑宇	刑法意義의 畧論	국한문	제5호(1897.9.26)	55~58	법률학
金鎔濟	立憲政體의 槪論	국한문	제5호(1897.9.26)	58~64	법률학
兪致學	民法의 槪論	국한문	제6호(1898.4.9)	52~56	법률학

〈표 11〉『대조선독립협회보』 소재 분과학문 관련 텍스트 목록
『大朝鮮獨立協會會報』(1896년 11월 30일 창간)

저자명	제목	표기	권호(발행일)	쪽수	학문분류
本會編輯局	法律摘要叢話	국한문	제2호(1896.12.15)	1~4	법률학
	礦學論	한문	제10호(1897.4.15) 제11호(1897.4.30) 제12호(1897.5.15) 제13호(1897.5.31) 제14호(1897.6.15) 제15호(1897.6.30)	4~8 10~16 6~13 9~13 8~13 8~10	광물학
	地理初桄	한문	제17호(1897.7.31)	9~14	지리학 · 지문학

〈표 12〉『수리학잡지』 소재 분과학문 관련 텍스트 목록

『數理學雜誌』(1905년 12월 5일 창간, 1권2, 3호 결호)

저자명	제목	표기	권호(발행일)	쪽수	학문분류
	筭術新講義	국한문	1권1호(1905.12.5) 1권4호(1906.3.5) 1권5호(1906.4.5) 1권6호(1906.5.5) 1권7호(1906.6.5)	3~13 13~23 15~24 15~24 12~26	수학

〈표 13〉『조양보』 소재 분과학문 관련 텍스트 목록

『朝陽報』(1906년 6월 25일 창간)

저자명	제목	표기	권호(발행일)	쪽수	학문분류
	教育學問答	국한문	제7호(1906.9.25) 제8호(1906.10.10) 제9호(1906.10.25) 제10호(1906.11.25)	9~11 8~9 9~10 8~10	교육학
	政治學說	국한문	제8호(1906.10.10) 제9호(1906.10.25) 제10호(1906.11.25)	9~10 10~11 10~11	정치학
市島謙吉 著	政治原論	국한문	제9호(1906.10.25) 제11호(1906.12.10) 제12호(1906.12.25)	6~7 6~7 15~18	정치학
	教育溯原論	국한문	제12호(1906.12.25)	22~23	교육학

〈표 14〉『대한자강회월보』 소재 분과학문 관련 텍스트 목록
『大韓自强會月報』(1906년 7월 31일 창간)

저자명	제목	표기	권호(발행일)	쪽수	학문분류
飮氷室 梁啓超 著 韋菴 張志淵 譯述	敎育政策私議	국한문	제3호(1906.9.25) 제4호(1906.10.25)	16～22 9～14	교육학
海外 遊客	國家의 本義	국한문	제3호(1906.9.25)	54～55	국가학
海外 遊客	國家及皇室의 分別	국한문	제3호(1906.9.25)	55～56	국가학
朝陽樓主人 尹孝定	地方自治制度論	국한문	제4호(1906.10.25)	17～21	국가학
松堂 金成喜	敎育說	국한문	제5호(1906.11.25)	11～15	교육학
朝陽樓主人 尹孝定	國民의 政治思想	국한문	제6호(1906.12.25)	24～31	국가학
柳瑾 譯述	敎育學原理	국한문	제6호(1906.12.25) 제7호(1907.1.25) 제8호(1907.2.25) 제9호(1907.3.25) 제10호(1907.4.25) 제11호(1907.5.25) 제12호(1907.6.25) 제13호(1907.7.25)	35～37 19～36 19～25 16～19 13～26 16～21 12～16 13～15	교육학
薛泰熙 譯述	經濟學總論摘要	국한문	제8호(1907.2.25) 제9호(1907.3.25) 제11호(1907.5.25) 제12호(1907.6.25)	29～31 22～27 31～36 21～23	경제학
雲庭 尹孝定	刑法과 民法의 區別	국한문	제11호(1907.5.25)	49～52	법률학
沈宜性 譯述	歷史及地理의 槪論	국한문	제11호(1907.5.25)	52～55	지리학 ·지문학
呂炳鉉	本國地質을 由훈 物産論	국한문	제12호(1907.6.25)	23～26	지리학 ·지문학
沈宜性 譯述	政治學의 國家主義 (제13호 : 政治學總論)	국한문	제12호(1907.6.25) 제13호(1907.7.25)	29～32 42～44	정치학

〈표 15〉『태극학보』 소재 분과학문 관련 텍스트 목록

『太極學報』(1906년 8월 24일 창간)

저자명	제목	표기	권호(발행일)	쪽수	학문분류
崔錫夏	國家論	국한문	제1호(1906.8.24)	9~12	국가학
崔錫夏	政府論	국한문	제3호(1906.10.24)	14~17	국가학
張膺震	科學論	국한문	제5호(1906.12.31)	9~12	과학
崔錫夏	租稅論	국한문	제5호(1906.12.31) 제6호(1907.2.16)	13~15 12~15	국가학
朴相洛(譯)	衛生問答	국한문	제5호(1906.12.31) 제6호(1907.2.16) 제8호(1907.4.5)	35~37 36~38 30~34	위생학
郭漢倬 譯	憲法	국한문	제6호(1907.2.16) 제7호(1907.3.13) 제9호(1907.5.3)	25~28 24~27 26~28	법률학
全永爵	立法司法及行政의 區別과 其意義	국한문	제8호(1907.4.5) 제10호(1907.6.3) 제12호(1907.8.5)	13~16 24~27 18~22	국가학
張膺震	心理學上으로 觀察혼 言語	국한문	제9호(1907.5.3)	1~7	언어학
禹敬命(譯)	教育의 目的	국한문	제10호(1907.6.3)	17~19	교육학
金洛泳 譯述	東西兩洋人의 數學思想	국한문	제10호(1907.6.3) 제11호(1907.7.5)	28~31 11~14	수학
吳錫裕	學窓餘談(一) 法	국한문	제11호(1907.7.5)	45~46	법률학
吳錫裕	學窓餘談(二) 國家	국한문	제12호(1907.8.5)	29~35	국가학
張膺震	教授와 教科에 對호야	국한문	제13호(1907.9.24) 제14호(1907.10.24) 제15호(1907.11.24)	3~7 27~32 15~20	교육학
研究生	地文學講談	국한문	제13호(1907.9.24) 제14호(1907.10.24)	34~39 38~40	지리학·지문학
仰天子	天文學講話	국한문	제14호(1907.10.24) 제16호(1907.12.24) 제20호(1908.5.12)	44~47 28~30 35~38	천문학
金志侃	農業研究談	국한문	제15호(1907.11.24)	24~26	농학

저자명	제목	표기	권호(발행일)	쪽수	학문분류
朴有秉	數學의 遊戲	국한문	제16호(1907.12.24)	38~42	수학
朴廷義	化學瞥記	국한문	제18호(1908.2.24)	47~50	화학
三寶	經濟學의 大意	국한문	제21호(1908.5.24)	36~39	경제학
學海主人	哲學初步	국한문	제21호(1908.5.24) 제22호(1908.6.24)	40~44 32~37	철학
菠丹山人	生理學初步	국한문	제24호(1908.9.24)	33~36	생리학

〈표 16〉『가정잡지』 소재 분과학문 관련 텍스트 목록

『家庭雜誌』(1906년 8월 25일 제3호 발간, 1, 2, 6호 결호)

저자명	제목	표기	권호(발행일)	쪽수	학문분류
주시경	국문	국문	1년3호(1906.8.25) 1년4호(1906.9.25) 1년5호(1906.10.25) 1년7호(1907.1.25)	26~29 24~27 22~27 28~31	언어학

〈표 17〉『소년한반도』 소재 분과학문 관련 텍스트 목록

『少年韓半島』(1906년 11월 1일 창간)

저자명	제목	표기	권호(발행일)	쪽수	학문분류
元泳義	教育新論	국한문	제1호(1906.11.1)	4~5	교육학
			제2호(1906.12.1)	6~8	
			제3호(1907.1.1)	4~6	
			제4호(1907.2.1)	3~5	
			제5호(1907.3.1)	2~3	
			제6호(1907.4.1)	3~4	
李人稙	社會學	국한문	제1호(1906.11.1)	11~13	사회학
			제2호(1906.12.1)	10~11	
			제3호(1907.1.1)	7~8	
			제4호(1907.2.1)	9~10	
			제5호(1907.3.1)	17~18	
	經濟學問答	국한문	제1호(1906.11.1)	17~19	경제학
金瓊植	衛生說	국한문	제1호(1906.11.1)	22~23	위생학
			제2호(1906.12.1)	22~24	
			제3호(1907.1.1)	39~41	
			제4호(1907.2.1)	37~39	
			제5호(1907.3.1)	30~33	
			제6호(1907.4.1)	29~31	
元泳義	地理問答	국한문	제1호(1906.11.1)	23~24	지리학·지문학
			제2호(1906.12.1)	24~26	
			제3호(1907.1.1)	19~21	
			제4호(1907.2.1)	19~20	
			제5호(1907.3.1)	12~14	
			제6호(1907.4.1)	12~13	
元泳義	心理問答	국한문	제1호(1906.11.1)	24~25	심리학
			제2호(1906.12.1)	26~27	
			제3호(1907.1.1)	22~23	
			제4호(1907.2.1)	20~22	
			제5호(1907.3.1)	14~16	
			제6호(1907.4.1)	13~15	

저자명	제목	표기	권호(발행일)	쪽수	학문분류
朴晶東	物理學論	국한문	제1호(1906.11.1) 제2호(1906.12.1) 제3호(1907.1.1) 제4호(1907.2.1) 제5호(1907.3.1) 제6호(1907.4.1)	25~26 27~28 23~24 22~23 16 15~16	물리학
	物理學問答	국한문	제1호(1906.11.1)	27	물리학
崔在翊	植物學問答	국한문	제1호(1906.11.1) 제2호(1906.12.1) 제3호(1907.1.1) 제4호(1907.2.1) 제5호(1907.3.1) 제6호(1907.4.1)	28 30~31 26~28 25~27 21~22 18~21	식물학
崔在翊	鑛物學問答	국한문	제1호(1906.11.1) 제2호(1906.12.1) 제3호(1907.1.1) 제4호(1907.2.1) 제5호(1907.3.1) 제6호(1907.4.1)	29~31 32~33 29~32 27~29 23~25 21~23	광물학
柳錫泰	數學	국한문	제1호(1906.11.1) 제2호(1906.12.1) 제3호(1907.1.1) 제4호(1907.2.1) 제5호(1907.3.1) 제6호(1907.4.1)	31~33 36~37 36~38 34~36 28~29 26~28	수학
朴晶東	地文論	국한문	제1호(1906.11.1) 제2호(1906.12.1) 제3호(1907.1.1) 제4호(1907.2.1) 제5호(1907.3.1) 제6호(1907.4.1)	33~34 37~39 38~39 36~37 29~30 28~29	지리학 · 지문학
兪承兼	經濟學	국한문	제2호(1906.12.1) 제3호(1907.1.1) 제5호(1907.3.1)	15~16 11~14 6~8	경제학

저자명	제목	표기	권호(발행일)	쪽수	학문분류
李覺鍾	國家學	국한문	제2호(1906.12.1) 제3호(1907.1.1) 제4호(1907.2.1) 제5호(1907.3.1) 제6호(1907.4.1)	17~19 15~16 14~16 8~9 6~9	국가학
柳濟達	動物問答	국한문	제2호(1906.12.1) 제3호(1907.1.1) 제4호(1907.2.1) 제5호(1907.3.1) 제6호(1907.4.1)	28~30 24~26 23~25 18~20 16~18	동물학
石鎭衡	法學	국한문	제3호(1907.1.1)	14~15	법률학
李範益	商業學	국한문	제3호(1907.1.1) 제4호(1907.2.1) 제5호(1907.3.1) 제6호(1907.4.1)	34~36 31~34 26~28 24~26	경제학
三凡齋尙灝	生理學上談論	국한문	제4호(1907.2.1) 제5호(1907.3.1)	29~31 25~26	생리학

〈표 18〉『서우』 소재 분과학문 관련 텍스트 목록

『西友』(1906년 12월 1일 창간)

저자명	제목	표기	권호(발행일)	쪽수	학문분류
李裕楨	論筭學	국한문	제1호(1906.12.1) 제2호(1907.1.1) 제3호(1907.2.1) 제4호(1907.3.1) 제5호(1907.4.1) 제6호(1907.5.1)	32~33 30~31 29 33~34 21~22 33~35	수학
朴聖欽 譯抄	民法講義의 槪要	국한문	제7호(1907.6.1) 제8호(1907.7.1) 제9호(1907.8.1) 제13호(1907.12.1)	28~30 23~27 13~15 26~31	법률학
	法學의 範圍	국한문	제15호(1908.2.1)	27~31	법률학
	國家의 槪念	국한문	제16호(1908.3.1) 제17호(1908.5.1)	16~19 14~17	국가학

〈표 19〉『야뢰』 소재 분과학문 관련 텍스트 목록

『夜雷』(1907년 2월 5일 창간)

저자명	제목	표기	권호(발행일)	쪽수	학문분류
李弼善	理化學의 主旨	국한문	1권1호(1907.2.5) 1권2호(1907.3.5) 1권3호(1907.4.5) 1권4호(1907.5.5) 1권5호(1907.6.5) 1권6호(1907.7.5)	13~15 27~29 25~28 26~30 7~10 16~19	화학
申海容	生理學	국한문	1권1호(1907.2.5) 1권2호(1907.3.5)	15~18 17~21	생리학
安國善	應用經濟	국한문	1권1호(1907.2.5)	37~39	경제학
金東完	農學叢談	국한문	1권1호(1907.2.5) 1권2호(1907.3.5) 1권3호(1907.4.5) 1권5호(1907.6.5)	42~47 49~52 54~57 26~27	농학

저자명	제목	표기	권호(발행일)	쪽수	학문분류
松堂 金成喜	民族國家說	국한문	1권2호(1907.3.5)	3~8	국가학
劉玩鍾	鑛學槪要	국한문	1권2호(1907.3.5) 1권3호(1907.4.5) 1권4호(1907.5.5)	21~23 17~21 30~33	광물학
李年應	法學	국한문	1권2호(1907.3.5)	26~27	법률학
權輔相	農學用語解	국한문	1권4호(1907.5.5) 1권5호(1907.6.5) 1권6호(1907.7.5)	45~48 28~32 29~35	농학

〈표 20〉『대한유학생회학보』 소재 분과학문 관련 텍스트 목록
『大韓留學生會學報』(1907년 3월 3일 창간)

저자명	제목	표기	권호(발행일)	쪽수	학문분류
李昌煥	法律과 道德의 區別	국한문	제1호(1907.3.3)	37~39	법률학
崔生	地理學雜記	국한문	제2호(1907.4.7)	45~51	지리학 ·지문학
崔鳴煥	化學問答	국한문	제2호(1907.4.7) 제3호(1907.5.26)	62~63 32~35	화학

〈표 21〉『대한구락』 소재 분과학문 관련 텍스트 목록
『大韓俱樂』(1907년 4월 15일 창간)

저자명	제목	표기	권호(발행일)	쪽수	학문분류
海觀 南廷薰	國法上 國家와 國際公法上 國家의 差異	국한문	제2호(1907.7.25)	11~13	국가학

〈표 22〉『공수학보』 소재 분과학문 관련 텍스트 목록
『共修學報』(1907년 4월 30일 창간, 제2호 결호)

저자명	제목	표기	권호(발행일)	쪽수	학문분류
尹學鉉	國家의 性質과 形體	국한문	제1호(1907.4.30)	25~26	국가학
李康賢	地文學의 問答	국한문	제4호(1907.10.30)	22~26	지리학·지문학
崔鳴	教育叢言	국한문	제4호(1907.10.30)	27~29	교육학

〈표 23〉『법정학계』 소재 분과학문 관련 텍스트 목록
『法政學界』(1907년 5월 5일 창간, 3, 4, 5, 10, 11, 12, 13호 결호)

저자명	제목	표기	권호(발행일)	쪽수	학문분류
韓光鎬	法律發生의 原因	국한문	제1호(1907.5.5)	7~10	법률학
李敎承	經濟學說	국한문	제1호(1907.5.5)	23~27	경제학
朴承희	個人이 國家에 對한 關係及義務	국한문	제2호(1907.6.5)	4~7	국가학
李源生	國際法과 國內法의 區別	국한문	제2호(1907.6.5)	12~15	법률학
柳完永	論法律과 經濟의 何者一優勝	국한문	제2호(1907.6.5)	15~18	법률학·경제학
尹益善	統治權의 性質及範圍	국한문	제6호(1907.10.5)	9~12	법률학
尹成熙	德義心과 經濟學의 關係	국한문	제6호(1907.10.5)	17~19	경제학
李源生	警察과 政治의 關係	국한문	제7호(1907.11.5)	21~26	정치학
金箕壽	國際公法研究의 必要	국한문	제8호(1907.12.5)	15~19	법률학
李漢吉	法律의 觀念	국한문	제8호(1907.12.5)	25~30	법률학
兪鈺兼	社會의 適應	국한문	제9호(1908.2.5)	9~15	사회학
邁堂 卞榮晚	國家와 人間의 區別及關係	국한문	제14호(1908.7.5)	33~36	국가학
朴斗和	國家成立의 無形要素	국한문	제15호(1908.8.5)	1~3	국가학
尹成熙 譯述	財政學의 歷史	국한문	제15호(1908.8.5)	15~28	경제학

저자명	제목	표기	권호(발행일)	쪽수	학문분류
金益聲	法律과 敎化의 政治上關係	국한문	제15호(1908.8.5)	29~32	법률학
朴斗和	法律과 道德의 關係	국한문	제17호(1908.10.5)	11~13	법률학
尹益善	法理와 法律	국한문	제18호(1908.11.5)	6~13	법률학
鄭求昌 譯	國家原論	국한문	제18호(1908.11.5) 제19호(1908.12.5) 제20호(1909.1.5)	21~31 12~20 24~28	국가학
尹益善	刑事學에 就하야	국한문	제20호(1909.1.5)	3~12	법률학
兪鈺兼	法律家의 歷史的知識	국한문	제22호(1909.4.5)	1~4	법률학
尹益善	國家와 教育	국한문	제22호(1909.4.5)	10~14	교육학
金奎炳	國家의 作用上行政의 必要	국한문	제24호(1909.7.5)	13~17	국가학

〈표 24〉 『낙동친목회회보』 소재 분과학문 관련 텍스트 목록
『洛東親睦會學報』(1907년 10월 30일 창간)

저자명	제목	표기	권호(발행일)	쪽수	학문분류
金永基	法學定義概論	국한문	제1호(1907.10.30)	19~21	법률학
林圭	教育論	국한문	제2호(1907.11.30)	4~8	교육학
仰俯生	地文學	국한문	제2호(1907.11.30) 제3호(1907.12.30) 제4호(1908.1.30)	25~27 25~27 23~25	지리학 · 지문학
愛宇生	國家舌	국한문	제3호(1907.12.30)	16~19	국가학
李承瑾	政治問答	국한문	제4호(1908.1.30)	14~16	정치학
李命載	經濟學說	국한문	제4호(1908.1.30)	25~27	경제학

〈표 25〉『장학보』 소재 분과학문 관련 텍스트 목록
『奬學報』(1908년 1월 1일 창간, 1권3호 결호)

저자명	제목	표기	권호(발행일)	쪽수	학문분류
	政治學	국한문	1권1호(1908.1.1) 1권4호(1908.4.20) 1권5호(1908.5.20)	37~46 49~55 56~60	정치학
	法律槪要	국한문	1권4호(1908.4.20) 1권5호(1908.5.20)	56~60 60~67	법률학

〈표 26〉『대한학회월보』 소재 분과학문 관련 텍스트 목록
『大韓學會月報』(1908년 2월 25일 창간)

저자명	제목	표기	권호(발행일)	쪽수	학문분류
李東初 譯述	衛生要覽	국한문	제1호(1908.2.25) 제2호(1908.3.25) 제3호(1908.4.25) 제5호(1908.6.25) 제7호(1908.9.25)	38~42 17~20 30~33 18~20 35~37	위생학
尹定夏 譯	經濟學要義	국한문	제1호(1908.2.25) 제2호(1908.3.25) 제5호(1908.6.25)	42~46 24~26 12~16	경제학
東山 蔡基斗	法의 本質을 論홈	국한문	제1호(1908.2.25)	46~49	법률학
姜荃	物理學의 摘要	국한문	제2호(1908.3.25)	20~24	물리학
韓興敎	心理學의 精要	국한문	제4호(1908.5.25)	24~30	심리학
李昌煥	哲學과 科學의 範圍	국한문	제5호(1908.6.25)	16~18	철학,과학
李豊載	生理學의 普通要用	국한문	제7호(1908.9.25)	31~34	생리학
姜邁	西洋倫理學要義	국한문	제8호(1908.10.25) 제9호(1908.11.25)	22~25 37~38	윤리학
吳政善	立法司法及行政의 區別及意義	국한문	제9호(1908.11.25)	24~28	국가학

〈표 27〉『대동학회월보』 소재 분과학문 관련 텍스트 목록

『大東學會月報』(1908년 2월 25일 창간, 제17호 결호)

저자명	제목	표기	권호(발행일)	쪽수	학문분류
權輔相	法律學	국한문	제1호(1908.2.25)	43~49	법률학
荳泉生	法律發生의 原因	국한문	제1호(1908.2.25)	49~52	법률학
權輔相	法學用語解	국한문	제2호(1908.3.25) 제3호(1908.4.25) 제5호(1908.6.25)	22~27 39~44 22~26	법률학
	國家의 性質	국한문	제2호(1908.3.25)	27~32	국가학
	國家刑罰權의 根據	국한문	제2호(1908.3.25)	32~37	국가학
法律讀書人	罪刑에 關한 法定主義	국한문	제3호(1908.4.25)	24~29	법률학
法律讀書人	公權의 義意及種類	국한문	제4호(1908.5.25)	23~29	국가학
李琮夏	公法私法의 區別	국한문	제5호(1908.6.25)	10~15	법률학
	經濟學을 不可不讀	국한문	제5호(1908.6.25)	16~18	경제학
法律讀書人	統治權의 性質	국한문	제7호(1908.8.25)	25~29	국가학
法律讀書人	國體의 區別	국한문	제8호(1908.9.25)	20~28	국가학
法律讀書人	議會의 性質及其組織을 論홈	국한문	제10호(1908.11.25)	20~30	국가학
法律讀書人	資本에 就ᄒᆞ야 論홈	국한문	제13호(1909.2.25)	7~14	경제학
法律讀書人	國家의 法律上觀念	국한문	제14호(1909.3.25)	8~16	국가학
法律讀書人	主權國의 種類	국한문	제16호(1909.5.25)	7~14	국가학
李琮夏	法律學에 關ᄒᆞᆫ 概見	국한문	제18호(1909.7.25) 제19호(1909.8.25) 제20호(1909.9.25)	8~19 24~32 24~41	법률학

〈표 28〉『대한협회회보』 소재 분과학문 관련 텍스트 목록
『大韓協會會報』(1908년 4월 25일 창간)

저자명	제목	표기	권호(발행일)	쪽수	학문분류
松堂 金成喜	政黨의 事業은 國民의 責任	국한문	제1호(1908.4.25) 제2호(1908.5.25)	26~32 20~25	정치학
趙琬九 述	民法總論	국한문	제1호(1908.4.25) 제2호(1908.5.25) 제9호(1908.12.25) 제10호(1909.1.25) 제11호(1909.2.25) 제12호(1909.3.25)	34~36 31~33 24~28 34~38 24~27 28~31	법률학
石鎭衡	法律의 必要	국한문	제2호(1908.5.25)	27~31	법률학
金成喜	政黨의 責任	국한문	제3호(1908.6.25)	21~24	정치학
安國善	政黨論	국한문	제3호(1908.6.25)	24~26	정치학
元泳義	政體槩論	국한문	제3호(1908.6.25)	26~28	정치학
薛泰熙 述	憲法緖言	국한문	제3호(1908.6.25) 제5호(1908.8.25) 제6호(1908.9.25)	28~31 28~31 33~35	법률학
金陵居士	國家의 民事責任	국한문	제3호(1908.6.25)	35~39	국가학
元泳義	法律槩論	국한문	제4호(1908.7.25)	29~31	법률학
安國善	民法과 商法	국한문	제4호(1908.7.25)	31~33	법률학
元泳義	政治의 進化	국한문	제5호(1908.8.25) 제7호(1908.10.25) 제8호(1908.11.25) 제9호(1908.12.25) 제10호(1909.1.25) 제11호(1909.2.25) 제12호(1909.3.25)	24~26 25~26 22~24 21~22 28~29 22~23 20~21	정치학
安國善	古代의 政治學과 近世의 政治學	국한문	제6호(1908.9.25)	30~32	정치학
安國善	政府의 性質	국한문	제7호(1908.10.25) 제8호(1908.11.25) 제11호(1909.2.25)	26~28 24~26 20~22	정치학

저자명	제목	표기	권호(발행일)	쪽수	학문분류
			제12호(1909.3.25)	21～22	
卞悳淵	國民과 政治의 關係	국한문	제7호(1908.10.25)	28～31	정치학
中岳山人	法律을 不可不學	국한문	제7호(1908.10.25)	31～33	법률학
圓石散人	語學의 性質	국한문	제11호(1909.2.25)	11～12	언어학

〈표 29〉『호남학보』[1] 소재 분과학문 관련 텍스트 목록

『湖南學報』(1908년 4월 25일 창간)

저자명	제목	표기	권호(발행일)	쪽수	학문분류
李沂	梁氏學說	국한문	제1호(1908.4.25)	22～27	교육학
李沂	家政學說	국한문	제1호(1908.4.25) 제2호(1908.5.25) 제3호(1908.8.25) 제4호(1908.9.25) 제5호(1908.10.25) 제6호(1908.11.25) 제7호(1908.12.25) 제8호(1909.1.25) 제9호(1909.3.25)	27～33 18～26 17～24 17～25 12～20 12～19 12～19 6～11 8～12	가정학
李沂	國家學說	국한문	제1호(1908.4.25) 제2호(1908.5.25) 제3호(1908.8.25) 제4호(1908.9.25) 제5호(1908.10.25) 제6호(1908.11.25) 제7호(1908.12.25) 제8호(1909.1.25) 제9호(1909.3.25)	37～39 26～29 24～34 25～31 20～25 19～25 19～24 11～16 12～16	국가학
李沂 譯 淸儒	政治學說	국한문	제2호(1908.5.25) 제4호(1908.9.25)	29～33 31～34	정치학

1 『호남학보』 1호와 2호는 표지와 판권지의 발행일이 다르다. 여기서는 판권지에 기재된 날짜를 따랐다. 오해가 없기를 바란다.

梁啓超 著			제5호(1908.10.25) 제6호(1908.11.25) 제7호(1908.12.25) 제8호(1909.1.25) 제9호(1909.3.25)	25~27 25~27 24~27 16~20 16~19	
李沂	法學說	국한문	제4호(1908.9.25) 제5호(1908.10.25) 제6호(1908.11.25) 제7호(1908.12.25) 제8호(1909.1.25) 제9호(1909.3.25)	34~37 27~33 28~33 27~32 20~24 19~24	법률학
李沂	農學說	국한문	제6호(1908.11.25) 제7호(1908.12.25) 제8호(1909.1.25) 제9호(1909.3.25)	33~41 32~37 25~30 24~30	농학

〈표 30〉『서북학회월보』 소재 분과학문 관련 텍스트 목록
『西北學會月報』(1908년 6월 1일 창간)

저자명	제목	표기	권호(발행일)	쪽수	학문분류
	國家의 槪念	국한문	1권1호(1908.6.1)	15~19	국가학
	教育學의 區分	국한문	1권7호(1908.12.1)	4~5	교육학
鮮干○	國家論의 槪要	국한문	1권8호(1909.1.1) 1권9호(1909.2.1) 1권11호(1909.4.1) 1권12호(1909.5.1) 1권13호(1909.6.1) 1권14호(1909.7.1)	15~19 14~17 14~18 7~10 12~15 9~12	국가학
	學課의 要說	국한문	1권9호(1909.2.1) 1권10호(1909.3.1)	5~10 4~9	교육학
	諸學釋名 科學	국한문	1권11호(1909.4.1)	8~11	과학
	經濟學大綱	국한문	1권12호(1909.5.1) 1권13호(1909.6.1)	35~38 36~38	경제학
李命燮	生理學	국한문	1권16호(1909.10.1) 1권17호(1909.11.1) 1권18호(1909.12.1)	18~21 18~21 17~20	생리학
柳海瑛	植物學	국한문	1권18호(1909.12.1)	23~26	식물학
夢蓮 宋憲奭	生理衛生學	국한문	1권19호(1910.1.1)	24~28	생리학

〈표 31〉『교육월보』 소재 분과학문 관련 텍스트 목록

『敎育月報』(1908년 6월 25일 창간)

저자명	제목	표기	권호(발행일)	쪽수	학문분류
	대한디지(大韓地誌)	국문	제1호(1908.6.25) 제2호(1908.7.25) 제3호(1908.8.25) 제4호(1908.9.25) 제5호(1908.10.25)	15~23 14~20 14~19 11~17 9~14	지리학 · 지문학
	만국디지(萬國地誌)	국문	제1호(1908.6.25) 제2호(1908.7.25) 제3호(1908.8.25) 제4호(1908.9.25) 제5호(1908.10.25)	30~40 26~32 24~30 25~30 21~28	지리학 · 지문학
	산슐(算術)	국문	제1호(1908.6.25) 제2호(1908.7.25) 제3호(1908.8.25) 제4호(1908.9.25) 제5호(1908.10.25)	40~47 33~38 30~36 30~35 28~35	수학
	물리학(物理學)	국문	제1호(1908.6.25) 제2호(1908.7.25) 제3호(1908.8.25) 제4호(1908.9.25) 제5호(1908.10.25)	47~51 38~43 36~42 36~41 36~41	물리학
	위싱론(衛生論)	국문	제1호(1908.6.25) 제2호(1908.7.25) 제3호(1908.8.25) 제4호(1908.9.25) 제5호(1908.10.25)	52~58 44~49 42~47 41~46 41~46	위생학

〈표 32〉『자선부인회잡지』 소재 분과학문 관련 텍스트 목록

『자선부인회잡지』(1908년 8월 5일 창간)

저자명	제목	표기	권호(발행일)	쪽수	학문분류
김범경	디리문답	국문	제1호(1908.8.5)	25~29	지리학 · 지문학

〈표 33〉『기호흥학회월보』 소재 분과학문 관련 텍스트 목록
『畿湖興學會月報』(1908년 8월 25일 창간)

저자명	제목	표기	권호(발행일)	쪽수	학문분류
鄭永澤	教育의 目的	국한문	제1호(1908.8.25)	29~32	교육학
劉秉珌	生理의 正義及緒論	국한문	제1호(1908.8.25) 제2호(1908.9.25) 제3호(1908.10.25) 제4호(1908.11.25) 제5호(1908.12.25) 제6호(1909.1.25) 제7호(1909.2.25) 제8호(1909.3.25) 제9호(1909.4.25) 제10호(1909.5.25) 제11호(1909.6.25) 제12호(1909.7.25)	33~35 26~28 25~27 18~20 12~15 23~25 10~12 23~25 19~20 17~19 22~24 18~20	생리학
朴晶東	地文略論	국한문	제1호(1908.8.25) 제2호(1908.9.25) 제4호(1908.11.25) 제6호(1909.1.25) 제8호(1909.3.25)	36~37 38~39 29~30 14~15 12~13	지리학· 지문학
安國善	政治學硏究의 必要	국한문	제2호(1908.9.25)	28~30	정치학
閔大植	鑛物學	국한문	제2호(1908.9.25) 제3호(1908.10.25) 제4호(1908.11.25) 제6호(1909.1.25) 제7호(1909.2.25) 제8호(1909.3.25) 제9호(1909.4.25) 제10호(1909.5.25) 제11호(1909.6.25) 제12호(1909.7.25)	30~32 33~36 21~22 25~27 15~17 19~21 11~13 19~20 24~26 21~22	광물학
金鳳鎭	動物學	국한문	제2호(1908.9.25) 제3호(1908.10.25) 제5호(1908.12.25)	32~34 28~29 15~16	동물학

저자명	제목	표기	권호(발행일)	쪽수	학문분류
			제6호(1909.1.25) 제7호(1909.2.25) 제8호(1909.3.25) 제11호(1909.6.25) 제12호(1909.7.25)	22~23 13~14 22~23 11~12 30~31	
元泳義	植物學	국한문	제2호(1908.9.25) 제3호(1908.10.25) 제4호(1908.11.25) 제5호(1908.12.25) 제6호(1909.1.25) 제7호(1909.2.25) 제8호(1909.3.25) 제9호(1909.4.25) 제10호(1909.5.25) 제11호(1909.6.25) 제12호(1909.7.25)	34~36 27~28 22~23 24 15~16 12~13 18~19 16~17 14 12~13 20~21	식물학
尹成熙	經濟學	국한문	제2호(1908.9.25)	39~42	경제학
鄭永澤	教育學	국한문	제2호(1908.9.25) 제3호(1908.10.25) 제4호(1908.11.25) 제5호(1908.12.25) 제6호(1909.1.25) 제7호(1909.2.25)	42~44 31~32 23~25 17~18 12~14 24~26	교육학
金夏鼎	大韓新地理學	국한문	제3호(1908.10.25)	29~31	지리학·지문학
李範星	法律學	국한문	제4호(1908.11.25) 제5호(1908.12.25) 제6호(1909.1.25) 제7호(1909.2.25) 제8호(1909.3.25) 제10호(1909.5.25)	27~29 18~20 32~34 26~27 26~27 25~27	법률학
安國善	古代의 政治學	국한문	제4호(1908.11.25)	30~32	정치학
李海朝	倫理學	국한문	제5호(1908.12.25) 제6호(1909.1.25)	21~24 16~19	윤리학

저자명	제목	표기	권호(발행일)	쪽수	학문분류
			제7호(1909.2.25) 제8호(1909.3.25) 제9호(1909.4.25) 제10호(1909.5.25) 제11호(1909.6.25) 제12호(1909.7.25)	17~19 30~32 28~30 11~14 26~29 24~26	
洪正裕	法學	국한문	제8호(1909.3.25) 제9호(1909.4.25)	13~16 17~19	법률학
李範星	化學問答	국한문	제12호(1909.7.25)	26~28	화학

〈표 34〉 『소년』 소재 분과학문 관련 텍스트 목록

『少年』(1908년 11월 1일 창간)

저자명	제목	표기	권호(발행일)	쪽수	학문분류
	花學敎室	국한문	2년5권(1909.5.1)	5~47	식물학
	地理學硏究의 目的	국한문	2년10권(1909.11.1)	83~97	지리학 · 지문학
	國家의 競爭力	국한문	2년10권(1909.11.1)	108~109	국가학
	初等 大韓地理 稿本	국한문	3년4권(1910.4.15)	5~44	지리학 · 지문학

〈표 35〉『공업계』 소재 분과학문 관련 텍스트 목록

『工業界』(1909년 1월 28일 창간)

저자명	제목	표기	권호(발행일)	쪽수	학문분류
李弼夏	應用化學의 槪論	국한문	1권1호(1909.1.28)	10~11	화학
鄭海설	化學	국한문	1권1호(1909.1.28) 1권2호(1909.2.28) 1권3호(1909.4.28)	11~24 33~36 33~37	화학
尹正燮	物理學 總說	국한문	1권1호(1909.1.28) 1권2호(1909.2.28) 1권3호(1909.4.28)	32~34 32~33 31~33	물리학

〈표 36〉『대한흥학보』 소재 분과학문 관련 텍스트 목록

『大韓興學報』(1909년 2월 20일 창간)

저자명	제목	표기	권호(발행일)	쪽수	학문분류
洪鑄一 譯	地文學(地球의 運動)	국한문	제3호(1909.5.20) 제4호(1909.6.20) 제5호(1909.7.20) 제6호(1909.10.20)	36~39 32~34 26~28 48~52	지리학· 지문학
種樹生 譯	森林學	국한문	제3호(1909.5.20)	39~42	삼림학
朴海遠	國家種類의 大略	국한문	제4호(1909.6.20)	35~37	국가학
SK生	政治論	국한문	제8호(1909.12.2) 제9호(1910.1.2)	33~35 23~26	정치학
李寶鏡	文學의 價値	국한문	제11호(1910.3.2)	14~18	문학

〈표 37〉『교남교육회잡지』 소재 분과학문 관련 텍스트 목록
『嶠南教育會雜誌』(1909년 4월 25일 창간, 제9호 결호)

저자명	제목	표기	권호(발행일)	쪽수	학문분류
李然庠	地理學의 原理	국한문	제3호(1909.5.25) 제4호(1909.7.25)	1~2 2~9	지리학· 지문학
金商敎	法律學	국한문	제8호(1909.12.25) 제10호(1910.3.25)	2~4 1~2	법률학
金科奉	生理學	국한문	제8호(1909.12.25)	4~8	생리학

〈표 38〉『보중친목회보』 소재 분과학문 관련 텍스트 목록
『普中親睦會報』(1910년 6월 10일 창간)

저자명	제목	표기	권호(발행일)	쪽수	학문분류
金容喆	最近泰西科學의 概觀	국한문	제1호(1910.6.10)	51~58	과학
李秀三	動物進化의 概意	국한문	제1호(1910.6.10)	69~80	동물학
周時經	한나라말	국문	제1호(1910.6.10)	86~92	언어학
金仁湜	天文學史의 概要	국한문	제1호(1910.6.10)	93~95	천문학
金振璜	地文學問答	국한문	제1호(1910.6.10)	95~99	지리학 ·지문학
吳一英	無機化學의 問答	국한문	제1호(1910.6.10)	99~104	화학
咸大爕	物理學의 地位, 研究法, 效用及區分	국한문	제1호(1910.6.10)	104~107	물리학
張道淳	植物學의 一斑	국한문	제1호(1910.6.10)	107~111	식물학
趙東薰	數學(MATHEMATICS)	국한문	제1호(1910.6.10)	111~120	수학
李宗萬	礦物及地質에셔	국한문	제1호(1910.6.10)	122~125	광물학

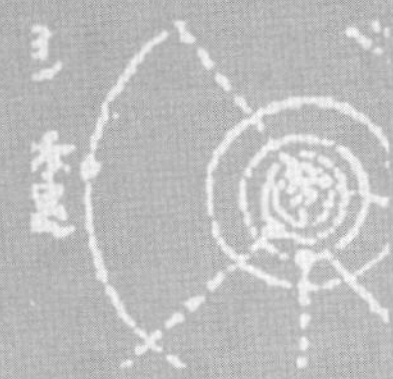

2부

분과학문의 분류와 사례

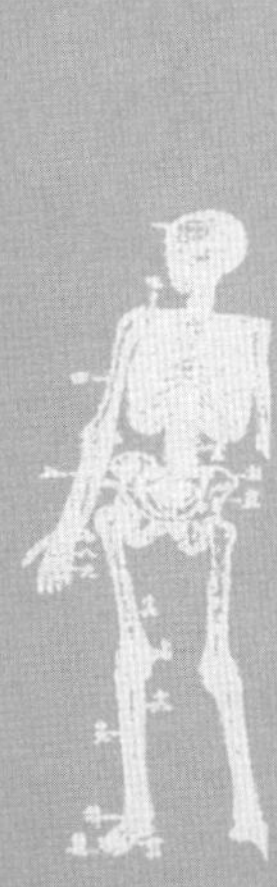

근대 초기 잡지는 전체 가운데 1/3 정도가 영인되어 있지만 나머지는 각 도서관에 산재해 있어서 연구자들의 접근성이 떨어졌다. 또한 잡지에 게재된 분과학문 관련 글들이 국한문으로 작성되어 있어서 가독성 역시 떨어졌다. 2부에서는 분과학문 별로 관련 텍스트 목록을 작성하고, 해당 학문마다 대표적인 글을 뽑아 국문으로 전환하여 사례를 제시하고자 한다. '가정학(家庭學)'의 경우 해당하는 글이 「가정학설(家政學說)」 한 편인데, 국문과 국한문을 함께 사용하고 있다. 여성들이 읽기 쉽게 국한문 문장을 국문으로 번역하여 같이 실었던 것이다. 원본 자체가 가지고 있는 특성을 살리기 위해 이 글은 국한문을 국문으로 전환하지 않았다. 당시 소개된 25종의 분과학문을 인문학과 자연과학으로 대별했으며, 각 학문의 분류는 근대 초기 논자들을 따랐다.

사례는 다음과 같은 기준으로 선정하였다. 첫째, 각론보다는 개론의 형식을 취하여 해당 분과학문을 가장 포괄적으로 설명하고 있는 글을 선택했다. 둘째, 직역에 가까운 글보다는 필자의 재구성을 어느 정도

포함하고 있어서 근대학문의 수용과 형성과정을 살피기 좋은 글을 선정했다. 셋째, 보통학교보다는 전문학교 수준에 해당하는 독자를 상정하고 있는 글을 뽑았다. 넷째, 위의 요구를 충족시킨 글이 여러 편일 경우 게재된 잡지가 공개되지 않아서 접근성이 떨어지는 글을 선택했다. 가능한 한 다양한 매체와 논자의 글을 예시하려 했지만 앞의 네 가지 기준을 우선했음을 밝힌다.

일러두기

1. 이 책 2부에 실은 자료들은 근대 초기에 발행된 잡지에서 가려 뽑은 것이다.
2. 가독성을 높이기 위해 원문의 의미를 훼손하지 않는 범위에서 국한문(國漢文) 문장을 한글 문장으로 고쳤으며, 확인이 필요한 원문의 한자는 병기하였다.
3. 맞춤법과 띄어쓰기는 지금의 원칙에 따라 수정했으나, 질감이 독특한 일부 단어와 어미의 경우 당시의 표기를 존중했다.
4. 문맥상 오식(誤植)임이 분명한 글자는 주석을 달아 오식임을 밝히고 [ ] 안에 바로잡았다.
5. 판독 불가능한 글자는 □로 표시했다.
6. 인명(人名), 지명(地名), 서명(書名) 표기는 원문을 그대로 따랐다.
7. 구두점과 문장부호는 간행 당시의 관례를 존중하여 가능한 그대로 두었다. 다만 불필요하게 남발된 쉼표는 지금의 어법을 고려하여 조정했다.

1장_인문학

1. 문학

〈표 39〉 '문학' 관련 텍스트 목록

잡지명	저자명	제목	표기	권호(발행일)	쪽수
大韓興學報	李寶鏡	文學의 價値	국한문	제11호(1910.3.2)	14~18

이보경, 「문학의 가치」

1910년 3월 20일

「문학」은 인류역사상에 심히 중요한 것이라. 이제 나와 같은 한서생寒書生이 「문학의 가치」를 논한다 하는 것은 자못 외월猥越한 듯하나 지금껏 아한문단我韓文壇에 한번도 이러한 언론을 보지 못하였나니, 이는 곧 「문학」이라는 것을 한각閒却한 연유이로다. 무릇 아한의 현상은 가장 급업岌業하야 전국민이 모두 실제문제에만 악착齷齪하는 고로 얼마큼 실제문제에 소원한 듯한 문학 등에 대하여는 주의할 여유가 없으리라. 그러나 문학은 과연 실제와 몰교섭沒交涉한 무용無用의 장물長物일까, 이는 진실로 선결할 중요문제로다. 이제야 나는 천견박식淺見薄識

을 불고하고 감히 수언數言을 늘어놓고자 하노라.

본론에 들어가는 해제楷梯로 「문학이라는 것」에 관하야 극히 간단히 서술하겠노라.

「문학」이라는 단어의 유래는 심히 요원하야 확실히 그 출처와 시대는 상고하기 어려우나, 하여튼 그 의의意義는 본래 「일반학문」이러니 인지가 점진하야 학문이 점점 복잡히 됨에 「문학」도 차차 독립이 되야 그 의의가 명료히 되야 시가, 소설 등 정情의 분자分子를 포함한 문장을 문학이라 칭하게 이르렀으며(이상은 동양)

영어에 (Literature)「문학」이라는 단어도 또한 전자와 약동略同한 역사가 있는 것이라.

동양은 기후가 고르지 않고, 토지가 불모하야 생활이 곤란한 토지(방국邦國이나 지방地方)가 많은 고로 의식주의 원료를 얻음에 급급하야 지智와 의意만 중히 여기고 정情은 천홀賤忽히 하야 이를 배척하며 멸시하여 온 고로 정을 주主하는 문학 또한 유희소한遊戱疏閒에 불과하게 알아온 지라, 그럼으로 그 발달이 지지遲遲하였으나, 저 구주歐洲는 이에 반하야 그 대부분은 기후온화하고, 토지비옥하야 생활에 여유가 많은 고로 인민이 지智와 의意에만 급급치 안이하고 정情의 존재와 가치를 깨달은 지라. 그럼으로 문학의 발달이 속히 되어서 금일에 이르렀나니라.

이를 읽으시면 제씨諸氏는 「그런즉 문학이라는 것은 생활에 여유가 많은 온대국민溫帶國民에게 필요할지나 생활에 여유가 없는 아한(아한도 역시 온대에는 처하나 한대에 가까운 온대니라)국민에게야 무슨 필요가 있으리요」 하는 질문이 일어날지나, 이는 그렇지 않도다. 생활에 여유가 많은 국민에는 비교적 더 발달이 된다 함이요 결코 문학은 이들 국민에

만 필요하다 하는 것은 아니라. 인류가 생존하는 이상에 인류에게 학문이 있는 이상에는 반드시 문학이 존재할지니 생물이 생존함에는 식료가 필요함과 같이 인류의 정이 생존함에는 문학이 필요할지며, 또 생겨날지라. 다시 말하건대 인류가 지가 있음으로 과학이 생기며 또 필요한 것과 같이 인류가 정이 있을진대 문학이 생길지며 또 필요할지라. 고로 그 진보발전의 법도는 토지를 좇아, 국민의 정도를 좇아, 또는 시세와 경우를 좇아 지완성쇠遲緩盛衰의 차이가 있으리로대 문학 그것은 인류가 생존할 때까지는 존재할지니라.

그러면 「문학」이라는 것은 무엇이며, 또 어떠한 가치가 있느뇨?

문학의 범위는 심히 넓으며 또 그 경계선도 심히 몽롱하야 도저히 한마디 말로 폐지弊之할 수는 없으나 대개 정적情的 분자를 포함한 문장이라 하면 큰 실수는 없으리라. 고로 예로부터 꽤 많은 학자들의 정의가 분분하되 일정한 것은 없고, 시, 가歌, 소설 등도 문학의 일부분이니 이러한 부류에는 특별히 문예라는 명칭이 있느니라.

원래 문학은 자못 정적만족情的滿足 즉 유희로 생겨나며 또 다년간 이와 같이 알아왔으나 점점 이것이 진보발전함에 이르러서는 이성이 첨가하야 우리의 사상과 이상을 지배하는 주권자가 되며 인생문제해결의 담임자擔任者가 된지라. 이를 비유하건대 열대熱帶에 사는 사람이 어느날 능금을 먹다가 그 씨를 땅 속에 묻었더니 거의 십년이 지난 후에는 그 능금나무가 가지에 잎이 무성하야 불타는 듯한 양염陽炎에 청량한 그늘을 이룬 후에야 그 자손이 훼사燬死를 면하는 처소가 된 것과 같도다. 고로 금일 소위 문학은 과거 유희적 문학과는 전혀 다르니 과거 시가소설은 자못 소한유민銷閑遺悶의 오락적 문자에 불과하며 또 그 작자作者도 이와 같은 목적에 벗어나지 않았으나(모두가 그러하다 함은 아니나 그 대부분은) 금일의 시가소설은 결코 그렇지 않아 인생과 우주의 진리를 천발闡發하며 인생의 행로를 연구하며 인생의 정적情的(즉 심리상) 상태와 변천을 공구攻究하며 또 그 작자도 가장 침중한 태도와 정밀한 관찰과 심원한 상상으로 심혈을 관주灌注하나니 과거의 문학과 금일의 문학을 혼동치 못할지로다. 그러하거늘 아한동포 대다수는 이를 혼동하야 문학이라 하면 곧 일개 오락으로 사유하니 참 개탄할 바이로다.

이상 개론한데서 문학의 보편적 가치는 대강 요해了解하였으리라. 이하 부론附論같이 아한의 현상과 문학과의 관계를 잠시 언급하겠노라.

서양사를 읽으신 제씨諸氏는 아시려니와 금일의 문명이 과연 어떤 곳에서 좇아 도래하였는가. 제씨는 추왈陬曰 「뉴-톤의 신학설新學說(물리학의 대진보), 다윈의 진화론, 왓트의 증기력 발명이며, 기타 전기공예등의 발전진보에서 왔다고 하였다」 하리라. 실노 그러하도다 누가 능히 이를 부인하리요만은 한 번 더 그 근원을 거슬러 구하면 십오륙세기경 「문예부흥」이 있음을 발견할지라. 만일 이 문예부흥이 없어서 인민이 그 사상의 자유를 자각하지 안이하였던들 어찌 이 같은 발명이 있었으며 금일의 문명이 있었으리요. 그런즉 금일의 문명을 부정하면 더 이상 말할 필요가 없지만 만일 이를 인정하며 이를 찬양하면 문예부흥의 공을 인정할지요, 또 근세문명의 일대자격되는 경천동지하는 불국대혁명의 활극을 연출함이 불국혁신신문학자 릇소-(Roussau)의 일지필一枝筆의 힘이 안이며 또 북미 남북전쟁시 북부인민의 노예애련奴隷愛憐하는 정情을 움직이게 하야 격전 수년에 다수 노예로 하여금 자유에 환락歡樂케 한 자 스토이, 포스터 씨 등 문학자의 힘이 아닌가.

대저 누억累億의 재財가 창름倉廩에 넘치며 백만의 병사가 국내에 나열하며 군함총포검극이 예리무쌍銳利無雙하던들 그 국민의 이상이 굳세지 않으며 사상이 높지 아니하며 어찌 사용함이 있으리요. 그런즉 한 나라의 흥망성쇠와 부강빈약은 온전히 그 국민의 이상과 사상여하에 있나니 그 이상과 사상을 지배하는 것이 학교교육에 있다 할지나 학교에서는 자못 지智나 배울지요 그 외는 얻지 못하리라 하노라. 그런즉 무엇하오. 말하기를 문학이니라.

2. 철학

〈표 40〉 '철학' 관련 텍스트 목록

잡지명	저자명	제목	표기	권호(발행일)	쪽수
太極學報	學海主人	哲學初步	국한문	제21호(1908.5.24) 제22호(1908.6.24)	40~44 32~37
大韓學會月報	李昌煥	哲學과 科學의 範圍	국한문	제5호(1908.6.25)	16~18

학해주인, 「철학초보」

1908년 5월 24일

1. 서론

무릇 철학은 그 뜻이 심광甚廣하야 고래古來의 허다한 학자가 각양불일各樣不一의 정의를 제출하였으니 도저到底 오배吾輩의 거정遽定키 어려운 바인즉 이에 사물의 원리를 고구考究하는 학學이라는 막연한 정의로써 만족히 정하고자 하노니 소위 별반의 저애抵礙가 없음을 인함이라. 대저 물체 운동의 이理를 설명함은 물리학이라 말하고, 분자화성分子化成의 이理를 설명함은 화학이라 말하고, 실물實物의 장광후長廣厚와 수량을 설명함은 수학이라 말하고, 일월성진日月星辰의 이理를 설명함은 천문학이라 말하고, 동식물 생존의 이理를 설명함은 생리학이라 말하야 이러한 제과諸科의 총칭을 과학 혹은 이학理學이라 칭하니 그 과목을 분괄하면 그 범위가 광대한 듯 하나 그렇지 않은 것 두 가지가 있으니 제 일은 일방一方에 편재한 고로 전체를 총괄하야 그 원리를 고구키 불능하고, 제 이는 단지 객관을 주장하야 주관을 불문하니 사물의 온오蘊奧를 고구키 불능하나니 가령(제일)물리학 중에는 사회의 진화흥망지리進化興亡之理를 논하지 못하였으며, 화학 중에는 운동의 정칙定則을 설명하지 못하였으며, 수학 중에는 혈액순환의 이理를 설명하지 못하였으므로 이것이 일방一方에 편벽함이 아니며 제이 물체에 현출하는 광선이 망막의 영조映照함은 해론解論하였으나 물物의 안목으로 견해見解하는 소이는 설명치 못하였으며 점點이 있고 선線이 있으며 시간이 있고 공간이 있으며 세력이 있고 물체가 있음은 설명하였으나 그 소유를 결정하는 관념은 하물何物인 것을 설명치 못하고 관념의 원리는 사지불고捨之不顧 하였으니 그 각자의 일부만은 고구하였으되 객관에 상대한 주관과 물체에 상대한 정신은 설명치 못하였으니 고로 이학理學으로는 일정칙一定則을 단 설명하고 원리를 고구함은 도저히 불능하나 그러하나 철학은 그렇지 않아 이학의 제과諸科를 총괄하고 일정의 법칙을 해설하야 굉대宏大한 우주와 미소微小한 분자며 영구한 고금古今도 일일히 응용하야 무오무착無誤無錯의 원리原理를 설명하나니 그런즉 철학은 이학 제과 이상의 고상한 지위를 점령하고 천지만물의 원리를 망라하며 과거 현재 또 미래의 사변事變을 포괄하였으니 고로 다음에 기록한 두 종의 공용功用이 있는 것이라 칭할지로다.

제 일. 철학은 심의心意를 발달케 하나니, 대저 우주간에 제일 귀하고 제일 중요한 것인 사람이요 사람의 제일 귀하고 제일 귀중한 것은 심의心意인데 철학이 이 귀중한 심의를 발달케 하는 것인즉 그 공용功用의 귀중한 바를 확지確知할 바이오.

제 이. 철학은 앞에서 늘어놓은 것과 같이 모든 과학을 총합한 것이니 심리, 윤리, 논리, 법리, 정치, 사회, 역사 등 제학諸學의 근원이며 이들 제학諸學을 확호確乎 선명하야 완전한 기초를 확정하였으니 이게 철학의 공용功用이로다.

그러한즉 철학의 범위는 어떠하뇨. 이는 앞에서 서술한 대략으로 족히 설명할 듯하나 대저 철학이 유시이래有始以來로 금일까지 제가諸家의 창론唱論이 구구불일區區不一하여 확정에 미치지 못하였으니 금일 이후에도 역시 확정키가 용이치 못할지라. 고로 철학 명칭의 기원을 먼저 늘어놓아 그 범위를 설명하고자 하노라. 최초에 희랍인希臘人 쎌니드 가 철학의 단서를 창개創開하니 당시에는 그 명칭도 아는 자가 선소鮮少하였고, 그 후에 피다쓸라스 시대에 이르러 철학과 철학자의 언어를 초용稍用하였고 속클나티스 시대에 이르러는 철학의 기초가 완전한 지경에 태근殆近하였으며 아리스로텔스 시대에 이르러는 완전한 기초를 조성하였는데 철학의 원어原語 필로쏘피(희랍어希臘語로 철학이라는 말)는 원래 지식을 사랑한다는 칭의稱義요 철학자의 원어 필로솝퍼는 지식을 사랑하는 자라는 의의意義이나 단지 지식을 사랑하고 지식을 사랑하는 자라 칭함으로는 유감이 없지 않다 하여 당시 일반 학자가 종종 어의語義를 창출할 때 피다쓸나쓰가 철학이라는 어희語義에 정의를 다음과 같이 선창하였으니

철학이라 함은 지식을 사랑함이니 천도天道 인사人事를 고구考究하며 만유萬有의 존립을 고구하는 학學이라 하였고

속클라티쓰의 문도門徒 프레트는 말하되

철학은 불변불동不變不動의 사리事理를 고구하는 학學이며 실제의 사물을 고구하며 소유所有의 인력人力으로 신운神雲을 모방하는 것이라

하였고 피다슬나쓰가 철학자라는 단어에 대하야 정의定義를 제출하여 말하길 인생은 오림픽(희랍에서 사년에 한 번씩 집행하는 대제명大祭名)의 유희와 흡사하니 그 중에 이익을 도모하는 자도 있으며 명예를 구하는 자도 있으나 철학자는 이 양자 이외에 탁출卓出한 자이니라 하고

프레트가 철학자라는 의의意義를 창출唱出하여 말하길

철학자는 실질을 구극究極하는 자라 칭하였으니 피다슬나쓰의 철학은 유물론唯物論을 주장하였고 속클리라티쓰의 철학은 윤리의 일방一方으로 편향하였으며 프레트는 관념만 위주한 경향이 있었으니 이상 제인諸人의 의견으로써 철학의 범위를 정하기는 도저히 어려운 일이라. 고로 아리스토텔의 주론主論으로써 제일 철학이라 명명하나니 그 창론唱論에 말하길 철학은 사물 종극終極의 원리를 고구하는 학學이라 한지라 후인後人이 형이상학이라 개칭하였으며 알력산듸아학파에 이르러는 철학의 범위를 일층 확정하고 형이상학 즉 실체학實體學, 심의학心意學, 합리신학合理神學, 세계형질학世界形質學을 포괄하고 윤리학, 심미학, 논리학 등을 부속하였은즉 성상星霜의 경과함을 쫓아 철학과 형이상학이 동일한 의의意義로 경행傾行하였더라. 이래爾來 형이상학을 순정철학純正哲學이라 별칭 하였으나 영국 석학 뻬콘 이 실험철학實驗哲學(실물에 징명徵明함으로 위주함)을 주창한 이래로 동국同國 학자 록, 스펜사 등 제씨가 이 파派에 속하고 덕국德國 학자 칸트, 피히틔, 셸링, 혜-껠 등 제씨가 불국佛國 중흥철학자中興哲學者 떼카-트 파派에 속하야 형이상학(논법論法으로 유주由主함)을 봉숭奉崇하야 기직旗職을 각수상쟁各竪相爭하였으니 형이상학은 혜-껠에 이르러 극점極點에 도달하였으며 실험학파實驗學派는 스펜사에 이르러 극점에 이르렀은즉 양씨 철학의 상반

相反이 동서와 흡사하도다. 그러한즉 덕국 철학은 형이상학을 위주하였고 영국 철학은 형이하로부터 형이상에 진급進及고자 하였으니 그 폐해를 논급論及하건대 영英은 비록 착실하나 비루한 방향에 유거流去키 용이하겠고 덕德은 비록 고상하나 공막空漠한 방면에 함입陷入키 용이하겠으니 하나 얻는 것이 있으면 하나 잃는 것이 다시 있어 금일에 이르러서도 필경 그 범위가 미정되었도다.

주註 영국 철학은 순정철학純正哲學과 심리학, 윤리학 등을 총괄한 것이니 스펜사의 말한 바에 의거하건대 철학은 다음과 같으니

철학은 이학理學을 개괄한 것이매 이학 범위 내에 포재包在한 것은 물론 그 범위 내에 함입含入하되 신神의 성질과 우주의 무한 유한은 그 범위 밖에 존재한 것인고로 획론劃論할 여지가 없느니라 하였으니 개요를 거론컨대 스펜사의 주의는 철학을

철학원리(즉 철학의 원리를 개론한 것)

생물학(즉 동식물의 원리를 논한 것)

심리학(즉 인생의 원리를 논한 것)

사회학(즉 사회를 조직한 인생의 원리를 논한 것)

윤리학(즉 문명에 최정점에 달한 인생의 원리를 논한 것)

이와 같은 것으로 나누어 열거하였도다. 본편에 철학의 범위를 별정別定한 바는 없으나 이상 제가諸家의 창설唱說에 의하야 그 대의大意를 다음에 게재코져 하노라.

한 손님이 희랍철학자 아리스테파스에게 묻기를 군의 철학을 근수勤修함은 무슨 까닭이뇨? 대답하길 우주만물을 이용하고자 함이니라.

안에 그 질質이 없고 밖으로 그 문文을 학學함은 지脂를 화畵하며 수水

를 누鏤함과 흡사하야 시일을 공비空費하되 그 공功만 허손虛損하느니라.

앗타쩰니 씨는 말하되 종교를 불신하는 자는 불온의 생활을 상작常作하느니라.

포-프 씨는 말하되 우리는 인생의 대양大洋을 표류하나니 도리는 그 나침반이요, 정욕은 그 구풍颶風이니라.

모-루 씨는 말하되 나는 관직도 불구不求하며 황금도 불원不願하고 유가치有價値한 무량無量의 한극閑隙과 기회機會를 존귀尊貴히 촌도忖度하나니 그러므로 황금을 위해서는 사소한 시간이라도 용비用費하지 아니하노라.

1908년 6월 24일

논거論據

(제일)공간, 시간, 물질, 운동, 세력

저 천상天象을 우러러 보아라. 대양大陽의 체대體大가 우리 지구의 일백오십만배가 되고 지구와 상거相距가 대략 삼억 팔천 구백이십만리라 말하니 그 대大 그 원遠을 상상컨대 우리의 생각하는 힘으론 도저히 추급推及키 어렵되 이는 우리 태양계의 일부뿐이라. 현재 태양계의 대약大約을 거열擧列컨대 지구와 같은 유성이 이백여개요 달과 같은 위성이 무릇 십여개라 말하니 유성 중 가장 먼 것을 상찰想察컨대 태양에서 십이억만리 상거相距되는 해왕성이 있으니 그런즉 태양계의 주위가 십이억만리의 두 배 즉 이십사억만리 가량이요 이에 태양체대太陽體大의 직경 사십구억만리를 더하면 칠십삼억만리니 태양계로만도 칠십삼억만리의 공간을 점유하였을지라. 이로써 관찰하건대 총천체總天體는 얼마나 원대한 공간을 점유하였을는지.

제군이여. 저 천공天空에 기포나열碁布羅列한 성숙星宿을 우러러 보아라. 그중에 항성恒星(우리 육안으로 능히 볼수 있는 것)만도 그 수가 대략 육천개라 하니 만일 관천기觀天器를 의거하여 보면 그 수가 기천만인 것을 알지 못할지며 항성이라 하는 것은 무비아태양無非我太陽과 동일한 크기의 것도 있고 태양보다 더욱 거대한 것도 많을 뿐 아니라 기백개의 유성과 기천개의 위성을 가지고 있을지니 그 직경을 말하면 수억천만리의 원대한 공간을 점유하였을 터이오 우리의 가장 가까운 지위에 있는 항성이 지구에서 일백구십이조억만리를 떨어져 있는데 그 광선이 일초 간에 십팔만륙천리씩을 진행하야 오만년 후에야 지구에 도달한다 하니 이 일로 볼지라도 우주의 거대함을 가히 헤아릴 터이오.

다음은 시간이니 이 역시 무한무극無限無極한 것이라. 우리가 통상 억만년 전 일을 추고推考컨대 막막하야 제애際涯가 없고 억만년 이후를 장망將望할지라도 역시 묘묘망망渺渺茫茫하니 차호嗟呼라. 시간의 한극限極이여. 우리는 도저히 상상치 못하리로다. 그런즉 공간과 시간의 관념은 무엇으로 좇아 생겨나느뇨. 이는 세력(즉힘)의 저항을 인하여 생겨나는 것이니 무릇 우주간의 무수한 물질이 무비상응상보無非相凝相集하야 그 친화력으로 만종萬種의 형태를 조성하였으나 그러하나 우리가 물체의 존재여부를 인지함은 단지 안력眼力으로도 불가급不可及이요 청력聽力으로도 불가급인즉 물체의 감촉을 실험한 연후에야 비로소 그 존재를 인식할지니 어찌하리오. 대저 눈으로만 물체의 존재를 증명키가 도저히 불가능한 사실인즉 그 예를 잠시 살피건대 유아나 야만인은 경험의 넉넉하지 못함으로 인하여 거울에 비치는 자기 얼굴과 수면에 조현照懸하는 그 맵시를 보면 혹은 나의 원수인가 작란作亂함으로 오인하고 혹은 수신水神이 변화함으로써 자인하야 스스로 두려워하는 행동이 많지 아니하뇨. 그러하나 다소 경험이 있고 실례를 섭유涉有한 자는 사견상思見上에 소허少許도 오해가 없나니 이에 목전에 의자 한 개가 있음을 보고고 우리의 수족으로 저촉함에 힘의 저항을 각지覺知하야 물체의 존재를 시인하려니와 저 거울 속에 비친 모습은 눈에는 능히 보이되 감촉도 느낄 수 없고 저항도 없으니 그러한즉 시간의 관념과 공간의 관념이 세력을 인하야 처음 분별하는 것이라 말하리로다.

(제이)물질의 불멸不滅

한 잔의 물도 폭쇄曝晒할 때는 경각간頃刻間에 건진乾盡하고 일정一丁의 납촉蠟蠋도 연소할 때는 수유須臾에 소진하나니 우리 범안凡眼으로 이를 관찰컨대 수여납촉水與蠟蠋이 일절 진거무유盡去無遺한듯하나 그러하나 그 실實은 건진乾盡한 바도 아니요 소멸한 바도 아닌 즉 물은 태양열을 받아 기체로 변하였으되 물질은 의연히 존재하야 추호도 증감이 없음으로 조만간 한랭寒冷을 당하면 운우雲雨도 되고 상설霜雪도 되어 천하泉河가 이로써 근원이 되고 강해江海가 이로써 연못이 되며 납촉蠟燭은 수소 탄소로 조성된 것이매 공기 중의 산소를 당하면 결합하야 연기가 되고 불꽃이 되어 공기 중에 비산飛散하나 역시 물질(수소, 탄소)은 의연히 공기 중에 현재하나니 그런즉 우주간에 존재한 물질은 천지개벽의 처음부터 미래 영원까지 소허少許의 증감이 없고 혹 신생 소멸한 것은 단지 제물질로 생성한 물체의 고체가 액체가 되고 액체가 고체가 되는 것이니 외관상으로 그 용량만 증감할 뿐이로다.

(제삼)운동의 단속斷續

운동이란 것은 일미일창一彌一漲하야 파란을 이루되 종시 한 모양의 상태를 이루지 못하나니 가령 달의 차고 기움이 있고 바다에 조석이 있음과 같이 돌을 물에 투입하면 물은 파문을 일으키고 바꾸어 말하기를 척확尺蠖의 굴屈함은 신연伸延을 위함이라 하며 우리가 걸을 때에는 족지足趾를 불득불 굴신屈伸하고 금조禽鳥도 날고 움직일 때는 날개를 고상翱翔하며 고기가 헤엄칠 때에도 기미鰭尾를 신축하고 유성遊星도 자전 공전의 운동이 있고 시계도 우방에서 좌방으로 좌방에 우방을 향하여 회전을 그치지 않으매 하루에 주야가 있고 일년에 한서寒暑가 있으며 연年에 흉년과 풍년이 있고 하늘에 청음晴陰이 있으며 초목에 영고榮枯가 있으니 이것이 무비운동無非運動의 대파란이요.

우리가 신체상에도 이를 응용컨대 건강과 질고가 있으며 열에 고저가 있고 소년보다 장년에 이르기까지는 체량體量이 차제 증가하고 장년으로부터 노년에 이르기까지는 체량이 차츰 감하하되 자세히 살펴보건대 소년시대로부터 장년시대에 이르기까지 그 사이에도 체량의 증감이 있고 장년시대로부터 노년시대에 이르기까지도 역시 그러하니 다시 일층 세언細言 하자면 하루 반시 수분 수초의 틈일지라도 체량의 증감이 있나니 이 분초간의 증감은 운동의 소파란이요 수개월 혹은 일 년의 초초稍稍히 증감함은 운동의 대파란이며

우리 심력心力도 또한 그러하야 잠이 있고 깨어남이 있으며 생각이 있고 휴식이 있으며 즐거움이 있고 고통이 있으며 슬픔이 있고 기쁨이 있어 초대稍大의 파란을 항작常作할 뿐더러 희로애고喜怒哀苦에 완급의 구별이 있어 홀희홀로忽喜忽怒하고 사흔사비乍欣乍悲하니 이 역시 소파란을 이루는 것이요.

사회도 역시 이러한 이理에 벗어나지 않으니

제일은 인구로 먼저 늘어놓을지라. 대저 인구가 축식蓄殖하야 그 국부國富로 지탱키 불가능할 때는 의식衣食의 품핍欠乏으로 인하야 풍년에는 횡뇌凍餒의 고통을 면하지 못하고 흉년에는 아부餓孚가 횡로橫路할 뿐더러 혹은 타방他邦에 이주를 하게 하고 혹은 자진自盡을 시도하며 혹은 질병에 횡리橫罹하야 이에 인구가 감소할지요. 인구가 감소한 후 수십백년을 경과하면 국부가 인구보다 잉여가 있음으로 인구가 재차 번식하나니 그런즉 일증일감一增一減에 제한이 없는 것이요.

제이는 물가로 말하고자 하노니 대지 수요가 공급보다 증다할 때는 물가가 자연 귀등貴騰하고 물가가 등귀騰貴하면 수요가 점차 감소하여 공급이 풍섬豐贍한 고로 물가가 자연 감하하였다가 수요가 재차 증가할 때는 물가가 다시 귀해지나니 그런즉 물가의 고저는 저 유성의 운전과 같이 등귀감락騰貴減落이 회전불기回轉不已 하는 것이요.

제삼 치란治亂 흥망 진보에 대하야 진술컨대

지나支那 성인이 주역에 태괘泰卦를 정한 후에야 부괘否卦를 다시 정하며 사괘師卦를 정한 후에 비괘比卦를 다시 정하였으니 이와 같이 나라의 흥망성쇠가 무대무지無代無之하여 하夏가 망하매 은殷이 흥하고 은殷이 망하매 주周가 흥하야 진秦 한漢 삼국三國, 진晉, 남북조南北朝, 수隋, 당唐, 송宋, 금金, 원元, 명明, 청淸이 서로 흥패興廢하였고 서양 역사를 상고하건대 희랍希臘의 문명이 극도에 달하매 망하여 라마羅馬가 흥하고 라마가 망하매 일이만日耳曼이 흥하고 서반아西班牙가 흥하매 영英에 좌절되고 일시 구주歐州를 석권한 나파륜拿破崙으로도 월링톤게의 패敗를 당하였으니 이는 치란治亂의 교질交迭이요.

정치 풍속 등의 진부進否로 말하건대 압제가 극심하면 자유 정치가 현출하고 자유 정치가 방일放逸에 이르면 압제가 다시 도래하나니 저 쥬아트 조朝의 압제가 찰스 일세에 이르러 극심하매 불세영웅 크름웰 이 공화 정치를 변성變成하였으나 불과 이삼세에 폐정弊政이 다시 나타나 제이의 혁명을 다시 일으키니 미국의 독립을 고취하고 불국佛國의 혁명을 양출釀出하였으니 그런즉 이러한 종류의 사례를 일일이 들기는 겨를이 없으나 이들 모두가 운동의 단속斷續을 표출하는 대파란이로다.

3. 언어학

〈표 41〉 '언어학' 관련 텍스트 목록

잡지명	저자명	제목	표기	권호(발행일)	쪽수
家庭雜誌	주시경	국문	국문	1년3호(1906.8.25) 1년4호(1906.9.25) 1년5호(1906.10.25) 1년7호(1907.1.25)	26~29 24~27 22~27 28~31
太極學報	張膺震	心理學上으로 觀察ᄒᆞᆫ 言語	국한문	제9호(1907.5.3)	1~7
大韓協會會報	圓石散人	語學의 性質	국한문	제11호(1909.2.25)	11~12
普中親睦會報	周時經	한나라말	국문	제1호(1910.6.10)	86~92

원석산인, 「어학의 성질」

1909년 2월 25일

무릇 어학語學은 교제상 필요물이라. 내 마음의 장단長短을 내 입으로 말하지 않으면 그 사람이 어찌 그것을 알며 내 마음의 흑백黑白을 내 입으로 말하지 않으면 그 사람이 어찌 그것을 알리오. 윤輪의 본성으로 다른 사람으로 하여금 기쁘거나 성내게 할 수 있으며 슬프거나 즐겁게 할 수 있음은 어語로써 개介를 삼지 않음이 없으니 고로 교제하는 집안은 반드시 이것 배움을 의무로 한다. 그러나 사실의 성패는 언어에 있지 않고 다만 지식에 있으니 어째서인고. 상무商務의 말은 영국을 최고로 삼아서 영국인도 가난을 당할 수 있고, 조약條約의 말은 법국法國을 기준으로 삼아서 영국인 또한 승부가 있거늘 하물며 타국의 사람이 영국과 법국의 지식이 없어서 무리가 영국과 법국의 언어를 익히면 이것은 영국과 법국의 빈貧한 것과 부負한 것에 불과하니 그러한 즉 이것은 집안이 이로운 것인가, 이것이 과연 나라에 이로운 것인가. 파란波蘭의 망함이 러시아의 언어를 할 수 없었던 것에 연유하지 않음이라, 실로 러시아 지식에 미치지 못함에 연유한 것이오, 인도의 멸함이 영국의 언어를 하지 못함에 있지 않다. 실로 영국 지식에 미치지 못했음에 있는 것이니 고로 서양 철인이 말하길 강성한 이웃나라의 지식이 없어서 강성한 이웃나라의 언어를 익히면 이것은 백성을 몰아서 다른 사람에게 주는 것이다 하니 오호라. 저 몽매한 무리는 우리의 역사를 알지 못하며 우리의 지리를 알지 못하며 또 우리의 선조를 알지 못함이 많을 것이다. 본국이 있어도 가난한 자와 천한 자와 어리석은 자와 약한 자가 됨을 면치 못하거든 하물며 감히 저 강성한 이웃나라와 더불어 나다 너다 하겠는가. 이는 무리가 외국어를 대강 풀면 그 교제의 본의를 힘쓰지 않고 공적으로는 임금도 없고 신하도 없으며 사적으로는 아비도 없고 자식도 없어서 저를 보고 호랑이 같다고 하고 나를 보고 종 같다고 함에 이르나니 이 어찌 백성을 몰아서 다른 사람에게 주는 것이 아니란 말인가. 천하의 망국자가 반드시 이러한 아픔이 있음이라. 이 열국의 교과로는 외학 외에는 외국어 밖에는 없으니, 대개 자국의 이성이 견고하지 않으면 밖을 의지하는 짐승같은 마음이 절로 생긴다. 지금 우리 한인이 모두 중학의 업業을 받았는가, 모두 자국의 성性이 있는가, 중학의 업業이 없으며 자국의 성性도 없고 이 학學이 도도하면 전국 미래의 정도는 대개 알만하다. 옛날에 영국인이 남미에 들어가서 토인과 말하길, 나는 소수인이오 당신은 다수인이라. 소수로 마땅히 다수의 말을 배워야하나 당신은 다른 말 배우길 좋아하는 특성이 있으니 당신은 마땅히 이것을 배우라 하여 처음에 그를 유혹하고 나중에는 그가 싫어하여 영어를 하지 않으면 출판, 회역回易을 자유롭게 못하게 하니 토착어는 이로 말미암아 끊어졌다. 지금 구 남미 산하에 혹 일개 토착어가 있다고 들었는가, 우리나라 인성이 저들과 가까움이 불행할 따름이다. 삼남三南이 산맥 남쪽에 그 동떨어진 곳에 있다. 내가 교남嶠南의 수십 학교를 살펴봄에 그 성질을 깊이 알겠으니 물론 예사롭지 않고 정도가 높고 반드시 외국어를 전문으로 삼아서 저의 부형이 어학을 하지 않으면 학교를 다니지 않았다 하고 저의 제류儕類가 배우지 않으면 또한 학교를 다니지 않았다고 여긴다 하여 그 밖에 자기를 위하여 집안을 위하여 나라를 위하는 천만의 일은 아득히 알 수 없으니 이는 국민이라 이를 수 있는가. 교육계에 종사하는 자는 어찌 생각하지 않겠는가, 저의 지식이 없어서 저의 언어를 익히면 똑같아지는가, 나라를 위하는 자가 반드시 말하길 교육 교육이요, 백성을 위하는 자가 역시 반드시 말하길 교육 교육이나 스스로 그 몸을 버리는 것에 불과함이요, 스스로 그 백성을 해치는 것이니 어찌 공적으로 민산民産을 재물로 그 학學을 베풀겠는가. 그러므로 중학과 이하에서 외국어를 몰아내면 한번은 그 청년 후진이 슬퍼할 것이요, 한번은 그 백발 부형이 상심할 것이로다. 슬프다.

4. 국가학

〈표 42〉 '국가학' 관련 텍스트 목록

잡지명	저자명	제목	표기	권호(발행일)	쪽수
親睦會會報	劉昌熙	國民의 義務	국한문	제3호(1896.10.23)	27~28
	鄭寅昭	國家의 觀念	국한문	제4호(1897.9.26)	18~19
大韓自强會月報	海外 遊客	國家의 本義	국한문	제3호(1906.9.25)	54~55
	海外 遊客	國家及皇室의 分別	국한문	제3호(1906.9.25)	55~56
	朝陽樓主人 尹孝定	地方自治制度論	국한문	제4호(1906.10.25)	17~21
	朝陽樓主人 尹孝定	國民의 政治思想	국한문	제6호(1906.12.25)	24~31
太極學報	崔錫夏	國家論	국한문	제1호(1906.8.24)	9~12
	崔錫夏	政府論	국한문	제3호(1906.10.24)	14~17
	崔錫夏	租稅論	국한문	제5호(1906.12.31) 제6호(1907.2.16)	13~15 12~15
	全永爵	立法司法及行政의 區別과 其意義	국한문	제8호(1907.4.5) 제10호(1907.6.3) 제12호(1907.8.5)	13~16 24~27 18~22
	吳錫裕	學窓餘談(二) 國家	국한문	제12호(1907.8.5)	29~35
少年韓半島	李覺鍾	國家學	국한문	제2호(1906.12.1) 제3호(1907.1.1) 제4호(1907.2.1) 제5호(1907.3.1) 제6호(1907.4.1)	17~19 15~16 14~16 8~9 6~9
西友		國家의 槪念	국한문	제16호(1908.3.1) 제17호(1908.5.1)	16~19 14~17
夜雷	松堂 金成喜	民族國家說	국한문	1권2호(1907.3.5)	3~8
大韓俱樂	海觀 南廷薰	國法上 國家와 國際公法上 國家의 差異	국한문	제2호(1907.7.25)	11~13
共修學報	尹學鉉	國家의 性質과 形體	국한문	제1호(1907.4.30)	25~26

잡지명	저자명	제목	표기	권호(발행일)	쪽수
法政學界	朴承희	個人이 國家에 對한 關係及義務	국한문	제2호(1907.6.5)	4~7
	邁堂 卞榮晩	國家와 人間의 區別及關係	국한문	제14호(1908.7.5)	33~36
	朴斗和	國家成立의 無形要素	국한문	제15호(1908.8.5)	1~3
	鄭求昌 譯	國家原論	국한문	제18호(1908.11.5) 제19호(1908.12.5) 제20호(1909.1.5)	21~31 12~20 24~28
	金奎炳	國家의 作用上行政의 必要	국한문	제24호(1909.7.5)	13~17
洛東親睦會學報	愛宇生	國家舌	국한문	제3호(1907.12.30)	16~19
大韓學會月報	吳政善	立法司法及行政의 區別及意義	국한문	제9호(1908.11.25)	24~28
大東學會月報		國家의 性質	국한문	제2호(1908.3.25)	27~32
		國家刑罰權의 根據	국한문	제2호(1908.3.25)	32~37
	法律讀書人	公權의 義意及種類	국한문	제4호(1908.5.25)	23~29
	法律讀書人	統治權의 性質	국한문	제7호(1908.8.25)	25~29
	法律讀書人	國體의 區別	국한문	제8호(1908.9.25)	20~28
	法律讀書人	議會의 性質及其組織을 論홈	국한문	제10호(1908.11.25)	20~30
	法律讀書人	國家의 法律上觀念	국한문	제14호(1909.3.25)	8~16
	法律讀書人	主權國의 種類	국한문	제16호(1909.5.25)	7~14
大韓協會會報	金陵居士	國家의 民事責任	국한문	제3호(1908.6.25)	35~39
湖南學報	李沂	國家學說	국한문	제1호(1908.4.25) 제2호(1908.5.25) 제3호(1908.8.25) 제4호(1908.9.25) 제5호(1908.10.25) 제6호(1908.11.25) 제7호(1908.12.25) 제8호(1909.1.25) 제9호(1909.3.25)	37~39 26~29 24~34 25~31 20~25 19~25 19~24 11~16 12~16

잡지명	저자명	제목	표기	권호(발행일)	쪽수
西北學會 月報		國家의 槪念	국한문	1권1호(1908.6.1)	15~19
	鮮干◯	國家論의 槪要	국한문	1권8호(1909.1.1) 1권9호(1909.2.1) 1권11호(1909.4.1) 1권12호(1909.5.1) 1권13호(1909.6.1) 1권14호(1909.7.1)	15~19 14~17 14~18 7~10 12~15 9~12
少年		國家의 競爭力	국한문	2년10권(1909.11.1)	108~109
大韓 興學報	朴海遠	國家種類의 大略	국한문	제4호(1909.6.20)	35~37

이각종, 「국가학」

1906년 12월 1일

국가학은 국가의 원리와 그 진화의 상연狀然과 관계를 연구하는 학문이라. 제국帝國이 자고이래로 성군聖君이 계작繼作하사 인정주의仁政主義를 이용하야 전국이 혼연混然한 도덕범위 내에 있었다가, 지금에는 시세일변하야 사회현상의 제반 관계가 일익복잡日益複雜하니 우리는 이를 따라서 연구를 가할 필요가 있도다. 그러나 우리 일반 인민의 국가사상이 오히려 결핍함은 서술자의 감한憾恨하는 바이어니와, 이 또한 무혹無惑하노니 사람이 금과 옥의 귀중품됨을 알지 못하면 이를 귀중히 할 사상이 없는 바와 같이 우리 일반인민의 국가사상이 결핍함은 국가가 어떤 것인가를 알지 못한 소이라. 그런즉 국가학을 연구함이 어찌 일층 긴급함이 아니리오. 고로 이에 우리 일반 긴급필요緊急必要

에 이바지하기 위하야 이 글을 편술하되 수년전 독일(하이틀벨우)대학 정교수 에리쓰구 씨의 학론을 기본하고 일본 법학가 남홍南弘씨 역문譯文과 기타 다수 학설을 참고하야 전편全編을 7장에 나누어 제1장 국가의 정의, 제2장 국가의 본질, 제3장 국가를 시인是認함에 관한 학설, 제4장 국가의 성립과 소멸, 제5장 역사적 국가의 주요한 체용體容, 제6장 국가의 종류, 제7장 국가와 법률제도로 차제 편술하노라.

1907년 1월 1일

고로 일정한 영역이 없으면 국가라 칭할 수 없을지라. 그러나 토지의 면적도 또한 국가되기 족한 인민의 주거에 상응함을 요할지나 이 또한 한도가 없으니 가령 아세아주 제국諸國은 평균 일방리一方理에 45,6인이 주거하나 구주에는 더욱 밀도로 60여 인이 주거하고 또 국여국國與國도 또한 인민의 발달을 좇아 같지 않으니 이는 도저히 확정치 못하는 바이니 대저 인민과 토지의 다소 광협廣狹은 국가 강약의 2대 원인이라. 인민과 토지가 국가의 성립요소됨은 이미 서술함과 같거니와 이 인민과 토지 사이에는 일정히 영구존재永久存在의 관계와 의사意思가 있음을 필요하나니 고로 한 무리의 모험자冒險者가 절해고도絶海孤島에 둔거屯據하거나 산야수초山野水草에 표박漂迫하야 도적의 행위를 행하는 자는 일정한 인민과 토지가 있고 또 명령권을 행하는 두령이 있을지나 또한 국가라 칭하지 못하나니, 차는 원래 영구존재永久存在의 관계와 의사意思가 있지 않은 소이니라.

국가는 고유한 통치권을 행하는 주체라.

통치권이라 함은 무엇을 말함이뇨. 우리가 국가의 통치권이 있음은 모두 알고 있되 그 실질을 설명함에는 몹시 곤난하나니 서술자는 이를 밝혀 말하건대, 통치권은 국國을 통일재치統一裁治함에 필요한 명령 강제의 권력이니 다른 종류의 인격자人格者(국내 일반법인과 자연인)의 의사를 한정하야 이를 강제하는 의사외표意思外表의 범위를 말함이라. 고로 국가가 통치권의 주체라 말할 때는 국가는 의사가 구비한 바 인격자가 되는 의의意義가 존재함이라. 그러나 국가 되기에는 통치권 주체됨으로만 만족치 아니하고 일보一步를 다시 나아가 그 통치권은 고유한 것이 됨을 요구하나니, 고유라 함은 아방我邦의 원시사회의 자연적 진화 이유로 고유한 정치단체를 조성하야 금일에 다다름과 같이 천연적으로 성립되고 다른 종류 인격자 사의思意에 기인하야 향유享有하는 권력이 아님을 가리키는 의의義意라. 고로 지나支那 봉건제도 시대의 제후 봉역封域과 입헌국 내 지방자치단체(부군면촌府郡面村의 자치체)는 통치권의 주체라 이름을 얻지 못함은 아니로되 그 소위 통치는 국가라 칭하는 인격자 의사意思에 기인하야 비로소 향유함을 얻은 것이라. 고로 이는 고유한 통치권의 주체라 함을 얻지 못하며 따라서 국가라 칭하기 어려운 것이라.

1907년 2월 1일

국가는 그 성립이 확고함이라.

대개 인민과 토지가 갖추어져 있는 통치권 주체로 영구 존재의 의사意思가 있어서 그 성립이 확고치 못하면 오히려 또한 국가로 인정하지 않으니, 가령 한 지방이 독립코저 함에 당하야 모국母國이 이를 승인하거나 또 승인이 없고 전쟁을 계속하야도 모국에서 그 독립을 전복顚覆

할 가망이 없음에 이른 때는, 즉 확고히 성립한 것이라. 마한馬韓 왕학王學 원년에 백제百濟가 고구려高句麗로부터 독립함과 서력 1920년간에 남미제국南美諸國이 서반아西班牙로부터 독립함에 영국과 그 다른 여러 나라는 서반아가 그 독립을 승인하기 이전에 그 국가됨을 승인한 것 등이 이러한 예라. 고로 그 성립이 확고함에 이르지 못하면 국제법상 상당한 조건에 의하야 교전주체交戰主体는 되기 가능하되 아직 국가라 하지 못함이라.

그러나 1차 확고히 성립한 후는 종령縱令 그 기세가 위난危難에 닥쳐서 성립을 재속在續케 불능할지라도 그 전멸하기까지는 또한 국가됨을 잃지 않음은 많은 말이 필요 없을지로다.

이상 국가의 정의를 들어 그 성립요소를 설명하였거니와 어떤 학자는 그 요소를 인정하는 외에 다른 필요를 논하는 자가 있으니 이를 왼쪽에 논변論辯하고자 하는지라.

어떤 사람은 말하기를 국가는 일정한 종교를 가지지 않음이 부가하다 하나니 그 이유는 즉 국가―종교가 없으면 인민의 사상이 일정히 의거依據할 바를 알지 못하야 환산분리渙散分離하는 고로 도저히 국가를 형성하지 못한다 하나니, 그러나 이는 그렇지 않음이라. 대저 국가는 인심의 의거를 일정함으로 필요조건을 만드는 것이 아닐 뿐 아니며, 또 인심을 단결함은 종교를 반드시 의지하는 바 아니며, 또 신교자유信教自由를 허락한 지금 시대에는 차설此說의 불가함은 많은 논변이 필요 없을지로다.

그러나 상고上古에는 또한 종교가 없으면 국가를 이루지 못한다는 사상이 없지 않으니 지나支那 상고시대에 명교名教를 존중하야 중하이외中

夏以外의 제국諸國은 그 사상이 결핍함으로써 이적夷狄이라 칭하야 국가로 인정하지 아니하였으며, 구주의 라마교羅馬教가 전성할 시대에 라마법왕羅馬法王의 세력이 구주에 보급하야 제후를 모두 라마교에 복종케 하야 이에 신복信服치 아니하는 자는 국가로 같이 인정하지 아니하야 국가를 움직여 종교에 복종함이 필요로 인식하였고, 근세에 이르러 로국露國은 희랍교希臘教(야소교耶蘇教의 일파)로써 국교國教로 삼아 인민의 신체를 관리함이 필요타 하야 로국 군주된 자는 정치상과 종교상의 권력을 악유握有하야 주권자된 동시에 종교의 대관장大管長이 되야 로국주권 하에 있는 인민은 모두 종교를 신봉치 아니치 못한다 하나니, 이는 전제정치專制政治의 일종 수단에 부과함이요, 그 국가됨에 필요가 아니라 현금現今에는 자유국가에 자유종교라 하는 설說이 광행廣行하야 국가는 종교를 保護함도 아니요 배척함도 아니요 종교와 국가는 하등 관계가 없으니, 이 주의가 미국에 실행되야 동서 공통이라. 대개 이 이자二者간 관계가 오히려 이와 같으니 국가성립에 하등 필요가 있으리오.

1907년 3월 1일

어떤 논자는 말하기를 국가가 성립되기에는 교제 능력이 있음을 요한다 하니 이 교제 능력이라 함은 국가 간 교제의 자주권능을 말함이라. 그러나 이 또한 오류에 불과하나니 대개 국제법상 권리주체되기에는 이를 필요할 바로되 혹 특약特約이나 관례慣例를 인하야 갑국甲國의 교제권능을 을국乙國에 양여讓與 혹 제한되었을지라도 갑국은 그 국가됨을 의연히 잃지 않나니, 이제 예를 보이건대 합중국 내의 각 국가는 그 중앙국가에게 교제권능을 양여하고 이를 갖지 아니하였으되 각자 국가

됨에 하등의 흠결이 없으며, 안남국安南國 부영성芙英城에 법국法國이 포대砲臺를 쌓은 후로 이로써 그 국왕을 견제하야 안남安南의 교제능력이 법국法國의 제한을 받았으되 안남安南은 오히려 또 국가로 의연히 존립하나니, 이로 말미암아 볼지라도 혹설或說의 무리함은 자명하도다.

오른쪽에 논한 바를 환歡하면 국가가 어떠한 것임을 알 수 있을 것이로되, 오히려 또한 일언一言을 다시 추출抽出하야 애독 제군으로 하여금 청안靑眼을 일전一轉코자 하노라. 대개, 사람이 국가 국가라 하야 이를 말하기 가까이 하며 용이容易히 하되 그 진의의 소재를 반매反昧하야 항상 군주의 일신一身을 가리켜 국가라 칭하기에 이르나니, 오호라 전제관념專制觀念의 입인지심入人之深이 어찌하여 이에 지극한고. 국가는 인민도 아니요, 토지도, 통치권을 대표하는 군주도 아니요, 이 여러 것들 이상에 무형無形 독립의 통치권 주체되는 인격자라. 다만 인민과 토지로 근거하야 성립할 뿐이니 고로 설령 그 인민이나 토지가 증감增減이 있을지라도 그 국가의 무형적 인격자됨에 무방無妨함이 우리의 신체를 조직한 세포가 신진대사하야도 인격됨에 하등의 관계가 없음과 흡사 같은지라. 그러나 국가는 무형의 인격자라. 의사意思가 있지 않음으로 불득불 이를 대행할 자를 요구하나니, 이 군주의 존재하는 바라. 그런즉 군주는 국가라 칭하는 인격자를 대표할 뿐인 고로 군주의 사망 계승 혹 황실의 변경이 있어도 그 주체된 국가에는 하등의 영향이 미치지 않는 것이니, 군주의 자신이 즉 국가됨도 아니며, 국가는 군주 자가의 국가도 아님이 명료하나니 제국帝國이 자고이래로 학리學理상 일정한 주의가 있어서 민民에게 사학肆虐하야 부지不止하는 군주는 사史의 부재함에 모毛가 장차 시행할 바가 없음을 알지 못한다 하야 도암매산桃菴梅山

등 일시一時의 학자 언론이 창기倡起하야 국가로써 소중所重을 인민에 두는 동시에, 군주 자가自家의 국가가 아님을 인정하야 정의가 소저昭著하였으나 모국某國에 있어서는 오히려 또한 구별이 불명하야 정치상 비상非常한 해독을 미침은 실로 가련한 바러라.

1907년 4월 1일

오호라. 소년한반도의 유생적有生的 민중아. 만득挽得 팔대강八大江 청류수淸流水하야 뇌리진진腦裡陳塵을 세척하고 청조명기淸朝明氣로 신선한 사상을 품을 지어다. 국가가 옛날의 국가가 아니며 인민도 옛날의 인민이 아니라. 우리가 국가를 알아서 애중히 함이 금일이 바로 구시具時로다. 다른 때에 모국某國에 국가로써 왕실로 오인하였음에는 그 소위 국가 흥망이 왕실의 변경에 불과하고 혹 전쟁사변戰爭事變이 있어도 인민은 말하기를 성문城門 실화失火에 불급지어不及池魚라 하며 혹 구치求治의 군주가 있음에 초稍히 재능을 품은 자는 왕실을 대하야 빈주賓主로 항례抗禮하며 구구출처區區出處의 의義로 동강지파東岡之坡를 고수한다 하야 이로 인하야 편와片瓦를 십습什襲하야 주옥珠玉을 현명眩明케 함에 이르니 모든 인민은 국가의 흥망성쇠에 하등의 통양痛癢이 불관不關하야 자기로부터 국가를 바라보기 별종別種 외물外物로 인정하였나니, 희噫라. 국가의 □의□意가 어찌 이와 같으리오, 우리는 소년한반도 국가의 인민이라 한반도에 태어나서 한반도의 음식을 먹으며 한반도의 옷을 입으며 한반도의 말씀을 말하며 한반도의 가옥에 주거하며 한반도의 풍속을 행하며 조선의 분묘가 있으며 친척이 있으며, 고로 구舊 있어서 함께 소년한반도를 공유하였나니 한반도 국가는 한반도 인민의 한반도라. 한반도 국가가 쇠하면 한반도 민족이 또한 여지진멸與之殄滅이요, 한반도 국가가 성하면 한반도 민족이 또한 여지행복與之幸福이니 한반도 국가의 인민이요 한반도 국가를 근심하야 애호치 아니하면 누구를 믿고 대待할고. 그 장차 모국某國과 같이 국가는 군주일인의 사유라 하야 기망기흥其亡其興을 군주 일인의 책임에 일임一任하고 말 것인가, 일발우一發吁하노니 팔만이천방리八萬二千方理 평전平田이 광활하니 해동춘풍海東春風에 독립, 자유, 평등, 종자種子 이천만二千萬 곡斛을 파播하라.

이와 같이 언지장의言之長矣를 본론本論 국가정의범위國家定義範圍임을 불포不抱함은 함께 괄이聒耳를 사事함이 아니라 또한 서술자의 부득이하는 바라. 이하에는 국가 본질론本質論에 나아가 그 실질적 논리를 차제 진술하고자 하노라.

5. 사회학

〈표 43〉 '사회학' 관련 텍스트 목록

잡지명	저자명	제목	표기	권호(발행일)	쪽수
少年韓半島	李人稙	社會學	국한문	제1호(1906.11.1) 제2호(1906.12.1) 제3호(1907.1.1) 제4호(1907.2.1) 제5호(1907.3.1)	11~13 10~11 7~8 9~10 17~18
法政學界	兪鈺兼	社會의 適應	국한문	제9호(1908.2.5)	9~15

이인직, 「사회학」

1906년 11월 1일

사회라 하는 것은 다소 항구恒久한 관계로 공동 생활하는 모든 사람의 한 단체라 정의함을 가히 득得할지라. 대저 사람이 과학상 목적에 서로 같은 자를 포괄하고 불연不然한 자를 배척하는 모든 부류의 하下에 단결을 이루는지라. 그러나 이 단체는 다만 사상가의 심중에 존재할 뿐이오 한 사회는 아니라. 이에 반해 철도 열차 내에 집합은 가장 잡다雜多한 성질을 포함하여 그 관계가 심히 우연偶然하나 일종의 사회를 연결하였고 또 연설장 내부에는 비록 잠시 간이나 연설자는 청중의 공동 흥미를 결합함도 한 사회라.

그러나 여러 대 사이에 동일한 생활을 영속하는 가족도 한 사회요, 순시간瞬時間 집합도 또한 한 사회라 칭할 자 있는지라. 따라서 사회란 것은 길든지 짧든지 공통생활을 분담하는 모든 사람의 한 단체를 가리킴이라. 그러나 그 발전하여 일정의 직능職能을 축逐하는 소사회小社會와 이러한 소사회를 포함하는 대사회大社會의 사이에는 중요한 차별이 있으므로 어떤 학자는 이러한 소사회를 가리켜 사회적 기관機關 혹은 사회적 단체라 칭하였으니 이는 진실로 개인과 개인에 속한 대사회 중간에 위치한 것인데 그 사회의 골격이 되고 구조가 된 것이니라.

생물학 상의 말을 빌려 말할진대 그 기관이라 칭할 만한 것이라.

그러나 사회라 하는 말은 그중에 모든 사회적 단체가 존재하는 대형체大形體를 가리킴이니 사회가 이들 소단체와 다름은 확정確定한 한 직능職能을 축逐하기를 위하여 존재하는 것이 아니라. 따라서 사회는 그 임무를 갈竭하기보다 차라리 소단체의 임무를 갈竭케 하는 자라.

사회는 저 도시와 기타 지방적 단체와 혹 국민 정치적 단체가 일치됨을 이름이라. 그 범위가 지구상 민족이라는 말과 동일하니 범언泛言하건대 사회는 문화의 형식과 일치하는지라.

대개 사회라 하는 말은 그 의미가 각각 같지 않음이 있으니 유태인은 헤뿌리에 - 인종을 의미하였으며, 희랍인은 희랍문화로부터 통리統理되고 또 그 직접 진보에 공헌할 만한 것으로 의미하였고, 라마인羅馬人은 라마세계에 즉 라마의 관할管轄을 승인한 것으로 의미하였는지라. 그러나 오늘날의 구미에서 사회라 하는 것은 그 말의 용도가 한층 광대하여 기독교 문명의 세력에 복종하는 것을 의미하는지라.

우리는 일층 광대한 인종적 단체가 한 사회의 부문部門이라 간주할 때가 있음을 가히 예견할지라. 옛날의 가족사회 시대로 말미암아 볼진대 그 진운進運을 가견可見하리로다.

그러나 사회라는 말은 일절 지구상 인류를 통칭함이오, 모 사회라 하면 한 단체를 가리킴이라. 우리는 사회의 일분자라 중분자衆分子의 형식이 사회 영향에 표저表著하며 분자分子에 반조反照하나니라. 미완

1906년 12월 1일

사회학이라 하는 것은 사회에 관한 우리의 지식을 포함한 것인데 혼돈渾沌한 모든 재료의 단괴團塊에 부附한 명칭이라. 경제학은 사회학의 한 부문이오, 신학神學은 사회개선의 신종교로부터 설교함이라. 그러나 이 신과학新科學 제19세기 말엽에 당하여 법률 및 도덕은 사회의 진정眞正한 기초를 유有하고 국가는 진정한 직능職能을 해解하고 가족은 진정眞正한 의의意義를 효曉함에 이르는지라. 그러나 그 형식은 오히려 변전變轉 부정不定하여 아직 순수純粹한 한 과학科學됨에 미치지 못하고 사이비似而非한 과학의 일계一係되는 추찰推察이 있는지라. 스벤사는 사회는 말로써 사회적 제도의 기원 및 발전에 취就하여 연구하는 것이라고 하였고 루쓸노는 사회적 기시起始의 연구라 하였는데 이를 확장하여 인종학 인류학의 대부분을 포함하였으니 이와 같이 중설衆設의 다름이 허다하며 또 아메리카에서는 이 명칭을 심히 혼란 착잡錯雜케 사용하고 사회의 혁신을 목적하며 사회적 상태 일절 연구를 지시指示하였는지라. 그러나 마땅히 그 과학 영역을 확정하며 다른 모든 과학과 관계를 결정하지 않으면 불가不可한지라. 따라서 사회학 공구攻究는 사회적 단체가 무엇인지 이를 확정하며 사회현상의 특수한 부류部類를 고찰하여 심구尋究함이 가可하다 하노라.

◎ 사회자社會者는 무엇何也이오

사회학은 사회의 과학될 것을 요구할지라. 그러나 다음의 의문이 바로 생기니 사회란 것은 무엇이며 공구攻究할 만한 대상되는 사회라 하는 것은 무엇인고. 현 시기現時幾 많은 논자가 사회라 하는 말을 임의로 사용하여 일처에서는 인류를 의미하고 또 가족을 의미하고 혹 인종을 의미하고 또 사교를 의미하는 경우도 있도다.

무릇 사회로써 한 유기체有機體라 사유하는 것은 사항事項에 취就하여 가장 부주의가 있음이 아니냐. 그 소위 유기체란 것은 유시有時로 세계 전체를 포괄하며 또 혹은 그 의의意義의 변경變更을 주의하지 아니하고 이로써 일정의 목적을 위하여 결합하는 모든 사람의 소단체라 하였으니 이와 같으므로 독자讀者로 하여금 혼잡불명混雜不明에 빠지게 하는지라.

1907년 1월 1일

◎ 사회의 정의

사회의 정의라 하는 것은 전회前回에 사회란 것은 다소 항구恒久한 관계에 공共히 생활生活하는 모든 사람의 한 단체라 정의定義한다는 설명에 이미 갖춘 설명이 있는 까닭으로 이 순서에 불입不入하노라.

◎ 사회와 사회적 관계

사회란 말은 사회적 단체가 존재한 대형체大形體를 가리킴인데 사회가 차등此等 소단체小團體와 다르다는 설에 이미 언급했으므로 또한 이 순서에 불입不入하노라.

◎ 사회적 단체 연구의 중요

사회와 사회적 생활 결과의 상上에 진화론을 응용하여 사회적 단체로써 공구攻究의 대상을 삼는 것은 중요한 바이니 대개 이 단체가 개인과 다르지 않음도 있으나 생존의 수단을 인因하야 상호 경쟁함은 개인보다 가장 모든 단체에 재在함이라. 그 모든 성원成員이 자연적 법칙의 세력에 대하여 각각 스스로 보호하는 까닭으로 차등此等의 법칙이 실로 존재 여부를 가히 기旣할 바 있도다.

그러나 단체와 단체의 알력軋轢에는 이러한 모든 법이 십분 행함을 볼 수 있을지니 즉 기후氣候 및 물적物的 외위外圍의 세력은 개인의 생활에 영향하는 것과 같고 또 단체의 대소大小 활동 및 세력에 영影하며 향響하며 혹 여차한 원시적 사회로부터 전轉하여 개화역開化域에 달達한 사회를 볼지라. 한 단체의 모든 성원이 각각 자위自衛함을 따라 한 단체一團體와 한 단체가 경쟁이 있느니라.

대개 국가의 대직능大職能은 내부의 규리睽離와 외부의 공격에 대하야 신민臣民을 보호하는 바라. 이와 같이 일절一切의 사회적 제도는 선악의 각종 사람을 한 사회적 단체에 결합한 것인데 그 단체는 상적相適한 경쟁자와 경쟁하는 한 단위라. 무릇 자연도태自然淘汰의 모든 법은 이 사회적 단체상에 행하며 이 단체는 사회 진화 과정에 중요重要한 단위單位라.

1907년 2월 1일

개인의 연구에 사회적 요소 유각遺却

법률, 철학, 종교는 개인으로써 사회적 단위를 삼음이 심중甚重하여 모든 개인의 긴요緊要한 연관連關을 유각遺却하며, 심리학은 이 개인으로

원자原子를 삼는 공구攻究의 결과를 시示하였는데 이는 구파舊派 심리학이라. 그러나 신파新派 구파를 막론하고 심리학은 모두 개인적 심의心意의 공구攻究로써 종終함이라. 다만 신파가 구파와 다른 바는 심의로써 물적物的 외위外圍에 물적 유기체를 삼아서 이로써 과학적 방법을 응용함에 있고 심의心意에 유由한 심의의 외위外圍를 중시重視치 아니 하며 심리적 외위에 발전하는 인간적 능력을 간과하려는 경향이 있도다.

대저 심리학자는 개인의 공구에 설명하기 어려운 바를 보충하기 위해 내재적 관념의 설을 안출案出함이라.

또 이르기를 언어는 종교로써 성成하였다 하며 혹 신神의 사賜함이라 하며 혹 교활한 인사人士의 발명함이라 하였으며

인종의 가장 높은 이상理想, 진眞, 선善, 미美는 이상理想으로써 하였다 하며 인세人世 이상以上의 힘에 말미암아 개인個人에게 부여賦與한 직학直學이라 하였는지라.

대개 차등此等은 본래 사람이 사회적 존재자로 유전遺傳한 것이나 심리학자는 전혀 이를 박탈剝脫하야 거去하였도다.

무릇 나체裸體한 인류의 심의는 육체상에 그 소욕所欲이 의상衣裳을 전纏함에 불외不外한지라. 그러나 각 개인은 사회 내에 존재한 자인데 진정한 개인의 공구에 그 습관과 이상과 지능적 활동이 모두 개인을 성원成員한 단체의 심적 생활에 의존하는 줄로 인정하지 아니함이 불가不可하도다.

사회의 개인적 연구

전회前回 운운한 바 사상가 등이 개인을 공구함에 당當하여 사회적

요소를 유각遺却함은 오히려 용서하려니와 현시現時 같이 개인주의 시대에 사회를 구성하는 개인보다 그 이상에 간도看到함이 없고 사회를 요해了解함을 구하는 방법에 이르러서는 종내 가히 용서치 못할지라.

지금에 수학數學의 두 문제로 아동에게 시문試問하되 일두낙전一斗落田에 25두斗의 소맥小麥을 수득收得하였으니 육두낙전六斗落田에서 생生하는 소맥이 얼마인고 또 한 사람이 하루 내로 일각一脚의 궤机를 조造함을 득得하엿슨 즉 열 사람이 기각幾脚의 궤机를 조造하겠느냐 물을진대 산술算術 초보의 아동은 이를 능히 답하지 못하리니 대개 10인의 집합체로 노동하야 득得함인데 단위單位를 공구하여도 또는 그 단체의 제조하는 바를 족히 결정하지 못할지라. 경제학상 소위 형식적의 사람되는 자는 사회적 본능本能을 유有한다 정의하나 만일 생산 분배 등에 대하는 모든 기관을 정세精細히 검핵檢覈하지 아니하면 경제학은 일면一面에 치우칠 뿐이라. 또 정치학도 전 인류의 자유평등으로써 비롯하나 그러나 그 동포됨을 유각遺却한즉 가령 많은 공헌이 있어도 그 결과가 과학적 진정함을 능히 요구하지 못하나니라. 미완

1907년 3월 1일

경제적은 사회학적 기초

경제학에 취就하야 보건대 대개 사람은 유일의 욕망(즉 부富)으로부터 지배된 자라 억정臆定하엿는데 이 단위로부터 사회적 구성을 첨부하여 경제적 사회의 기제론機制論을 개론槪論함이라.

무릇 이와 같은 사회에 결합과 분리와 화목과 적대를 모두 동일한 원리로 설명함이 세계의 형성과 천상天象의 현상이 모두 천체적天體的

기제론機制論의 한 원리로 설명함과 같은지라 이와 같이 개론한 경제적 사회는 19세기의 전반에 영국 상업계의 상태에 혹사酷似함이 가히 기奇타 이를지라 따라서 차등此等 예언자는 타국에서는 심상尋常히 두나 영국에서는 지언자知言者라 명예를 얻을 수 있을지라.

대개 경제적 단체 기관은 일 사회적 단체 기관이라 그 존재 및 발전의 원리는 일반 사회적 기관을 가히 공구하야 알지라. 따라서 경제적 진보는 즉 사회 진보라 그러나 사회학은 경제학 및 기타 사회적 현상의 특수한 부분을 공구攻究하는 과학보다 일층 광신廣汎하고 일층 구체적과 기초적이 되는 바라 그러나 이러한 모든 과학은 다시 그 연역演繹하는 일반 원리에 의존치 아니함이 불가하니 즉 사회에서 모든 사람의 생활을 지배하는 일반 원리가 사회의 경제적 생활에 관한 이론을 건설하는 경제학의 기초를 삼은 바니라.

언어의 연구

사회에 본질에 관한 이론의 필요한 것과 그 정확한 이론의 중요한 것은 언어학에 취하야 보건대 일층 명료한지라 만근挽近에 이르도록 언어의 연구는 오직 그 모든 재료의 단괴團塊를 수집蒐集함에 그칠 뿐이라 진정한 배열排列의 원리가 존재치 못함으로 정순精純한 연역演繹이 어려우니 그러함으로 진화관념의 미치는 효과와 비교적 방법상의 응용에 변화가 생기는지라 어시호於是乎 문법상 형식이 지금에 진화하여 자전가字典家는 언어의 의의意義를 수집蒐集하여 본원적 어근本源的 語根을 간편簡便한 의의로부터 각종의 의의(진화)를 토색討索케 하니 진화는 즉 전래傳來에 불외不外한지라. 그러나 그 문제인 바는 언어에 취하여 뿌리와 가지의 관계로부터 그 근본에 거슬러 올라갈 따름이라.

6. 정치학

〈표 44〉 '정치학' 관련 텍스트 목록

잡지명	저자명	제목	표기	권호(발행일)	쪽수
親睦會會報	安明善	政治의 得失	국한문	제3호(1896.10.23)	21~24
	金基璋	政治本原	국한문	제4호(1897.9.26) 제5호(1897.9.26)	7~8 15~18
朝陽報		政治學說	국한문	제8호(1906.10.10) 제9호(1906.10.25) 제10호(1906.11.25)	9~10 10~11 10~11
	市島謙吉 著	政治原論	국한문	제9호(1906.10.25) 제11호(1906.12.10) 제12호(1906.12.25)	6~7 6~7 15~18
大韓自强會月報	沈宜性 譯述	政治學의 國家主義 (제13호 : 政治學總論)	국한문	제12호(1907.6.25) 제13호(1907.7.25)	29~32 42~44
法政學界	李源生	警察과 政治의 關係	국한문	제7호(1907.11.5)	21~26
洛東親睦會學報	李承瑾	政治問答	국한문	제4호(1908.1.30)	14~16
奬學報		政治學	국한문	1권1호(1908.1.1) 1권4호(1908.4.20) 1권5호(1908.5.20)	37~46 49~55 56~60
大韓協會會報	松堂 金成喜	政黨의 事業은 國民의 責任	국한문	제1호(1908.4.25) 제2호(1908.5.25)	26~32 20~25
	金成喜	政黨의 責任	국한문	제3호(1908.6.25)	21~24
	安國善	政黨論	국한문	제3호(1908.6.25)	24~26
	元泳義	政體槩論	국한문	제3호(1908.6.25)	26~28
	元泳義	政治의 進化	국한문	제5호(1908.8.25) 제7호(1908.10.25) 제8호(1908.11.25) 제9호(1908.12.25) 제10호(1909.1.25) 제11호(1909.2.25) 제12호(1909.3.25)	24~26 25~26 22~24 21~22 28~29 22~23 20~21

잡지명	저자명	제목	표기	권호(발행일)	쪽수
	安國善	古代의 政治學과 近世의 政治學	국한문	제6호(1908.9.25)	30~32
	安國善	政府의 性質	국한문	제7호(1908.10.25) 제8호(1908.11.25) 제11호(1909.2.25) 제12호(1909.3.25)	26~28 24~26 20~22 21~22
	卞悳淵	國民과 政治의 關係	국한문	제7호(1908.10.25)	28~31
湖南學報	李沂 譯 淸儒 梁啓超 著	政治學說	국한문	제2호(1908.5.25) 제4호(1908.9.25) 제5호(1908.10.25) 제6호(1908.11.25) 제7호(1908.12.25) 제8호(1909.1.25) 제9호(1909.3.25)	29~33 31~34 25~27 25~27 24~27 16~20 16~19
畿湖興學會 月報	安國善	政治學硏究의 必要	국한문	제2호(1908.9.25)	28~30
	安國善	古代의 政治學	국한문	제4호(1908.11.25)	30~32
大韓興學報	SK生	政治論	국한문	제8호(1909.12.2) 제9호(1910.1.2)	33~35 23~26

SK生, 「정치론」(정치와 정치학의 구별과 관계, 정치학자와 정치가)

1909년 12월 2일

서양 철학자가 말하되 「인류는 천성적으로 정치적 동물」이라 하였으니 무엇을 이른 말인고. 대저 인생은 자연히 사회적 생활을 일가一家의 단란함과 같이 함으로써 국가를 조직하는 성질이 있는지라. 고로 그 생명은 정치에 의하야 보호함이 되고 그 재산은 정치를 의하야 보수保守하는 바가 된지라. 저 소와 양이 취수聚首하야 무리를 이루고 벌과 개미가 정렬하야 군신의 의義을 정함이 있으나 그러나 인류는 이러한 수축獸

畜 미물微物 등과 달라서 만물의 영장이 된 자는 즉 국가를 조직함에 있어서는 자못 고상한 사상이 있는 동물이 된 고로 이를 정치적 동물이라 이르니라. 우리는 다행히 상고上古 초매草昧 야만野蠻의 시대를 면하고 금일 문명 이십세기에 탄생한 남자라. 동서고금의 치란흥망治亂興亡을 짐작상량斟酌商量함으로써 인류의 인류된 본능적 사상을 충만케 한 연후에야 가히 이 세상에 존재함이 부끄럽지 않을지라. 고로 나로는 무사蕪辭를 불구不拘하고 학문하는 바를 왼쪽에 풀어내어 논하노니

무릇 정치란 것은 국가의 활동을 이르는 것이라. 한 국가는 그 주권의 독립을 유지하고 그 신민의 복리를 증진키 위하야 법령을 시행하고 기관을 설치함으로써 행동하나니, 이 기관에 늘어선 자는 즉 정치에 참여한 자가 된지라. 행정관은 국가내정에 참여하고, 입법자는 국가입법에 참여하고, 재판관은 사법에 참여하고, 외교관은 외정外政에 참여하고 육해군인은 군정에 참여하야 각기 방면으로 법령을 제정 활동할새 이러한 행동의 주체는 국가의 통어자統御者가 있어서 그 가장 높은 주권을 행사하는 고로 그 국가 이외의 인민으로 하여금 그 국局에 당當함을 부득不得케 하나니, 이는 어떠한 이유인고. 말하기를 정치의 요要는 일국一國의 독립부강을 보유함에 있는지라. 만일 외국인으로써 정치의 국면에 서게 함으로써 그 국운의 독립부강을 완전케 한다 함은 막대한 오진誤診이 되는지라. 고로 혹 외국인으로써 국정의 지도자(고문顧問 등 초빙招聘)는 되게 하나 국가 공권公權은 부여함이 절대로 없으니, 이 공권을 가진 자를 위한爲限하야 정치에 참여케 하는지라. 고로 사법상私法上에 있어서는 내외인內外人 동등의 권의權義를 승인함으로써 문명국의 주의를 창도唱道하는 국가에 있어서도 외국인에게 공법상

公法上의 자격을 주는 일이 없으니, 이는 실로 국운의 장해障害를 주는 이유이라. 일대一大 주의할 것이 이것이오.

정치학은 이에 반하야 비록 외국인이라도 이 학문을 연구함이 가능한지라. 일본인이 구미의 정치학을 공부하고 지나인支那人이 일본의 정치학을 공부하야 후진국이 선진국의 정치상태를 알고 정치의 학學을 궁구하나니, 이는 다른 까닭이 아니라 후진국의 의무요 리익이되는 이유이니라. 무릇 정치학이란 것은 국가의 주권자가 그 영토와 신민을 통어統御하는 사事를 공구攻究하는 학문이라. 국가의 성립여하와 통치권의 주체와 객체가 어디에 있으며 어떻게 통치하는가는 헌법의 정한 바이요, 국가는 외국에 대하야 어떠한 지위에 처하였스며 어떠한 권리의무를 가지는가는 조약과 국제법의 규정한 바이라. 그런즉 헌법과 조약과 국제법은 정치학의 주요主要를 점한 학문이 되고, 또 정치학은 과학에 속한지라 철학적 연구와 역사적 연구를 중화中和하야 진리를 공구攻究하고 이해득실를 참고하며 경제사상에 윤리사상을 가하야 국리國利 민복民福을 타산打算하고 양심공덕良心公德을 배양하는 보통교육에 불과하니, 즉 일반 인민의 지각할 바 학문이 이것이오. 정치는 기술技術에 속한지라 정치무대政治舞臺의 착잡錯雜 변화變化 무극無極한 활세계活世界에 있어서 임기응변하야 장래의 무궁한 계획을 경영하는 기술이 된지라. 고로 정술政術은 정학政學 이전에 일어났으니 요순삼대堯舜三代의 치적이 있은 연후에 공맹의 정치론이 일어나고, 제십칠 세기 영국의 내란과 혁명이 있은 후에 홉부스의 주권론과 록쿠의 헌법론이 일어났으니, 차를 인하야 가히 증명할 바이로다. 그런즉 기술은 학문의 방조幇助를 인하야 점점 그 묘경妙境에 도달하고 학문은 기술의 재료를 얻어 더욱 그 진리를 발견하나니 고로 정치와 정치학의 관계는 이를 인하야 가히 명확하다 이르리로다.

1910년 1월 20일

대저 고대 국가의 흥망융쇠한 소이를 고할진댄 다 일정한 이유가 스스로 있으니 즉 대외원인과 대내 원인이 이것이라. 대외원인은 외국의 전란의 결과로 일국一國의 멸망을 초래한 바이니 갑국甲國의 멸망은 을국乙國의 병탄倂呑이 이것이요, 대내원인은 주권의 위미萎靡와 민심의 부패腐敗를 말미암음이니 국가요소의 하나가 부족하면 그 국가는 완전한 국가라 말하기 어려운지라. 고로 경세經世에 지志를 갖춘 자는 그 흥망의 유래를 고찰함으로써 장래의 보감寶鑑을 이루느니라.

옛날에 가아세지인伽阿世智人의 대大로써 마침내 북방야만의 민족 라마인羅馬人에게 망한 바가 되였으니 그 원수는 가아세지인伽阿世智人의 부패를 인함이라. 그 의기義氣로써 국민의 심수心髓를 삼을 시대는 가아세지伽阿世智의 융성할 시대이오. 금전숭배로써 자념불치自恬不恥할 시대는 즉 가아세지伽阿世智의 멸망할 시대로다. 다시 파란波蘭의 분할을 보라. 소위 정치학자의 학설은 어떻게 파란인波蘭人으로 하여금 경박輕薄하게 하였으며 권력의 평균은 어떻게 열강삼국列强三國으로 하여금 세도世道에 위반한 행동을 이루게 하였는고. 이러한 실제상 사실을 종합함으로써 국가흥체國家興替의 진리를 발견하야 장래 한 국가로 하여금 전차前車의 복철覆轍을 불도不蹈케 함은 실로 정치학의 조助를 사捨하고 어디에 있는고.

또 근대의 역사를 참관하라. 저 비사맥俾斯麥은 독일제국 건설의 대사업을 이룬 후 민심의 협동協同치 아니함을 즈음하야 우수右手에는 독일제국 대재상의 홀笏를 잡고 좌수左手에는 하층인민 무육撫育의 방법을 익히어 마침내 연방 독일제국의 패업覇業을 완전케 함과 같은 것은 즉 철혈재상鐵血宰相이 정책상 국가사회주의의 명칭으로써 진리를 구하야 정치의 방법을 득의得宜하였으니 정치학의 효과가 이것이오. 기타 루-소를 비난非難하야 불국佛國의 혁명으로써 오류誤謬한 정치라 이름도 역시 정치학의 가르침이 아닌가. 이래 수천 재국가흥망載國家興亡의 대원리를 논거하야 장래 기천백대幾千百代에 영원히 국가의 독립부강을 궁구하게 함이 오로지 이 학문 공구攻究함에 있다 하노라.

정치학자와 정치가 정치학을 하나의 과학으로 공구攻究하야 진리를 천명闡明함으로써 목적을 하는 자는 정치학자라 이르고, 정치를 실제상으로 시행함으로써 국가의 목적을 달함으로써 백반百般의 수단手段을 가려내는 자를 정치가라 이르나니, 정치학자는 정치가에게 정치학상의 진리를 가르치고 정치가는 정치학자에게 국가활동의 자료를 공급하나니, 이와 같이 정치와 정치학이 밀접한 관계가 있고 정치가와 정치학자가 서로 떨어질 수 없는 관계가 있으니, 정치의 실제시행과 그 학문의 진보발달은 각각 그 사람을 기다려 성공함을 얻나니라. 저 비사맥俾斯麥은 정치가라. 독일 연합의 대정책을 세울새 거만巨萬의 군사비軍事費를 보국普國 의회에 청구함에 의회는 냉담冷淡히 이를 거절하는지라. 비사맥比斯麥이 즉시 의회를 해산하고 전년도의 예산을 시행한 후 차회次回에 그 군사비를 청구함이 6회에 이르렀으니 의회와 이를 반대함이 역시 6회에 이른지라. 그러나 비사맥俾斯麥은 오히려 강경한 정략을 취하야 마침내 군사軍事를 확장한지라. 당시 보국普國의 정치가는 만구함창萬口咸唱하야 비사맥比斯麥의 헌법위반한 죄를 매론罵論하고 여론輿論을 환기喚起함에 보국의 정치는 누란累卵의 위태로움을 당한지라. 당시의 공법학자公法學者로 유명한 정치학자 라판도는 즉 법령예산론法令豫算論을 저술하야 법령과 예산의 이동異同을 분별하야 국정의 그릇됨을 없게 함을 가르친지라. 보국의 정치는 점차로 이에 면목面目을 고쳐서 라관도의 이름이 일세一世에 높았으니, 이는 실로 정치학자가 정치가에게 자료를 공급하야 진리로써 가르친 실례오. 일본 유신의 처음에 살장이번薩長二藩이 존황尊皇의 대의大義를 주장하야 대권大權의 봉환奉還을 덕천德川에게 다그침에 덕천德川이 불응하는지라. 살장이번薩長二藩이 즉시 병사를 이끌고 강호江戶를 함락코져 하야 품천品川에 접근하야 포화일발砲花一發에 강호일성江戶一城을 소토燒土로 만들려 할새 덕천德川의 명신名臣 승안방勝安房이 시세의 추향趨向을 관찰하고 대권봉환大權奉還의 가함을 장군에게 고하야 마침내 서향융성西鄕隆盛과 상회담소相會談笑할새 이에 이미 유신維新의 패업覇業을 아뢰었으니 이러한 정치가의 사업은 실로 정치학자에게 호개好個의 자료로써 베푼 바 실례가 이것이로다.

이상과 같이 정치가와 정치학자는 상호 밀접한 관계가 있는지라. 고로 정치학자로 정치가가 되고 정치가로 정치학을 겸비한 자면 그 국가의 행복이 막대하다 말하리로다. 탄식하도다 고래로 정치학자된 자가 적고 정치가된 자도 그 정치의 어떠함을 알지 못하는 자가 또한 많으나 금일 사회진보된 국가에 있어서는 학식이 있는 정치가를 요구하나니 지식 경쟁 장리場裏에 몸을 세운 자는 이 학學을 심구深究함이 가할진저.

7. 경제학

〈표 45〉 '경제학' 관련 텍스트 목록

잡지명	저자명	제목	표기	권호(발행일)	쪽수
親睦會會報	魚瑢善	經濟學概論	국한문	제5호(1897.9.26)	43~47
大韓自强會月報	薛泰熙 譯述	經濟學總論摘要	국한문	제8호(1907.2.25) 제9호(1907.3.25) 제11호(1907.5.25) 제12호(1907.6.25)	29~31 22~27 31~36 21~23
太極學報	三寶	經濟學의 大意	국한문	제21호(1908.5.24)	36~39
少年韓半島		經濟學問答	국한문	제1호(1906.11.1)	17~19
	兪承兼	經濟學	국한문	제2호(1906.12.1) 제3호(1907.1.1) 제5호(1907.3.1)	15~16 11~14 6~8
	李範益	商業學	국한문	제3호(1907.1.1) 제4호(1907.2.1) 제5호(1907.3.1) 제6호(1907.4.1)	34~36 31~34 26~28 24~26
夜雷	安國善	應用經濟	국한문	1권1호(1907.2.5)	37~39
法政學界	李敎承	經濟學說	국한문	제1호(1907.5.5)	23~27
	柳完永	論法律과 經濟의 何者一優勝	국한문	제2호(1907.6.5)	15~18
	尹成熙	德義心과 經濟學의 關係	국한문	제6호(1907.10.5)	17~19
	尹成熙 譯述	財政學의 歷史	국한문	제15호(1908.8.5)	15~28
洛東親睦會學報	李命載	經濟學說	국한문	제4호(1908.1.30)	25~27
大韓學會月報	尹定夏 譯	經濟學要義	국한문	제1호(1908.2.25) 제2호(1908.3.25) 제5호(1908.6.25)	42~46 24~26 12~16

잡지명	저자명	제목	표기	권호(발행일)	쪽수
大東學會月報		經濟學을 不可不讀	국한문	제5호(1908.6.25)	16~18
	法律讀書人	資本에 就ᄒᆞ야 論홈	국한문	제13호(1909.2.25)	7~14
西北學會月報		經濟學大綱	국한문	1권12호(1909.5.1) 1권13호(1909.6.1)	35~38 36~38
畿湖興學會月報	尹成熙	經濟學	국한문	제2호(1908.9.25)	39~42

「경제학 대강」

1909년 5월 1일

1. 경제의 관념

경제의 의의意義에 관하여는 학자 간에 각종 학설을 각각 주장하나 본 주필은 왼쪽의 정의로 제일 윤당允當타 하노라.

「경제」는 독어에 WIRTHSCHAFT, 영어에 ECONOMY니 즉 욕망을 제충濟充키 위한 인류의 행위인대 유형한 화물貨物의 획득과 사용에 관한 것이라.

대저 인류는 신체상과 정신상에 허다한 욕망을 가진 자인데 그 욕망을 충만케 하기 위함에는 단독 또는 공동으로 각종의 행동을 일으켜 혹은 화물貨物를 수득收得하며, 혹은 이를 사용하여 새롭게 다른 종류의 화물貨物을 조출造出하며, 혹은 노력이나 비용을 가하여 이미 존재한 화물貨物을 다시 유용케 하는 등의 업을 행하는 것이라. 이와 같은 행위는 우리의 소위 경제를 행하는 것인데 경제는 개인 혹은 집합체 화물(특히 유형화물)을 수득收得하고 또는 사용하는 행위에 다름 아니니 소위 개인

경제가사個人經濟家事 경제국가經濟國家 경제토지經濟土地 경제삼림經濟森林 경제와 같은 것이 즉 이것이라.

경제의 종류는 여러 개의 방면으로 분류하나니, 우선

(1) 이를 행하는 사람의 점點으로 분류하면 무형인 즉 법인의 경제와 유형인의 경제의 두 종류이니, 즉 개인경제個人經濟 가족경제家族經濟와 같은 것은 후자에 속하고, 국가경제國家經濟, 정촌경제町村經濟, 교회敎會, 회사會社, 구빈원救貧院 등의 경제는 전종에 속하나니라.

(2) 경제의 단일됨과 합동조직됨으로 이를 나누면 단독경제(개인경제, 가족경제, 국가경제, 정촌경제)와 주합경제湊合經濟(국민경제, 지방경제)의 두 종류이며

(3) 경제를 시행하는 물체物體에 의하면 토지경제 즉 농업삼림경제, 철도경제며

(4) 사인私人에 관함과 국가 기타 공공정치단에 관함에 의하여 사경제와 공경제로 분별하나니라.

경제라는 관념에 대하여서는 행위의 계속, 기한의 장단과 그 성적, 욕망과 동념動念의 관계 여하는 특히 중요한 관계가 없으나, 그러나 학자에 의하여는 행위의 계속하는 사事, 그 규칙의 성립된 사事, 또 수득收得에 다대多大된 사事 등으로써 경제관념에 필수한 조건이라 하는 자도 있으나, 이 사상은 실제생활상의 사실에 기초함이니 소위 세상의 경제사업이라 하는 것은 항상 영속하는 성질이 있고, 또 규칙이 정돈되고 또 수리收利가 있는 것이라고 말하나, 모두 이러한 조건을 불비하여서는 경제가 아니라 칭하면 이는 그 견해가 협애狹隘타 말할지라. 본래 경제상 행위는 이러한 조건을 구비함으로 가장 좋다 말하나, 사회의 경

제행위는 모두 이를 진비盡備하리라 단정키 어려우니 회상컨대 사람이 그 영업을 행함에 십분히 준비치 못하고 이에 종사하는 자가 왕왕히 있으며 또 단지 일시一時에 어떤 업무를 행하다가 누누屢屢히 전업함도 있으며, 또 수익을 얻으려고 욕구하나 호구지료糊口之料를 재득纔得할 뿐 되는 일용부日傭夫와 같은 노동자도 있는데, 이러한 행위도 이미 욕망을 제충濟充키 위하여 화물貨物을 획득하는 이상에는 이로써 경제상 행위되리로다. 다시 이를 자세히 말하고자 하노니 영속이라는 것에 대하여 고찰하면 금일 실제사회에서는 분업과 영업조직과 같은 것과 삼림사업 철도사업과 같은 것은 일정 종류의 행위를 장구長久한 시간을 계속할 수 있으며, 기타 장래의 이익과 타일他日의 욕망 제충濟充을 위하야 각종의 예비행위를 행하는 경우가 많을 뿐 아니라, 원래사업에 의하여 그 착수함으로부터 그 융창隆昌함을 살펴봄에 이르기까지 장기한長期限을 요하며, 대자본을 들여서 완전무결한 성효成效를 얻을 것이오. 단 소칙일간少則日間에는 하등 보상을 얻지 못하며, 이뿐 아니라 모든 인류생활 전체된 것은 서로 관계가 있으며 교호착종交互錯綜한 각 경제행위의 접속한 하나의 연쇄連鎖라. 그러나 다만 어떠한 종류만으로써 경제라 이르고 모든 타행위他行爲로써 경제의 관념 외에 배척함은 사회실제의 생활에 대하야 타당妥當한 해결이라 말하기 불능하도다. 세상의 사업 중에는 일시에 능히 욕망을 채우며 화물貨物을 획득하는 단기의 행위도 있으며, 또 사람에 의하여는 누누屢屢히 그 업을 옮기는 일도 있으며, 또 경우에 의하여는 매일 상직常職을 가지기 불능한 자도 있는데, 모든 이러한 행위는 설령 영속永續의 성질을 가지지 못하여도 개개의 경제행위라 말함에 대하여는 경제라는 말을 사용할 수 있으리로다.

경제로써 조직을 구비한 행동이라는 견해와 자산 구성으로써 경제의 표목標目이라는 논지도 또한

1909년 6월 1일

경제로써 조직을 구비한 행동이라는 견해와 자산구성으로써 경제의 표목標目이라는 논지도 또한 협의의 해석이라 이를지로다. 시사試思하라. 우리가 어떤 경제사업을 종영終營함에 충분히 준비하고 십분히 사고하야 소무유루少無遺漏케 하는 일이 얼마나 되느뇨. 실제상으로 논하면 단지 부지불각不知不覺 중 그 상습常習에 몰려서 일사一事를 만들거나 혹은 타인의 선례를 본떠서 경제행위를 행함이 많으며, 또 자산구성으로 논하면 각 사람마다 이를 희망 환영하는 바이며 각 사람마다 목적하는 바이나, 모두 언지言之하면 완전한 자산으로 목적하야 경제사업을 경영하는 자는 필연코 인류의 작은 부분에 불과하고 그 중 대다수는 수족의 노동으로 생활을 경영할 뿐이라. 요컨대 규율, 영속, 자산구성 등은 경제상 행위에 유용한 것이라 함은 가하거니와, 이것이 없어서는 경제행위가 아니라 함은 불가하도다.

다음에 경제라는 것으로써 유형 화물貨物을 작출作出함에 직접으로 쓸모가 있는 행위에만 한한다 함은 불가하니, 가령 건축기사建築技師 등과 같이 정신적 노력을 써서 석공, 토공, 목공 등으로 노동케 하여 간접으로 유형 화물貨物을 생산케 하는 것으로 경제를 행함이 아니라 하며, 이는 범위의 태협太挾함을 면할 수 없을지라. 고로 모든 유형 화물貨物의 생산에 관계가 있는 이상에는 직접됨과 간접됨을 불문하고 모두 이를 경제라 칭함이 가하니라.(이에 관하여 학자 간에 이론異論이 없지 않으나 그

범위가 심히 분명치 못한데 이를 협의로 해석함 보다는 편안히 광의로 해석함이 온당타 하노라)

경제의 의의意義는 대개 이와 같은데 이제 다시 경제의 본지本旨에 대하여 잠시 설명하노라.

보통 사람은 경제라는 의의의 이와 같음을 알지 못하고 단지 인색吝嗇으로써 경제행위라고 오해함이 많으나, 그러나 이는 경제행위에 위반됨이 원遠하니 즉 인색吝嗇이라 함은 가히 쓸 만한 곳에 쓰지 아니하는 하나의 비루卑陋한 행위이나, 경제행위의 본질은 거액의 비용을 쓰지 않음이 아니라 우리의 욕망하는 바를 만족케 하기 위하야 노력이나 화물貨物을 천연물에 가하되 실비失費의 분량이 적고도 수득收得의 분량이 많도록 하는 것이니 즉 최소 노력으로써 최대 효과를 얻는 행위이며 재물로써 효력이 있게 하는 작용이니라.

8. 법률학

〈표 46〉 '법률학' 관련 텍스트 목록

잡지명	저자명	제목	표기	권호(발행일)	쪽수
親睦會 會報	鄭在淳	法律概論	국한문	제5호(1897.9.26)	47~52
	李苑宇	刑法意義의 畧論	국한문	제5호(1897.9.26)	55~58
	金鎔濟	立憲政體의 概論	국한문	제5호(1897.9.26)	58~64
	兪致學	民法의 概論	국한문	제6호(1898.4.9)	52~56
大朝鮮 獨立協會會報	本會編輯局	法律摘要叢話	국한문	제2호(1896.12.15)	1~4
大韓自强會月報	雲庭 尹孝定	刑法과 民法의 區別	국한문	제11호(1907.5.25)	49~52
太極學報	郭漢倬 譯	憲法	국한문	제6호(1907.2.16) 제7호(1907.3.13) 제9호(1907.5.3)	25~28 24~27 26~28
	吳錫裕	學窓餘談(一) 法	국한문	제11호(1907.7.5)	45~46
少年 韓半島	石鎭衡	法學	국한문	제3호(1907.1.1)	14~15
西友	朴聖欽 譯抄	民法講義의 概要	국한문	제7호(1907.6.1) 제8호(1907.7.1) 제9호(1907.8.1) 제13호(1907.12.1)	28~30 23~27 13~15 26~31
		法學의 範圍	국한문	제15호(1908.2.1)	27~31
夜雷	李年應	法學	국한문	1권2호(1907.3.5)	26~27
大韓留學生會學報	李昌煥	法律과 道德의 區別	국한문	제1호(1907.3.3)	37~39
法政學界	韓光鎬	法律發生의 原因	국한문	제1호(1907.5.5)	7~10
	李源生	國際法과 國內法의 區別	국한문	제2호(1907.6.5)	12~15
	柳完永	論法律과 經濟의 何者一優勝	국한문	제2호(1907.6.5)	15~18
	尹益善	統治權의 性質及範圍	국한문	제6호(1907.10.5)	9~12
	金箕壽	國際公法硏究의 必要	국한문	제8호(1907.12.5)	15~19
	李漢吉	法律의 觀念	국한문	제8호(1907.12.5)	25~30

잡지명	저자명	제목	표기	권호(발행일)	쪽수
	金益聲	法律과 教化의 政治上關係	국한문	제15호(1908.8.5)	29~32
	朴斗和	法律과 道德의 關係	국한문	제17호(1908.10.5)	11~13
	尹益善	法理와 法律	국한문	제18호(1908.11.5)	6~13
	尹益善	刑事學에 就하야	국한문	제20호(1909.1.5)	3~12
	兪鈺兼	法律家의 歷史的知識	국한문	제22호(1909.4.5)	1~4
洛東親睦會學報	金永基	法學定義概論	국한문	제1호(1907.10.30)	19~21
獎學報		法律概要	국한문	1권4호(1908.4.20) 1권5호(1908.5.20)	56~60 60~67
大韓學會月報	東山 蔡基斗	法의 本質을 論홈	국한문	제1호(1908.2.25)	46~49
大東學會月報	權輔相	法律學	국한문	제1호(1908.2.25)	43~49
	荳泉生	法律發生의 原因	국한문	제1호(1908.2.25)	49~52
	權輔相	法學用語解	국한문	제2호(1908.3.25) 제3호(1908.4.25) 제5호(1908.6.25)	22~27 39~44 22~26
	法律讀書人	罪刑에 關한 法定主義	국한문	제3호(1908.4.25)	24~29
	李琮夏	公法私法의 區別	국한문	제5호(1908.6.25)	10~15
	李琮夏	法律學에 關흔 概見	국한문	제18호(1909.7.25) 제19호(1909.8.25) 제20호(1909.9.25)	8~19 24~32 24~41
大韓協會會報	趙琬九 述	民法總論	국한문	제1호(1908.4.25) 제2호(1908.5.25) 제9호(1908.12.25) 제10호(1909.1.25) 제11호(1909.2.25) 제12호(1909.3.25)	34~36 31~33 24~28 34~38 24~27 28~31
	石鎭衡	法律의 必要	국한문	제2호(1908.5.25)	27~31
	薛泰熙 述	憲法緒言	국한문	제3호(1908.6.25) 제5호(1908.8.25) 제6호(1908.9.25)	28~31 28~31 33~35
	元泳義	法律槩論	국한문	제4호(1908.7.25)	29~31
	安國善	民法과 商法	국한문	제4호(1908.7.25)	31~33

잡지명	저자명	제목	표기	권호(발행일)	쪽수
	中岳山人	法律을 不可不學	국한문	제7호(1908.10.25)	31~33
湖南學報	李沂	法學說	국한문	제4호(1908.9.25) 제5호(1908.10.25) 제6호(1908.11.25) 제7호(1908.12.25) 제8호(1909.1.25) 제9호(1909.3.25)	34~37 27~33 28~33 27~32 20~24 19~24
畿湖興學會月報	李範星	法律學	국한문	제4호(1908.11.25) 제5호(1908.12.25) 제6호(1909.1.25) 제7호(1909.2.25) 제8호(1909.3.25) 제10호(1909.5.25)	27~29 18~20 32~34 26~27 26~27 25~27
	洪正裕	法學	국한문	제8호(1909.3.25) 제9호(1909.4.25)	13~16 17~19
嶠南教育會雜誌	金商教	法律學	국한문	제8호(1909.12.25) 제10호(1910.3.25)	2~4 1~2

권보상, 「법률학」

1908년 2월 25일

서론

◎법률학의 삼하주의三何主義

◎법률사상의 혁신

무릇 학문을 연구함에는 불가불 그 주의主義를 먼저 정해야 하니 즉 우리의 연구하는 학문이 어떠한 것이며, 어떤 이유로 이를 연구하며 그 연구의 방법이 어떠한가 함이 이것이라. 일절 학문에 대하야 공통한 문제에 속한 것이나, 그러나 이제 특히 법률학에 나아가 논할진댄 왼쪽과 같은 관념이 있으니

1. 법률학은 어떠한 학문인가
2. 법률학의 연구는 어떤 필요가 있는가
3. 법률학의 연구는 어떤 방법을 사용할 수 있는가

대저 학문의 범위는 우주간 만물의 현상을 연구함에 있는데 인류도 동물적 현상으로 바라보면 또한 이 만물 중 일물一物에 불과하나, 그러나 인류의 영각적靈覺的 본능으로 논하면 만물중 수장의 지위에 처하야 우주간 만상과 더불어 무릇 천지자체天地自體도 되풀이하여 인류의 이용을 위하야 존재함과 같으니, 즉 일절 학문은 인류를 분리하여 근거를 갖기 불능함이라. 이제야 학문상 이론에 인류를 본위로 한 주관적 관념과 사물자체를 본위로 한 객관적 관념의 구별이 있어서, 가령 법률학을 연구함에는 우선 객관적으로 이를 관찰하여 그 성질과 범위가 어디에 있는가를 이해하고, 다음에 이를 주관적으로 관찰하여 그 목적

과 그 효과가 어떻게 존재하는가를 알아낸 후에 다시 주관적과 객관적의 관계를 연결하여 이를 실지實地로 인류의 이용에 이바지하는 방법과 그 수단이 어떠한지를 강구함이 가하니 소위 삼하三何의 주의主義는 즉 이것을 가리키는 것이라.

오호라. 인류의 삶이 오래되었도다. 원시인原是人의 시대로부터 수천백년을 지나서 근근히 금일 문명현상의 세계를 조성한 지경에 이르렀은즉, 그 이래로 지구상 각구各區에 처하여 수현수화隨顯隨化하고 수생수몰隨生隨沒한 각종 사람의 구수口數가 항하사恒河沙에 가까움으로써 산출하기 불족不足할지라. 이와 같이 다수한 인류가 각자의 이상이 있고 경험이 있어서 동중유이同中有異하고 이중유동異中有同함은 이에 그러한 이理라. 고로 이를 좇아 산출된 학문의 종류도 자연히 유만불동有萬不同하며 또한 수시변화隨時變化하야 근원의 마르지 않음과 같고 실의 다단多端함과 같으니 무릇 이와 같은 곧 소위 학문이라는 것은 활물活物이라. 집체지부패지執滯之腐敗之하기 불가하며 또 공물公物이라. 사아지자시지私我之自是之하기 불가함은 가히천하의 통의通義로다.

무릇 아한인사我韓人士의 다수는 학식적學識的 사상이 결핍하고 연구적 근기根氣가 단소短小하야 활자活者는 사지死之하고 공자公者는 사지私之하여 농자聾者가 천조만곡千調萬曲의 세악묘음細樂妙音은 임타불채任他不採하고 다만 괴뢰傀儡의 도량跳踉만 기호嗜好함과 같은지라. 고로 이러한 사람에게 법률학의 진리를 논함은 비록 맹덕사구孟德斯鳩의 설舌이 폐獘하고 여사盧梭의 진唇이 초焦할지라도 진실로 그 근본적 개혁을 선행함이 아니면 마침내 공도로이무공恐徒勞而無功일가 하노라.

소위 근본적 개혁은 무엇을 가리킴인고 할진대 즉 편사애체偏私碍滯한 사상을 일절 혁신하야 활발발活潑潑한 기상으로 탕평평蕩平平한 대도大道를 준행遵行함에 있으니 시험삼아 생각할지어다. 세계상 인구가 얼마가 있는데 오제吾儕가 기분幾分을 점하였으며 세계상 문자가 몇 가지가 있는데 오제吾儕가 기다幾多를 이용하며 학문이 몇 종류가 있는데 오제吾儕가 얼마를 알고 있나뇨. 또 생각하되 심장적구尋章摘句와 철습타여掇拾唾餘로 간작능사看作能事하던 아한我韓의 결과와 연구발명과 경쟁진취에 일신一身을 공헌하는 태서열강泰西列强의 결과가 어떠한고 하면 금일 개혁론자의 심사心事를 불대지자不待智者하고 서가양해庶可諒解로다.

그런즉 금일 아한我韓의 현상이 무비혁신無非革新을 요할 것이로되 그 중에서도 특히 가장 급선急先할 것은 즉 국민의 법률사상이라.

무릇 법률의 정의 즉 법률이 어떠한 것인가와 그 종류에 어느 부문이 있는가는 후편에 상론을 다시 갖추려니와 우선 우리는 불가불 법률의 사상을 회포懷抱할지니 어떠한 것인가. 우리가 세계상에 생존하여 능히 사회적 생활을 영득營得하여 정연整然한 천질천서天秩天序를 유지하여서 우리의 쾌락을 증진하고 외래적 침략화해侵掠禍害를 단절하여 불행한 운명을 구조함은 어떤 힘을 빌린 것이뇨 하면, 즉 법률의 은택을 입음에 불과함이라. 시험삼아 볼지어다. 농자農者가 곡물을 원야原野에 파경播耕하야 먹을 수 있을 때에 이르러도 조작鳥雀을 쫓는 힘을 사용하지 않고 능히 자가自家의 구口에 입入하며 어떠한 왕리치약尫羸稚弱이라도 만금萬金의 재백財帛을 신변에 둘러 두려워하지 않음은 어찌 세상에 사람이 모두 요순堯舜인 결과에 돌아가리요. 옛 사람이 말하기를 천지지간에 물각유주物各有主하여 진실로 자기의 소유가 아니면 비록 터럭 하나라도 취하지 않는다 하니, 이 말이 비록 극호極好하나 단 그 원인에 무엇이 있는가를 설파치 못하였으니 이는 즉 동양인 학문에 홀륜囫圇에 결점이라. 독獨히 서유西儒는 말하되 우리는 법률에 나고 법률에 성장하고 법률에 죽는다 하였으니 즉 법률과 인생은 그 관계의 밀접함이 물고기의 물을 가짐과 같음을 명시함이라. 고로 법률사상의 발달은 서양이 가장 뛰어난 것이 되어 지금으로부터 이천년전 라마고대羅馬古代에 있어서도 이미 비연유장斐然有章한 성문법成文法이 발현하야 향후 누천만년 법률계의 적석진원積石眞源을 개착開鑿함에 금일 문명제국文明諸國에 소위 헌법, 민법, 상법, 하법何法 등은 하나도 서양으로서 종래從來치 아니한 것이 없으니, 즉 우리는 부득불 동양적 법률사상을 개혁하야 그 신사상의 표본을 서양에 취할 밖에 다른 방도가 없음이라.

그런즉 소위 서양적 법률사상은 어떠한고 하면

[갑]. 법률은 우리에게 안녕행복을 부여하는 천신天神이 되는 것

[을]. 법률은 고통화해苦痛禍害를 배제하는 평화적 무기가 되는 것

[병]. 법률은 자유욕망을 극제克制하는 정계선定界線이 되는 것

[정]. 법률은 총명혜지聰明慧智를 관옥灌沃하는 주사기注射器가 되는 것

이러한 사상은 감히 법률철학상 가장 높은 이상을 가리킴이 아니라 단지 일반 상식이 있는 인민 즉 법률학자 이외에 사람이라도 보통으로 알 수 있는 것이니, 즉 (갑)의 사상을 인하여 법률의 신성함을 신앙하는 고로 국가에 제정한 바 법률은 복종할 의무를 위배違背치 아니하며, (을)의 사상을 인하여 법률의 이용을 각찰覺察하는 고로 자기권리 내에 그 보호를 당수當受할 것은 강폭强暴을 두려워하지 않고 만반영위萬般營爲를 안심진행하며, (병)의 사상을 인하여 법률의 제재制裁가 도덕의 제재制裁와 다름을 효해曉解하는 고로 도덕상 행위에 미치지 못하는 것이

라도 감히 무리폭행無理暴行을 종영縱逞하야 사회에 안녕질서를 교란攪亂치 못하며 (정)의 사상을 인하여 법률의 원인결과를 명변明辨하는 고로 법률의 발달진보를 조장하야 법률로 하여금 시세에 불역拂逆하거나 혹 부양腐壞에 떨어짐을 면케 하는 효과가 있는 것이니라.

그리고 아한인我韓人의 법률에 대한 사상은 어떠한고 하면 법률과 도덕의 관계와 그 성질을 분별하지 않아서 법률이라 하면 대저 사람을 형벌함에 불과한 줄로 알고, 인하여 권리의무의 관념이 절핍絶乏하니 이러한 사람의 사상으로 논하면 소위 법률은 다만 일개 무성질, 무범위, 무표준한 허영물虛影物이라. 해가奚暇에 그 이용공효利用功效를 알며 그 연구의 방법을 인식하리오. 그런즉 아한인我韓人은 법률사상이 전무하다 말하여도 과평過評이 아닐가 두려워하노라.

이러한 이유로 금일 아국민我國民의 다수가 맹성猛省하야 문명발달상 조력助力을 베풂을 희망함은 즉 종래의 학문상 자사自私, 자시自是, 자폭自暴, 자기自棄의 유상명신謬想冥信을 일절 포기拋棄하고, 각기 법률상 신사상을 뇌수에 주입함에 있으니, 이 목적을 달함에는 도저히 일이개一二個 선각자의 강술講述과 소수국민의 독선적 개오開悟로는 그 효과를 십분 성취키 어려운 고로, 이제 이 대동학회와 같은 호개기관好個機關을 빌어서 황무荒蕪한 일언一言을 전국 유지인사有志人士에게 제공함을 이룸은 불영不佞의 가장 영행榮幸으로 안다고는 하지만, 다만 법률사상을 혁신한다 말함은 어의語意가 광막廣漠하여 모착摸捉키 어려울 뿐 아니라 이 신사상을 다소간 취득한 자라도 실제상 법률연구의 목적을 달함에는 부득불 일정한 주의主義 즉 이것을 연구할 어떤 표준을 이용함이 아니면 마침내 반드시 오리무중五里霧中에 방황하는 탄식을 면하기 어려우리니, 이는 내가 서유西儒 씨의 유론遺論을 채차採遮하여 전술한 삼하주의三何主義의 설說을 제창하는 소이며, 만약 이에 이 주의를 어떻게 적용하여 그 선과善果를 수확함은 각 경우를 따라서 연구하기 가한 고로 후일 논술하고자 하노라.

권보상, 「법학용어해」

1908년 3월 25일

◉법률학의 과학상 위치여하位置如何

◉과학자는 무엇인가

법학은 법률적 현상을 연구하는 학學이니 법률이 어떠한 것인가는 후일을 경사更竢하려니와 학學 즉 과학이라 함은 어떠한 것을 가리킴인고.

무릇 사람은 만물의 영장이라. 이성을 가지고 태어나서 사물을 이해하는 능력이 있으나, 그러나 사람이 태어난 직후로부터 단순한 경험으로 인한 지식은 극히 천박하야 진정한 지식 즉 학식이라 칭하기 불능하니, 가령 태양이 조출동해朝出東海하고 석몰서산夕沒西山함과 목엽木葉은 부수浮水하고 금석金石은 침하沉下함을 아는 것은 즉 단순한 지식이요, 이와 반대로 태양이 서주西走함과 같음은 지구가 향동회전向東迴轉하는 결과요 지구가 태양을 회전함은 그 원인이 인력작용에 있으며 또 목엽木葉과 금석金石의 부침浮沉은 그 무게의 법칙을 좇음인 줄 이해함은 즉 소위 학식이라. 고로 학식이라 함은 일정한 현상에 나아가 그 원인결과의 관계를 회해會解하는 것인데, 즉 우리의 연구한 소득이라. 이와 같이 우주 간 삼라만상에 대하여 해득한 학식의 전체를 널리 칭하여 학學이라 혹 과학이라 하나니 과학이라 함은 세계 각국을 열국이라 칭함과 같이 학學의 열列에 세울 수 있는 여러 학學을 이름이니라.

우리는 수천년래로 우주 간 여러 현상을 연구 이해하여 근세까지 진보한 과학의 범위는 실로 위대하나, 그러나 거대한 망원경望遠鏡과 정치精緻한 현미경顯微鏡은 알 수 없는 천체와 미해未解한 물질을 발명하야 우주의 범위를 다시 더하여 확장하며, 증기, 전기, 또 광선, 반경선半經線의 발견은 우주간의 현상을 유익복잡愈益複雜케 하여 장래 수 천 년의 연구를 재차 더할지라도 우주 간 만유萬有를 남김없이 모조리 이해함은 도저히 인지人知의 미칠 바가 아니라. 그런즉 현금現今 과학의 범위는 오히려 극히 협소하여 우주의 광대함에 비하면 실로 창해일속滄海一粟의 느낌을 금할 수 없을지로다. 그런즉 이러한 소위 과학은 대개 또한 경구박실經久博實하여 속유俗儒의 습행習行하는 바 여러 종류의 공영문자상功令文字上 철습掇拾 또 공리부회적空理附會的 우담迂談과 다름이 있은즉, 이를 일신一身에 종득終得하여 삼라만상을 일목一目으로 통관通觀함은 비록 성인聖人이라도 또한 불능한 바가 있는지라. 이제야 우리는 부득불 과학 전체의 연구는 단념하고 농상공農商工 등의 분업과 같이 한 부분의 특별 연구를 힘쓸 것이니, 이와 같은 필요에 응하여 학식의 전체를 휘류종합彙類綜合하여 동일계통에 속한 것은 동일부문에 배열하여 각부各部의 전문연구자로 하여금 그 범위와 내용을 명지明知케 함은 즉 소위 과학의 분류이니라.

과학의 분류법은 자고로 학자간의 일대문제一大問題가 되어 그 논論이 하나가 아니고 또 각국 대학에서는 교수의 필요를 위하여 편의적으로 각 학과를 배열하였으나 원래 과학의 분류는 과학 전체를 정통精通함이 아니면 완전한 해석을 난하難下한 고로 누구에게든지 이 임무를 요구하기 불능함이라. 이제 다만 오배吾輩의 정당하다 믿는 예이만禮伊萬 씨의 분류법을 든 즉 일절 과학을 그 목적물된 현상의 내용여하로 인하여 이를 자연적 현상의 연구로써 목적하는 자연과학과 인류의 정신적 작용 즉 인위적 현상의 연구로써 목적하는 정신적 과학의 두 부문으로 나누고 다시 이것을 각 세분류細分類로 구별하니 즉 왼쪽과 같음.

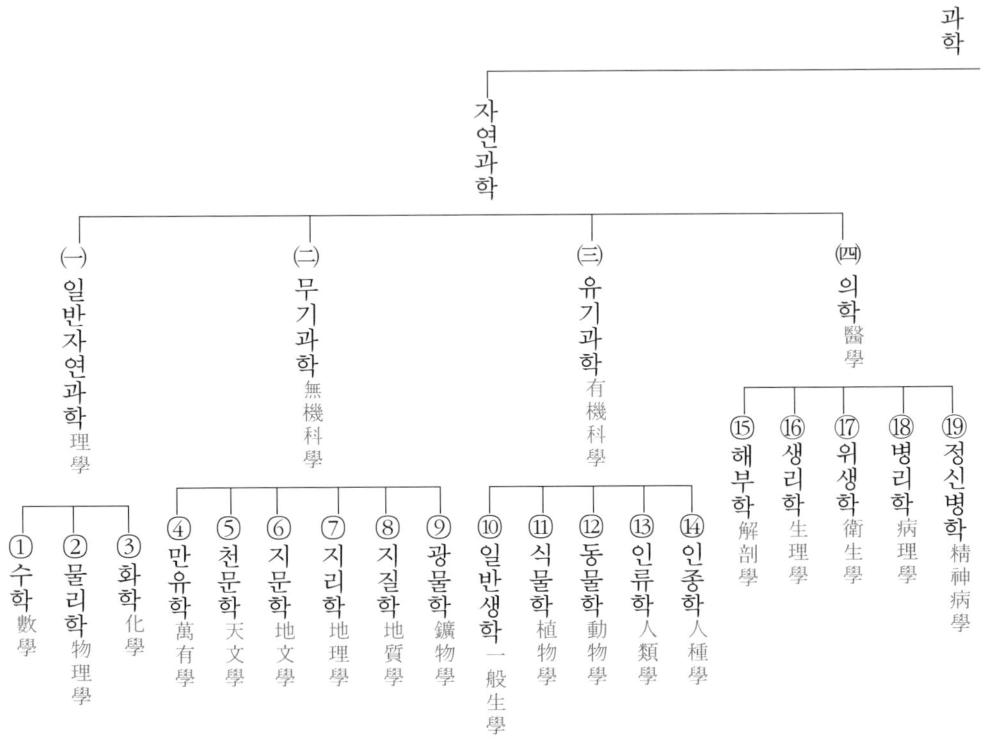
과학
자연과학
㈠ 일반자연과학 理學
㈡ 무기과학 無機科學
㈢ 유기과학 有機科學
㈣ 의학 醫學
① 수학 數學
② 물리학 物理學
③ 화학 化學
④ 만유학 萬有學
⑤ 천문학 天文學
⑥ 지문학 地文學
⑦ 지리학 地理學
⑧ 지질학 地質學
⑨ 광물학 鑛物學
⑩ 일반생학 一般生學
⑪ 식물학 植物學
⑫ 동물학 動物學
⑬ 인류학 人類學
⑭ 인종학 人種學
⑮ 해부학 解剖學
⑯ 생리학 生理學
⑰ 위생학 衛生學
⑱ 병리학 病理學
⑲ 정신병학 精神病學

- 정신적 과학
  - (五) 문학文學
    - (갑) 철과哲科
      - ⑳ 논리학論理學
      - ㉑ 심리학心理學
      - ㉒ 심미학審美學
      - ㉓ 윤리학倫理學
      - ㉔ 종교학宗敎學 ― 신학神學
    - (을) 협의俠義의 문학文學
      - ㉕ 언어학言語學
      - ㉖ 수사학修辭學
      - ㉗ 동작학動作學
      - ㉘ 교육학敎育學
      - ㉙ 미술학美術學
      - ㉚ 각종응용과학各種應用科學: 농업 임업 · 공업 · 상업 · 의술 · 건축술
      - ㉛ 역사학歷史學
  - (六) 국가적 과학國家的 科學: 법정학法政學
    - ㉜ 도덕학道德學
    - ㉝ 법률학法律學: 법학통론法學通論
      - 통계법학統計法學
      - 비교법학比較法學
      - 치혁법학治革法學
      - (위 세 가지) 법률철학法律哲學
    - ㉞ 국제공법國際公法
    - ㉟ 경제학經濟學
    - ㊱ 사회학社會學
    - ㊲ 정치학政治學

오른쪽은 과학 분류의 계통적 도해에 불과하고 그 내용이 어떠한가는 각기 전문연구에 귀속하나 이제 어떤 이유로 이와 같은 분류법을 사용하는가와 그 상호간의 관계와 그 각 부류의 개념을 논할진대

1908년 4월 25일

◉ 법률학의 과학상 위치여하(속)

◉ 과학자는 무엇인가

자연과학자는 전술한 과학의 분류법에 의하여 그 목적물되는 현상의 내용이 인류의 정신적 작용 즉 지知, 정情, 의意 세 가지의 인위적 작용에 기인치 아니한 자연적 현상을 연구하는 자인데 자연과학 중

(一) 일반적 자연과학 즉 이학理學이라는 것은 우주 간 현상의 종류여하를 불문하고 널리 만유萬有의 일반적 관계를 설명하여 자연적 현상의 전체에 미치는 형식을 연구하는 과학이니 즉

(1) 수학은 현상의 실질여하를 불문하고 그 대소 형식적 관계를 논정論定하는 학學인데 우리는 이로 말미암아 사물의 대소大小, 장단長短, 광협廣狹, 천심淺深의 구별을 이해하며, (2) 물리학은 물체의 세력勢力을 논구하는 학學인데 우리는 이로 말미암아 고체, 액체의 구성을 알 수 있고 그 서로의 힘을 이해하여 수력水力, 광력光力, 증기력蒸氣力, 전기력電氣力 등의 자연세력을 이용하기 가능하며, (3) 화학은 물질의 분자와 그 관계를 논구하는 학學인데 우리는 이로 말미암아 고체를 용해하야 액체를 얻고 액체를 증발하여 기체를 얻고 쌀과 물을 화합化合 술을 만듦과 같이 각종 요소를 화합하여 새로운 물체를 제조하기 가능함이라.

이와 같이 수리적, 물리적, 혹 화학적 현상은 동, 식, 광물계를 부론不

論하고 균등히 발생하는 고로 이 세 가지 학學은 자연과학의 총론이라 칭함도 가한 일반적 성질이 있느니라.

(二) 무기과학無機科學은 우주 간 만유萬有의 실질상 삼라만상의 특별 관계에 대하여 특히 생명이 없는 물질을 연구하는 것이니 즉

(4) 만유학萬有學은 우주 전체를 목적하는 것이요, (5) 천문학은 천체를 목적하는 것이요 또 지구를 목적하는 과학 중, (6) 지문학地文學, (7) 지리학은 지구의 구조형상을 목적하는 것이요, (8) 지질학, (9) 광물학은 지구의 구성부분 중 생명이 없는 물질을 목적하는 것인데 우리는 이상 여러 학學을 인하여 일월성진日月星辰의 운행과 주야의 구별과 사시四時의 변함과 풍우한난風雨寒煖의 원인결과를 이해하며, 산천하해山川河海의 형세를 알 수 있어서 자연의 보고寶庫를 개발하고 금은동철金銀銅鐵, 석탄石炭 석유石油 등의 귀중품을 채굴採堀하여서 우리의 행복을 증진할 줄 알 수 있느니라.

(三) 유기과학有機科學은 지구상 생물적 현상을 연구하는 과학이니 대개 지구는 수토금석水土金石 등 무기물로만 성립할 뿐 아니라 인류와 초목, 금수, 어개魚介 등 유기물 즉 생물도 그 구성의 요소가 되는 고로 이러한 현상을 연구하는 중

(10) 일반생물학一般生物學은 생물의 일반관계를 널리 논하는 것이요 그 특별관계에 나아가, (11) 식물학은 정지부동靜止不動하는 생물을 목적하는 것이요, (12) 동물학은 인류 이외의 금수충어禽獸虫魚 등 동체생물動體生物을 목적하는 것이요, (13) 인류학은 인류의 발생과 그 연혁沿革을 목적하는 것이요, (14) 인종학은 인류가 지구상에 있는 관계를 목적하는 것이라.

이상 여러 학學은 인류와 동식물을 물론勿論하고 다만 생물적 현상을 연구하는 것이요 또 이상 분류의 세 가지 큰 과학은 (1)에서 (12)까지는 모두 인류 이외의 연구로되 (13) 이하 허다한 과학은 모두 인류 자체를 연구함으로써 목적하는 것이니라.

(四) 의학은 인류의 신체와 생명의 구성, 조직, 혹 그 특질을 연구하는 과학이니 즉

(15) 해부학은 인신人身을 해부하여 그 구조를 연구하는 것이요, (16) 생리학은 그 생명의 원리를 논하는 것이요, (17) 위생학, (18) 병리학은 그 생명의 특질과 외계적外界的 현상이 생명에 미치는 영향을 논하는 것이요, (19) 정신병학은 인류의 정신생활의 형식을 연구하는 학學이라.

이상 여러 학學은 인류의 지정의知情意 세 가지 작용에 말미암지 않고, 자연적 현상에 불과한 고로 이를 정신생활의 실질에 관한 여러 학學(정신적 과학)과 구별하여 오른쪽에 열거하노라.

정신적 과학자는 전술과 같이 정신적 활동작용을 연구하는 자니 대개 리성을 가진 인류의 정신은 지정의知情意 세 방면으로 활동함에 오관五官의 감각작용으로 외계현상外界現象에 대한 감정이 있고, 지각작용으로 외계현상을 의식하며 다시 지성知性과 정성情性의 결합작용으로 사물을 사념욕망思念欲望하는 의사가 있는 고로, 우리는 자연계에 속한 인류적 현상의 특질을 이해할 뿐 아니라 불가불 일보一步를 다시 나아가 정신계에 속한 지知, 정情, 의意적 현상이 어떠한가를 연구할지니 정신적 과학 중

(五) 문학 즉 광의의 문학은 인류의 개인적 생활상 의사의 활동에 관한 과학 즉 협의의 문학과 지정이계知情二界에 관한 과학 즉 철학을 합한 것인데

(갑) 철학은 내계적內界的 정신활동의 반응작용을 연구하는 과학이니 대개 우리의 정신적 기능은 혹 외계外界의 영향을 인하여 반응적 작용이 있고, 혹 신체를 통하여 그 세력을 외계外界에 미치는 발동적發動的 작용이 있으니, 이 발동적 작용은 즉 소위 의사意思요, 즉 외계적 정신활동이라. 그러나 반응적 작용은 내계적 정신활동인데 혹은 피동작被動作이 있어서 외계의 영향으로 인하여 정신상에 일종 감각을 발생하나니 이는 즉 소위 감정感情이요, 혹은 능동작能動作이 있어서 우리의 감정으로써 외계의 현상을 지각인식하나니 즉 소위 지식知識이라. 지식은 즉 경험과 연상聯想으로 인하여 허다한 개념槩念을 알 수 있는 것이니, 일절 과학은 모두 이러한 지적 작용으로 말미암아 나타난 것이라. 그리고 이 지적 현상의 자체를 연구하는 과학 중, (20) 논리학은 진정한 지식의 형식을 논하는 것이요, (21) 심리학은 지성의 본질을 논하는 것인 고로 이 두 가지 학學은 모두 지식계의 과학이며 그 다음 감정계의 현상에는 우리가 기갈飢渴이나 피권疲倦을 감각하는 종류의 대내감정對內感情과 산수의 경승景勝이나 충효의 절행節行을 감동하는 종류의 대외감정對外感情이 있으니, 대외감정을 연구하는 과학(대내감정의 연구는 특별한 과학이 없음) 중, (22) 심미학審美學은 감각할 사물의 형식 외면에 대한 감정을 연구하는 것이요 또 감각할 사물의 실질에 대한 감정의 연구는 두 종류에 다시 나누어, (23) 윤리학은 우리의 인식하기 가능한 사물의 실질에 대한 경험적 감정을 연구하는 것이요, (24) 종교학(서인西人 소위 신학)은 우리의 인식하기 불능한 사물에 관하여 신앙적, 초절적超絶的 감정을 연구하는 것이니, 이 세 가지 학學은 모두 감정계의 과학이요 또

지知, 정情 양계兩界의 현상은 함께 내계적內界的 정신활동의 반응인 고로 이에 관한 과학은 상호 연결하여 보통 소위 철학의 한 부문을 이루느니라.

1908년 6월 25일

◎법률학의 과학상 위치여하

◎과학자는 무엇인가(전호속前號續)

(을)협의의 문학은 개인적 생활에 관한 의사활동의 현상을 연구하는 과학이니 전술과 같이 우리 정신계의 발동적發動的 작용은 즉 지성과 정성의 결합작용으로 인하여 그 세력을 외계에 미치는 것이니 즉 소위 의사(의욕意欲)라. 이 의욕계意欲界의 현상은 그 단端이 하나가 아니나 크게 구별하면 인류의 개인적 또는 사회적 생활에 관한 두 가지 종류가 있으니 전자를 연구하는 과학 중

(25) 언어학은 사상발표思想發表의 형식 즉 언어의 법칙과 그 구성을 연구하는 과학이요, (26) 수사학修辭學은 사상발표의 목적을 이루기 위하여 언어의 응용을 연구하는 것이요 또 감정발표의 형식 즉 신체의 동작을 연구하는 과학은 관상학觀相學이라 부르나 이러한 학學은 상속유치尙屬幼稚하여 과학에 열거하기 부족하며, 단 연극演劇 등 기타 실지實地에 응용하는 동작학動作學이 과학에 초근稍近하니 즉, (27) 동작학動作學은 감정발표상 목적을 이루기 위하여 동작의 응용을 설명하는 것이라.

우리는 이상 여러 학學으로 인하여 의사의 발표함을 알 수 있으나, 우리의 욕망은 무궁한 고로 부득불 다시 나아가 의욕意欲의 연원淵源 즉 지정知情의 개발을 기약할지니 즉, (28) 교육학은 지식개발의 방법을

연구하는 과학이요, (29) 미술학은 대외감정對外感情의 개발을 연구하는 것이요 또, (30) 각종 응용과학은 모두 대내감정對內感情의 개발을 목적하여 기술적 학식을 논구하는 것이나, 그러나 이는 순정과학純正科學에 속하지 않는 고로 분류할 필요가 없으며, 이러한 여러 학學에 다시 (31) 역사학 즉 인류의 사회적 생활의 연혁沿革을 연구하는 과학을 더하여 보통 소위 문학의 한 부문을 이루느니라.

(六) 국가적 과학 즉 법정학法政學은 사회적 즉 공동단체적 생활에 관한 의사활동의 현상을 연구하는 과학이니 대개 (13)에서 (30)까지의 일절 과학은 인류의 국가적 생활 여하를 불문하고 성립하기 모두 가하나, 그러나 원래 인류는 사회적 정치적 공동생활성을 가진 동물인 고로 부득불 이에 관한 의사활동의 현상을 연구할지니 이러한 연구의 주요한 과학 중 다시 나누어 사회적 생활의 형식에 관한 것과 또 그 실질(내용)에 관한 두 종류가 있는데 즉 사회적 생활을 유지함에 필요한 형식은 질서니 질서에는 감정에 기초하여 시비선악是非善惡을 표준하는 도덕적 작용도 있고, 지성에 기초하여 곡직이해曲直利害를 표준하는 법률적 작용도 있으니 즉

(32) 도덕학道德學은 정성적情性的 사회질서에 관한 현상을 연구하는 과학이요, (33) 법률학은 지성적知性的 사회질서에 관한 현상을 연구하는 것이라. 그러나 법률은 사회적 생활에 가장 중요한 형식이니 고금동서에 그 법도가 하나가 아닌 고로 그 연구도 정밀을 가장 요구하니, 이제야 법학 중에 법률을 종면縱面으로 관찰하여 고금의 변천을 연구하는 연혁법률학沿革法律學과, 법률을 횡면橫面으로 관찰하여 동서의 이동異同을 연구하는 비교법률학比較法律學과, 법률의 내용을 관찰하여 그

이론을 연구하는 계통법률학系統法律學의 분류가 있고, 다시 법률학의 입문入門되는 법학통론法學通論과 고금동서의 법률을 귀납歸納하여 그 가장 높은 원리를 연구하는 법률철학法律哲學의 구별이 있느니라.

그 다음 사회적 생활의 내용 실질에 관한 과학에는 다시 사회적 생활의 내부관계에 관한 것과 사회적 생활의 기관활동에 관한 것이 있는데, 전자를 연구하는 중, (35) 경제학은 외계外界에 있는 생활자료生活資料를 이용하여 자기의 욕망을 만족케 하려는 정신적 활동을 연구하는 것이요, (36) 사회학은 사회적 생활의 각 부분이 다른 각 부분과 전체에 대한 상호간 관계를 연구하는 것이요, 또 (37) 정치학 즉 광의의 정치학은 즉 사회공동단체의 기관의 활동하는 관계를 연구하는 것이니, 근래 이 학學의 발달이 익진益進함이 경진更進하여 공동단체 즉 국가 자체의 본질을 논구하는 국가학과 감옥監獄, 경찰警察, 위생衛生 등 사법司法, 행정行政 혹 내무행정內務行政의 목적을 연구하는 행정학을 나누고, 또 입법立法, 내치內治, 외교外交 등 근본적 정책을 논구하는 과학은 협의의 정치학이라 칭하니, 이러한 여러 학學은 모두 사회적 생활의 목적 즉 실질에 관한 과학으로 전술한 도덕道德, 법률法律 등 제학諸學과 내외표리內外表裏의 관계가 있으며

또한 이상 제학諸學은 모두 개인으로써 단위를 세우고 국가로써 최대 공동단체를 만들어 이 범위 이내에 관한 과학이나, 그러나 근세문화가 익진益進함에 국가를 단위로 한 최대단체 즉 국제단체가 성립한지라. 이제야 이「국제관계를 논구하여 국가 간에 있는 국가의 행위를 규율할 법칙관례法則慣例를 이용함으로써 목적」하는, (34) 국제법학國際法學이 발달하니 국제법학도 법학의 한 부분이라 하나, 그러나 국내법

률과는 그 형식이 완전히 다르고 또 그 연혁沿革이 같지 아니하여 동일 한 정의 하에 포함케 하기 어려운 고로 한 과科를 따로 세우니라. 이상은 금일 문명사회의 과학 전체를 망라網羅한 개론인즉 원래 구우일모九牛一毛를 든 것에 불과하나, 이로 인하여 세계상 소위 학문이 과연 어떠한 것이며 모두 몇 종류가 있는 일반一班을 가규可窺하니 여무학余無學이 감히 식자제군識者諸君에 향하여 망설莽說을 희롱함이 아니라 단 현금림하現今林下에 이고자화泥古自畫하여 망연히 천지고지지후天之高地之厚를 알지 못하는 인사人士를 위하여 약약소개畧畧紹介할 따름이로라.

대저 옛 일학자日學者의 진전眞詮은 도덕상 각지脚地에 세워서 수제치평修齊治平을 일절 종차타산從此打算하니 즉 개인적 사회적 생활을 물론勿論하고 정치 법률의 원칙을 모두 도덕에서 취함이라. 고로 단순 혹 순고淳古한 사회에는 이러한 학學을 응용하여 상당한 효과를 거두었으나 사회가 유익복잡愈益複雜함에 따라서는 주수株守의 초誚를 면하지 못하며, 또 구학舊學 중 가장 발달한 것은 즉 심리학이나 단 그 논점에 이르러서는 지성知性 외의 인의예신仁義禮信 등 허다한 작용을 인식하고 또 의욕작용意欲作用을 감정 중에 포합包合케 함은 견해가 현수懸殊하며 기타 동이장단同異長短의 비교논평을 요할 것이 오히려 많으나 여가餘暇가 없음으로 고차약각姑且畧却하노라.

9. 교육학

〈표 47〉 '교육학' 관련 텍스트 목록

잡지명	저자명	제목	표기	권호(발행일)	쪽수
親睦會 會報	崔相敦	教育論	국한문	제3호(1896.10.23)	18~19
	元應常	教育에 對호야 國民의 愛國想像	국한문	제5호(1897.9.26)	9~13
朝陽報		教育學問答	국한문	제7호(1906.9.25) 제8호(1906.10.10) 제9호(1906.10.25) 제10호(1906.11.25)	9~11 8~9 9~10 8~10
		教育溯原論	국한문	제12호(1906.12.25)	22~23
大韓自强會 月報	飮氷室 梁啓超 著 韋菴 張志淵 譯述	教育政策私議	국한문	제3호(1906.9.25) 제4호(1906.10.25)	16~22 9~14
	松堂 金成喜	教育說	국한문	제5호(1906.11.25)	11~15
	柳瑾 譯述	教育學原理	국한문	제6호(1906.12.25) 제7호(1907.1.25) 제8호(1907.2.25) 제9호(1907.3.25) 제10호(1907.4.25) 제11호(1907.5.25) 제12호(1907.6.25) 제13호(1907.7.25)	35~37 19~36 19~25 16~19 13~26 16~21 12~16 13~15
太極學報	禹敬命(譯)	教育의 目的	국한문	제10호(1907.6.3)	17~19
	張膺震	教授와 教科에 對호야	국한문	제13호(1907.9.24) 제14호(1907.10.24) 제15호(1907.11.24)	3~7 27~32 15~20
少年 韓半島	元泳義	教育新論	국한문	제1호(1906.11.1) 제2호(1906.12.1) 제3호(1907.1.1) 제4호(1907.2.1) 제5호(1907.3.1) 제6호(1907.4.1)	4~5 6~8 4~6 3~5 2~3 3~4

잡지명	저자명	제목	표기	권호(발행일)	쪽수
共修學報	崔鳴	教育叢言	국한문	제4호(1907.10.30)	27~29
法政學界	尹益善	國家와 教育	국한문	제22호(1909.4.5)	10~14
洛東親睦會學報	林圭	教育論	국한문	제2호(1907.11.30)	4~8
湖南學報	李沂	梁氏學說	국한문	제1호(1908.4.25)	22~27
西北學會月報		教育學의 區分	국한문	1권7호(1908.12.1)	4~5
		學課의 要說	국한문	1권9호(1909.2.1) 1권10호(1909.3.1)	5~10 4~9
畿湖興學會月報	鄭永澤	教育의 目的	국한문	제1호(1908.8.25)	29~32
	鄭永澤	教育學	국한문	제2호(1908.9.25) 제3호(1908.10.25) 제4호(1908.11.25) 제5호(1908.12.25) 제6호(1909.1.25) 제7호(1909.2.25)	42~44 31~32 23~25 17~18 12~14 24~26

류근 역술, 「교육학원리」

1906년 12월 25일

총론

교육학이란 것은 어떠한 과학인고. 대개 고금동서에 교육의 사事를 연구하야 그 계통을 풀어내어 조직한 것이니 그 성질이 박잡駁雜한 고로 자연과학(자연의 상태를 연구하는 것을 자연과학이라 이르니 윤리학, 심리학 등이 그것이라)을 가히 원리의 아래에 두어야 한다. 덕유德儒 낙실가래지洛失苛來智가 교육학의 성질을 서술하야 말하기를 교육학은 첫째, 혼합과학이 되어 그 성질이 의학에 가깝다 하니 그 혼합과학이라 이르는 것은 즉, 교육학을 윤리학과 심리학이 반드시 보조함을 가리킴이요 그 의학과 가 같다 이르는 것은 즉 교육이 의학으로 더불어 건전健全과 불건전不健全함을 균별均別함으로써 인심건전人心健全의 법法을 풀어냄이라.

단, 교육학으로써 혼합과학을 삼은 것은 특히 그 주집湊集의 뜻뿐만 아니라 또한 각종 과학의 결과를 빌어서 그 목적과 방법을 밝힘이니라.

교육의 목적과 방법을 밝히고자 할진대 반드시 네 종류의 과학으로써 보조할지니 즉, 윤리학, 사회학(두 종류는 그 목적을 보임이라) 심리학, 생리학(두 종류는 그 방법을 보임이라)이 그것이라. 고래로 교육학을 조직하는 자가 단지, 흑배제黑排梯를 따라 윤리학으로 목적을 삼으며 심리학으로써 방법을 삼고 사회학과 생리학을 차조借助치 아니하는 고로 항상, 결점이 있고 완전하지 못하야 아름다움과 선함의 영역을 만들지 못하니라.

교육학이 이 네 종류의 과학을 얻어 그 목적과 방법을 밝힌 후에 건전한 교육의 원칙을 정할 수 있을지니 이는 즉, 낙실가래지洛失苛來智의 이른 바 의학에 가까워 일종의 규범과학을 이룬다 함이니 특히 사실을 설명할 뿐 아니라 그 표준을 탐구함으로써 그 전부를 보임이라. 고로 교육학의 원리가 두 가지 있으니

[1] 교육의 목적과 그것으로써 성립하는 원리요

[2] 그 목적 실행의 방법과 그 형식의 원리라

요약하여 말한 즉,

교육학이란 것은 교육의 목적과 그 방법을 연구하는 과학이니 반드시, 윤리학과 심리학과 사회학과 생리학을 따르게 하나니 보조상으로 말한 즉 가히 혼합과학이라 이를 것이요 성질상으로 말한 즉 규범과학이라 이를지니라.

1907년 1월 25일

제2 교화편(즉 지육智育편)

전편은 신체양육身體養育의 방법을 서술하고 이번에는 지식개발智識開發의 방법을 서술하니 이 방법이 교육상 가장 중요한 지위를 점하야 이름을 교화 혹 지육이라 이르는지라. 만약 잔궐殘闕이 완전하지 않으면 사물의 이理를 이미 판단키 불능하며 감정을 고상高尙키 불능하며 지기志氣 견고堅固키 불능하리니 교육 목적에 이른 바 단체 자치의 품성은 장차 무엇으로 말미암아 얻으리오. 그러나 이 방법의 상세함을 알고자 할진대 사상 일반의 성질과 그 발달의 통례를 선고先攷치 아니함이 불가하니라.

1 사상일반의 성질

사람의 지식은 결코 지정의智情意 세 가지에 능히 분명分明할 바가 아니라 동시 지식知識이로대 사물 변명辨明을 지智라 일컫고 감촉경우感觸境遇를 정情이라 일컫고 희망希望 일절一切을 의意라 일컫나니 서로 다른 것이 없다. 그 지향하는 것이 다름이라. 백론타낙伯論他諾이 일찍이 분석하야 말하기를(갑)그 지식이 대상에 나타나는 것을 표현이라 하고(을)대상에 나타나서 결정함과 반대하는 것을 신념이라 하고(병)대상에 나타나서 기망冀望 혹 혐악嫌惡의 뜻을 품는 것을 흥미興味라 한다 함이 여러 개가 마땅함을 얻을 것이나, 그러나 과학의 실제實際를 익히고자 할진대 그 종류를 구별함에 있지 않고 그 성질을 연구함에 있나니 지금 일단一端을 왼쪽에 특거特擧하여 보는 자로 하여금 우반偶反케 하노라.

지智의 성질은 진眞을 밝힐 뿐이니 이른 바 진眞을 밝히는 것은 무엇이오. 첫째는 오관五官으로 좇아 사물을 감동感動하는 것이니 이르기를 감각感覺이며 또한 이르기를 직각直覺이요, 둘째는 마음이 사물의 감동感動함을 받는 것이니 이르기를 지각知覺이요, 셋째는 지각知覺으로 말미암아 그 보통의 성질을 추역抽繹하는 것이니 이르기를 개념概念이요, 넷째는 그 개념概念으로써 일명 수數를 구성搆成하는 것이니 이르기를 판정判定이요, 다섯째는 판정判定의 관계로부터 일신론一新論을 별연別演하는 것이니 이르기를 추론推論이라 하나니, 이 다섯 종의 작용은 모든 사람의 심의心意로 하여금 진眞을 밝히게 하는 소이所以라. 만약 관통연달貫通鍊達치 아니하면 영향影響이 모호할지니 어찌 사사물물事事物物의 진상을 얻을 수 있으리오.

무릇 마음의 미치는 바에 천신天神은 그 존엄을 잃고 미인은 그 미태媚態를 잃고 도거刀鋸는 그 날카로움을 잃나니 이것이 한결같이 그러하나, 즐겨서 그 이理를 알고 하나하나 실험을 징徵치 아니하면 다만 공상뿐이니 또한 무엇을 취하리오. 고로 반드시 방향을 지도指導하야 실제에 실귀悉歸함으로써 야만환상野蠻幻想의 누습陋習을 벗게 할지니 이는 단체 자치의 품성이 무지無智키 불가한 소이所以라.

개지開智의 법法을 알고자 할진대 마땅히 그 사상 발달의 차서次序와 그 조건을 선고先攷할지니라.

2 사상발달의 통례

사상은 간단으로부터 복잡에 다다르는 것이라. 고래로 발명發明한 것이 이대학설二大學說이 있으니 하나는 이발업지利勃業志와 강덕흑지이康德黑智爾 등의 주장한 바 덕국파德國派요 하나는 흑배제黑排梯 등의 주장한 바 영국파英國派라.

덕국파는 이르되 사람의 심의心意가 선천총합활동통일先天總合活動統

一의 여러 성질이 있으니 반드시 평일의 경험을 기다려 발달하는 것이라 하고, 영국파는 이르되 사람의 심의心意가 분석수동판단分析受動判斷의 여러 계급을 모아 발달을 점치漸致하는 것이라 하니 대개 덕국파는 형이상形而上하는 학學에 가깝고 영국파는 자연과학에 가까우니라.

이 이대학설二大學說이 근거가 각각 있으니 덕국파는 실로 지식의 원리되고 영국파는 거의 관념의 연합으로써 증명함이니, 고로 미륵전모사彌勒全姆斯가 힘주어 말하되 사람은 감각함에 불과할 따름이라 하니 미륵돈彌勒頓이 격하게 반박하야 말하기를 사람이 과연 감각에 불과하면 이로 하여금 감각이 있게 하는 것은 무엇이라 이를고. 흑배제黑排梯파가 관념의 동화를 받들어 흥미의 설說을 세우니 또한 격한 반박을 면하기 어려울지라. 대개 영국파와 흑배제黑排梯파의 설說이 원리에 통하고 열력閱歷에 장長한 것이라. 이것으로써 지금에 심경발달心意發達을 논할진대 반드시 덕국파로써 형식을 삼고 영국파와 흑배제黑排梯파로써 내용을 삼은 후에 지당불역至當不易의 통례가 나타날지니라.

관념 동화의 근저는 덕국파 말하는 것이 참되나 그 동화의 차서次序는 영국파의 관념연합법과 흑배제黑排梯의 동화설을 빌리지 않음이 불가하니라. 영국파의 관념연합법이 세 가지 있으니 일치율一致律이니 예컨대 자아가 친親을 사思하야 사람의 친親에 미친 것과 같음이 이것이요, 두 번째 말하기를 대비률對比律이니 예컨대 흑백 선악이 성질이 상반하야 사람으로 하여금 아울러 비교의 염念을 생기게 하는 것과 같음이 이것이요, 세 번째 말하기를 근사률近似律이니 예컨대 나파륜拿破崙을 추억하는 자가 인因하야 아력산亞歷山, 대해살大該撒, 진황秦皇, 한무漢武에 가깝게 미치는 자와 같음이 이것이라. 흑배제黑排梯파의 동화설에 이르러 비록 분류함은 아니나 그 뜻은 영국파로 더불어 같으니 그 옛 관념의 동화와 새 관념의 상태를 서술하야 말하기를 지금에 일군一群의 관념이 머릿속에 들어오되 만약 옛것의 힘이 새 것보다 강하면 반드시 서로 충돌할지오. 충돌이 사극已極하면 마침내 섞이어 구화위신俱化爲新하는 고로 동화요, 또 말하기를 융회融會라 하나니 이미 융회融會함에 이르면 흥고미열興高味烈하야 비상非常히 유쾌함이 이를 좇아 각종 흥미가 번갈아 생긴다 이르니라.

고로 교수教授의 비결은 오직 그 흥미를 계발할 따름이라. 이에 그 흥미를 장차 열표列表함이 왼쪽과 같으니.

- 고험考驗의 홍미
  - 사물과 그 관계를 연구하는 자
    - 실험實驗의 홍미
    - 추리推理의 홍미
  - 사물의 선악미추善惡美醜를 판단하는 자 …… 심미審美의 홍미
- 교제交際의 홍미
  - 사람에 대한 자
    - 개인에 대한 자 …… 동정同情의 홍미
    - 사회에 대한 자 …… 사회社會의 홍미
  - 신에 대한 자 …… 종교宗敎의 홍미

영국파의 관념연합삼율觀念聯合三律과 흑배제黑排梯파의 육종흥미六種興味는 심리학상에 있어서 비록 지금까지 의문이 되나, 그러나 사람의 사상이 간단을 말미암아 복잡에 점추漸趨한즉 철안鐵案이 산과 같아 가역可易치 못할지라. 이제 소격난모蘇格蘭某대학교 교수 로호리老湖里가 구분한 일인사상一人思想의 발달하는 시대를 아래에 특거特擧함으로써 증명하노라.

제일 영아기嬰兒期 감각직각感覺直覺의 시대

(1세)

제이 유아기幼兒期 지각知覺과 개념槪念의 시대

(2세부터 8세까지)대략 유치원에 있는 때

제삼 성동기成童期 개념槪念과 판정判定의 시대

(9세부터 15세까지)대략 소학교에 있는 때

제사 청년기靑年期 추론推論의 시대

(16세부터 18세까지)대략 중학교 혹 고등학교에 있는 때

제오 성인기成人期 신이상발달新理想發達의 시대

(19세부터 24세까지)대략 대학교에 있는 때

3 교수원리敎授原理

사상발달의 통례를 좇아 교수원리를 추출함이 왼쪽과 같으니

1 교수를 마땅히 관념연합觀念聯合의 법法을 좇을 것이요

2 교수를 마땅히 힘을 다하야 그 흥미를 계발할 것이요

3 교수를 마땅히 심의발달心意發達의 차서次序를 좇을지니라.

이제 다시 이상 여러 원리를 상설하노니

1 교수를 마땅히 관념연합의 법을 좇는 소이는 관념의 발달이 이 법을 곧 의지하기 때문이라. 이 법의 일치, 대비, 근사, 삼율三律을 나눔은 전절前節에 이미 보았거니와 이에 그 교수원칙을 서술함이 왼쪽과 같으니

(1) 자연부려자自然附麗者는 교수할 때에 마땅히 상련相連케 하야 갈라 나눔이 불가할지오. (2) 일물관념一物觀念의 모양이 근사율로 말미암아 변하야 직각교수直覺敎授되는 자는 마땅히 근사률을 이용할지오. (3) 보통관념의 모양이 일치율로

말미암아 변하야 개념교수槪念敎授되는 자는 마땅히 일치율을 이용할지오. (4) 직각교수直覺敎授와 개념교수槪念敎授를 부론不論하고 무릇 아동의 뇌근腦筋에 가까이 하야 마땅히 대조 비교할 자는 반드시 대비율을 이용할

지오. (5) 교수의 법은 교과편제와 시각작정時刻酌定을 말할 것 없이 다 관념연합법을 마땅히 좇을지니라.

2 교수가 마땅히 힘을 다하야 그 흥미를 계발하는 소이는 대개 관념의 발달이 반드시 흥미를 의지하야 점차로 심후深厚한 까닭이라. 흥미가 무릇 여섯 종이니 교수원칙이 이 여섯 종의 흥미를 좇아야 하는 것이라.

(1) 교수할 때에 마땅히 유쾌하야 곤고困苦를 느끼지 못하게 할지오. (2) 무릇 흥미가 없는 사물은 교수할 때에 마땅히 피할지오. (3) 흥미로 하여금 한 쪽에 치우치게 함이 불가할지오. (4) 교수할 때에 마땅히 물러나 자성自省함으로써 여흥餘興을 발발勃發케 할지오. (5) 흥미로 더불어 공발共發하는 관념은 교수할 때에 마땅히 사통糸統을 조직함으로써 증명할지니라.

3 교수를 마땅히 심의발달心意發達의 차서次序를 좇는 소이는 대개 심의발달心意發達의 차서次序를 좇지 아니하고 전도顚倒히 교수하면 그 결과는 아동의 지식으로 하여금 활발케 함이 아니요 오히려 고사枯死케 하는 까닭이라. 그 차서次序는 무릇 감각 지각 개념 추론 이상의 오기五期를 굳게 지키니 교수원칙은 이를 준하야 정한 것이라.

(1) 저 명물名物을 보이고 후에 언어로써 가르칠지오. (2) 이미 알고 있음을 말미암아서 알지 못함에 미칠지오. (3) 하나의 사물이 미명未明하면 다른 사물로써 고침이 불가할지오. (4) 마땅히 구체자具體者 실實을 추상자抽象者 허虛의 前과 간단자簡單者를 복잡자複雜者의 前에 둘 것이오. (5) 감각을 교수할 때에 마땅히 비상非常히 민첩하야 그 지각을 움직이게 할지오. (6) 지각을 교수할 때에 마땅히 전체와 그 일부로써 가르쳐 일부와 전체의 관계를 전론專論할지오. (7) 정확한 개념을 얻고자 할진대 제일은 마땅히 피차에 비교 특이의 점으로 명시할지오. (8) 제이는 마땅히 특별로부터 보통

에 이르며 구체로부터 추상에 미칠지오. (9) 추론함을 마땅히 귀납 연역 양법兩法(살피건대 두 가지 법이 개명학皆名學의 법이니 일칙一則 귀歸하야 납納하고 일칙一則 연演하야 역繹함이라)으로부터 입문케 할지오. (10) 귀납 연석 양법을 좇아 인과율因果律에 비추어 자유로 사고하야 자식의 새로운 이상理想을 발휘케 할지니라.

이상 모든 원리는 신속히 살피면 비록 번잡繁雜이라 할지나 그 요지를 취하며 그 강령을 거느리면 일심의一心意의 동화할 따름이니 세상에 동홍학구冬烘學究는 이러한 이理를 알지 못하고 죽도록 간삽단란艱澀斷爛의 경전 문자만 읽어서 올올궁년兀兀窮年에 뢰牢히 깨뜨리지 못하니 그 폐弊가 무수한 목우인재木偶人材를 양성함에 이른지라. 법국 문호 복록특이福祿特爾가 일찍이 꿰뚫어 지적하야 말하기를 사부師傅가 사람을 유용의 실학으로써 가르치지 않고 무리지어 고지故紙를 연구하야 말을 늘어놓음을 속여 희롱하는 자는 망국의 죄괴罪魁라 하니 아름답다 말씀이여.

4 교수의 형식

고래로 교수의 법이 천차만별하야 남김없이 마치기 어려우나 권하여 나누건대 일칙왈一則曰 주입주의注入主義니 곧 각종 사물로써 아동의 뇌중에 관수灌輸하야 영시永矢하야 들어가게 하는 것이요, 일칙왈一則曰 개발주의開發主義니 곧 각종 사물로써 그 자연발달의 심의心意를 개발하야 촉류방통觸類旁通케 하는 것이라. 주입주의는 애써 배워서 단련함을 오로지 중시하고 개발주의는 흥미가 젖어 스며듦을 오로지 중시함이니 표면으로부터 보면 두 가지가 상보하야 행함 같이 편폐偏廢키 불가하나, 그러나 심리학상에 요구한 즉 개발주의는 유익하고 손해가 없을지오,

교수敎授의 계급階級

1. 특불립특特弗立特과 활특제活特梯
   1. 관찰觀察
   2. 사고思考
   3. 응용應用
2. 흑배제黑排梯와 서이랍徐爾拉
   1. 명료明瞭
   2. 연합聯合
   3. 사통系統
   4. 방법方法(응용應用)
3. 래인來因 ……………
   1. 예비豫備
   2. 수여授與
   3. 연합聯合
   4. 결합結合
   5. 응용應用

주입주의는 유익하고 또한 손해가 있을지니 개발주의는 실로 근세교육이 중세 상세上世 교육으로 더불어 특이한 점이니라. 개발의 법이 두 가지 있으니 일칙一則 이미 있는 관념계를 분해함이니 교육의 목적을 의지하야 그 번거로움을 덜어버리고 그 간단함에 나아감은 명학名學 중에 이른 바 분해교수법分解敎授法과 유사함이요, 일칙一則 신관념을 구관념계에 확가擴加함이니 그 종류를 채우고 그 다함에 이르러 박통굉달博通宏達케 함은 명학名學 중에 이른 바 총합의 교수법과 유사함이라. 이 두 가지 법은 과학으로 연구하는 자의 필수할 바가 되니 교육에 행하면 족히 사람에 심성을 개발케 함이 많을지니라.

교수법에 대해서의 계급을 통상에 삼단三段으로 나누니 이르기를 예비預備니 곧 교육 받는 사람의 산만한 지식으로 하여금 교수의 중심점에 집주集注케 하는 것이오, 이르기를 수여授與니 곧 신재료를 내려주어 그 집주集註의 관념계를 회장恢張하는 것이오, 이르기를 응용이니 곧 그 신구관념을 연합하야 자유응용을 가능케 하는 것이라. 흑배제黑排梯파가 오히려 마음에 불만타 하야 사단四段으로 나누고 근시에 래인來因이 또 오단五段으로 나누니 이에 그 변천함을 장차 열표列表함이 왼쪽과 같다 하노라.

래인來因씨가 교수의 계급을 나누어 오단五段으로 만드니 고로 이름하여 말하기를 오단교수법五段教授法이라. 그 이른 바 예비라는 것은 통상 예비의 뜻과 더불어 같고, 이른 바 수여라는 것은 또한 통상 수여의 뜻과 더불어 같고, 이른 바 연합이라는 것은 즉 신구관념의 비교 대조요, 이른 바 결합이라는 것은 즉 신구관념을 합병함으로써 관념계를 혼일混一함이요, 이른 바 응용이라는 것은 또한 통상 응용의 뜻과 더불어 다른 바 없으니라. 오단교수법五段教授法은 교수하는 때에 비록 구획키 불가하나 그러나 마음에 그 뜻을 알아 교과를 운용함으로써 교육받는 사람의 관념을 계발하면 동화 차서次序를 배척하지 않아 그 사상이 풍발조용風發潮湧하야 한량限量키 불가함을 얻을지니라.

교수의 주의主義와 그 계급은 전에 이미 약술하였거니와 그러나 그 주의를 실행하는 소이와 그 계급의 방법은 오히려 미치지 못한지라. 이제 그 필요를 매거枚擧하야 논하노니

(제일)문답법이 이것이니 이중에 비록 의문을 발함으로써 어려움과 서로 문답하는 부분이 있으나 요컨대 모든 교육받는 사람의 관념계를 살피어 그 분명하지 않은 것이면 열리게 하고, 분명하고 미달한 것이면 꿰뚫게 함으로써 신재료를 관입灌入할지라. 옛날 희랍대현希臘大賢 사격랍저梭格拉底가 이 법을 시창始創한 고로 또 이름을 사격랍저법梭格拉底法이라 하니 그가 일찍이 말하기를 나는 지식을 주는 자가 아니요 지식을 생기게 하는 산파라 하니 이를 보건대 그 진의를 알 수 있을지

라. 이 법을 교수할 때에 개발주의 중의 분해법 교수계급 중의 예비와 응용으로써 최의最宜를 삼음이오.

(제이)담화법談話法이 이것이니 이 중에 비록 세목細目을 나눌 수 있으나 요컨대 그 사실을 강명講明하야 교육 받는 사람으로 하여금 활연豁然히 밝혀 열리게 함은 한 가지라. 단 이 법이 수사논변의 배움에 면밀한 자 아니면 왕왕 평용일平庸一파에 유입함으로써 사람을 움직이게 하기 어려운 고로 교수할 때에 개발주의 중의 총합법과 교수계급 중의 수여와 연합과 결합으로써 최의最宜를 삼나니라.

이에 교수의 방법을 장차 열표列表함이 왼쪽과 같으니

교수의 방법
- 담화법談話法 ……… 총합법總合法 ……… 수여연합결합授與聯合結合
- 문답법問答法 ……… 분해법分解法 ……… 예비응용豫備應用

그러나 이 두 가지 법을 어떤 때에는 서로 교차하여 이용합이 가능하니 담화법으로써 예비응용을 삼고 문답법으로써 수여연합결합을 삼되 일정의 정식程式을 주수株守키 불능하나니 이는 교육하는 사람이 신이명지神而明之하야 때에 따라 마땅히 만들어 가는 데에 있느니라.

5 교과教科의 종류

교과라는 것은 교수원리와 그 형식을 나타냄으로써 사람의 마음을 개발하는 도구라. 이제 그 종류를 펼치어 이어 서술하노라.

옛날 희랍希臘의 교과는 체조體操와 음악을 오로지 중시하고 백랍도柏拉圖의 정(공화국)한 교과는 처음으로 수학, 기하학, 천문학, 물리학(즉 격치학格致學)으로써 더하였고, 아리토다덕阿里土多德은 일대학교一大學校를 세워 다시 철학, 미술로써 더하였고, 중세에 무릇 일곱 교과를 나누니 말하기를 납정문법拉丁文法, 윤리학倫理學(즉 명학名學), 수사학, 수학, 기하학, 천문학, 음악이라 하고 근세에 이르러 배근倍根이 나타나 자연과학이 발연勃然히 번흥繁興하니 윤리, 어학, 작문, 지리, 역사, 수학, 물리학, 화학, 동물학, 식물학, 습자, 도화, 체조, 수공, 음악 등 교과가 있으니 이는 구주 교과변천의 대개라.

눈을 옮겨 동양의 교과를 보건대 지방 학제의 가장 완비한 것은 당대唐代만 같지 않으니 이때에 국학國學은 국자대학사문國子大學四門, 율학律學, 화학畵學, 산학算學, 육문六門을 세우고, 이후에 시부책론제예詩賦策論製藝 등이 모두 인재를 파괴하는 도구니 족히 교과라 말하지 못할지오. 일본왕조시대를 당하야 명경도明經道, 기전도紀傳道, 명법도明法道, 산도算道 네 가지 도가 있고 덕천막부德川幕府의 근래에는 각번학교各藩學校에서 화학和學, 한문漢學, 산도算道, 필도筆道, 천문天文, 지리地理, 역사歷史, 병학兵學 여러 교과를 개과槪課하더니 명치유신明治維新 후에 이르러 구미교육의 법을 진채盡採하니 교과가 이로 말미암아 완비하다 이르니라.

고로 금일에 마땅히 교과라 승인할 것은 윤리, 어학, 작문, 지리, 역사, 수학, 물리학, 화학, 동물학, 식물학, 습자, 도화, 체조, 수공, 음악 등의 교과니라.

다만 이러한 교과로써 보통교육을 삼는 것은 반드시 고등전문의 지식이 있음이 아니라 그 단체 자치의 품성을 기름으로 하여금 일공민一公民이 됨으로써 개인의 의무를 다할 뿐이니 오로지 그 국가에 관계가 이와 같이 중차대한지라. 이에 각 학과의 가치를 다시 조론條論하노니

제일 윤리

윤리란 것은 사람됨의 도를 가르치는 바니 교과 중 가장 중요한 것이라. 옛날에 구미제국이 모두 종교로 더불어 혼시混視하야 종교를 교수함이 즉 윤리를 교수함이라 하더니 근시에 문명이 일진日進함에 그 그릇됨을 처음 알아 종교는 가히 자유신앙하고 윤리는 강지사종强之使從하는 법률을 정함에 이르니 그 실행방법은 훈화편訓化篇(즉 덕육편德育篇) 중에 보므로 이에 부췌復贅치 아니하노라.

제이 어학

어학이란 것은 본국어와 외국어를 가리지 않고 그 요점이 지식을 교환하는 매개요 품성을 도야하는 자료라. 그 교과 중에 있어 거의 윤리와 더불어 고르게 각과의 기초가 되나니 주의함이 마땅하니라.

제삼 작문

작문은 즉 자기의 사상을 표하고 혹 사람의 의지意志를 풀어냄으로써 조수操守를 배양하야 타일他日에 출세여지出世餘地를 삼나니 대개 어학의 수동受動하는 자가 나아가 능동能動하는 자가 됨으로써 이 교과를 교수함에 마땅히 어학으로 더불어 표리상응表裏相應할지니라.

제사 지리역사

지리와 역사는 즉 자신의 경험을 확장하는 요과要科니 지리로서 그 공간에 관한 관념을 넓게 하며 역사로써 그 시간의 관한 지식을 늘게 함이라. 흑배제黑排梯파는 역사를 더욱 중히 하야 사회교제의 흥미가 거의 이것에 있다 하니 사실 두 과목의 관계가 서로 있어서 편폐偏廢가 불가하니라.

제오 수학

수학이란 것은 만물의 용적과 분량을 측정하야 사호絲毫의 유오謬誤

가 없는 학學이라. 특히 사람의 추리력과 사고력을 익힐 뿐 아니라 또한 생활상에 하루도 적다고 여기기 불가한 바의 것이요, 또한 이에 멈추지 않고 물리, 화학을 증명함으로써 그 방정식을 보이고자 할 자는 수학을 시뢰是賴할지니라.

제륙 물리, 화학

물리와 화학이란 것은 만물요소의 조직과 변화를 연구하야 수학방정식을 빌림으로써 자연현상의 진상을 얻음이라. 가히 사고력과 추리력을 익혀 그 실용의 결과는 금일에 여화여다如火如茶한 문명세계를 즉 이루어 낸 고로 교과 중에 있어서는 역사 지리와 더불어 동등위치에 서는 것이니라.

제칠 동물학, 식물학

동물학과 식물학은 물리 화학의 자연현상에 견주어 더욱 현저하니 아동의 시지항각視之恒覺함이 사람으로 더불어 다름이 없는 고로 추리력을 익히는 외에 또 가히 심미審美와 동정同情의 흥미를 계발할지며, 만약 물리, 화학을 혼합하면 다시 광물학을 이루리니 참으로 교육상에 유용할 교과니라.

제팔 습자 도화

습자習字와 도화圖畵는 수안手眼의 지각을 연습하야 근육으로 하여금 자유로써 실용에 이바지하야 심미의 흥미를 얻게 할 바의 것이니 그 학교교과 중에 있어서는 비록 부속과가 되나 그 교육에 가치는 한결같이 심비甚卑치 아니하니 감화편感化篇(즉 정육편情育篇) 미육美育 일절一節에 봄이니라.

제구 체조, 수공

체조體操와 수공手工은 모두 전신을 운동하야 근육을 강장强壯케 하는 바의 것이라. 그 중에 수공의 가치는 심미의 흥미를 발휘함과 수학의 사상을 연습함과 지각상知覺上으로부터 살피면 즉 가황연可恍然할지오, 체조에 대해서는 육화편育化篇에서 보임이니라.

제십 음악

음악이란 것은 심신조화의 이理의 본本하고 만물절주萬物節奏의 성聲을 좇음으로써 그 귀를 연습하는 바라. 옛날에 희랍이 이 교과를 가장 중히 하고 백랍도栢拉圖가 일찍이 말하기를 음악이라는 것은 정신을 발양하며 덕행을 배식培植하야 가히 작지 못할 바이라 하니 음악 중에 관계가 가장 깊은 것은 국민가國民歌와 자연유행의 시가詩歌만 같은 것이 없으니 실로 족히 국민자연의 감정을 양성하야 윤리의 미치지 못할 바를 보충할 것이라. 그 가치는 또한 감화편 중 미육美育 일절一節에 보임이니라.

이상에 열거한 바 교과가 자못 번잡하나 그 대체의 성질을 논하건대 가히 두 종류로 나눌지니 하나는 인문자人文者니 즉 인간활동에 관한 것이요, 하나는 자연자自然者니 즉 자연현상에 관한 것이라. 흑배제黑排梯파가 인문자로 교제의 흥미를 기르고 이과理科(즉 물리화학의 종류라)로써 경험의 흥미를 기른다 하고 인因하야 인문자는 또한 윤리자倫理者라 할 수 있고 이과자理科者는 또한 실용자實用者라 말할 수 있느니라. 이에 래인來因씨의 교과분류표를 기록하여 보임이 왼쪽과 같으니

1907년 2월 25일

교화편敎化篇

을 자연과학自然科學 자연생활自然生活

- 제삼 수학數學
- 제이 박물학博物學(즉 동식물학動植物學)
- 제일 지리학地理學

갑 인간생활사人間生活史의 과학

- 제삼 교수어학教授語學
  - 二 外國語
  - 一 國語
- 제이 교수기술教授技術
  - 二 唱歌
  - 一 圖畫
- 제일 교수의지教授意志
  - 三 文學
  - 二 普通歷史
  - 一 經典及教會之歷史

6 교과의 통일

전절에 서술한 바 교과의 종류가 매우 복잡함으로 인하야 아동의 재지덕성才智德性을 조취造就함에 통일치 아니하면 불가한지라. 래인來因씨 교과분류표에 사史와 이과理科 두 가지를 구별함이나 다만 그 성질에 취하야 말함이 통일한다 하지 못할지로다. 흑배제黑排梯파에서는 개화사開化史의 계급을 종종縱從하고 윤리의 중심점을 횡종橫從함으로써 각종교과를 통일한지라. 이제 래인來因씨 교육학원리 중으로부터 그 요지를 쓰노니

제일 교과를 개화사開化史의 계급에 통일하니 말하되

때때로 교육을 받은 자의 정신을 격자激刺함으로써 그 배움 중에 있는 흥미를 조장함으로 하여금 배움을 마친 후에도 여흥이 있게 할 것이 교과의 가치라. 그 흥미의 재료를 일어나게 할진대 마땅히 심리학에 요구한 바를 좇을지니 이미 있는 구관념을 의지하야 미래의 신관념을 점생漸生케 하되 즉 세계의 개화사로써 차제次第히 교수하야 그 심계발달心界發達의 계급을 인유引誘할지니라.

이것은 흑배제黑排梯에서 교과를 개화사에 통일한다는 설說이라. 이

에 그 교수차서敎授次序를 장차 열표列表함이 왼쪽과 같으니

제1년 선화仙話

제2년 낙피사가라숙洛皮沙哥羅叔

제3년 가족정치시대의 사담史談

제4년 봉건무사封建武士의 사적事蹟

제5년 의사랍이意司臘耳 제왕諸王의 전기傳記

제6년 야소耶蘇의 전傳

제7년 교도敎徒의 사적事蹟

제8년 종교개혁과 근세의 사적事蹟

제이 교과를 윤리중심점에 통일한다는 설說에 말하되

소년의 인격을 양성코져 할진대 각종 관념계를 혼합하되 익히어 꿰뚫지 아니함이 불가하니 그러하지 않으면 곧 분추잡란分雛雜亂하야 움직임에 쉽게 격막隔膜하야 품성이 이미 통섭統攝한 바가 없음에 인격이 또한 이를 좇아 미치지 못할지니라. 사타애司他哀가 말하기를 교수함이 음악 합주를 깨우칠지니 그 전도前導하는 자는 반드시 먼저 발음한 후에 다른 음을 내되 무리지어 상응하야 온치갱굉溫稚鏗訇히 경창질화更唱迭和하야 봉의수무鳳儀獸舞에 지악至樂을 이루게 하나니 교수함도 역시 그러한지라. 처음에 종교, 윤리, 역사, 문학의 재료로써 그 의지意旨를 훈련하고 다시 도화, 창가의 각종 기예로 조화함으로써 그 경험과 교제를 확장케 하나니 만약 그리하면 즉 교육의 공功을 가히 볼 수 있을지니라.

이에 특기계통도特其系統圖를 기록함이 왼쪽과 같으니,

흑배제黑排梯파에서 개화사의 계급을 종종縱從하고 윤리의 중심점을

사상계思想界

갑甲 경험經驗 | 을乙 교제交際
주위周圍의 사물 | 주위周圍의 인간
지식知識 | 인도人道
장擴張 경험經驗의 재료材料 | 확장擴張 교제交際의 재료材料
자연과학自然科學 | 사학史學
실과實科의 방면方面 | 인문人文의 방면方面

일반성취一般成就의 교육敎育

횡종橫從함으로써 교과를 통일함은 그 교수원리에 특식特識이 있다 할지나 비록 그러하나 사실에 증거하면 즉 개인의 발달이 세계문화의 발달로 흥하야 왕왕히 상모相謀하되 마땅히 상반치 아니한 것은 대개 심리자유함에 있는지라. 그 교과를 윤리의 중심점에 통일하면 즉 전상반대全相反對파가 있나니 사빈새斯賓塞가 그 대표자니라.

사빈새斯賓塞가 저술한 교육론략敎育論略에 이르되 교과의 가치는 가장 높은 것이

이과理科에 더할 것이 없으니 대개 범인의 종생활동終生活動이 다섯 가지에 벗어나지 않는지라. 첫째는 한 사람의 활동을 보수함이 되고, 둘째는 모생謀生의 활동함이 되고, 셋째는 일가一家를 정리整理하야 자손번영함의 활동이 되고, 넷째는 사회정치함의 활동이 되고, 다섯째는 이정怡情의 활동이 되나니 이 다섯 가지가 완전하여야 이에 능히 일신一身을 지지支持하야 가국家國의 중임重任을 당함에 동요하지 않으니 이것 등 지식, 재능, 도덕을 배양함은 모두 이과의 소치라. 방구旁求를 기다리지 아니할지니 고로 이과가 거의 교과통일의 중심점이라. 이런 즉 사빈새斯賓塞가 흑배제黑排梯와 무리지어 상반의 명증이로다.

기타에 교과통일의 특별의견이 있는 자는 이제 북미합중국 설개갈

雪搭葛대학교 철학총교哲學摠敎 적활笛活이니 지난 해 발행한 교육잡지 중에 말하여 가로되

> 무릇 사회의 생활을 훈련하야 발달되는 것은 교과통일의 근저요. 이로 하여금 진력성공되는 것은 교과통일의 내용이니 만약 사회의 생활을 분리하야 독서, 습자, 지리, 역사, 등의 교과를 오로지 연구하면 즉 적족適足히 이로써 그 성질을 패괴敗壞하며 그 도덕을 착상斲喪할지니 고로 교과통일의 중심점은 과학도 아니며 문학도 아니며 역사도 아니며 지리도 아니요 독립자영獨立自營하야 능히 사회의 생활을 영위할 따름에 있느니라.
>
> 과학이라는 것은 모든 자연의 이理라. 그 인신人身에 관계가 심히 밀절密切치 아니한 고로, 이로써 교과통일의 중심점됨이 분열分裂의 큰 화를 불러올까 두려우며 문학이 또한 교과통일의 중심점됨을 얻지 못함은 참으로 문학은 사회의 경험을 발표함에 불과하야 결코 결과가 없으니, 즉 혹 있으나 그 근거가 또한 창황무빙惝怳無憑할지며 역사가 또한 그 중심점됨을 얻지 못할지라. 대개 역사범위는 사회의 변천진퇴變遷進退를 기술함이니 비록 교육의 가치는 있으나 사회를 의뢰하야 독립키 불능하며 지리도 역시 그러하니라.

그 말이 은연隱然히 흑배제黑排梯가 가장 중시한 윤리와 사빈새斯賓塞가 가장 중시한 이과의 편협을 지적함으로써 사회의 생활통일함을 완전케 함이니, 그 사실은 즉 윤리, 이과 두 가지를 합하야 이루어짐이라. 전절 정의에 말한 교육의 목적이 단체자치의 품성을 기름에 있다 함이 또한 윤리로써 체體를 만들고 이과로써 용用을 만든 것이라. 고로 교과통일의 중심점은 이것에 있고 저것에 있지 아니하니라.

교육학원리목차

서론

교육학의 과학 중 위치

본론 (1)교육개론

1 교육의 정의

2 교육의 목적과 그 내용

3 사람의 소이교육所以教育을 당수當受

4 교육의 효력

5 교육방법의 분류

본론 (2)교육각론

제일 육화편育化篇

인신人身과 다른 동물의 비교

생리작용의 통례

유희와 체조의 효익效益

학교위생

교육적병리학

정욕적교육학情慾的教育學

제이 교화편教化篇

사상일반의 성질

사상발달의 통례

교수의 원리

교수의 형식

교과의 종류

교과의 통일

제삼 감화편感化篇

정情의 성질

정육情育의 교과

정육情育의 방법

제사 훈화편訓化篇

의지意志의 성질

훈련의지의 통례

벌체罰體의 이해利害

훈련의지의 차서次序

자치의 품성

본론 [3] 교육의 형식

1 학교교육과 사회교육

2 학교교육과 가정교육

3 학교교육의 형식

유치원소학교

소학교, 중학교, 고등학교

대학교, 사범학교

여론餘論

교육학과 교육술

1907년 3월 25일

본론 (2) 교육각론

제일 육화편育化篇(즉 체육편體育篇)

체간體幹을 발육함이 교육방법의 하나이니 가히 소홀히 하지 못할 것이라.「모탐인毛貪因」이 말하기를 우리가 교육정신은 능히 말하지 못하나 오히려 체간體幹을 교육함은 말할 수 있노니 체간體幹을 교육하지 아니하면 구체적具體的(유형의 체體는 갖추나 개량진보는 불능한 자를 구체적具體的이라 이름)의 사람이라 하니 저 흑배제黑排梯파가 마땅히 이를 배척하야「극룡克龍」의 말을 인용하야 말하기를

세상의 체간體幹의 교육을 상언常言하는 자가 이로써 하되 심신이 서로 의지하는 고로 체간體幹의 발달이 교육상 중대한 사事가 된다 하느니, 이는 교육을 남용濫用하는 자라. 어찌 심신의 서로 의지하는 이理가 그렇지 않음이 있음을 알리요. 이제 단정斷定함이 왼쪽과 같으니

(갑) 정신교육에 힘을 써서 그 공功을 이루고자 할진대 건강 강고强固의 체간體幹이 있음을 필수必須할지오.

(을) 교육자가 교육을 받은 자의 심성작용이 다 육체의 영향에서 비롯됨을 알지 못함이 불가할지오.

(병) 교육자가 사람의 마음과 외계外界의 연락이 육체오관肉體五官의 매개됨이 아니면 상통함을 잊음이 불가하니라.

이로써 우리가 교육학을 논할 때에 비록 체간조섭體幹調攝의 사事를 말하지 않음은 아니나 결코 체육과 지육으로 하여금 동등지위에 서지 아니하게 할지니 대개 체간體幹을 발육함은 의생醫生의 책임이라. 교육의 목적은 그 정신을 배양함에 있나니라.

「극룡克龍」의 설이 이와 같으니 비록 체육을 배척한다 말하나 이미 체간건강體幹健康함이 성공의 요소(요소라 함은 화학 중 원소와 유사함)됨을

알고 또 심성이 육체오관肉體五官과 더불어 직접의 관계가 있음을 알았은즉 어찌 두고 묻지 아니하리오. 적족適足히 체간발육體幹發育함이 교육자의 반드시 연구할 바 됨을 볼지라. 대개 의생醫生의 책임은 질병을 치료함에 있으니 과거사過去事 혹 현재사現在事가 되고, 교육은 그렇지 않아서 생리학의 정리定理로서 체간을 훈련하며 정신을 배양하야 장래의 계획을 만드니 또한 영구의 계획이 될지니라.

이제 생리학의 비상하게 진보함이 소위 「생리적 심리학」이라는 것이 있으니 심신의 관계를 발명發明함이 마치 일물一物의 양방면兩方面과 같아서 저것에 부딪힌 즉 이것이 울리고 이것에 부딪힌 즉 저것이 울리어 그 사이에 상하선후의 구별이 거의 없다 하니 이로 말미암아 보건대 체육일단體育一端이 더욱 교육의 요건됨을 알지니라. 그런즉 체간體幹을 과연 어떻게 발육함을 얻을고. 이르기를 반드시 인신人身과 여타與他 동물의 비교와 생리작용의 통례를 먼저 안 연후에 가히 체육을 상술할지니라.

(1) 인신人身과 다른 동물의 비교

인신과 다른 동물의 비교는 그 가장 다른 점이 세 가지 있으니 제일은 인신이 수년육양數年育養을 기다릴지오. 제이는 인신의 구조가 특히 세치細緻하야 최고등의 유기체가 됨이오. 제삼은 인신의 발달과 지식의 발달이 동시에 공진共進한 것이라.

제일은 인신이 수년육양數年育養을 기다림은 태어남으로부터 3,4세 때에 이르기까지 음식기거飮食起居를 부모에게 떨어지지 못하니 다른 동물의 태어나서 스스로 생활(길어야 불과 반년)하는 것과 같지 않은지라. 고로 가정교육은 결코 가소可少치 못할 것이오. 학교에 들어간 후에는 비록 성동成童에 계係하나 오히려 체간이 발달치 못할지니 체육을 거듭 주의함이 마땅하니라.

제이는 인신의 구조가 특히 세치細緻하니 그 중 가장 중요한 부분이 만일 파괴하면 생명을 잃을지오. 특히 이뿐 아니라 또 일부에 병이 있으면 전체가 연약하나니 하등동물에 이르면 그렇지 아니하야 근골이 이단已斷하되 오히려 능히 현비준동蠉飛蠢動하야 생활을 자영自營하고 차초且稍히 고등자라도 또한 사람의 통양痛痒을 편각便覺하야 전체가 진경震驚하는 자와 같지 않으니 이로써 인신의 건강여부健康與否는 다 체육으로 추뉴樞紐를 삼을지니 체육이 어찌 급하지 아니하리오.

제삼은 인신의 구조는 원래 다른 동물에 견주어 세치細緻함이 된지라. 그 중에 가장 세치細緻한 것은 뇌만 같은 것이 없으니 뇌의 발달은 항상 지식의 발달과 더불어 동시 병진하나니 이것 역시 인신이 다른 동물과 같지 않음이 있는 것이라. 다른 동물의 뇌는 원래 사람의 정밀함만 같지 않으며 또한 사람의 진화함만 같지 않아 그 체간의 교육이 지식과 더불어 관계가 호무毫無하되 사람은 이에 달라서 체육이 유선愈善한즉 뇌력腦力이 크게 뛰어나 마치 초목의 본여화本與花와 같으니 만약 그 본本을 미배未培하야 풍상우로風霜雨露의 표령飄零을 임하게 하면 비록 기방천파奇芳天葩의 미질美質이 있을지라도 파안일소破顔一笑의 염태艶態를 이룰 수 없음은 또한 반드시 도달하는 형세니라.

인신과 다른 동물의 비교가 이렇게 세 가지 다름이 있으니 이는 육화育化를 하루도 소홀하기 불가한 소이언마는 특히 그 생리의 작용이 과연 어떠함을 알지 못하는 도다.

1907년 4월 25일

육화편育化篇(속)

(2) 생리작용의 통례

사람의 생리작용은 가히 세 가지 계통으로 나누니 첫째는 장양계통長養系統이라. 신진대사가 자연유행自然流行하야 신체를 장양長養하는 것이니 호흡소화, 혈액순환, 배설이 이것이요, 둘째는 운동運動과 지각知覺계통이라. 즉 후세에 부종傳種하는 조직이니 색욕色慾이 이것이라. 이것은 생리작용의 통례니 이제 교육상에 마땅히 주의할 사정事項과 방법을 특거特擧함이 왼쪽과 같으니

(1) 유희遊戲, 체조體操, 수공手工으로써 장양계통長養系統과 운동계통運動系統을 활발케 하야 강건발달하야 정신을 진작振作케 함을 힘씀이오.

(2) 학교위생으로써 지각계통知覺系統의 뇌력을 발달하되 그 지덕진보에 유해한 것을 곧 잔제剗除하야 정진할지오.

(3) 교육적 병리학과 정욕적 교육학으로써 생식계통生殖系統의 일종불온一種不穩한 감정을 억제하되 그 숙병宿病이 있는 자를 치료할지니라.

3 유희체조수공遊戲體操手工의 가치

사람의 체간이 때때로 운동치 아니면 충분하게 발육함이 불능할지니 운동의 법은 비록 유희로 시작하나, 그러나 유희는 겨우 아동에게 가시可施하야 교육을 즐겁게 함이니 만약 신체조직의 이법理法을 비춤으로써 심성훈련의 목적을 이루고자 하면 체조는 더욱 힘쓸지니라.

유희의 본지는 처음에 오직 그 자연의 운동을 맡음이니 생리상으로 보면 내부생리內部生理의 세력이 가히 외부에 팽창하고 심리상으로 보면 아동기호兒童嗜好의 추향趨向이 가히 외부에 유로流露할지라. 고로 유

희의 교육에 마땅히 유의할 바는 제일은 모험불구冒險不懼케 함이요, 제이는 그 전체에 운동을 가르침이요, 제삼은 간섭 혹 저요沮撓키 불가하게 함이요, 제사는 그 개성個性(즉 개인의 성性)과 기호의 추향趍向을 살펴서 선善한즉 조장하고 악惡한즉 지도개로指導改路케 함이라. 체조는 즉 유희의 뜻으로 일정의 정식程式을 삼음은 그 체간을 건장케 하며 질서를 중히 하며 명령을 좇아 그 견인엄숙堅忍嚴肅의 성질을 배양케 하는 소이라. 체조의 목적이 이와 같으니 그 난이難易함이 반드시 연령과 더불어 비례됨을 또한 알지니라.

수공에 대해서는 그 목적이 유희만 같지 않으니 체조는 체간를 발달함에 있어서 수안手眼을 단련하며 수학사상數學思想을 계적啓迪함으로써 실용여지實用餘地를 삼음이라. 고로 또한 체육의 일부가 되나니 반드시 학교과정 중에 편입할지니라.

유희, 체조, 수공, 외에 육극陸克이 주장한 냉수욕冷水浴은 엄한嚴寒을 능히 감내하게 함이요, 노소盧騷가 주장한 자유주의는 아동으로 하여금 그 성정을 방임함으로써 천진天眞을 보葆케 함이요, 또 영국소학교에서 천청과여天晴課餘에 주왕住往이 생도를 인솔하고 산림원야山林原野에 나아가 분주치구奔走馳驅하야 그 신심으로 하여금 천구미천팔지天歐米千八地의 청광晴光을 직접케 함과 같음은 비록 학교 중 체육의 정법正法은 아니나 임기응변하야 때를 따라 행하면 또한 굉장한 효과가 있으리니 어찌 특히 소보小補할 뿐이리오.

4 학교위생

학교위생은 유희체조수공游戱體操手工의 체간을 강장케 하는 것으로 그 뜻이 초이稍異하니 대개 학교의 포치布寘가 득의得宜함으로 그 강건을 지키는 것은 교지校地의 선택과 교사강당校舍講堂의 구조와 채기법採氣法과 수기법捜氣法과 궤의서적흑판几椅書籍黑板의 적당여부와 학교의국學校醫局의 설치함과 같음이 이것이라.

교지校地는 사위한아四圍閒雅하야 잡답훤효雜沓喧囂의 모양이 없으며 지질건조하고 천수순결泉水純潔하고 공기청정한 것를 택할지오, 교사강당校舍講堂은 그 방향과 형상과 폭원幅員 등이 모두 생도의 건강을 지키게 마땅히 세울지오, 채광법은 광면사입光綿射入의 원리를 의지하야 근시안近視眼의 병이 없게 할지오, 채기법採氣法은 항상 탄산炭酸을 밖에 방출하고 새 공기를 수입收入케 할지오, 궤의几椅난 반드시 생도의 연령신재年齡身材에 흡합恰合케 할지오, 서적은 지질紙質이 좋고 자형字形이 큰 것으로써 최상이 되게 할지오, 흑판은 흑칠黑漆로 칠하야 그 글자가 하얗고 크게 하야 생도로 하여금 한 번 보면 요연瞭然케 할지오, 학교의국學校醫局은 때때로 생도의 기체氣體를 검사함으로써 학교의 병인 근시안과 구배척龜背脊 등을 예방할지니라.

이 외에는 학교주단學校周團에 수목을 재식하야서 그 청결함을 지키게 하고 미려美麗의 화원을 설치하야 이로써 학교를 꾸미며 생도의 완화흥玩花興을 일어나게 하고 또 완전의 어희장淤戲場을 설치하야서 생도 운동을 권하고, 혹 아동의 신심발육할 정도를 살펴 과목을 증감함이 또한 학교위생의 사事니라.

백팔십년 이래로 학교위생학이 비상히 발달하니 그 창시한 자는 백기사개白奇司開라. 특히 아동 일신의 행복뿐 아니라 또한 국운소장國運消長에 관계 있는 것이니 가히 가의加意치 아니하리오.

근일 법란서法蘭西 정부에서 그 여자의 신체위약身體委弱함을 파우頗

憂하야 전국여학교를 크게 장려하되 냉수욕을 이용하게 하니(안도하라 법란서法蘭西 여학교에 기숙사가 많으니라) 냉수욕이 참으로 유효할진대 학교위생학 중에 일문류一門類를 다시 늘릴지니라.

5 교육적 병리학

체육의 목적은 체간이 건강우미하야 품성을 키움에 있으니 만약 이상異狀이 있어서 혹 심서心緖가 좋지 않거든 그 병리를 속진速診하야 설법요치設法療治하야 항상 사람의 자격을 완전케 함이 마땅하니

종래로 죄과를 누범屢犯하고 고치지 않는 자는 왕왕히 편달금고鞭撻禁錮하야 엄형으로써 교정하고자 하더니, 근시에 병리학이 점차 진보하야 그 몸에 병이 있음을 처음 알게 되니 그 편달금고鞭撻禁錮를 가하되 그 위효威效가 분명하지 않음으로는 그 병원病源을 다스려 건전한 고태故態를 회복함만 숙약孰若하리오. 이른 바 교육적 병리학이라는 것은 이것이라.

의대리意大利 법의학가 모씨가 저술(천재론天才論)에 말하기를 천재라는 것은 무엇이오. 발광發狂의 병이라 하며 또 말하기를 생리학가生理學家에서 새로 발명發明하되 염세厭世하는 자는 위병이 매우 많고, 자살하는 자는 뇌병이 매우 많고, 기타 큰 죄와 과실을 범하는 자는 그 체간을 단속함에 또한 일종 기묘의 병이 매우 많은지라.

대개 생리학의 병상病狀이 모두 사람의 마음과 더불어 극히 커지는 영향이 있으니 이것은 교육적 병리학의 일어난 소이니라. 고로 생도의 신체에 만약 이상이 있으며 혹 심서心緖가 좋지 않아서 성질이 급하고 쉽게 분노하며 외축경구畏縮驚懼하며 졸발기벽猝發奇癖 등은 반드시 빠르게 다스려 정상으로 회복하게 할지니 이것 역시 체육의 일법一法이라.

6 정욕적情慾的 교육학

정욕적 교육학과 교육적 병리학은 모두 신체에 일어나는 일종 불온의 감정을 억제하고 지도하야 교육의 효과를 완전하게 하는 소이니라.

사람의 정욕이 비록 신체에 진기盡起함이 아니나 청년시대에는 반드시 왕성하나니 이 때 만약 지도치 않으면 종생終生토록 고치지 못하게 되어 가국家國에 이오貽誤할 자가 모두 함께 그렇게 될지라. 고로 남자가 중학교에 다닐 때(13,4세부터 17,8세까지의 때)와 여자가 고등여학교에 다닐 때(위와 같음)에 반드시 정욕적 교육학으로써 지도할지라.

정욕적 교육학의 성질은 불교와 다르니 불교에서 이르는 바가 청정적막淸淨寂寞하야 열반의 경에 들어가고자 하는 것이 그 방향을 정正하며 종족을 번식하야 풍부쾌악의 정토천국을 조직할 따름이니 힘을 다해 억제하는 것이 결단코 불가하니라.

이로써 지력상智力上에 마땅히 억제할 바는 모매종사冒昧從事하야 영불가구永不可救의 병원病原을 양성釀成하야 종신終身을 고해苦海에 빠지게 함이 없을지오, 감정상에 마땅히 억제할 바는 자비自卑한 위치位寘로써 그 고상우미高尙優美의 애정을 일으킴이 없게 할지오, 의념상意念上에 마땅히 억제할 바는 임의망상任意忘想으로 변하야 음벽淫癖을 전위轉爲함이 없게 함으로써 적의전일適宜專一함을 단단히 결심할지라.

이 외에 또 주의할 것은 속담에 이르되 소인小人이 한거閒居함에 불선不善을 한다 하니, 한가할 때에 마땅히 교외에 만유漫游하야 사회교제의 즐거움을 얻게 하고 또 그 혈액血液을 활발하게 함이 또한 조화의 일묘법一妙法이니라.

이상에 서술한 바 육화育化의 원리와 방법을 다시 간추려 논하건댄

즉 제일절은 인신과 다른 동물의 비교를 서술하야 인신의 특히 육화育化함을 살펴봄이오, 제이절은 생리작용의 통례를 서술하야 생리교육상에 마땅히 주의할 사항을 설명함이오, 제삼절은 유희체조수공遊戲體操手工의 가치를 서술하야 육화수단育化手段을 함이오, 제사절은 학교위생에 관계가 중대함을 서술함이요, 제오절은 교육적 병리학의 반드시 가소可小치 못함을 서술함이요, 제륙절은 정욕적 교육학의 성질이 가장 청년시대에 유익함을 서술한 것이라.

제삼 감화편感化篇(즉 정육편情育篇)

전편 교화의 주의는 지식개발로써 근원을 삼은지라. 그 결과가 어떠함으로써 이理를 바라봄이 정확하고 사事를 판단함이 명민하나니 진정교육의 요건인저. 그러나 혜안이 조금 있되 열심이 없은 즉 특히 공담무비空談無裨뿐 아니오, 억단진보抑旦進步에 거리낌이 있으리니, 이것은 감화의 소이로 가소可少치 못할지라. 감화感化는 교화教化로 더불어 상반하니 하나는 즉 물物의 진眞을 찾음이요, 하나는 즉 물物의 미美를 얻음이니, 완화玩花함에 비유하건대 그 과학가科學家에 있어서 반드시 그 종류가 어떤 교과에 속함을 연구함을 화花가 기판幾瓣이 있어서 배주胚珠가 어느 곳에 위치함인고 하나니, 시인詩人은 즉 그렇지 못하야 영가詠歌가 편반偏反일새 천지묘취天地妙趣로써 나로 하여금 이정移情케 할 따름이니 감화는 또한 교육의 일대사업이라.

시험하야 실제에 검증하면 즉 이理에 움직이지 않고 정情에 움직이는 자가 곳곳에 있는지라. 속담에 이르되 그 정情을 부負할지언정 이理를 이김만 같지 않더라 하니 사람은 참으로 정의 물物에 움직임이 있을진저. 예로부터 대교육가大教育家 모두 정으로써 정이 되도록 하여 사

제경애師弟敬愛의 정이 충만케 하나니 이는 교육의 효과를 이룸이나, 그러나 세상에 교육학을 연구하는 자가 대저 지육덕육체육智育德育體育을 논하되 정육은 미치지 못함이 억독하抑獨何이뇨. 역사가 대개 원인이 없지 않도다. 그 처음에 교육을 나누어 지육덕육체육智育德育體育 세 가지를 만든 자는 희랍대현希臘大賢 아리다사덕阿里多士德이라. 그 심리학에 이르되 정자情者는 행위와 사상의 조부조調不調함에 의하야 발생하는 자라. 이로 인하야 정육이 궐여闕如하더니 급로소출及盧騷出하야 이에 크게 창성하되 정이 무릇 사람의 生活의 일대 원동력이 된다 하고 강덕康德이 다시 일어나 창명昌明하니 그 전후 변천의 이理를 받들어 마치 지식으로 더불어 진화함에 반드시 먼저 주의할지니 객客은 물리천문物理天文을 관찰한 후에 강구하고 주主는 윤리를 관찰함에 일철一轍로 동출同出하나니 대개 감정은 결코 사상행위에 부속附屬함이 아니오, 뜻밖에 일촉一觸하면 마침내 의마심원意馬心猿을 가히 알억遏抑치 못할지라. 교육하는 자가 어찌 의意를 더하지 못함을 얻으리오. 그러나 인문파人文派와 과학파科學派의 교육가 흑배제黑排梯가 심히 정육을 주의치 아니하고, 실리파實利派의 교육가 사빈새斯賓塞에 이르러 그 교육론에 지덕체삼육智德體三育을 오로지 말하고 한 마디도 정육에 미침이 없으니 또한 기이하지 아니하뇨. 이제 시험하야 감정을 방임하야 교육하지 아니하면 즉 희노애락이 정리正理에 불의不依하리니, 그 지행志行이 어찌 박약하야 사벽邪僻으로 흐르지 아니하리오. 만약 교육하면 즉 기질이 고상하고 운치韻致가 풍부한 사람을 조취造就하기 어렵지 아니할지니 어떠한고. 인품의 순잡純雜함이 모두 습관의 동기에서 생기고 그 동기는 실감정實感情에서 생기나니 고로 인품을 개량코져 할진대 반드시 감정을 수양함으로부터 시작할지니라.

감정수양함을 고구攷求할 방법에 이르러는 마땅히 먼저 일반성질과 그 종류의 개략을 알지니라.

一 감정의 성질

감정이라 이르는 것은 언어로써 형용키 어려우니 그 성질을 알고자 할진대 마땅히 실제에 자징自徵하야 강하게 이름할지니 즉 내가 시시감각時時感覺의 쾌불쾌快不快와 같음이 이것이라.

소위 쾌불쾌快不快란 것은 어떻게 생겨남이뇨. 아리사다덕阿里士多德이 말하되 소방所妨이 없으며 소강所强이 또한 없어서 자유활동하면 즉 쾌락이 생기고 이와 반대면 불쾌락不快樂의 감정이 생긴다 하고, 근세학자가 이르되 쾌락은 활동평균活動平均함에 생길새 심신안위心身安慰의 때라 하더니, 당대 사빈새斯賓塞에 이르러 진화론으로써 단정하야 말하되 생리활동으로 하여금 증가케 할 것은 쾌락이 되고 퇴보케 할 것은 불쾌락不快樂이 된다 하니 이상 여러 학설을 참조하야 해석한 즉 다음과 같이 말하는 것이 가하되, 쾌락은 심신조화하야 활동진보의 때에 생기고 불쾌락不快樂은 이와 반대의 때에 생긴다 할지니라. 단 이 감정의 성질은 오로지 쾌불쾌快不快를 가리켜 말함이요, 감정은 결코 쾌불쾌快不快의 능히 괄진무여括盡無餘할 바가 아니라. 이제 다시 분류하노니

첫 번째로 말하되 감각의 감정이니 무릇 근육접촉과 운동의 감정과 취미시청臭味視聽의 감정이 모두 속함함요, 두 번째로 말하되 상념想念의 감정이니 무릇 혐오嫌惡, 비애悲哀, 노한怒恨, 연애戀愛, 희열喜悅, 격자激刺, 요구要求, 희망希望, 공포恐怖의 감정이 모두 속함이요, 세 번째로 말하되 이기利己와 동정同情이니 무릇 일기一己로써 중심의 감정을 만들

어 무사無私의 동정과 윤리, 종교, 지력智力, 심미의 감정이 모두 속함이라. 이러한 개별 감정은 모두 사람마다 고유한 바이니 그 가치가 또한 심히 저앙低昻함이 없으나, 그러나 교육상으로부터 논하면 즉 마땅히 그 구잠다과久暫多寡를 이와 비교함이 가히 하루에 청하지 못할지니라.

감각의 감정은 즉 근육과 오관의 감정이니 모두 육체를 따라 자연히 발생하는 것이라. 만약 수양하되 한제限制함으로써 적의適宜함에 이르지 못하면 즉 후주어색酗酒漁色하야 바로 금수와 동등하리니 사람에 있을 수 있으리오.

상념想念의 감정은 즉 사상조화와 진보여부에 하는 감정이니 부조화한 때에는 혐기嫌忌, 비애悲哀, 원증怨憎이 생길지며, 이와 반대면 즉 연애戀愛, 희열喜悅, 동정同情이 생길지오. 조화하고 진보함이 있으면 즉 요구희망이 생길지며 이와 반대이면 즉 공포恐怖 퇴축退縮이 생길지오. 이 외에 또 종종 호상충돌互相衝突의 격정이 있을지니라. 덕국德國 유명한 심리학가心理學家 내락사기奶洛司氣의 분류함이 왼쪽과 같으니

적의適宜의 경아驚訝	과도過度의 경아驚訝
불의不意의 쾌활	낭패狼狽의 핍흥乏興
희열	고통
방일放逸	비탄과 우수
환심	침울
용감	담겁膽怯
분노	차치差恥
분원憤怨	외포畏怖

책망	처창凄愴
감동	한심寒心
광희狂喜	회한
	퇴축退縮

이것이 모든 상념의 감정이니 또한 교육상의 마땅히 연구할 바라. 저 혐기嫌忌를 당하야 사회의 교통을 끊고 동정同情을 드러내어 일신一身의 자립을 잊는 자는 고르게 마땅함을 얻지 못함이니, 가히 도숙陶淑하야 그 심성으로 하여금 화평하고 시종始終에 흔연欣然하야 밖으로 사물체주事物掣肘함을 불위不爲하며 안으로 정욕노예情慾奴隷를 불위不爲케 아니함이 불가하니라.

일기一己로써 중심의 감정을 만드는 것은 비록 말하기를 악근성惡根性이나, 그러나 구차히 각 사람이 자신의 이익만 꾀하면 즉 또한 상쟁상소相爭相消하야 해가 불연不然함이 없을지니, 자기를 지키거든 가국家國에 어떻게 있으리오. 다만 장려奬勵에 지나치면 두렵건대 사私가 공公을 이기지 못하고 상잔상살相殘相殺하야 죽음에 동귀同歸할지니 교육하는 자가 이런 점을 부주의함이 불가하니라.

그런즉 사람이 또한 결코 겨우 일기一己로써 중심을 만들어 가히 자리自利치 아니하는 자면 무사無私의 동정同情이 이에 생기나니, 이것이 무사無私의 동정同情이라. 진화론가進化論家가 비록 이기利己의 감정으로부터 생기는 자라 하나 배인倍因과 설특활극雪特活克은 모두 갈력반대竭力反對하야 그 이理를 명징하게 드러내었으니 대개 사람은 반드시 여인공화與人共和하야 사회를 유지한 후에 공심公心을 격발激發하는 자니 살펴보아 윤리, 종교, 지력智力, 심미의 여러 감정을 볼지어다.

윤리의 감정이 어디로부터 생기나뇨. 무릇 사람이 자기가 사회 일원됨을 이미 알면 즉 균시행위鈞是行爲라. 그 일신一身의 편리를 근도僅圖함만 허락함으로 다수의 행복을 만듦만 같지 않으니, 이에 의무의 감정이 생기고 의무불진義務不盡하면 이에 회오悔悟와 혹정이 생기는 고로 교육함에 의무의 염念을 무양務養하야 그 양심을 북돋울지며 유과有過어든 그 회오悔悟의 기機를 무계務啓하야 이로 하여금 속자전세速自湔洗할지니라.

종교의 감정은 윤리의 감정으로 더불어 상관이 밀절密切한지라. 사람이 항상 절대세력을 의속依屬할 마음이 있나니, 그 의속依屬할 때는 탄미숭배歎美崇拜의 염念이 생길지라. 단 이 감정이 왕왕 미신함에 빠져서 자진自振키 불극不克하야 그 유폐流弊가 실로 천선淺尠치 아니하니, 교육하는 자가 마땅히 방미사점防微杜漸하야 그 미신의 악습을 끊게 할지니라. 근년에 구주각국에서 종교가 교육으로 더불어 분리한다는 설說을 크게 주장한지라. 여금如今에 법란서法蘭西에서 이전已全히 종교를 보통교육의 범위 외에 방축放逐하야 무릇 종교로 하여금 개인이 자유신앙케 일임하니라.

지력智力의 감정은 지식으로써 지식을 구할 때에 생기나니 가백닐歌白昵의 지동설을 창倡함과 우돈牛頓(즉 내단柰端)의 인력引力(일명 흡력吸力)을 발명함과 같음이 이것의 예라. 이 감정이 물物의 진眞을 얻은즉 유쾌비상愉快非常하고, 얻지 못한즉 오회심극懊悔甚劇하나니, 고로 교육하는 자가 반드시 명시지도明示指導함으로써 수양케 할지니라.

심미의 감정은 일종 고상의 감정이 되여 안에 엄정활계嚴正滑稽 이방면二方面을 나누되 지력의 감정으로 더불어 지식으로써 지식을 구할 때에 함께 생김이라. 사람이 이 감정이 있어서 처음에 수양유여修養有餘의 사람이 될지니 이것이 비록 실리파實利派 교육가教育家 사빈새斯賓塞가 홀로 주장한 바이나, 요컨대 사람으로 하여금 심미의 악경樂境을 얻게 할지라. 또 교육상승教育上乘의 사事이니 불가치 못할지니라.

이상에 서술한 바 각종 감정이 모두 교육이 마땅히 발달케 할 바이니, 그 발달의 교과와 방법을 차절次節에 설명하니라.

2 정육의 교과

교과의 정육에 마땅한 것은 교화편 중 교과의 종류 일조一條에 이미 말하였거니와 즉 습자, 도화, 수공은 가장 심미를 발하는 흥미에 마땅하며, 역사는 가장 동정同情을 기르는 흥미에 마땅하고, 자연과학 중 동식물학이 또한 족함으로써 심미 동정의 흥미를 유계誘啓함이 이것이라. 그리고 정情의 종류는 전절에 서술한 바와 같음이 자못 복잡함을 깨달을지니 이제 정육을 나누어 감각의 감정이 교육과 상념의 감정의 교육과, 이기利己와 동정의 감정의 교육과, 윤리의 감정의 교육과, 종교의 감정의 교육과, 지력의 감정의 교육과, 심미의 감정의 교육을 만들어 각기 교과를 정하니라.

감각의 감정의 교육은 마땅히 이로 하여금 신체로 운동의 유쾌를 깨닫고 눈으로 미색美色의 유쾌를 봄에 깨닫고 아악雅樂의 유쾌를 들음에 깨닫게 하나니, 고로 그 교과로 하여금 신체로 운동의 유쾌를 깨닫게 함이라는 것은 체조에 매우 선하고, 하여금 눈으로 미색의 유쾌를 봄에 깨닫게 함이라는 것은 도화, 수공과 천연물을 연구함에 매우 선하고, 하여금 귀로 아악雅樂을 들음에 깨닫게 함이라는 것은 음악 창가와 어학 중의 수사修辭 연설演說에 매우 선할지오.

상념에 감정의 교육은 힘써 상념이 명확예민함으로써 감정의 횡결橫決함을 억제할지니 그 교과가 윤리에 매우 선할지오.

이기利己에 감정의 교육은 힘써 자봉自奉에 심히 고후高厚케 아니하며, 심히 비박卑薄히 아니하야 항상 사회상에 상당相當의 명예를 지키게 할지니 그 교과가 또한 윤리에 매우 선할지오.

동정同情에 감정의 교육은 힘써 이기利己에 감정으로 더불어 상반하되, 사회에 고립지 아니하고 사회에 밀접하나니 그 교과가 역사에 매우 선할지라. 역사상에 분신쇄골粉身碎骨함으로써 세상을 만들고 나라를 만드는 인물전기가 가장 족함으로써 이 감정을 발양할지니 윤리가 다음이 될지오.

윤리의 감정의 교육은 그 교과가 윤리에 매우 선함을 특별히 말함은 자무自無할지오.

종교의 감정의 교육은 그 구미歐美에 있음에 대저 기독基督 야소耶蘇를 신앙함이니, 즉 기독 야소의 성경교육시가聖經敎育詩歌로써 교과를 만드나니 또한 이세理勢의 사연使然함이오. 만약 동양(한국, 일본, 청국, 섬라暹羅 등 국를 가리킴이라)에 있어서는 즉 윤리, 역사와 자연계의 연구함에 매우 선할지라. 무릇 윤리, 역사로써 종교의 감정을 기름은 각 사람의 아는 바라. 췌언贅言함을 부대不待할지니 자연계의 연구함에 다다름에 또한 가히 교과가 되야 초기稍奇함을 사각似覺함이어니와, 실은 즉 자연계의 굉대미묘宏大微妙하야 사시四時가 자행自行하며 백물百物이 자생하야 조화의 기機가 순환합벽循環闔闢함에 명명막막冥冥漠漠하야 그 원인을 알지 못하나니, 진실로 일념一念이 이에 미치면 즉 종교의 감정이 발흥할지라. 저명한 교육가 임특나林特挪가 말하되 자연계를 정고精攷할 자는 그 종교의 감정이 필고차절必高且切할지니 대개 자연계의 풍운번변風雲蕃變하야 이기섬삭離奇閃爍함이 결단코 심상인尋常人의 능히 억측할 바가 아니나, 그러나 심사숙찰深思熟察하면 즉 모두 일정한 질서가 정정불문井井不紊함이 있으니, 이것이 우주주재宇宙主宰 아니면 갈극지차曷克至此하리오. 고로 고래로 최대의 이학가理學家(즉 격치가格致家)는 즉 가장 깊은 종교의 사람이라. 전傳에 말하되 우돈牛頓이 매신每神의 이름을 듣고 일찍이 탈모치경脫帽致敬아니치 못하다 하니 그 명징明徵이 아니리오. 지력의 감정의 교육은 무릇 지력개발의 교과가 모두 족함으로써 이 감정을 기름이니 말한 바 진리를 배우되 진리를 사랑하야 진리를 구하는 자가 이것이오. 심미의 감정의 교육은 그 교과가 음악, 창가, 수공, 도화, 습자, 작문과 자연물의 연구함에 매우 선하되 그 중 습자, 작문을 낭시曩時에는 모두 심히 주의치 아니하였으니 그러나 이로써 심미의 감정을 기름에는 또한 적당한 교과이니라.

이상에 말한 바를 총괄한 즉

운동유쾌의 감정을 기를 자	체조
눈의 심미의 감정을 기를 자	도화와 자연계의 연구
귀의 심미의 감정을 기를 자	음악 창가 독법讀法
일반상념의 감정을 기를 자	윤리
이기利己의 감정을 기를 자	윤리
동정의 감정을 기를 자	역사 윤리
윤리의 감정을 기를 자	윤리
종교의 감정을 기를 자	윤리 역사와 자연계의 연구

지력의 감정을 기를 자 지육의 교과
심미의 감정을 기를 자 음악 작문 수공 습자 도화

와 자연계의 연구가 이것이라. 단 이러한 교과를 과연 어떻게 이용함으로써 각종의 감정을 배양할지오. 그 방법을 오히려 상실詳悉치 못할지니 특히 다음 절에 조론條論하노라.

1907년 5월 25일

(3) 정육의 방법

정육의 방법은 그 체조를 이용하야 운동유쾌의 감정을 기를 것이니 대개 고대의 희랍에서 남상濫觴하니라. 희랍에서 남녀를 부론하고 모두 공공체조장에 나와서 체조를 연습하였더니 지금에 이르러 마사유상摩挲遺像이 오히려 그 체격의 강건우미强建優美함을 상견想見함에 이르러 저회불치低回不寘라 이르나, 그러나 체조는 기율紀律이 가장 중하야 특히 이로써 체육을 도울 뿐 아니오 또한 가히 운동유쾌의 감정을 높여 정육에 매우 공이 높은 것이니 어찌 갈력장려竭力獎勵치 아니함을 얻으리오.

도화와 자연계에 연구로써 심미감정을 양식養食할새 도저到底히 미술 목적에 마땅한 도화로써 모범을 만들되 그 도화의 기술을 나타나게 하고 이 모범에 의하야 정련精練할지오. 동시에 또 자연계의 질서를 관찰하야 그 아름다운 것을 취하고 배워서 그릴새 그 제목은 즉 초목화훼로부터 나아가 어조산수魚鳥山水의 종류에 미칠지니 이 외에 학교의 강사정미講舍精微하야 풍경아려風景雅麗함과 같음이 또한 그것으로써 심미감정을 기르는 한 방법이오.

음악, 창가, 독법으로써 귀에 심미감정을 기를지니 그 중 음악, 창가

두 교과는 각 사람들의 아는 바이라. 췌언贅言을 무대無待할지나 독법讀法에 이르러는 아국我國에만 오직 고성낭독高聲朗讀할 따름이라. 서국西國에 있어서는 즉 논리의 독법과 심미의 독법이 있으니 논리의 독법은 힘써서 문장의 의의가 요연瞭然히 장掌을 가리킴과 같이 그 구법句法 어법語法을 낭독케 하고, 심미의 독법은 힘써서 비애悲哀의 문장은 곧 비애의 음절音節로써 나오게 하며 웅장雄壯의 문장은 곧 웅장의 음절音節로써 나오게 함으로써 독자讀者를 감동케 하는 것이라. 저 무릇 비비외설卑鄙猥褻의 말을 듣고 흔연欣然히 기뻐하는 자는 모두 귀의 심미감 부족한 이유이오.

정이 윤리로써 상념의 감정을 기를새 힘써서 상념이 명료하야 방일放逸을 무임無任할지니 즉 혐기원증嫌忌怨憎과 같음에는 즉 사회의 관계로써 오래되어 묵묵히 전이하게 함으로써 공덕公德에 경향傾向케 하며, 비애悲哀에는 즉 근도勤導하야 상저傷沮에 이르지 못하게 하며, 희열에는 즉 수양하야 음탕淫蕩에 이르지 않게 하며, 희망에는 즉 조장하며 퇴축退縮에는 편책鞭策할지오. 기타 각종의 격정은 모두 마땅히 수시지도隨時指導할지라. 종합하여 이러한 감정은 생도가 학교 중에 있음에 왕왕유로往往流露하야 자각지 못하는 것이니 가히 그 선자善者는 장려하고 그 악자惡者는 금지함으로써 순수의 감정을 북돋우게 아니치 못할지오.

윤리로써 이기利已에 감정을 기를새 힘써서 그 사의私意를 억제하야 사회를 고전顧全하되 유리시도惟利是圖함을 긍정하지 않을지나, 그러나 압억壓抑이 과도하면 즉 자존自尊, 자중自重, 자주自主, 자립自立의 마음을 잃고 비오악착卑汚齷齪함이 지극하지 않을 바가 없을지니 교육하는 자가 그 뜻을 더함이 가할지오.

동정同情의 감정을 기를 자는 윤리, 역사만 같은 것이 없으니 그 중 역사 일과一科는 극룡克龍씨의 말함이 가장 자세한지라. 동씨同氏가 말하되 특히 역사는 동정을 기를 뿐 아니라 즉 전기정신傳記精神의 시詩를 옮김이 또한 동정을 기름으로써 족하니, 대개 시인이 역사상에 전기를 좇아 그 재료를 취하여 혹 일기一已의 상상을 말미암아 인물을 구성하매 문운文韻으로써 나오며, 또 그 사실을 약서略敍함으로써 유풍流風에 목전활현目前活現케 할지니 이와 같이 교육을 받는 자가 오히려 평연怦然히 움직이고 유연油然히 나타나지 아닐 자가 있지 않느니라. 그런즉 차저此氐의 말이 약차불이若此不已함이 가히 동정을 기를진저. 그러나 또 아동의 실지 교제간에 그 맹아를 조장하되 힘써 자아가 세상으로 하여금 단결불해團結不解의 감정이 있게 한 이후에 가할지오.

윤리로 윤리의 감정을 기를새 의무의 염念이 높음을 실사에 볼지니 교육하는 자가 마땅히 고금동서에 덕행을 박채博採하야 신체역행身體力行함으로써 모범이 될지라. 그 의무이진義務已盡함에 즉 도덕완전하면 즉 비상쾌위非常快慰하며 의무부진義務不盡하면 즉 심자회한深自悔恨할지오. 만약 도덕에 배반하면 참괴불안慙愧不安하야 반드시 분기통개奮起痛改할지라. 무릇 이와 같으면 보통에 이른 바 천량天良이라는 것을 때때로 심영목격心營目擊하는 사사물물事事物物 중에 발현하야 혹 골몰汨沒할 자가 없을지나, 그러나 윤리의 감정에 지취止就하야 말함이니 만약 윤리의 성격을 기르고자 함은 즉 덕육의 대사업이라. 훈화편에 상세히 볼 것이오.

종교의 감정을 기를 자는 윤리, 역사와 자연계의 연구만 같은 것이 없어서, 윤리로써 종교의 감정을 기를지니 노조리老鳥里 말하되 무릇 사람 고유의 덕성이 실로 사상의 본체가 되나니 진실로 그 관계를 배워 통달함으로써 신명神明에 직접直接하면 즉 종교의 감정이 유유히 생긴다 하니 그 뜻이 윤리로써 종교과도宗教過度에 법도가 됨에 있는지라. 공자가 또한 외천지명畏天知命으로 윤리에 지극함이 된다 하시니 그 말이 논어 중에 산견散見함이라. 이에 췌급贅及지 아니하나 역사로 종교의 감정을 기름은 소위 황고시대皇古時代에 가장 마땅하고 기타 역사 중에 위인 혹 고승이 모두 종교신앙의 언행이 있으니 이러한 전기傳記가 또한 족하게 감정을 기르니 유여有餘할지오. 자연계의 연구로써 이 감정을 기를 자는 힘써서 자연계의 질서에 황연恍然하야 명명冥冥의 중에 주재主宰가 스스로 있음을 알게 할지라. 서양 속담에 이르되 지개智開하면 애신愛神이라하니 즉 이를 가리킴이라. 단 교과의 종류 일조一條에 이르되 구주 각국이 낭시曩時에 윤리와 종교를 혼시混視하야 구별이 전혀 없더니 근시에 그 그릇됨을 알아 다스리고 마침내 종교는 사람의 자유신앙함을 살피되 윤리는 즉 강하게 하여 좇음에 법률을 정하야시니 그런즉 마땅히 지금이 세상에 오히려 종교의 감정을 기르고자 함이 어찌 사족蛇足이 아니리오. 비록 그러하나 사람은 종교의 일념一念이 반드시 있으니 즉 마땅히 개발지도開發指導함으로써 그 덕을 북돋울지오. 결코 법도 밖에 둠이 불가하니 특히 교육하는 자가 반드시 그 미신의 폐단을 예방할지니라.

이 외에 자연계를 연구함으로써 종교의 감정을 일어나게 함이 하나의 원리가 다만 있으니 교수법상에 마땅히 주의할 바는 즉 물리, 화학의 현상과 천지자연의 질서와 동물, 식물의 생리가 이것이라. 비유하건대 박물학博物學을 교수함에 만약 조금 해부하면 즉 일고사一枯死의 구각軀殼이니 어찌 그 종교의 감정을 촉동觸動하리오. 그 생리를 반드시 보이되 이로 하여금 만물의 모든 활동정신이 있어서 그 중에 분배운행分配運行함을 알게 한 이후에 가하니 이것이 소이대이所以大異한 지직智職의 격물格物이니라.

지력의 감정은 무릇 지육의 교과를 모두 가히 기를지라. 그런즉 교수에 교巧하야 자연의 질서로써 명시치 아니면 곧 생도가 태황怠荒함을 필치必致하야 용약踴躍함을 무유無由하리니 그런즉 과당여하果當如何히 교수한 이후에 가히 이로 하여금 취매농담趣昧濃淡하야 종사從事함에 즐거울지뇨. 말하되 제일은 최활동最活動의 사물을 취하야 교사된 자가 최활동最活動의 사상으로써 강명講明케 할지오, 제이는 생도 일신一身의 활동력으로써 각종 문제를 해석키 불능의 문제가 있거든 반드시 초초부조稍稍扶助하야 작답作答함이 이易함으로써 유쾌의 감정이 생기게 할지오, 제사는 생도의 기호嗜好함을 받아들여 상상함을 심가深加케 하게 할지오. 제오는 생도를 장려하야 지식을 자구케 할지니 다만 세상에 시험을 득준得雋함에 좌위진퇴坐位進退와 포상등물褒賞等物로써 장려함은 상책이 아니니라.

1907년 6월 25일

정육의 방법(승전)

심미의 감정을 기름은 한 이름이 미육美育이니 세상의 교육을 논하는 자가 비록 나란히 진선미眞善美 세 가지를 칭하나 요컨대 미美로써 특히 중할지니 대개 사람이 심미의 감정이 없으면 즉 반드시 한아고상閒雅高尙의 봉자丰姿가 결핍하리니 하나의 가련가비可憐可鄙의 동물이 아니오 무엇이뇨. 이 감정을 기르는 교과가 음악 —창가 속屬—, 작문, 수공, 습자, 도화와 자연계의 연구만 같지 않으니, 음악은 특히 귀의 심미감정을 기를 뿐 아니라 또한 각종의 심미감정이 또한 이를 인하여 발현할지며, 작문은 일이一已의 언론으로써 자유표저自由表著하야 각 사람이 모두 수사修辭코져 하는 고로 또한 족히 그 심미감정을 기를지며, 수공은 비록 실용의 사事에 속하나 이로 하여금 제작을 정교精巧하야 미술에 화합하게 하나니 이것이 족히 심미감정을 기를지며, 습자는 비록 소기小技에 이어지나 그러나 대소교졸大小巧拙의 위치를 결구結構한 사이에 미술이 스스로 존재하니 언제나 고인古人의 수필을 보면 천재千載의 하下에 다만 그 풍변風釆을 사상思想하야 저회低回함을 오래토록 하니 이것이 또한 족히 심미감정을 기를지며, 도화는 갈제葛提의 이른 바 생도 미려귀중美麗貴重의 감각함을 확충하고 또 물物의 형체채색으로써 신관념을 계발하야 조화의 미美를 알게 하되 경敬하며 애愛하야 즐겁게 할 것이오, 부否하면 곧 수목手目을 연달練達하며 선악을 판결하야서 발명추고發明推攷의 마음이 생기게 할 것이라 함과 같음이니 이것 또한 심미감정을 기를지며, 무릇 자연계를 연구할진대 곧 종교의 감정을 기름을 제외한 그 밖에 또 가히 그 심미감정을 기를지니 이것이 시가문장詩歌文章과 혹 비분침통悲憤沈痛과 혹 격앙강개激昂慷慨와 혹 왕양굉사汪洋閎肆한 그 운치韻致는 같지 않으나 그 재료는 태반太半이나 천지에 미美를 취할진저.

이 외 학교의 위치와 지如하야는 훤효잡답暄囂雜踏의 장소를 멀리 떨어져서 한아우미閒雅優美의 장소에 위치하되 학교의 옥사屋舍는 오로지 재부財富에 은은齗齗치 아니하고 모름지기 미술의 정신이 있게 할새 교내에는 진애塵埃를 소제掃除하며 표본을 진설하고 교외에는 화원을 건축建築하되 가훼佳卉 등을 광식廣植하야 생도로 하여금 몸이 형승形勝의 오구奧區에 처하야 천연의 묘경을 유람케 할지니 또한 미육美育의 한 방법이라. 요컨대 미육이라는 것은 따라서 고상활발高尙活潑의 인물을 길러내어 가히 속세의 진루塵累를 뛰어 넘음으로써 청결원만淸潔圓滿의 신천지에 이끌어 들어가게 함이라.

제사 훈화편訓化篇 즉 덕육편德育篇

교육의 3대 사업이 있으니 즉 육화育化, 교화敎化, 감화感化라. 위의 항에도 개언하였거니와 이제 그 최후 일대一大 사업을 서술하건대 훈화訓化, 육화育化란 것은 신체를 강건케 함이오, 교화란 것은 지혜를 개발케 함이오, 감화란 것은 감정을 배양케 함이로되, 훈화란 것은 이 신체와 이 지혜와 이 감정이 있는 사람으로 하여금 일정한 주의와 품성이 있게 하는 바이니, 가령 각 사람으로 이 신체와 이 지혜와 이 감정이 모두 조금씩 있는 것이 가하나 일정한 주의와 품성이 없으면 즉 완전한 사람됨을 얻지 못할지니 고로 훈화란 것은 교육의 극경極境이라. 보통 소위 훈련 혹 덕육이 이것이라.

흑배제黑排梯파가 말하되 교도敎導라 하니 심리학상에 의지의 교육으로부터 즉 가히 의육意育이라 할지니라. 의육은 훈련의 사업이라. 다시 관리管理, 훈련 두 가지로 나누니 관리는 훈화의 외부로써 주가 되며, 훈련은 훈화의 내부로써 주가 되고, 또 관리는 거의 현재에 관계하며 훈련은 또 장래에 관계하나니, 요약하여 말하면 곧 관리란 것은 학교에 질서를 정리整理함이요, 훈련이란 것은 그 의지를 도야陶冶함이라. 관리의 법은 여론餘論 중(교육학과 교육술)에 상세하니 이에 훈련을 오직 서술하노

라. 훈화는 대개 교육의지의 사事가 됨이니 곧 반드시 심리학으로부터 이 의지의 성질을 선검先檢한 연후에 교육법에 미칠 수 있을지니라.

1. 의지의 성질

의지란 것은 마음 속에 있는 특별 일종의 활동이라. 지력의(지知)와 감정의(감感)로 더불어 모두 같지 아니하고, 그 초동初動의 형形은 말하기를 충동이요, 자연히 그 목적을 달할 때는 본성이니 동물의 활동은 끝까지 이 범위에서 나오지 못할지라. 오제吾儕도 영아시대에 역시 이와 같으나, 그러하나 초장稍長에 미친즉 지식이 점개漸開하야 이에 종종 요구의 염念이 있으니 소위 원욕願欲이라는 것 즉 의지 제이의 형식이라.

원욕이 이초명백已稍明白의 목적이 있음이 위동衛動과 달라서 그 목적에 득달得達치 못한 곧 기氣가 겨우 되어서 일저一沮할지오. 만약 그 목적에 달한 즉 쾌락이 생겨서 호악행지好惡行止의 동기가 또한 이를 따라 생겨날지라. 호악행지好惡行止의 동기가 상쟁상경相爭相競하리니 이에 일정의 주의를 선택하되 견지堅持하야 습관이 대개 오래 됨에 품성이 수위遂爲라. 고로 품성의 선악은 그 주의가 표준됨에 시視할지니 주의가 선하면 곧 그 품성이 또한 선하나니 이르되 덕이 있는 사람이요, 주의가 악하면 즉 품성이 또한 악하나니 이르되, 덕이 없는 사람이라. 아리토다덕阿里土多德이 말하되 덕이 있는 사람은 즉 덕행이 성취하야 쾌락을 항상 느끼는 사람이라 하니 진실로 무고하지 아님인저.

그런즉 우리 행위의 선악이 결코 책임이 없지 않은 것이니 대철학가大哲學家 이특李特의 저술한 바(심리학 초보初步)에 일찍이 열론列論하야 말하되 (1)의지작용은 즉 자기의 사상발현하야 활동하는 바라. 그 작용 명명明明은 자기가 스스로 만들 것이오. (2)의지작용을 대개 나의 힘으로 자신할지니 이 도덕의 혹 치욕이 있을까 찬미함이라. 내가 능히 도덕에 진력하면 곧 찬미를 받을 것이오. 이와 반대이면 곧 치욕이 있을지니 이것 또한 천연적 지식의 일부분이오. (3)의지작용은 또 내가 가히 자유기억自由記憶과 자유상상과 자유고락과 자유애오自由愛惡의 염念이 있음이니 (4)이 세 가지가 있으면 책임의 감정이 마침내 생겨남으로써 하되 나의 의지작용은 그 책임이 오로지 나에게 있는지라. 천하의 사람이 대개 이 책임을 지지 않는 자라야 자립의 마음이 이에 불가요不可搖할 것이니라.

이로 말미암아 관찰하건대 세상의 경우境遇에 부족한 바 되야 편벽偏僻에 흘러가는 자를 비록 말하되 경우境遇의 죄라 하나, 그러나 자기의 일신 경우一新境遇를 이미 세우기 불능하고 또 보구진작補救振作키 불능하니 자립자책自立自責의 마음을 이미 잃은지라. 어찌 그 책임에서 달아날 수 있으리오.

의지의 형식은 위에 이미 말하였거니와 이제 그 내용을 다시 논하건대 사람의 의지는 서로 항쟁하매 두 가지 원리가 있으니 이理와 의義가 이것이라. 지나支那에서 말한 도심인심道心人心과 강덕康德이 말한 성리정욕性理情慾이니 도심성리道心性理는 항상 보통의 공도公道에 경향傾向하나니 객客은 성질을 관찰함에 인심정욕人心情慾이 항상 이이利已의 사욕私欲에 경향傾向함이라 함이 있고 주主는 성질을 관찰함에 이로써 옛날의 도심성리道心性理를 불러 말하되(양심의 소리)이니 그 의義로써 표준을 삼음을 말함과 인심정욕人心情欲을 불러 말하되(번뇌의 견犬)이니 그 리利로써 표준을 삼아 말함이 있으니, 두 가지가 양도획연兩途劃然하야 오로지 사람의 선택을 자위自爲함을 들을지니, 말한 바 군자 소인이란 자를 즉 이에 판가름할지니라.

그러한즉 사람의 지의志意가 모두 모리謀利의 사욕이 대개 있음이니, 즉 그 사욕을 억제함이 또한 교육 중에 응할 바라. 이는 즉 훈화의 사事이니 훈화의 통례는 심리학으로써 기초를 만들지라. 다음 장에 상세히 말하겠노라.

1907년 7월 25일

의지훈련의 통례(승전)

위의 절에 논술한 바 의지작용의 선악이 모두 책임이 있으니 곧 그 방향을 이끌어 이로 하여금 양심의 소리을 좇고, 번뇌의 견犬을 버리게 할 것이라. 오로지 훈화의 사事이니 그 법이 약 두 가지 단端이 있는지라. 시험삼아 조거條擧하니

> 제일 생도가 사욕무염私欲無饜하야 그 노예를 만든 자가 있거든 교육할 자가 오로지 도덕의 위엄을 대표하야 명령 등으로써 금지할지니, 교화상에 이른 바 도의道義를 순치馴致함이 의지라.

도의를 순치함이 의지임은 그 수단이 명령, 순시, 상벌만 같지 않으니, 명령이라는 것은 도의의 위엄을 대표함으로써 그 불의에 빠짐의 폐단을 제거할 것이라. 고로 (1)은 도의에 불합不合케 함이 불가하고, (2)는 생도 의심을 동動케 함이 불가하고, (3)은 명현정확明顯精確지 아니함이 불가하고, (4)는 전후일률前後一律로 아니함이 불가할지라. 순시巡視라는 것은 과실을 예방하며 또 그 조야방일粗野放逸의 사욕을 억제하야 생도로 하여금 때때로 풍채風采를 첨앙瞻仰하야 외애畏愛할 바가 있게 아니함이 불가하니, 단 순시과도巡視過度하면 곧 생도가 싫은

마음이 생겨서 비밀히 위악爲惡함을 면하기 어려울 것이며, 만약 생도로 하여금 서로 고발케 하면 곧 시기의구猜忌疑懼하야 또한 충후忠厚를 상하리니, 고로 순시함에 마땅히 순임자연純任自然할지오. 상벌이라는 것은 선악을 징려懲勵하야 덕이 있는 사람을 조취造就케 할지니, 고로 남행濫行하야 작위作僞함과 노예奴隷의 열근성劣根性을 생기는데 다다름이 불가하니라.

제이 각종 도덕의 목적을 취하야 일일히 지도하되 교육을 받을 자로 하여금 스스로 능히 선을 좇고 악을 버리게 할지라. 교화상에 이른 바 실천의 원칙으로써 베푸는 것이니 즉 그 인욕人欲의 사私를 떠나고 천리天理의 공公을 보존케 할지니라.

실천의 원칙으로써 베풂은 그 수단이 시례示例와 교훈만 같은 것이 없으니 시례는 실활동의 교훈이라. 편사타락기偏斯他洛氣가 말하되「나의 일신은 아동의 세계」라 하고 석랍席拉(Sellep)이 말하되「교육하는 자가 아동의 소망을 스스로 잃음이 불가라」 하니 대개 아동이 모방摹倣을 최선最善함은 교사가 아동의 표준됨이라. 진실로 희생일이犧牲一已라도 정의유지正義維持함으로써 하면 곧 훈화를 주효奏效치 아니함이 없을 것이니 이것이 시례의 특장이라. 그러나 교훈이 또한 족히 그 부족함을 보조하야 이로 하여금 준위고결俊偉高潔의 도덕지식을 얻음으로써 준위고결의 도덕행위 전도前導를 세울지니라.

제삼 생도의 습관품성으로 하여금 모두 능히 도심인심道心人心의 구별이 없음을 스스로 다스리되 마음의 욕망하는 바를 좇아 곧 구矩를 불유不踰함으로써 혼연일체에 이상원만理想圓滿의 경境을 달케 함이니 이른바 도덕상의 자유가 이것이라.

도덕상의 자유는 특히 훈화의 목적을 만들 뿐 아니오 또한 교육의 목적이니 고로 도덕상의 자유를 이미 얻으면 곧 교육의 목적을 달성하지 못함이 또한 없을지라. 그 수단은 시례, 순시, 상벌, 교훈, 명령을 이용함이 불가하니 이러한 수단은 모두 그 의지로 하여금 도덕의 규율을 복종하고 혹 도덕의 지식을 수여함에 불과할 따름이라. 다시 일보一步를 나아가면 곧 위선爲善함에 반드시 힘써서 습관이 품성을 이루어 매사에 모두 능히 스스로 다스리며, 도덕에 문합吻合한 이후에 가하니 이로써 도덕상의 자유를 얻고자 할지면 말하기를 오로지 장려강박奬勵强迫함이 없을지나, 그러나 성현, 군자, 위인, 호걸의 전기사적과 그 유저遺著한 경전으로써 표준을 삼지 아니하면 곧 두렵건대 때때로 광폭을 발하야 억제키 불능할지라. 그 원위源委는 후절에 상세히 볼 것이니 의지훈련의 차서次序라.

3 벌체罰體의 이해利害

위의 절에 의지훈련의 통례를 말하되 상賞이라는 것은 도덕의 행위를 장려하야 그 결과가 교육에 가장 유익한 것이나, 그러나 상을 함부로 하면 곧 생도가 장차 교유矯揉함을 췌마揣摩하고 인의仁義를 모행貌行하야 당연히 그 작위作爲의 기機를 개開할지오. 무릇 벌罰이라는 것은 과실을 징계하야 그 맹아를 자름이니 또한 훈화의 한 방법이라 가소可少치 못할지오. 그 중에 벌체罰體의 성효成效가 특히 빠르나니 고래로 교육하는 자가 모두 악용樂用하니라.

교육사를 살펴보건대 곧 세계 각국이 벌체의 수단을 사용하지 않은 자가 없는지라. 고대 사파달斯巴達에서 가장 엄혹하고 인도印度, 지나支那, 일본의 교사도 또한 반드시 가초榎楚를 가지고서 종사하더니, 근세에 발달주의의 설說이 홍함에 이르러 처음으로 교수함에 마땅히 심의心意가 자연개발의 차서次序를 좇아 위력威力을 무대無待하니 마침내 초초稍稍히 폐한지라. 이제는 곧 문명국에서 덕의지德意志를 제외하고는 모조리 벌체로써 행하지 아니하나니 이 또한 근세 교육의 일대특색一大特色이니라.(미완)

10. 심리학

〈표 48〉 '심리학' 관련 텍스트 목록

잡지명	저자명	제목	표기	권호(발행일)	쪽수
少年韓半島	元泳義	心理問答	국한문	제1호(1906.11.1) 제2호(1906.12.1) 제3호(1907.1.1) 제4호(1907.2.1) 제5호(1907.3.1) 제6호(1907.4.1)	24~25 26~27 22~23 20~22 14~16 13~15
大韓學會月報	韓興教	心理學의 精要	국한문	제4호(1908.5.25)	24~30

원영의, 「심리문답」

1906년 11월 1일

심리는 무엇을 이름이오. 인간의 정신 현상을 연구하는 과학이니 심心은 즉 정신이오, 리理는 즉 이론이라. 철학적 문제로 형이상形而上함이 정신이오, 물질적物質的에 형이하形而下함이 과학이니라.

정신 현상은 무엇이오. 물질적 현상을 대하여 이름이며 우리의 직관과 내성內省으로 말미암아 지각覺知하는 바의 변화와 진정進程이니 외계外界의 만물상태를 말미암아 우리의 지각을 맹기萌起하여 나我의 신경 내內 정신 상태를 드러냄이니라.

물질적 현상은 무엇이오. 천지만물이 우리 몸 안內 신경을 감촉感觸하여 그 외계外界의 만물 상태를 드러냄이니라.

직관은 무엇이오. 직접 관찰이라 비유컨대 움직이는 바람을 보면 나무가 휘어지는 줄 알고 발전發電을 보면 수레가 달리는 줄 앎이니, 만약 나무가 휘어짐을 본 후에 동풍動風을 알고 수레가 달리는 것을 본 후에 발전을 알면 이는 간접 관찰이니라.

변화는 무엇이오. 비유컨대 전기가 처음 생길 때 진동振動하다가 변하여 화화火花를 발發하며 풍기風氣가 처음 생길 때 청량淸涼하다가 변하여 초목草木을 절折하니 지각의 변화가 무궁히 층생層生함이 이와 같으니라.

진정進程은 무엇이오. 비유컨대 전기가 줄을 따라 백천리百千里에 전달하고 풍기가 수풀을 따라 천만수千萬樹에 보급하니 사람의 정신도 역시 그러하여 운기雲起함을 보면 비 내릴 줄 알고, 내가 내림을 보면 장차 갤 줄 알고, 장차 개는 것을 보면 태양이 노출할 줄 알지니, 이는 지각의 점진漸進이 극점極占에 도달하는 전도前途에 만약 그 정신과 변화와 진정이 없으면 사물死物이니라.

1906년 12월 1일

활동하는 방법은 무엇이오. 심리학은 물질계에서 물리학을 상대하여 인간 자개自個 내에 관關할 일절 학문을 위하야 원칙을 제공함이니 그 과학의 연구법은 내성법과 관찰법과 실험법의 3종으로 관철함이니라.

내성법은 무엇이오. 나의 정신을 스스로 관찰함이니 만약 무단히 웃으며 무단히 찡그림은 자기의 정신을 자관自觀함이 없음이라.

관찰법은 무엇이오. 아동심리라 타인의 정신작용을 관찰함이니 뢰사耒耜를 보면 신농神農의 정신작용을 알고, 역사를 보면 나파륜拿破崙의 정신작용을 아는 류類니라.

실험법은 무엇이오. 물리학의 정신으로 기계적 실험에 대하여 특이한 경우를 명인明認호대 시계와 같이 1점一點에 1타一打함으로부터 12점의 12타打에 이르기까지 역력히 각지불망覺知不忙하는 류類니라.

심리학의 원칙이 무엇이오. 물질계에서 물리학을 상대하여 인간 자개自個 내에 관關할 일절 학문을 위하여 원칙을 제공하니 무릇 인생이 불위不爲키 불가한 일이 반드시 있으므로 인격의 당위當爲할 일은 학문을 필회必須할지오 학문은 물질계의 물리학을 필구必究할지니 만유의 물리가 정신 유일에 통귀統歸하나니라.

정신은 무엇을 이름이오. 정신은 형태와 자취가 없어 분명히 말하기 어려우니 구학문은 마음에 있다 이르고 신학문은 뇌에 있다 이르니, 그 이론이 같지 않으나 정신이 있는 곳은 마음이라. 그러나 다만 구학문은 마음이 오장육부에 있는 줄로 알고 신학문은 마음이 즉 뇌수腦髓로 아니, 대개 그 두뇌를 장애물에 당촉撞觸함이 정신이 궤란潰亂한즉 택신宅神의 마음이 즉 뇌수의 증거가 명확하니 그 본원의 이상으로 궁구窮究하면 정신이 깃든 바가 둘이 아님이 옳도다. 정신현상의 유일문惟一門이 되고 또 의식의 주체는 무엇을 이름이오. 뜻意은 사상의 방향이오, 식識은 구별의 묵계默契나 정신은 의식의 집이오, 의식은 정신의 작용이니라.

1907년 1월 1일

유일문惟一門은 무엇을 이름이오. 정신현상이 일어남出이 하나로 돌아감과 물질현상의 들어감入이 같음統一은 정신이 유일惟一됨이니라.

귀일歸一과 통일統一이 무엇이오. 유일惟一 정신에 귀歸하며 유일 정신에 통統함을 이르니 만약 정신이 둘이라 하면 한 정신은 이 물物에만 명달明達하고 저 물物에 암매하리니 이와 같은 즉 이청목시耳聽目視의 상통하기 어려움과 같이 정신현상이 격단隔斷하여 융회관통融會貫通하기 어려울지라. 이로 귀일통일歸一統一의 증거가 3개 있으니 하나는 동시사상同時思想이 유일이오, 하나는 총결심總決心이 유일이오, 하나는 하나가 식멸熄滅하면 현상이 모두 식멸하나니라.

동시사상의 유일은 무엇이오. 정신현상이 비록 복잡하나 그 본원은 유일정신으로 사상을 운運하니 가령 조수棗樹를 사상할 때는 버드나무柳樹의 사상만 있으니 이때에 다른 사물他物를 겸하여 생각하기 불가능하니라.

결심유일決心惟一은 무엇이오. 허다한 물상物象의 유래함에 대하여 각각 사상이 따라 일어나되 그 결과는 필경 유일정신에 결정決定하나니라.

하나一가 식멸熄滅하면 현상이 모두 식멸함은 무엇을 이름이오.

하나一는 즉 아我라. 무릇 천만인이 자기를 지시指示할 때는 모두 아我라 이르고 만물도 모두 그러하니 이는 그 수가 천만이라도 각 그 아我라 함은 유일할 따름이라. 이로 말미암아 보건대 아我가 없으면 사물物이 없으리니 현상이 어찌 있으리오.

그러면 유일정신이 육체의 수많은 작용에 제공하되 곤란이 없음은 무엇이오. 정신작용은 물질작용에 초월함이니라.

초월은 무엇이오. 육체는 시기와 처지를 필정必定한 연후에 작용이 비로소 있으니 물질이 또한 그러한지라 전기를 논하면 그 기氣가 의적아依的兒라 하는 공기를 의빙依憑한 연후에 전달을 하고 현상이 시계를 준거準據한 연후에 그 속도를 드러내거니와 정신은 빙지憑地도 없고 준시準時도 없이 순식간에 천만리 밖과 천만년 위와 천만세千萬世 하下에 운상무애運想無碍하니 이는 물질작용에 초월함인 까닭으로 육체작용에 제공하기 어려우니라.

그런즉 정신은 옛사람 한 개인個人과 같이 물질계를 초월하여 정신계로 좇아옴이 같은 모양되겠거늘 고금현우古今賢愚의 같지 않음은 어찌 된 것이오. 정신이 육체에 들어오면 변화함이니 비유컨대 정천井泉과 강하江河를 유일수惟一水라 통칭하나 오구汚溝에 들면 흐리고 결거潔渠에 들면 깨끗하니라.

1907년 2월 1일

정신과 신체의 관계가 무엇이오. 정신작용은 직접관찰이오 육체작용은 간접관찰이니 두 가지의 작용이 서로 같지 아니한 것이 있으나 정신은 신체를 대하여 묘용妙用을 시현始現하고 육체는 정신을 대하여 작용을 시영始營하는 까닭으로 신신神身이 서로 합한 후에 심리학이 유출한 바이니 그 상합相合함은 신경작용에서 비롯하니라.

신경작용은 무엇이오. 뇌수에 핵인核仁과 같은 세포가 있어 신神의 단체를 이루니 즉 인신人身을 구성한 분자요, 또 사루絲縷와 같은 섬유가 포락包絡하여 사지백해四肢百骸에 전달함이 전선과 같느니라.

뇌수의 형식이 무엇이오. 두개골 안에 좌우 대합對合한 두 대뇌가 있으니 심의心意를 주관하고 그 다음에 두 소뇌가 있어 운동을 주관하니 12개 말초가 전체 표면에 달하여 무처부락無處不絡하고 그 다음에 연수延髓가 있어 자동중추自働中樞를 이루니 안첩眼睫의 스스로 깜빡거림自瞬과

간엽肝葉의 자동自動과 폐부肺部의 호흡이 모두 스스로 말미암고 대뇌의 명령을 받지 않음이오. 다음에 교감신경交感神經이 있어 영양을 주관하여 비위脾胃를 조화調和하고 다음에 척수脊髓가 있어 반사중추反射中樞를 이루니 31개 말초가 강경强勁하여 한위捍衛를 주관함으로 눈을 찌르면 눈을 감고 살갗을 찌르면 피부를 요撓하며 수거족탕手拒足踼의 능력을 사용하니 이상 5개의 구조를 말미암아 정신작용이 있느니라.

그런즉 동물은 정신작용이 있거니와 식물도 정신작용이 혹 있을가. 하등동물의 단순세포가 있는 아미바 충류가 있으니 생살生殺과 주포飢飽를 명연冥然히 깨닫지 못하다가 유충有虫이 내불來拂하면 시식始食하여 세포가 점점 성장하다가 나중에 다시 먹지 못하여 환축여단還縮如斷하니 이는 정신작용이 사무似無한 것이요, 식물의 승취초蠅取草가 있으니 파리가 붙으면 그 잎이 따라서 권취卷取하니 이는 정신작용이 사유似有한 것이니라.

정신발현의 단서가 무엇이오. 피촉被觸의 감동과 여촉與觸의 충동과 취사의 선택을 인하여 정신이 있음을 알고 활동 곧(자동)을 인하여 정신작용이 있음을 아나니라.

아미바와 승취초의 종류는 감동感動과 충동의 분변分辨이 어떠하오. 아미바의 식충食虫은 충동이오, 권승卷蠅은 감동이니 두 개의 충감衝感은 그 분간이 지미知微하여 거연遽然히 판단키 어려우나 그 동식물의 구별을 인하야 그 충감의 분별을 알 수 있나니라. 신신神身은 활동으로 인하여 발전하니 제1은 섭취활동이니 즉 음식작용이오 제2는 족류연속활동族類連續活動이니 즉 생식작용이오 제3은 자위활동自衛活動이니 즉 위생작용이라. 이러한 활동으로 인해 그 생명을 보존하니 생명의 근본은 세포에 있는지라. 어릴 때에는 세포신경이 연약하여 자위활동이 부족하다가 성장하면 자위활동이 심대하니 그 자위의 여하로 인하여 그 신신작용神身作用의 발전 여부를 알 수 있나니라.

자위활동이 무엇이오. 미충微忠을 충동衝動하면 축신불동縮身不動하여 죽은 모양이 되며 금조禽鳥가 사람의 수상한 안색을 보면 편연사거翩然斯擧함이 다 자위활동이니라.

1907년 3월 1일

신신활동身神活動이 무엇이오. 그 논의가 3개 있으니, 통일적 일원론은 신신이 구활동俱活動이라 하고, 이원론二元論은 신신이 각 활동이라 하고, 이원적 일원론은 신神이 신身을 인하여 활동하며 신身이 신神을 인하여 활동한다 하니 3론을 아울러 보면 신신작용을 인하여 심리학을 논함이니 심리학은 즉 의식意識을 연구하는 학문이니라.

의식은 무엇을 이름이요. 의식은 이학理學에 연구하는 정신작용의 단위요, 자각의 지위에 달한 의식이 즉 인간의 정신현상에 기본이니 다른 동물도 의식작용이 모두 있느니라.

다른 동물의 의식작용은 무엇이오. 개와 말이 그 주主와 그 가家와 그 가식여부可食與否를 인식함이 모두 의식작용이나 다만 그 의식이 편착부주偏窄不周하여 우일물右一物이 내조來照할 때는 우물右物을 알다가 그것이 떠나면 곧 잊고, 좌일물左一物이 내조來照할 때는 좌물左物을 알다가 그것이 떠나면 곧 잊으니 이는 지각구별만 있고 인류의 심리학이 없음이라. 심리학의 연구는 이에 자각의식自覺意識이니 오직 인간만이 있느니라.

자각작용은 무엇이오. 자각은 주점主点되는 아我가 중심의 집주점集注點을 이루어 진리를 통명通明하니 어릴 때에는 자각작용이 부족하다가 자라면서 자각작용이 점점 커져 다단작용多般作用이 모두 집주점을 좇아 생기느니라.

의식작용의 상태는 어떠하오. 의식이 잠잘 때에 없고 각성할 때에 있으니 이는 각성상태오, 각성 시에 외계물外界物이 내조來照하면 능히 구별하니 이는 구별상태라. 만약 각성 시에 구별이 없으면 사물死物이니 두 개의 원본적原本的 작용을 유구惟究하면 사상寫象이니라.

사상寫象은 무엇을 이름이오. 주관계主觀界에 대상을 베껴냄寫出이 경과鏡裏의 사진寫眞함과 같으니 각성 시에 객관적 현상이 외계外界에 삼라森羅하여 같고 다름과 근사近似함이 있으니 그 상象이 의식을 통과하여 주관계主觀界에 입조入照하는 사상寫象을 이루나니 이는 의식이 객관상客觀象으로 하여금 주관에 통과함이니 만일 의식의 매개가 없으면 그 상의 진가眞假를 어찌 알리오. 가령 부채를 보기 전에는 그 모양의 여하를 알지 못하고 산을 보기 전에는 그 형태의 여하를 알지 못할지니 객관이 의식에 내조來照하기 이전에는 순전한 객관상客觀象이니라.

주관과 객관의 구별이 무엇이오. 주관은 아我의 주점主点에서 관觀을 여與함이오, 객관은 타他의 객상客象이 관觀을 피被함이니 그 사상寫象에 대하여 유심唯心과 유물唯物의 이론二論이 있느니라.

1907년 4월 1일

이론二論이 무엇이오. 유심론은 비록 객관이 있다 할지라도 비의식非意識이면 통조通照를 할 수 없다 하고, 유물론은 비록 의식이 있다 할지라도 비객관非客觀이면 관지觀知할 바 없다 하니, 이 이론의 상쟁相爭이 아직 끝나지 않았으나 심리학 상에 있어 대개 일면관一面觀의 과실過失에 돌아갈지라. 유심론은 세계의 물상을 박멸하여 진가를 불변不辨할지니 산악이 없으면 그 상象의 고저高低를 어찌 알리오. 유물론은 심계心界의 의식을 박멸하여 시비를 불변不辨함이니 산악이 비록 있으나 우리의 관찰이 없으면 그 상의 고저를 어찌 알리오. 우리의 실제생활은 심心과 물物을 사상계寫象界에 합치하여 조화한 연후에 심의계心意界의 순서가 점차 객관적 의식에서 주관적 의식으로 향해 지식을 산출하나니라.

지식은 무엇을 이름이오. 감각과 지각과 사고의 결과 곧 관념을 좇아 자득自得한 바이니 물계物界의 진상과 물상物象의 진리를 분석하여 아我의 실유實有한 사상구별寫象區別이 명확함이니라.

감각은 무엇을 이름이오. 순연純然한 객관적 작용이 감각되나니, 객관의 산山이 의식에 내조來照할 때에 산인 줄 다시 깨달음이 사진과 같아 사득思得함이 아니라 수조직각隨照直覺이니라.

지각知覺은 무엇을 이름이오. 객관계客觀界의 산인 줄 의식계意識界에서 감각한 후에 비교와 구별의 작용이 생겨 그 고저와 험이險易를 아는 종류이니라.

사고思考는 무엇을 이름이오. 지각물知覺物이 아我에게 들어入 내가 그 물物의 물物됨을 판단하야 자연히 고유한 아물我物이 되나니 이는 사상계寫象界에 초월한 것이라.

3가지의 관념은 무엇이오. 나무가 휘어짐을 보고 바람이 불었음을 앎은 감각感覺이오, 바람이 부는 방향을 살펴 앎은 지각知覺이오, 찬 공기가 따뜻한 공기 희박한 곳의 주입 보충함이 바람 됨을 생각할 수 있음은 사고思考이니 이 세 가지의 결과는 객관상客觀象이 주관계主觀界에 들어 그 진리를 저축儲蓄하여 관념계觀念界를 이루나니 이 계界에 의식의 분류가 있느니라.

의식의 분류는 무엇이오. 의식의 지정의知情意 세 종류가 있으니 이를 분석하면 물의 수소와 산소의 두 물질이 있음과 같은지라. 물을 끓이면 증기를 이루고 온도가 낮으면 얼음을 이루되 차가움과 뜨거움의 평균한 상태는 곧 물이라. 또 칠면조가 일 년에 일곱 빛깔로 변함과 같으니 대개 일반 의식으로부터 3분함이 이와 같으니라.

3분류의 발전하는 순서는 무엇이오. 유물有物이 내조來照하면 어떤 물物과 어떤 유由를 앎은 지知오, 물物을 보고 마음我心의 슬픔 기쁨과 좋고 나쁨을 앎은 정情이오, 그 정으로 인해 마음 가는대로 뜻을 결정함은 의意니라.

지식의 원형은 무엇이오. 지식은 의식의 형식적 방면이니 그 원형은 관념이오, 관념은 사상寫象의 산파産婆니라.

형식방면은 무엇이오. 물질계物質界 내에 형식 곧 지식계知識界가 있고, 형식계形式界 내에 역적점力的点이 있고 이 점点 내에 정情이 숨었다가 물질物質을 응하여 형식계에서 그 연치妍媸를 변하나 지식을 통한 후에 애악愛惡의 정情이 역적力的을 좇아 형식계로 돌진하여 아我의 물物로 생긴 사상 결과가 참지식이 될 까닭으로 의식의 형식적 작용은 지식이오, 역적작용力的作用은 정의情意니라.

11. 윤리학

〈표 49〉 '윤리학' 관련 텍스트 목록

잡지명	저자명	제목	표기	권호(발행일)	쪽수
大韓學會月報	姜邁	西洋倫理學要義	국한문	제8호(1908.10.25) 제9호(1908.11.25)	22~25 37~38
畿湖興學會月報	李海朝	倫理學	국한문	제5호(1908.12.25) 제6호(1909.1.25) 제7호(1909.2.25) 제8호(1909.3.25) 제9호(1909.4.25) 제10호(1909.5.25) 제11호(1909.6.25) 제12호(1909.7.25)	21~24 16~19 17~19 30~32 28~30 11~14 26~29 24~26

이해조, 「윤리학」

1908년 12월 25일

제일장 서론(석의釋義와 범위)

윤리학은 인륜의 진리를 구하야 실행의 방법을 구하는 바이라. 물리학과 윤리학으로 호상 비교하야 그 차별을 시험해 보면 족히 그 진리를 알지로다. 무릇 물리학은 논리와 응용의 두 가지 종류를 나눈 것이니 논리라 하는 것은 응용의 여부를 불구하고 다만 학리學理를 연구하야 하늘의 법칙을 발명함으로 목적을 삼고, 응용이라 하는 것은 허리虛理를 추推하야 실사實事에 시施하며 또 이로 인하야 미지未知한 법을 발명하기로 위주함이니 윤리학을 논리와 응용 양과兩科에 가분여부可分與

否에 이르러서는 이론異論이 비록 많지만 그러나 논리윤리학論理倫理學을 주장하야 일과一科로 특분特分키 불능不能할 것이니 어떤 법칙인고 윤리학의 성질은 실천함을 귀히 하야 논리할 때에 간혹 구심색은鉤深索隱함이 있으나 그러나 그 목적은 학리발명을 위함이 아니오 궁행실천躬行實踐하야 사회의 발달을 보조함에 있으니 이는 즉 윤리학이 실천하는 과학이 되야 물리학 등으로 상이한 까닭이니라.

그 범위를 상고하건대 역학, 화학, 생물학 등과 같이 일정한 범위를 나눈 것이 아니라 실로 인류의 필생畢生과 및 백반百般의 행위에 관섭關涉이 있어 그 계한界限이 심히 묘막渺漠한지라. 이에 일파一派의 논자가 그 묘막渺漠함을 도睹하고 계한界限을 구획코져 하야 충효 신의 자선 등의 선악에 직접 관계가 되는 것을 들어 윤리의 행위라 명칭하고 윤리학의 범위를 이로써 정하여 재지기능才智技能 등의 가히 선하고 가히 악할 것에 이르는 것을 윤리 범위 밖으로 돌려보내니 대개 우리의 행위가 운용기계運用器械의 간단함과 같지 아니하야 심의心意의 발동을 필유必由한 연후에 동념動念이 처음 생겨나며 이 행위를 부인復因하야 결과가 또 생기나니 무릇 일절사업一切事業이 두 가지의 관계에 심명深明한 연후에 가히 그 선악을 정한다 칭하니 차론此論은 동념動念으로써 위주하고 일절행위가 동념에 직접관계가 있는 여부로 윤리의 범위를 정한다 함이니 이러한 법칙을 설명한 것이 협의의 범위니라. 혹자의 논은 동념의 여하를 불문하고 행위의 나타난 바 결과의 선악으로 윤리상의 선악을 정한다 하니 이는 윤리의 범위를 확장하야 오인吾人의 행위로 하여금 하나도 이 범위에 들지 않게 함이 없게 함이니 하나의 법칙은 동념의 선악으로써 위주함이오 하나의 법칙은 결과의 선악으로써 위주함이니라. 양파兩派의 논을 합하야 아동의 발달에 취하야 논할진대 그 행위의 영향이 외계外界에 미치는 것이 적으며 또한 심지心志의 추향趨向이 품성을 구조하는 근기根基가 되야 윤리상에 동념으로 위주함이 적당타 칭할지나 정치, 상공업 등 사회에 이르러 그 동기의 선악을 볼진대 외계에 미치는바 결과의 여하함을 보아 그 행위를 판단함만 같지 않도다. 요약하여 그것을 논하건대 덕성상으로 보면 동념의 여하를 말미암아 그 선악을 결決함이 가하고 사회발달상으로 보면 행위의 결과를 말미암아 그 선악을 결決함이 가하니 이 양파兩派 중에 장단이 긍유亘有한 소이所以니라.

그러하나 우리 인류가 다만 한 사회 속에 집합하야 생활함이 아니오 사회로 더불어 호상연락互相聯絡함이 반드시 있으니 이는 오인吾人의 사상행위가 사회에 관계치 아님이 없고 또한 직접 혹 간접으로 그 발달을 도우며 혹 방해함이 있으니 어떤 법칙인고. 사회는 원래 유생기체有生機體가 되야 생명과 같음으로 그 중 생존하는 개인이 결코 독립하야 그 생활을 온전히 얻는 것이 아니라 이는 논리학자가 실로 오인의 일거일동一擧一動과 및 일절의 일를 포함함이니 학파학설의 여하함을 도쟁徒爭함은 이 모두가 지엽枝葉의 논이라. 윤리상으로 몸소 세분細分할진대 하나는 수신修身이오 하나는 처세處世이니 수신이라는 것은 그 덕성을 함양하며 그 품격을 고상케 하는 바이오 처세라는 것은 사회발달의 천칙天則으로 본本을 잡고 나의 몸으로써 선도함이나 그러하나 이 목적을 달성코져 할진대 하나의 주의로 표준을 삼으면 정正이 되나니 이는 도의상에 칭한 바 선善이오 이를 뒤집으면 사邪가 되나니 이는 도의상에 일컬은 바 악이라. 그러나 세상 사람들의 선악을 판별함이 이따금 기왕의 경험을 고집하야 소위 격언, 습관 등 상식으로써 주의를 삼아 사회가 번잡함에 일부日富하야 진보가 매우 빠름을 부지하고 옛날의 습견習見에 도니徒泥하니 그 금일에 불적不適함은 지자智者를 기다리지 않고 심히 명확하도다. 고로 각파 윤리의 학설을 비교하야 그 이해를 연구하야 금일의 사상으로 더불어 병립幷立할 최량주의最良主義를 구함이 제일요의第一要義가 될지니 주의가 이미 정해지면 비도진리非徒眞理를 발명함에 족할 뿐 아니라 곧 이로 말미암아 오인吾人의 사상 행위를 관할할지니 그런즉 윤리학은 논리의 학이 아니오 이에 실천의 학이니라.(未完)

1909년 1월 25일

제일장 자기의 관념(일)

하늘을 우러러 보매 일월성진이 이와 같이 현란하며 땅을 구부려 보매 산천초목이 저와 같이 번색繁賾하니 그 사이에 태어난 자가 외관外觀에 도현徒眩하야 천연天然의 현상만 연구함으로 자기의 하물何物됨을 수망遂忘하더니 인지가 점차 나아가고 식견이 초광稍廣함에 이르러야 비로소 자기가 하물何物에 속함을 구구究求할 새 지지우구遲之又久한 후에야 자기도 천연중天然中에 하나의 물건됨과 천연의 현상으로 더불어 흡력吸力과 거력拒力이 있어 회유須臾도 가리지 못할 세勢를 발명하였으며 또한 인과의 이理를 종從하야 사생死生의 법에 피제被制함을 알게되었나니 무릇 지혜가 이미 열리매 압억壓抑함이 불가함과 몸이 사巳의 몸이 됨은 이미 깨달았으나 그러나 나의 몸의 동작행위가 그것을 지휘하며 사령지使命之하는 것이 반드시 있으리라 하야 몸 가운데에 심心을 다시 연구하였나니 심의 현상을 말미암아 몽경夢境도 되며 망상忘想도 되야 정신의 운용이 종종種種으로 사의思議키 불가하야 물질계의 능유能有치 못할 기관을 정呈하니 이에 황연恍然히 크게 깨달아 오인吾人의 정신이 실로 물질계 외에 존재하야 일 세계를 별개別開함을 알고 이 세계를 수명遂名하야 영계靈界라 칭하니 고로 사람은 영혼과 육체로 서로 화합함을 이룸으로 타종물체他種物體와 하등동물下等動物로 더불어 그 성질이 다른 바가 이것이니라.

종교가의 말에 이르기를 갱진更進한 것이 있으니 정신이라는 것은 물질 외에 있어 육체의 생사는 영혼의 존망에 관계가 없고 미생未生의 전에 영혼이 먼저 있어 육체가 비록 죽어도 화진이신전火盡而薪傳함과 같다 하니 이 말의 진부眞否는 고조물론姑措勿論하고 자기가 태어나기 전에 선조가 있고 자기가 죽은 후에 자손이 있으며 또 功名勳業이 사회로 더불어 서로 계속한즉 장수불회長垂不朽함은 세상 사람들이 모두 아는 바이라.

그러하나 자기가 하물何物의 범위됨을 상고하고자 할진대 광막廣漠함에 파섭頗涉하야 한마디 말로 가진可盡키 불능不能하니 이에 대체상大體上의 구별을 하고자 하야 그 대요大要를 기紀컨대 일, 자기신체의 상태요 이, 자기사상의 상태요 삼, 자기와 사회의 관계요 사, 자기와 천연의 관계라.

제일 자기신체의 상태 오인吾人의 신체는 금수초목과 같이 생물의 생육법을 반드시 따라야 생장함으로 생존의 천칙天則에 제재制裁를 필피必被하나니 고로 일절 생물이 생존에 적합한 것은 선량善良이 되고 부적합한 것이 이에 반함은 정해진 이치라. 이 표준을 지켜 신체의 양여

불량良與不良을 정하는 중 혹 천부天賦가 독후獨厚하거나 초박稍薄한 자는 이는 오인吾人의 운명이 금수초목과 같이 부형賦形한 후에 일정하야 불역不易한 것이니라.

시고是故로 신체가 강고한 자는 천연의 행복을 능향能享하고 허약한 자는 불행의 경우에 역함易陷하나니 이는 자연의 수數이라. 장차 하늘을 향하야 그 불평함을 하소연하고자 하나 하늘이 그 구咎를 임수任受치 아니할지라. 오직 우리 사람의 육체 밖에 다시 정신이 초목금수와 다름이 있어서 능히 천연의 법을 알며 또 능히 화해禍害를 피하고 행복을 증진할 바를 구하나니 이는 재주와 지혜의 작용으로 천품天稟의 허약함을 보충할지나 그러나 때로 정욕의 피제被制함이 있어서 천품의 미질美質을 반손反損하나니 이로 말미암아 보건대 천품의 행불행에는 비록 여하如何키 불능하나 우리는 가히 선량의 정신을 기르며 신체의 불족을 보충할 바가 있는지라. 이에 자기 몸에 대한 의무가 또한 이로써 생기니라.

의무라 하는 것은 갑이 을에 대한 관계로 발생함이니 의무가 이미 있으면 을이 갑에 대하야도 불가불 상당한 권리가 있을지니 이는 법률상에 의무를 해석한 말이거니와 이제 자기를 사랑할 의무라 말하였으니 이는 자기 일신 중에서 의무와 권리를 구별함이라. 이 말이 기탄奇誕함과 비록 같으나 자세히 분석하면 실로 그릇된 말이 아니로다. 무릇 사람의 신체가 태어난 날이 있은즉 사기死期의 반듯이 있음은 달아나지 못할 경우라. 이 시기에 존재하야 연과 월과 일로써 자세히 구별하야 그 한번 생애의 단위를 계산하건대 사람의 생애가 무릇 육십년이면 이 만일천구백십오일로 나누어질지라. 이 하루를 각각 사람 하나로 보면 다음과 같은 결과가 즉 발생하나니 본래 사람의 성정은 비독시非獨時의 변천할 뿐 불시不是라. 오늘의 이해가 왕왕 내일의 이해와 다르니 일시의 정욕을 따르면 곧 후일의 화가 생기는 원인이 될지라. 비유컨대 인생 육십년이 이만여개의 이해가 각기 다른 사람과 흡사하야 호상계속互相繼續하야 전과 후에 열거하였나니 만일 그중의 한 사람이 과도히 욕망을 쫓아 신체의 해가 생기게 하면 그 후열에 있는 사람이 그 욕망으로 발생한 바 불행을 반드시 몸에 받을지오. 또 한 사람이 사私를 거袪하고 욕慾을 알遏하야 청명淸明이 몸에 있으면 그 후열에 있는 사람이 또한 그 알욕遏慾으로 발생한 바 행복을 반드시 몸에 받을지니 이는 곧 전열에 있는 자가 후열에 있는 자를 대하야 의무가 생기는 바이니라.

또한 사람의 쾌락병고가 그 일단에 상거常居키 불능하야 그 고락苦樂이 반드시 호상왕래互相往來하는 고로로 십종의 오락娛樂과 십종의 통고痛苦가 상호간 평균하야 중성中性을 온전히 얻기 어려우니 통고의 다음에 쾌락이 생기며 쾌락의 다음에 통고가 생겨서 그 성질이 절대적 차이差異하니 비유컨대 아침 해와 저녁 해 양자兩者가 비록 모두 광선을 비스듬히 보내나 그러하나 오르는 것은 더욱 오르고 내려가는 것은 더욱 내려가서 그 빛이 자연현절自然懸絶함과 같이 고苦로 나타나 악樂으로 변할 때에는 그 즐거움을 더욱 깨달을지며 악樂으로 나타나 고苦로 변할 때는 더욱 깨달을지니 전에 고苦하고 후에 악樂함은 곳 쾌락의 도를 증가함이오 전에 악하고 후에 고함은 슬기로운 사람이 취하지 않는 바이라. 이로 말미암아 그것을 말하면 우리의 생애는 불가불 전반기의 노고勞苦를 아끼지 아니하고 정신을 하동鍛鍊하야 후반기의 준비를 위할지며 또 사람의 이해는 비독기非獨己의 일신에 미칠뿐 아니라 위로는 선조에서부터 아래로 자손에 이르기까지 그 영향을 받지 않음이 없는 고로 먼저 선조에게 오욕汚辱이 없는 바를 구하며 뒤에 자손의 영예될 것을 다시 구함은 인정의 상리常理라. 인지가 유치시대에 상속尙屬하야셔도 이러한 종류의 사상은 가장 발달된 고로 자손의 번영으로써 인류의 가장 중대한 행복을 삼았나니 그런즉 사람의 일신이 위로 선조를 대하고 아래로 자손을 대하야 의무가 모두 있으니 그 한 사람이 고립키 불능함은 사가지의斯可知矣로다.(未完)

1909년 2월 25일

제삼장 자기의 관념(이)

제이는 자기정신의 상태니 우리 인류가 다른 동물과 다른 바는 정신발달에 있으니 무릇 정신은 우주간에 일종一種의 특별한 현상이 되야 각종 물질의 현상으로 더불어 밀이密邇한 관계가 비록 있으나 그 운동이 가히 독립불기獨立不羈하야 물질계에 종종 영향을 미치는 고로 그 성질을 논하면 내부의 운동과 신체의 영향의 두 가지로 구분할 수 있을지니라.

(갑) 정신의 내부운동은 즉 그 중심에서 발하는 지각, 상상, 판단과 선악의 관찰 그리고 미추美醜의 감정 등이라. 정신의 현상이 물질의 현상과 같이 인과의 대법大法에 피통被統치 아니하고 바다 가운데 외로운 섬이 황여恍如하야 각자 고립하였나니 비록 고립하였으나 우주 가운데 각종현상을 지각함이 거울이 만상萬象의 반사함과 같아 포함하지 않는 것이 없어 별천지가 되나니 이는 선철先哲이 인심을 소우주라 명칭한 바이니라. 비록 그러하나 실제에 구하면 우리의 지식이 만사를 겸섭兼

涉키 불능하야 그 사이에 제한이 있는 고로 혹 실험을 말미암아 열력閱歷이 생기며 혹 학문을 말미암아 지식을 확장하되 그 범위는 혹 넓고 혹 좁아 동일하지 않음이 각각 있으니 대개 사람의 심력은 유한하되 지식의 분량分量은 무궁하며 대개 사람 사는 것은 유애有涯하되 아는 것은 무애無涯하니 이는 학과를 특분特分하야 전문으로 각각 연구하는 소이니라.

오늘날은 전문으로 연구하는 시대라. 각각 우주의 일부를 잡고 지식의 범위를 더욱 확장함이 사반이공배事半而功倍어늘 혹자는 과려過慮하여 일부의 사리事理만 다만 통하면 전부의 지식에 암매闇昧할 우虞가 없지 않으리라 하고 혹자는 이론상 지식에 편파偏跛하야 만족을 자생함으로 실험지식이 결핍할 우려가 있다고 설명하야 사람의 지식확장 하는 두 가지 목적이 있음을 알지 못함이니 그 목적의 하나는 욕지欲知의 마음으로 지식을 확장하야 정신의 활동을 증가케 함이오 하나는 응용지식으로써 사회의 사업을 개량하야 행복을 증가케 함이니 그런즉 학문의 일이 박흡博洽함을 도과徒誇할 뿐 아님을 가히 알지로다. 그러나 사람의 사람된 바는 사회의 구조와 국체國體의 성질로 더불어 관계가 함께 있으니 또 보통의 지식이 없음이 불가하도다. 요컨대 보통과 전문이 편파함이 불가하니 상보면강相補勉强하야 정신의 발달함을 더욱 도움이 가하니라. 정사情思의 현상에 이르러는 지식보다 절근切近하니 무릇 사람의 쾌여불쾌快與不快는 정사의 상태가 신체의 여하한 경우를 비록 인하여 처음 생겨나나 신체경우에 여하함을 불문하고 망상妄想을 도포徒抱하야 부당우이우不當憂而憂하며 부당희이희不當喜而喜함이 시유時有한 고로 혹 초사노려焦思勞慮로 심력을 도모하야 정신의 활발을 방애妨碍하며 혹 기소양영器小陽盈하야 첨첨자족沾沾自足함으로 근로의 뜻을 게으르게 함에 이르는 고로 교육의 책임이 있는 것이 망상의 무익함을 발명하야 정신의 고락으로 하야금 실금實境과 상응함이 제일요의第一要義가 될지니 정치가와 이재가理財家는 외계外界의 경우를 개량하야 사람의 행복을 증진함을 힘쓰며 종교가와 교육가는 내계內界의 망상을 배제하고 정신의 발달을 더욱 구하야 사람의 행복을 증진함을 힘쓸지니 이에 양자가 보차輔車와 같이 행하면 서호기가야庶乎其可也로다.

(을) 정신이 신체에 미치는 영향은 어린 아이가 처음 태어남에 기식氣息이 미약하야 수시의 보호를 혹 결缺하면 곧 요망夭亾하다가 점점 생장함에 이르러 사지의 운동을 파능자유頗能自由하고 의사의 작용이 인지발달하며 지지우구遲遲又久에 가히 이로서 보행하며 가히 이로써 물건을 쥐어 마침내 정신이 영현靈現하야 일절 물체의 운동과 천연력의 사용을 범위치 아니한 바가 없으니 만일 천연력을 방임하면 생명을 보전키 불능함은 물론하고 그 죽음을 다행이 면한다 해도 불행한 경우에 빠져 끝내 멸망에 이를지로다. 그러나 하늘이 나의 재주를 만듦이 소용이 반드시 있을지니 이는 홀로 인력으로써 천재天才를 능피能避함이 귀할 뿐 아니라 능히 천연력을 사용하여야 사람의 행복을 증진함을 얻을지니 각종 학과의 가히 보배롭고 귀한 바가 이 곡절이니라.

비록 그러하나 정신을 퇴상頹傷케 하는 일은 어릴 때에는 천연의 재해를 피함이어니와 성장에 이르러서는 정욕과 게으름 등의 내부에서 발함이 천재天災에 비하야 더욱 심한 고로 거사존리去私存理가 실로 지요至要가 되는도다. 피유위彼有爲한 청년이 선량의 질은 수품雖稟하얏으나 왕왕 일시의 정욕에 피제被除하야 필생의 대계를 졸오卒誤하는 것을 승수勝數키 어려우니 반듯이 지식을 확충하야 원인결과의 이里를 명료케 하며 그 지기志氣를 청명淸明케 하고 그 기호嗜好를 고상케 하며 혹 종교의 진리를 바탕으로 지식의 부족을 보충하고 혹 사회의 제재를 바탕으로 내 몸의 방탕을 절약하고 혹 자기와 양지良知를 치致하야 내 마음의 본래를 발견하야 만어萬語와 천언千言이 활발한 정신의 불외함을 무요務要할지니 불가불시不可不始에 삼가서 후회를 남기지 말지니라.

1909년 3월 25일

제사장 자기의 관념(삼)

(삼)자기와 사회의 관계는 사람이 태어남에 반드시 사회에 생존하나니 이 사회의 경우가 실로 선천으로 나타남이라. 사람이 사회에 대한 의무도 또한 정한 것이 있고 관계가 밀접하야 수예須臾라도 가리지 못할 세勢가 성유誠有하도다. 이에 그 관계를 논하여 처세에 하나의 도움을 주고자 하건대

무릇 사회는 일단체가 되야 상호결합함으로 유지하나 결합케 함과 유지케 하는 바 그 중에 물건이 없을 수 없으니 가령 인종이 서로 같거나 기후가 서로 적당한 등과 또 결합한 후에 생기는 바 여론 풍속 습관 문학 법률 등이 연결단체케 하는 원료라. 고로 사회세력이 각 사람에게 미침이 햇빛과 공기가 동식물에 미침과 흡사하여 무릇 사회에 생존하는 자가 그 감화를 받지 않음이 없어서 감화가 선善한 자는 선이 되고 악惡한 자는 악이 되며 붉은 것에 가까운 자는 붉게 되고 검은데 가까이한 자는 검어짐이 고연固然한 이치니라.

사람은 동물 중에 일종이라 특별한 발생력이 각각 있는 고로 비록

한 경우 중에 동일하게 생겨났으나 그 천품

천품天稟에 여하함을 인하야 혹 강대함에 나아가며 혹 미약함에 이르기도하고 또 감화하는 경우에 정도도 혹 깊으며 혹 얕으니 이는 동일한 사회 중에 각종인물이 생기는 소이니라.

옛 역사를 상고하건대 태고사회의 그 조직이 완비치 못한 때에는 민이 평등하야 차이가 크게 없고 겨우 족제族制가 그 사이에 존재할뿐더러 진보함에 초급稍及하야 소위 영웅호걸자가 나타나 혹 무력을 가假하며 혹 귀신을 의탁하야 인민을 통일함으로 족제族制가 드디어 변하여 국가제도가 되었도다. 이에 사람을 다스리는 자와 사람에게 다스림을 받는 자며 귀족과 평민의 계급이 또한 생겼으니 그 인민을 통일하는 수단이 각각 같지 않아 사상의 발달이 또한 서로 랐으며 또 인지가 열림에 비로소 사회세력의 전이轉移치 안이할 뿐더러 오히려 사회의 세력을 전이함이 있으니 그런즉 개인의 특성도 우연에 발생함이 아니요 실로 역사로 더불어 공히 발달하야 사회변천과 유전에 결과가 된 것이라.

세상 사람들이 매양 개인인성의 발달이 국가의 통일로 더불어 양립치 못할 세勢가 있다고 하니 이는 일편의 논論이라 그릇됨이 심하도다. 통일이라 하는 것은 다수상이의 물건으로 하여금 하나의 목적에 향하야 서로 결합케 함이니 그 사회의 성질이 유수愈殊할수록 그 통일의 힘이 유강愈强하니 고로 고대국가는 그 결합이 무력만 지적하며 혹 신교神敎에 다만 의지한 고로 그 통일이 외관은 비록 아름다우나 대세만 일변하면 곧 멸망에 이르더니 이십세기 문명이 크게 열림에 이르러 정치, 상공업, 종교, 교육 등 사회가 각자 발달할 뿐 아니라 각 사회 중에 있는 개인이라도 그 특질이 또한 각각 발달한 고로 사회의 발달은 더욱

진보하며 통일의 범위는 더욱 확장하야 국가의 통일로 말미암아 국제상 통일의 세勢에 미침이 있으니 이는 개인의 인성이 국가통일로 더불어 호상아순互相牙盾치 아니할 뿐 아니라 양자가 반드시 상수상인相須相因한 것이로다.

대개 고대의 통일은 심히 간단한 고로 인심을 수습함이 또한 용이하더니 근세사회에 이르러 조직이 복잡함으로 한둘의 호걸이 있더라도 결코 혼자 힘으로 위권威權을 양령揚逞키 불능하니 이는 개명의 시대에 한 사람의 전제專制를 악하다 하고 다수 사람들의 합의를 사용하는 소이니라.

그러나 천하의 일이 하나의 이익이 있으면 하나의 해가 반드시 있으니 사회가 복잡해짐이 이색사번理賾事煩하야 사람이 그 특질을 표견表見코자 하면 반드시 많은 시일이 걸려 하나의 재주를 정구精究하더니 경쟁이 이미 치열함에 자립키 자못 어려워 사회세력을 따라 표박漂泊할 세勢가 있으니 고로 교육의 책임이 있는 것이 그 유속流俗에 따르지 않아 자립의 뜻을 힘써 구하게 한 연후에야 소탁所託을 불부不負하였다 가히 말할지니라.

이로 말미암아 말하건대 각 사람의 사상이 당시 사회의 여론이 됨도 있고 상호모순이 됨도 있으니 가령 정치의 사상과 종교의 의리義理와 윤리의 주의는 일정한 법칙에 서서 여론을 조화키 고난固難한 것과 같은 고로 혹 이설已說을 왕枉하야 여론을 따르며 혹 여론을 공적公敵하야 이설已說을 역지力持하야 퇴풍頹風을 이로써 바로잡음이 가하니 이는 고래현철古來賢哲이 여론에 저항하다가 비록 형륙刑戮을 받았으나 변하지 않음을 사수한 것이 이것이니라. 그러나 여론으로 더불어 항적抗敵

함이 가히 아름답다 할지나 심신審愼히 생각한 후에 가히 발할지니 그렇지 않으면 일설을 망지妄持하고 혈기를 도임徒任하야 겉으로 발하는 사상의 권력을 남용할지니 스스로 그릇될 뿐 아니라 그 해를 끼침이 천선淺鮮치 아니하리로다.(未完)

1909년 4월 25일

제오장 자기의 관념(사)

자기와 천연의 관계는 우주간의 현상이 비록 많으나 대별大別하면 천연과 정신 양계에서 벗어나지 않도다. 고대의 사람은 정신으로 천연에 복종하야 행복증가함을 힘썼으니 소위 천명, 천운, 천도, 기천祈天, 도천禱天 등 단어는 모든 일들을 나의 심의心意로 능히 좌우치 못하고 복종을 필수로 한다 함이니 이는 곧 천연을 숭배한 기원이로다. 그러나 지식이 점차 열리고 과학이 일성日盛하야 사람의 천연사상과 관계됨이 크게 변경하였나니 격치格治, 물리物理 등 학자가 천연활동의 법칙을 발명함으로부터 천연이라는 것은 임기발현臨機發現하거나 사람의 이해를 인하야 시연始然함이 아니요 일정한 규율을 지유皆由하야 활동함인 즉 풍우뢰정風雨雷霆 등의 전재天災와 질병흉근疾病凶饉 등의 지요地妖를 피할 방도가 모두 있다는 것을 알게 되고 또 그 법칙을 인하야 이용함으로 천연으로 하여금 사람의 노예의 세勢가 있게 하고 드디어 천연 중에서 더욱 사람의 세력을 확장함은 가히 한량限量할 바가 없나니라.

인생수명이 백년에 불과하나 사람의 욕망은 비록 하루라도 그 생명을 보전코자 함은 바꿀 수 없는 정해진 이치라. 고로 미개未開의 세상에 그 욕망을 만족하기 위하야 영혼과 육체를 구별하야 육체는 비록 죽지만 영혼은 그 생명을 거듭 지킨다 일컬으니 이는 예부터 이어져오는 종교의 통의通義라. 무릇 종교의 목적이 두 가지가 있으니 하나는 내세來世의 희망을 사람에게 주는 것이요 하나는 안심하고 죽고자 함이며 선악인과의 이치를 다시 밝게 하야 현세의 과보果報의 완전하지 않음을 이로써 갚고자 하니 교리의 시부是否와 현시 지식의 정도는 증명키 비록 어려우나 요컨대 오인吾人이 현세의 사람이 되야 희망과 안심을 내세에 구할 바가 아니니 밖으로 나라를 보報하며 안으로 몸을 닦음이 즉 안심의 도가 되며 또한 행위의 결과가 혹 아름답고 혹 악함으로 즉 과보果報가 되나니 다시 영계靈界의 구하야 장래를 기다릴 바가 아니리라.

또한 천연의 기후 산천 등도 부지불식간에 인심을 감화하는 세력이 자못 크니 기후 온화한 땅에는 그 성질이 온순하고 산천이 준초峻峭한 지역에는 그 성질이 비야鄙野하나니 비록 사람들이 모두 그렇지는 안이하나 대개 수십 년 통계를 관찰하면 과히 어긋남이 없으니 고로 감화의 세력이 이와 같이 하외何畏하야 부득불 교육으로써 그 짧은 바를 보補할지니 침잠강극沈潛剛克과 고명유극高明柔克을 심시도세審時度勢하야 각각 교육을 시행하여야 그 편을 선구善救할지니 만약 일정의 규칙을 잡아 전국을 율律하면 그 수익의 선鮮함을 가히 예정할지로다.

제륙장 덕성 함양의 악요握要

대학大學에 이르기를 대학의 도는 명명덕明明德에 있으며 친민親民에 있으며 지오지선止於至善에 있다 하고 또 이르기를 옛날에 천하를 명명덕으로 밝히고자 하는 자는 먼저 그 나라를 다스리고 그 나라를 다스리고자 하는 자는 그 가정을 가지런하게 하고 그 가정을 가지런하게 하고자 하는 자는 먼저 그 자신을 닦고 그 자신을 닦고자 하는 자는 먼저 그 마음을 바르게 하고 그 마음을 바르게 하고자 하는 자는 먼저 그 뜻을 참되게 하고 그 뜻을 참되게 하고자 하는 자는 먼저 그 앎에 이를 지니 치지致知는 격물格物에 있다 하니 이는 대학의 삼강팔목三綱八目이라. 실로 덕성함양의 한 가지 뜻에 나가지 아니하고 이외에 고도모皐陶謨의 구덕九德을 말함과 홍범洪範의 삼덕三德을 말함과 논어의 소눌온양공검양所訥溫良恭儉讓이며 소위 도의숭덕徒義崇德이며 소위 극기복례克己復禮며 소위 충신독경忠信篤敬과 중용中庸 소위 호학好學, 역행力行, 지치知恥며 소위 계신공구戒愼恐懼와 맹자 소위 존심양성存心養性이며 소위 반신강서反身强恕가 모두 이에 바깥이 아니니 덕성을 반드시 함양함은 옛사람이 분명히 나에게 가르친 것이다.

그러나 사람의 덕성은 두 가지가 있으니 한 가지는 천품天稟을 따르고 하나는 학력學力을 말미암아 각각 그 성질의 다른 바를 좇음으로 발달의 방향도 또한 같지 아니하야 혹 온후독실溫厚篤實에 추趨하며 혹 탁락호매卓犖豪邁에 추趨하니 모두 종자가 기수旣殊하매 지엽枝葉이 자연히 다름과 일반이로다. 요컨대 덕이라는 것은 품격을 고상케 하는 바이니 사람의 가히 결缺치 못할 것이로다.

그러나 천품天稟의 덕이 양종兩種으로 다시 나뉘니 하나는 종자의 선량이오 하나는 유전의 선량이니 이 고인력固人力으로 능히 좌우치 못할 바가 아니거니와 학력에 이르러서는 교육을 인하야 서로 다르니 혹 경우의 감화를 받으며 혹 가정의 침음浸淫을 따르며 혹 사우師友의 절차切磋를 따라 규珪를 만난즉 방方을 이루고 벽璧을 만난즉 원을 이루나 유시有時로 교육의 힘이 천품의 성질을 변화하게도 하나니 오직 일정한 범위 내에 지한只限하여야 주효奏效함을 시득始得하는 고로 인성을 상중하 삼등으로 나누어 위의 것은 오히려 착하고 아래의 것은 오히려 악하되 가운데 것은 가르침으로 인하야 선악이 이동한다는 설이 있거니와 수왈상지雖曰上智와 하우불이下愚不移라도 천품의 선질善質이 진실로 있고 사람 일의 교화를 다시 더하면 그 발달의 유심愈甚함은 가히 의심이 없으니라.

모든 함양덕성의 일은 심당시세尤當時勢를 따라 변천하나니 학생시대에 처해서는 학생의 덕성이 있고 관리시대에 처해서는 관리의 덕성이 있으며 폐관자수시대閉關自守時代와 열국경쟁시대에는 그 덕성이 또한 다르며 사농공상의 그 덕성을 함양하는 바도 표준을 획일키 불능하나니 그 나머지를 예추例推하건대 밖으로 집안의 대세를 참작參酌하고 안으로 소처所處의 경지境地를 순응하야서 일신의 품격을 완전케 하며 국가의 강성을 도성圖成하여야 비로소 진선진미盡善盡美타 하나니라.

1909년 5월 25일

가족윤리 가족의 조직

사람의 가족이라 일컫는 바는 부자 부부 형제가 모여 살며 통솔과 복종의 관계가 있는 것이라. 이는 인정의 자연에서 일어나는 것인 고로 동서각국을 불문하고 가족의 시대가 반드시 있으니 이는 즉 사회발달의 근본이라. 국가의 제도가 조직이 초완稍完하고 성인의 교화가 감인感人이 이미 깊으매 그 국가의 지식 여하로 인하야 변국變局이 소유少有가 면하기 어려우니 이는 동서각국의 가족제도가 다른 이유라. 족제族制가 이미 세워지매 혈통이 필중한 고로 한 가지 법은 그 민족의 선조를 각각 존중하야 추모숭배하며 한 가지 법은 그 자손의 번영을 각각

구하야 계승물체繼承勿替코져 하니 양자가 곧 족제의 기초가 되니라.

구주고대의 가족도 처음에는 동양으로 더불어 자못 서로 유사하더니 기독교의 전파와 정치의 개혁함으로 고대족제가 점점 쇠하야 가족관념의 변화에 이르니 기독교국의 가족은 선조와 자손의 관계가 자못 가벼워 사회상에 남녀의 질서만 정리하야 일부일부의 제도를 설립하야 인정을 제재한 고로 혼인이후에는 곧 일가를 스스로 이뤄 자식을 생산하매 정년丁年에 미달한 때에는 부모가 양육의 책임을 담임하였으나 집이 있음에 이르러는 또 일가를 구별하여 만드니 이는 동양의 족제에는 혼인으로써 가족계속하는 근원을 삼았거늘 서양측혼인西洋則婚姻을 따라 가족을 처음 이루니 족제의 각각 다름은 즉 사회조직여하에 있는 바이니라.

가족의 사회에 대한 의무는 매양 열거하기 어려우나 그 중요한 점을 개론하건대 한 가족은 각 사람의 안식의 장이 되었나니 무릇 인류는 결코 외로히 독립하기 불능하여 반드시 나가서 생계를 경영하며 혹 공무公務를 담당하야 분운紛紜히 각축함이 날로 가급暇給지 못하여 불의拂意한 일을 때로 심목心目에 접하나니 만일 그 정신을 위양慰養하고 그 신체를 휴식함이 없어 고통만 지유只有하고 쾌락이 절무絶無하면 다만 상생傷生할 뿐 아니라 다시 인도人道도 아니니 가족이라는 것은 즉 안식하는 곳이오 쾌락의 근원이라. 다만 친족의 집합함을 위할 뿐 아닌 즉 반드시 애정이 전면纏綿하야 춘풍에 앉아 있듯 하여야 바야흐로 완전한 가족이라 칭할 수 있을지니라.

한 가족은 즉 아동의 학교가 되얏나니 가정의 습관이 아동정신에 대함이 흡사 초목의 지미地味와 기후와 같으니 진실로 그 감화가 진선盡善

하면 지기志氣가 위대하고 기호가 고상하야 장성하매 심상尋常에 형출迥出할지요. 부칙악습否則惡習의 첨염添染하야 선인先人이 위주하면 비록 기질을 변화코져 하야도 실로 쉽게 바꾸지 못하리니 홀로가 아닌 가족의 불행이며 그 재화禍害가 장차 사회에 미치는지라. 고로 가족이 아동에 대함과 사회에 대하야 가정교육이라 하는 의무를 담임하였나니 결코 경홀히 여기지 못할지어다.

이로 말미암아 말하건대 가족의 관계가 그 중대함이 이와 같으니 차후 사회의 발달이 일신월이日新月異의 세勢가 있으면 족제의 관습도 또한 교수불변膠守不變함을 얻지 못하리니 무릇 일가를 세우고 일족을 이루는 자는 가족이 일생의 사물私物이 아니오 그 영향이 족히 국가사회에 미침을 모름지기 깨달아 혈통계속血統系屬하는 하나의 주의로 가족의 의무를 완전한 줄로 여기지 말지어다.

제팔장 가족윤리 친자親子의 도道

친자의 상호 친애함은 인류만 그러할 뿐 아니라 곧 하등동물이라도 그렇지 않은 것이 없는 고로 부모가 자식에게 자애하는 정이 있고 자식이 부모에게 연모하는 생각이 있음은 자연의 감정에서 발하야 얻지 못하는 바이라. 그러나 습속이 요리澆漓하야 왕왕 일시의 분노를 인하고 한 가지 정욕에 혹하야 전후를 불고하고 졸연히 한역悍逆함에 이름이 있으니 이는 자연의 방임이 크게 지나침이니 가르치고 이끄는 길의 일어난 바는 즉 이로 말미암음이니라.

시詩에서 이르기를 금만황조綿蠻黃鳥여 지우구우止于邱隅라 하야날 공자가 말씀하시기를 어지於止에 지기소지知其所止로소니 가이인이불여조호可以人而不如鳥乎아 하시고 시詩에서 이르기를 목목문왕穆穆文王이여

어집희경지於緝熙敬止라 하야날 아들이 말하길 위인자爲人子엔 지어효止於孝하고 위인부爲人父엔 지어자止於慈라 하시니 이는 아비로써 양친을 대표함이니 그 뜻이 또한 부모는 자식에게 즉 당연히 자애할 것이요 자친에게 즉 당연히 효순孝順함에 불외不外하야 부모가 자식에게 대하야 일개로 자애한다 칭하나 부와 모는 그 성질이 자연히 달라서 부는 자애하는 중에 성엄成嚴을 보내고 모는 자애하는 중에 온유溫柔를 보내나니 양자가 서로 합하여야 비로소 부모의 도를 완전히 득할지니라. (未完)

1909년 6월 25일

가족윤리 친자의 도

효의 도를 논함에 이르러는 상변常變 두 가지로 분류가 가능할지니 평상시 사친事親의 도는 부모의 마음을 얻음으로 위주하야 보기에 형상도 없고 듣기에 소리도 없나니 이는 고금에 바뀌지 않는 도리어니와 처변處變의 도에 이르러는 부모가 불의에 함陷하야 죄악을 혹 범할지라도 자식이 부모를 위하야 숨김이 옳으니 동양의 윤리는 충효로써 인륜의 요의를 삼는 고로 어떤 일을 불문하고 부모의 명을 따르기로 위주하며 또한 군부君父의 원수는 불공대천不共戴天이라는 격언이 있는 고로 아비를 위하야 복수함은 자식의 가결치 못할 의무로 알고 있는데 비록 그러하나 사회의 도가 사회발달을 쫓아 공히 변천하얏나니 금일 사회는 도덕으로써 중히 여기며 국법으로써 신성을 삼으니 사친의 방법이 또한 부득불 고대보다 조금 다르니라. 무릇 자식이 아비의 잘못을 은휘하는 의리는 즉 라마羅馬의 석학 시사노施賒路가 또한 일컫되「아비가 만약 범죄하야 타인이 소고訴告한 바가 되면 아들이 마땅히 변호한다」하야 동서인의 사상이 약합부절하니 진실로 우연이 아니도다. 대개 그 때를 교착較着하건대 사회 행복의 사상이 오히려 발달치 못하야 혹 가족의 단결로써 한 사회같이 보이는 고로 친자의 도가 사회 도덕보다 교중較重하니 이는 이세理勢의 고연固然한 바이나 금일 문명의 세계에는 공익을 가장 중히 하며 국법을 엄수하야 불행히 그 부모가 죄악에 빠질진대 부모의 심의여하心意如何를 비교하야 혹 체읍력간涕泣力諫하며 혹 간하다가 듣지 아니하면 당연히 국법의 신성함을 중히 여겨 친의멸친大義滅親을 구면苟免치 아니하며 그렇지 않으면 자기의 힘을 다하야 부모를 위하야 죽는 것을 불사하며 또 복수자는 한 사람의 사의私義로 안案하면 효도라 가히 말하겠으나 복수의 의미를 세역細譯하건대 이를 인하야 죽은 자의 행복됨이 아니오 복수자의 분노를 사라지게함에 불과하도다. 고대국가제도가 완비치 못하였을 때에는 그 형법이 금일과 같지 않아 사회를 재제하는 효效가 있는 고로 복수로써 공리公理를 삼더니 금일에 이르러는 국법이 삼라森羅하야 국가에서 자연 처치할 바가 있으니 법률의 처분만 당청當聽할 것이오 사사로운 분노를 도설徒洩하야 일시의 취쾌取快함을 불용不容하나니라.

가족윤리 혼인론

여자가 태어남에 유가有家함을 원하고 남자가 태어남에 유실有室함을 원함은 사람의 대륜大倫이라. 고로 부부가 결혼한 이후에 곧 친속의 관계가 새로 생겨 안으로 가정친족과 밖으로 국가사회에 대한 새롭게 생기는 의무가 또한 있나니라. 고대사회에는 그 결혼의 상태가 하나가 아니니 부부 상호의 도와 그 사회에 대하는 도道도 역시 이로 인하야 다름이 있도다. 무릇 남자는 체백體魄이 강장强壯하야 공무유력孔武有力한지라 고로 고대에는 사회의 운명이 남자의 손에 전계全係하야 그 위력을 믿고 여자를 억압하야 포로와 같이 대하며 노예와 나란히 보더니 세계가 문명에 나아감에 이르러 여자의 지위가 점점 높아진즉 남녀가 그 천성의 적당한 바를 따라 각 직분을 정하니 작은즉 한집의 정리와 큰즉 국가의 진보에 상조하야 이익될 세勢가 있으니라. 고대의 부부는 일정함이 처음부터 없었으니 남녀가 원래 구별이 없고 소위 가家라는 것이 편무更無하다가 점점 진보해서는 가家가 아니면 불가함을 겨우 알게 되었으나 인하여 남녀가 잡처雜處하야 아모 계한이 없는 고로 혹 일처다부의 제도도 인정하였으며 혹 일부다처의 제도도 인정하였으니 이는 사회학의 불가불 급히 발달할 바이라. 사회의 발달이 나아감에 이르러 부부의 관계가 매우 나아지니 일가의 중에 위로 선조의 제사가 있고 아래로 자손의 계승이 있으며 재산의 분배가 있어 관계복잡함으로 습관을 수성하니 이상의 여러 가지가 모두 직접간접으로 혼인과 관계가 크게 있나니라.

구미 기독교의 나라에는 일부일부로써 그 풍속을 만들었으나 동양에는 입첩立妾의 풍속이 오히려 있으니 이는 진실로 야만의 행습을 벗지 못함이도다. 또 구미의 부인은 남편이 죽은 후에 가히 공식으로 재혼하기로 정도正道를 이루었으나 동양의 풍속에는 정절을 최고 귀하게 알아 진실로 그 남편이 죽으면 재혼하지 않음으로써 부인의 절의節義를 만드니 다만 이로 논할진대 그 우열을 갑자기 정하기 어려우나 가족의 제도와 재산분배의 법과 혈통계속의 제도를 서로 합해 보아야 능히 정하여 논할지니 인정상으로 말하면 남녀애정은 본래 가장 친절親切하야 두 사람 사이에 모두 외대外待가 없고자 하노니 만약 그 중 한 사람이 그 애정을 타인에게 옮기면 질투의 마음이 반드시 일어나 불행한 일이 혹 닥치는도다. 고로 그 사람이 비록 죽었으나 그 과거의 애정을 거듭 잊지 못하야 혼가婚嫁를 다시 하지 않으면 극히 옳다 칭할 일이로대 진실로 그 애정이 이미 소실커나 애정이 처음부터 없었건마는 사회의 제재를 다만 두려워하야 억울히 공방을 독수하면 결코 사람의 도리가 아니므로 재혼의 일은 모름지기 본인의 자유에 방임하여야 정리에 방흡方洽하며 또한 서구의 이혼의 풍속이 있으니 부부 사이에 상호반목함이 불행히 있으면 각각 서로 분리하기로 일례를 만든 것이라. 요컨대 혼인은 인생 최대의 예의라. 크게 견디지 못할 일이 아니면 결코 가볍게 이혼함은 불가하니 만약 자그마한 일로 경솔히 이혼하면 비독인정非獨人情의 반상反常될뿐더러 또한 사회의 질서를 문란케 할지로다. 혹 결혼이라 일컫는 것은 서로 약속하여 이룬 것이니 서로 약속하여 헤어짐이 어찌 불가하리오. 하지만 이는 한 가정을 성립한 후에는 천연의 관계가 이미 생겨났음을 알지 못함이니 어찌 그 불사不思의 심함이뇨.

1909년 7월 25일

사회윤리 주소

다수한 인류가 살 곳을 정하고 군집생활함에 자연통일하야 단체를 이룬 것이 있으니 이것이 사회라 일컫는 것이라. 무릇 국가와 사회는 밀이密邇한 관계가 있으나 그 상이한 곳을 불가불 알아야할 바가 있으니 국가는 법률과 권력으로 인민의 단체를 통일하야 사람을 다스리는 것도 있으며 사람의 다스림을 피하는 것도 있어 각 사람 상호간에 권리의무가 모두 있는 것이오 사회는 인정자연으로 근본을 이루어 그 교제가 상호결합하는 것이나 사회의 결과가 비록 인정의 자연발달로 본을 이루되 그 자연에만 방임한 소치로 결합은 더욱 빽빽해질지언정 이해는 서로 상반하야 경쟁이 생김으로 질서가 혹 어지러우며 또한 자연의 결합은 큰 사회를 통할키 불능하고 분열하야 작은 단체될 세勢가 자연히 생기니 이는 국가를 조직하고 권리의무의 제한을 세워 강한 힘으로써 그 통일을 보존하는 바의 비롯한 것이로다. 혹 사회와 국가가 명백한 두 사물이라 하야 양자의 그 목적을 달하는 수단은 비록 다르나 거듭 동일의 목적으로 운동하며 또 그 양자간에 진치상의脣齒相依하야 상호보조하는 성질이 있음을 알지 못하니 이는 한둘의 오해를 고집한 증론證論이니 심히 불가하도다.

사람의 발달이 오래된 사회에 이미 생겨났으니 사람의 사회에 대한 관계를 부자의 관계에 비하여도 불가함이 없다 하노니 이는 사람이 사회에 대하야 가진可盡할 의무가 있는 연고이라. 그 의무는 비록 그 종류 경우를 인하야 각각 부동함이 있으나 진칙進則 공익을 역모力謀하고 퇴직退則 타인을 해하지 않음을 힘써 구함에 불외不外하며 또한 사람이 사는 처소의 경우가 비록 천태만상이나 대별하면 양종이 있으니 하나는 사회상 경우에 이름이오 하나는 마음의 상태라. 사회상 경우로 논하면 크게 공익을 영모營謀하야 사회진보의 방침을 정함으로부터 작게는 각 사람의 예법 자선 오락 등사를 불가불 각각 그 때에 응하야 작위作爲하는 바가 있음에 이르나니 이에 즉 경우와 의무의 상호연락한 것이오 마음의 상태에 이르러는 또한 사회의무로 더불어 관계가 크게 있으니 무릇 일기一己의 이해를 잊고 사람을 위하야 모謀하는 사람은 실로 많이 얻기 어렵고 혹 여론의 비방을 두려워하며 혹 사회의 제재를 두려워하여 자기를 얻지 못하고 의무를 다하는 자가 열에 아홉을 거居하얏노다. 비록 그러하나 박迫함이 있어 위한 것이라도 양심이 불미不昧함은 즉 위선爲善의 근원이라. 고로 그 부끄러워하고 미워함의 마음만 확충하면 의를 가히 승용勝用치 못하리라 하노라.

사회가 비록 개인의 집합이나 그 집합한 바 하나는 물질의 경우를 말미암음이오 하나는 생리와 정신의 작용을 말미암음이니 물질이라 하는 것은 주거의 상접相接과 기후의 상동相同과 물산物産의 교환을 가리킴이오 생리와 정신이라 하는 것은 동일의 혈족과 동일의 역사와 풍속 언어 사상 종교의 같음을 가리킴이니 이 일이 비록 모두 갖춰지지 아니하였으나 준비한 것은 그 결합이 익고益固하나니 지나국민 중에는 혈족이 이미 다르고 역사가 또한 다르고 그 언어 풍속 사상이 모두 다름이 있는 고로 동요의 근심이 종종 많다 함이 그 명증明證이 될지로다. 비록 그러하나 동양과 서양의 인종 언어 풍속과 국가의 조직이 절연히 같지 않으나 상호간 물산을 교환하며 사상을 교환하야 인류대사회를 이로써 위함도 있으니 이것으로 말미암아 볼진대 개인과 사회의 관계를 기계에 비할 바가 아니라 정신혈맥이 상호연관하야 한 개의 살아있는 기체를 결실로 이루었나니 개인의 영고榮枯는 사회 성쇠의 그 운명이 동일한 고로 일국사회 상에 살아가는 자는 마땅히 자기 일신에 큰 책임이 있음을 알지니 천하흥망이 필부에게도 책임이 있다 일컫는 바가 곧 이 뜻이니라.(未完)

12. 가정학

〈표 50〉 '가정학' 관련 텍스트 목록

잡지명	저자명	제목	표기	권호(발행일)	쪽수
湖南學報	李沂	家政學說	국한문	제1호(1908.4.25) 제2호(1908.5.25) 제3호(1908.8.25) 제4호(1908.9.25) 제5호(1908.10.25) 제6호(1908.11.25) 제7호(1908.12.25) 제8호(1909.1.25) 제9호(1909.3.25)	27~33 18~26 17~24 17~25 12~20 12~19 12~19 6~11 8~12

이기, 「가정학설」[2]

1908년 6월 25일

◎ 近世教育에 其 別이 有三ᄒᆞ니 而家庭이 居一焉이라. 人在幼稚之時ᄒᆞ야 教育이 爲最易ᄒᆞ니 蓋其身體未長ᄒᆞ고 知慮未成ᄒᆞ야 惟其父兄母姉之是聽이라. 故로 教育之法이 必於是始矣니 昔趙淸獻公(支那 宋時人名抃)이 嘗 帥成都홀ᄉᆡ 見一老卒이 抱其子立庭下러니 有不知意의 輒批其父頰이어ᄂᆞᆯ 公曰 小而如此커든 長亦可知라 ᄒᆞ고 遂收殺之ᄒᆞ니 世或以爲過나 然長民者ㅣ 法當如是也라. 今人家兒三四歲時에 擺亂器物ᄒᆞ고

2 2부를 시작할 때 밝혔듯이 「가정학설」은 다양한 독자층을 감안하여 한주국종(漢主國從)의 국한문, 한글 통사구조를 유지하는 국한문, 순국문을 혼용하고 있다. 따라서 당시의 문체 특성을 보여주기 위해 한글로 바꾸지 않고 원문을 그대로 싣는다.

詬罵長者호대 而其父母ㅣ 反相嬉笑ᄒᆞ야 以爲無知而不責ᄒᆞ니 殊可怪也로다. 諸公이 若果以爲無知ㄴᄃᆡ 則請試與之ᄒᆞ라. 其 喜乎아 不喜乎아. 試奪之ᄒᆞ라. 其 怒乎아 不怒乎아. 試打之ᄒᆞ라. 其 哀乎아 不哀乎아. 試撫之ᄒᆞ라. 其 樂乎아 不樂乎아. 然則 其 喜怒哀樂之情이 已發見矣어ᄂᆞᆯ 而以爲無知ᄂᆞᆫ 何也오. 如隨其嗜欲ᄒᆞ야 任其跳踉이면 則終至於狂蕩悖惡而已矣니 此 家政學之所以爲教育之始ᄒᆞ야 而非獨是士農商工通共之學也오 又是男女老少通共之學也라. 東洋古書에 如戴記之內則과 管氏之弟子職等篇이 皆其法也라. 然其衣服飮食과 名物度數ㅣ與今懸殊ᄒᆞ야 有非童幼之所可曉解라. 故로 遂取家政學書ᄒᆞ야 照謄於此ᄒᆞ고 又以國文으로 次于其下ᄒᆞ니 幸諸公閒時에 向燈一覽ᄒᆞ고 而且使家中婦人으로 每以炊爨針繭之暇로 必加讀習ᄒᆞ고 其 不解國文者ᄂᆞᆫ 其 家長이 爲之演說ᄒᆞ야 而從傍聽講이면 則其爲益이 復何如哉아.

家政學總論 第一

家庭의 關係

古語에 曰 本이 亂ᄒᆞ고 末을 治ᄒᆞᄂᆞᆫ 者ㅣ無ᄒᆞ고 又曰 君子ᄂᆞᆫ 本을 務ᄒᆞ다 ᄒᆞ얏스니 此ᄂᆞᆫ 本이 立ᄒᆞ면 道가 生ᄒᆞᆷ이라. 大凡 家者ᄂᆞᆫ 國의 本이니 故로 國을 治ᄒᆞ랴면 곳 其 家ᄅᆞᆯ 齊ᄒᆞ고 兼히 國人으로 ᄒᆞ야금 모다 其 家ᄅᆞᆯ 齊케 ᄒᆞᆯ지라. 是以로 一國의 治平은 반다시 家ᄅᆞᆯ 齊ᄒᆞᆷ으로 始ᄒᆞ야 家가 齊ᄒᆞᆫ 後에 府郡이 安ᄒᆞ고 府郡이 安ᄒᆞᆫ 後에 一國이 治ᄒᆞᄂᆞ니 大槪 一國의 德敎ᄂᆞᆫ 一家의 德敎에 源ᄒᆞ고 一國의 財用은 一家의 經濟에 根ᄒᆞ고 國民의 康寧은 一家의 衛生에 基ᄒᆞ고 其他 百般事物의 善否와 精麤가 ᄯᅩᄒᆞᆫ 一人一家의 勤惰와 巧拙에 源치 아님이 업ᄂᆞ니 故로 人人이 能히 其 家庭을 理ᄒᆞᆯ지ᄃᆡ 비록 國의 不治ᄅᆞᆯ 望ᄒᆞᄂᆞ 得지 못ᄒᆞᆯ지

라. 孟子ㅣ ᄀᆞᄅᆞᄉᆞ되 國의 本이 家에 在ᄒᆞ다 ᄒᆞ셧시니 此는 家政의 得失이 一國의 興亡盛衰에 攸關홈을 表彰ᄒᆞ심이라. 然ᄒᆞᆫ 則 國을 愛ᄒᆞᄂᆞᆫ 者ㅣ 엇지 齊家의 道에 用心치 아님이 可ᄒᆞ리오.

家政의 必要

家政學의 學科됨이 治家의 道ᄅᆞᆯ 敎ᄒᆞᆯ ᄲᅮᆫ이니 至於冗費ᄅᆞᆯ 省ᄒᆞ야 生活을 謨ᄒᆞ며 健康을 保ᄒᆞ야 不虞을 備홈은 모다 治家의 術에 屬ᄒᆞᆫ지라. 故로 婦人이 其 責任을 盡ᄒᆞ야 一家의 幸福을 長코저 ᄒᆞᆯ진ᄃᆡ 不可不 斯學을 講ᄒᆞᆯ 거이오. 元來 家政의 됨이 習見을 依ᄒᆞ야 施行홈을 得ᄒᆞᄂᆞᆫ 故로 他學科와 ᄀᆞᆺ치 學홈이 아니면 不能홈과는 不似ᄒᆞᄂᆞ 然ᄒᆞᄂᆞ 學ᄒᆞ야 行ᄒᆞ면 能히 齊家의 責을 盡ᄒᆞ야도 不學ᄒᆞ고 行ᄒᆞ기는 難ᄒᆞ거ᄂᆞᆯ 世人이 往往이 故習에 安ᄒᆞ야 漫然히 經치 아니ᄒᆞ니 可歎ᄒᆞᆯ ᄇᆡ오. 今에 餓ᄒᆞ야 食ᄒᆞ고 寒ᄒᆞ야 衣ᄒᆞ며 夙히 興ᄒᆞ고 夜에 寐홈과 生을 養ᄒᆞ고 死ᄅᆞᆯ 送ᄒᆞᄂᆞᆫ 等節을 處理ᄒᆞ기는 비록 至愚ᄒᆞᆫ 婦女라도 ᄯᅩᄒᆞᆫ 모다 能히 行ᄒᆞᆯ ᄇᆡ니 禽獸도 오히려 巢ᄅᆞᆯ 自營ᄒᆞ며 飽ᄒᆞᆯ 物을 自貯ᄒᆞ야 生活홈을 不見ᄒᆞᄂᆞᆫ가. 人의 職分은 饑寒을 避ᄒᆞ며 風雨을 凌ᄒᆞ야 生命을 保ᄒᆞ고 安逸을 圖ᄒᆞᆯ ᄲᅮᆫ 아니라 其 貴ᄒᆞᆫ 바는 此外에 ᄯᅩ 凡事에 積ᄒᆞ야 能히 散ᄒᆞ고 聚ᄒᆞ야 能히 分ᄒᆞ되 小ᄒᆞᆫ 則 家給人足ᄒᆞ고 大ᄒᆞᆫ 則 定國安邦에 在ᄒᆞ니 此는 人이 禽獸버덤 異ᄒᆞᆫ 所緣이라. 然ᄒᆞᆫ 則 家政으로 ᄒᆞ야금 完全히 和樂ᄒᆞᄂᆞᆫ 域에 達케 ᄒᆞ랴면 不可不 家政學을 先修ᄒᆞ야 能히 凡百家事ᄅᆞᆯ 裁ᄒᆞ고 善히 其 機關을 運ᄒᆞ야 一家의 福祉ᄅᆞᆯ 增進ᄒᆞᆯ지니 大抵 邦國에 善政이 有ᄒᆞᆫ 後에 治平을 可期오 家政에 良法이 有ᄒᆞᆫ 後에 安寧을 可保홈은 自然ᄒᆞᆫ 理致라. 一家의 幸福을 得ᄒᆞᄂᆞᆫ 與否는 實로 主婦의 治家巧拙에 由ᄒᆞᄂᆞ니 家政이 體ᄅᆞᆯ 得ᄒᆞ면 下로 婢僕에 至ᄒᆞ기ᄭᆞ지 欣欣히 和

樂ᄒᆞ야 福을 求치 아니ᄒᆞ야도 自至ᄒᆞ고 不然ᄒᆞ면 家政이 不修ᄒᆞ야 甚至於 夫妻가 反目ᄒᆞ고 父子가 相爭ᄒᆞ야 一家團欒의 歡樂을 失ᄒᆞᆯ ᄲᅮᆫ 아니오 家의 衰亡을 立致ᄒᆞᆯ지니 主婦의 職은 能의 家政을 治ᄒᆞᆷ에 在ᄒᆞ고 家政의 要도 ᄯᅩᄒᆞᆫ 此에 不外니라.

家政의 責任

天의 賦人ᄒᆞᆷ이 男女가 各各 其 性을 殊케 ᄒᆞ야 或은 剛猛히 强ᄒᆞ고 或은 寬柔히 弱ᄒᆞ니 禀ᄒᆞᆫ ᄇᆡ가 如此히 旣異ᄒᆞᆫ 則 處事에 長短이 互有ᄒᆞᆷ은 自然ᄒᆞᆫ 理라. 然則 長을 取ᄒᆞ고 短을 捨ᄒᆞ며 職을 分ᄒᆞ야 事에 任ᄒᆞᆷ은 賦性의 當然이니 男은 外에셔 務ᄒᆞ고 女ᄂᆞᆫ 內에셔 治ᄒᆞ되 婦의 內ᄅᆞᆯ 治ᄒᆞᆷ은 實로 天賦의 職이라. 故로 主婦가 家政을 治ᄒᆞ기 맛당히 克勤克儉ᄒᆞ야 丈夫로 ᄒᆞ야금 外에 在ᄒᆞ야 其 職에 盡力ᄒᆞᆷ을 得ᄒᆞ야 다시 內顧ᄒᆞᆯ 虞가 無케 ᄒᆞᆯ지니 此ᄂᆞᆫ 婦道ᄅᆞᆯ 不可不 講究ᄒᆞᆯ 所緣이라.

古諺에 曰 賢婦ᄂᆞᆫ 興家의 元素라 ᄒᆞ니 此ᄂᆞᆫ 家人 中에 勢力이 有ᄒᆞᆫ 者ᄂᆞᆫ 主婦의 右에 出ᄒᆞᆯ 者ㅣ 無ᄒᆞᆷ이라. 故로 家의 興亡盛衰와 悲歡榮辱이 婦人으로 더브러 相關치 아님이 無ᄒᆞᆯ지라. 假令 衣服을 製ᄒᆞ고 饔飡을 治ᄒᆞ며 兒女로 育ᄒᆞᆷ은 모다 女子에게 天賦ᄒᆞᆫ 性質에 最適ᄒᆞᆫ 者라. 此等事ᄂᆞᆫ 男子가 비록 黽勉ᄒᆞᆯ지라도 女子의 精ᄒᆞᆷ과 如키 不能ᄒᆞ야 家政의 整理와 室家의 綏和ᄅᆞᆯ 求ᄒᆞ랴면 반다시 忠實ᄒᆞ고 愼密ᄒᆞᆫ 婦人에게 任ᄒᆞᆯ지니 婦人이 家에 攸關ᄒᆞᆷ이 宰相이 國에 攸關ᄒᆞᆷ과 如ᄒᆞ야 百官을 統率ᄒᆞ고 國政에 任ᄒᆞ야 夙夜黽勉ᄒᆞ야 內으로 民力을 養ᄒᆞ고 外으로 國威을 揚ᄒᆞ야 國의 富强을 圖ᄒᆞᆷ은 宰相의 責이오 邦國의 隆盛ᄒᆞᆷ은 宰相의 榮이오 邦國衰頹ᄒᆞᆷ은 宰相의 辱이니 宰相된 者ㅣ 不可不 邦國廩興의 責을 任ᄒᆞᆯ지며 主婦가 能히 一家의 財政을 制ᄒᆞ며 婢僕을 統ᄒᆞ야 外

으로 鄕黨과 朋友의 交를 厚케 ᄒᆞ고 內으로 子弟와 宗族의 和를 圖홈은 主婦의 責任이오 一家가 幸福을 得홈은 主婦의 功이오 一家가 悲境에 陷홈도 ᄯᅩᄒᆞᆫ 主婦의 罪라. 然ᄒᆞᆫ 則 總而言之ᄒᆞ면 主婦의 職分이 一家의 福祉를 增進홈에 在ᄒᆞ다 ᄒᆞ리로다.

家政의 大綱

家政의 大綱이 四이니 一은 家人의 監督이오 二는 一家의 風範이오 三은 一家의 衛生이오 四는 一家의 理財라.

第一 監督 子女의 敎育을 何如케 홈이 맛당ᄒᆞ고 老者의 養護를 何如홈이 맛당ᄒᆞ고 奴婢의 使役을 何如케 홈이 맛당홀고 ᄒᆞ면 此는 主婦된 者ㅣ 身任ᄒᆞ야 其 所를 各得케 ᄒᆞ되 此 數事가 만일 其 當을 失ᄒᆞᆫ 則 子女의 心이 卑ᄒᆞ고 品이 下ᄒᆞ며 老者는 意가 憂ᄒᆞ고 心이 鬱ᄒᆞ며 奴婢는 懶惰ᄒᆞ야 上을 慢ᄒᆞ야 一家機關이 다시 能히 活動치 못홀 것이오.

第二 風範 風範의 善惡은 一家의 利害가 繫ᄒᆞᄂᆞ니 風範이 善良ᄒᆞᆫ 즉 鄕黨에게 尊重ᄒᆞ는 ᄇᆡ 되고 庶衆에게 愛敬ᄒᆞ는 ᄇᆡ 되야 名譽와 幸福이 自生ᄒᆞ고 一家風範의 善惡은 主婦의 性行에 多根ᄒᆞᄂᆞ니 主婦ㅣ 溫良ᄒᆞ면 一家가 모다 溫良ᄒᆞ고 主婦가 卑鄙ᄒᆞ면 一家가 모다 卑鄙ᄒᆞ야 感應홈이 極히 速ᄒᆞ고 ᄯᅩ 主婦의 顰笑는 一家의 風範에 關ᄒᆞᆫ ᄇᆡ니 不可不 愼重홀 것이오.

第三 衛生 健康者는 幸福의 基니 諺에 曰 人의 壽가 無홈이 不可ᄒᆞ다 ᄒᆞ얏스니 健康의 貴홈을 可知오. 家人으로 ᄒᆞ야곰 其 健康을 保케 ᄒᆞ랴면 主婦된 者ㅣ 맛당히 衣服適否와 飮食時刻과 蔬菜精麤와 室內燥濕과 空氣流通을 便宜케 홀지니 身體健康ᄒᆞ면 精神이 좃차 活潑ᄒᆞᄂᆞ니 故로 健康ᄒᆞᆫ 人은 身體가 雄壯ᄒᆞ고 容貌가 磊落홀지며.

第四 財政 入을 量ᄒᆞ야 出을 計홈은 主婦의 責任이어니와 姸好優美의 情은 天이 婦女에게 賦ᄒᆞᆫ 바이니 裝을 愛ᄒᆞ고 飾을 好홈이 不可ᄒᆞᆯ 것이 아니오 ᄯᅩ 外에 出ᄒᆞ야 遊行홈도 ᄯᅩᄒᆞᆫ 不可ᄒᆞᆯ게이 아니로ᄃᆡ 다만 身分을 罔顧ᄒᆞ고 貧富ᄅᆞᆯ 不察ᄒᆞ고 遊行에 荒溺ᄒᆞ며 飾을 裝ᄒᆞ고 奢ᄅᆞᆯ 競ᄒᆞ야 得이 失을 償치 못ᄒᆞ면 一家가 衰敗ᄒᆞ리니 用을 節ᄒᆞ고 費을 省홈은 곳 富裕의 源이오 時勢에 通ᄒᆞ고 世故에 嫺ᄒᆞ야 應酬ᄅᆞᆯ 酌量홈도 婦人이 ᄯᅩᄒᆞᆫ 不可不知ᄒᆞᆯ 것이라.

家政의 四綱은 大略 上述과 如ᄒᆞ거니와 下에 更히 編을 分ᄒᆞ야 詳論ᄒᆞ리라.

家人監督 第二

一家에 老幼가 有ᄒᆞ고 婢僕이 有ᄒᆞ고 或은 病者가 有ᄒᆞ리니 室家ᄂᆞᆫ 此 輩ᄅᆞᆯ 集ᄒᆞ야 成ᄒᆞᆫ 者인 즉 此 輩ᄂᆞᆫ 곳 一家의 分子라. 故로 主婦의 家ᄅᆞᆯ 治홈이 맛당히 此 輩ᄅᆞᆯ 保護ᄒᆞ야 其所ᄅᆞᆯ 各得케 ᄒᆞ되 만일 不然ᄒᆞ면 成家의 基가 圯ᄒᆞ리니 興家의 果가 何來ᄒᆞ리오.

幼兒ᄅᆞᆯ 敎育ᄒᆞᄂᆞᆫ 大要

兒童을 敎育홈은 맛치 園丁의 花草와 如ᄒᆞ야 培養이 宜ᄅᆞᆯ 得ᄒᆞᆫ 則 風姿ᄅᆞᆯ 具保ᄒᆞ고 否ᄒᆞᆫ 則 珍草奇花라도 ᄯᅩᄒᆞᆫ 荒敗에 歸ᄒᆞ야 橫枝亂葉의 長홈이 天然ᄒᆞᆫ 佳麗ᄅᆞᆯ 損홈은 初에 善히 栽植치 못홈이오. 兒童을 敎育홈도 此 理와 稍異홈이 無ᄒᆞ니 是故로 兒童이 長成ᄒᆞ야 羸弱愚鈍ᄒᆞᆫ 者ᄂᆞᆫ 胎育을 不謹홈과 幼時에 失敎로 由ᄒᆞᄂᆞ니 此ᄂᆞᆫ 不可不 初에 愼ᄒᆞᆯ 것이오 ᄯᅩ 强健ᄒᆞ고 賢能ᄒᆞᆫ 後에야 得ᄒᆞᆯ지라. 古哲이 言ᄒᆞ되 神이 下民을 降ᄒᆞᆯ 時에 母을 作ᄒᆞ야 育兒敎兒의 機能을 與ᄒᆞ얏ᄂᆞ니 故로 女子의 性情이 慈仁 忍耐홈은 依例히 然ᄒᆞᆯ 바라. 世間에 大業을 立ᄒᆞ고 偉勳을 成

ᄒᆞᆫ 英雄豪傑이 그 누가 慈母의 纖手로 保育ᄒᆞᆷ으로브터 出치 아니ᄒᆞ얏시리오. 是故로 兒童의 幼時敎養은 반다시 愼ᄒᆞ고 又愼ᄒᆞᆯ 것이라. 諺에 曰 慈母가 育兒ᄒᆞᄂᆞᆫ 功이 丈夫의 經世ᄒᆞᆷ버덤 偉大ᄒᆞ다 ᄒᆞ니 此ᄂᆞᆫ 丈夫마다 兒童으로브터 成ᄒᆞᆷ이라. 世의 母된 者ㅣ 맛당히 此에 三省ᄒᆞ야 슴가 幼兒敎育을 勿怠ᄒᆞ야 兒女로 ᄒᆞ야금 老大ᄒᆞ야 悲境에 陷치 안케 ᄒᆞᆯ지어다.

아해ᄅᆞᆯ 길으ᄂᆞᆫ 법은 동산에 ᄭᅩᆺ나무 심으ᄂᆞᆫ 것과 갓ᄒᆞ야 비양 ᄒᆞᄂᆞᆫ 법을 적당케 ᄒᆞ면 변변치 못ᄒᆞᆫ 화초라도 ᄯᅩᄒᆞᆫ 금병에 취화보담 화려ᄒᆞᆯ지오 배양을 적당히 ᄒᆞ지 못ᄒᆞᆯ지면 비록 향긔 만흔 난초라도 말나셔 이울지니라. 사람도 ᄯᅩᄒᆞᆫ 이와 갓ᄒᆞ야 자식을 나음에 약ᄒᆞ고 둔ᄒᆞᆷ은 그 근원이 틱즁에셔 싱기며 ᄯᅩᄒᆞᆫ 어릴ᄯᅢ 위싱에 힘쓰지 아니ᄒᆞᆷ이니 엇지 일평싱에 한이 되지 아니ᄒᆞ리오. 만일 건강ᄒᆞᆫ 아해ᄅᆞᆯ 낫코져 ᄒᆞᆯ진ᄃᆡ 반다시 강건ᄒᆞ고 어진 어미ᄅᆞᆯ 구ᄒᆞᆯ지라. 이럼으로 세상의 영웅호걸이라도 어렷슬 ᄯᅢ에 건강ᄒᆞ고 어진 모친이 보호치 아니ᄒᆞ얏스면 엇지 큰공을 세웟스리오. ᄃᆡ져 수십장되ᄂᆞᆫ 큰나무라도 처음 날ᄯᅢᄂᆞᆫ 아해들도 능히 ᄶᅥ글지니 배양ᄒᆞᄂᆞᆫ 리치ᄂᆞᆫ 사람과 물건이 엇지 달으리오. 슬프다. 어미의 아해 길으ᄂᆞᆫ 공덕이여. 장부가 셰상을 건지ᄂᆞᆫ 공 보담 더 크다 ᄒᆞᄂᆞ니 셰상에 사람의 어미되 니ᄂᆞᆫ 맛당히 친이ᄒᆞᄂᆞᆫ 자녀로 ᄒᆞ야곰 날긔를 ᄶᅥᆯ치ᄂᆞᆫ 젼졍이 잇게 ᄒᆞᆯ지며 셰상에 고싱ᄒᆞᄂᆞᆫ 슬품이 업게 ᄒᆞᆯ이 가ᄒᆞᆯ지라.

胎育의 關係

健兒ᄅᆞᆯ 得코져 ᄒᆞ면 먼저 其 母의 壯健을 要ᄒᆞ고 賢子ᄅᆞᆯ 得코저 ᄒᆞ면 몬져 其 母가 其 精神을 敎育ᄒᆞᆯ지라. 故로 婦人이 娠ᄒᆞ면 먼져 起居와

身體와 耳目의 感觸ᄒᆞᄂᆞᆫ 바ᄅᆞᆯ 愼ᄒᆞ야 母儀의 責이 有홈을 忘홈이 不可ᄒᆞ니 大槪 胎兒와 母가 其 感動이 同ᄒᆞ고 또 母의 體質을 繼承ᄒᆞ야 其 關係가 繁ᄒᆞ고 密接ᄒᆞᆫ 故로 姙婦가 不可不 精神을 振作ᄒᆞ며 時時로 適宜히 運動ᄒᆞ야 其 肢體을 活潑케 ᄒᆞ야 分娩의 期을 靜待ᄒᆞᆯ지니 元來 分娩은 이에 婦人의 大事로 産前産後에 不謹ᄒᆞ면 天年을 傷ᄒᆞ기 易ᄒᆞ고 或은 不治의 病을 罹ᄒᆞᄂᆞ니 然이나 姙娠과 分娩은 本히 天授의 職으로 他諸病에 比ᄒᆞᆯ 비 아니니 産前에 攝養에 加意ᄒᆞ고 産後에ᄂᆞᆫ 調攝을 勿怠ᄒᆞ면 可恐ᄒᆞᆫ 비 無ᄒᆞ니라.(以下 次號)

강건ᄒᆞᆫ 아해ᄅᆞᆯ 낫코자 ᄒᆞᆯ진ᄃᆡ 먼저 강건ᄒᆞᆫ 어미ᄅᆞᆯ 둘지며 어진 아해ᄅᆞᆯ 낫코저 ᄒᆞᆯ진ᄃᆡ 그 어미가 먼져 그 졍신을 교육ᄒᆞᆯ지라. 그런고로 잉부된 ᄃᆡ위ᄂᆞᆫ 곳 아해의 쟝래 셩취ᄒᆞᆯ ᄃᆡ위이니 듯고 보고 움직이고 긋침을 경ᄒᆞᆯ치 못ᄒᆞᆯ지라. 이럼으로 부인이 아해ᄅᆞᆯ 잉ᄐᆡ홈에 곳 어미된 의무ᄅᆞᆯ 당ᄒᆞᆯ지니 ᄃᆡ져 ᄐᆡ즁 아해ᄂᆞᆫ 어미의 감동으로 더부러 갓흐며 어미의 지각으로 더부러 통ᄒᆞ야 어미의 신체와 셩질이 젼ᄒᆞᄂᆞᆫ 것이라. 고로 잉부ᄂᆞᆫ 반다시 먼저 그 졍신을 상활케 ᄒᆞ며 의복과 거쳐와 음식 등에 항상 쥬의ᄒᆞ야 마음과 몸이 안졍케 ᄒᆞ며 운동을 적당케 ᄒᆞ야 순산홈을 기다릴지라. 해산ᄒᆞ야 길음은 세게에 부인의 당연ᄒᆞᆫ 직칙이오 다른 질병과 갓지 아니홈이니 만일 포ᄐᆡᄒᆞᆫ ᄭᆡ와 산젼산후에 위싱에 쥬의치 아니ᄒᆞ면 반다시 촉수ᄒᆞᆯ 념여와 난치ᄒᆞᆯ 병에 걸이여 종종ᄒᆞᆫ 위험이 됨을 어리셕은 자이 알지 못ᄒᆞ니 참 슬푸도다. 만일 평시에 그 신체ᄅᆞᆯ 보호ᄒᆞ야 산후에 능히 됴리ᄒᆞᆯ지면 결단코 이런 념여가 업스리라.

1908년 7월 25일

姙婦의 衛生

姙婦의 衣服은 輕暖寬舒ᄒᆞ고 體에 着ᄒᆞᄂᆞᆫ 褻衣ᄅᆞᆯ 淸潔히 ᄒᆞ야 帶濕치 안케 ᄒᆞ고 冬月에ᄂᆞᆫ 寬博ᄒᆞᆫ 軟布暖衣ᄅᆞᆯ 着ᄒᆞ야 冷氣가 膚에 侵치 말게 ᄒᆞ고 夏日에 腰腹에 冷氣ᄅᆞᆯ 勿觸ᄒᆞ고 肚帶ᄂᆞᆫ 堅結을 忌ᄒᆞᄂᆞ니 世人이 或 云ᄒᆞ되 胎兒의 發育이 過盛ᄒᆞ면 分娩ᄒᆞ기 難ᄒᆞᆫ 故로 腹部ᄅᆞᆯ 堅結ᄒᆞᆫ다 ᄒᆞ니 此ᄂᆞᆫ 誤料ᄒᆞᆷ이라. 胎兒의 發育이 不完ᄒᆞ면 分娩ᄒᆞ기 却難ᄒᆞ리니 此ᄂᆞᆫ 理勢의 必至ᄒᆞᆯ 바오.

姙婦의 食物은 滋養이 多ᄒᆞ고 消化ᄒᆞ기 利ᄒᆞᆫ 者ᄅᆞᆯ 擇ᄒᆞ고 ᄯᅩ 調理가 宜ᄅᆞᆯ 得ᄒᆞ야 欲食ᄒᆞᆯ 意가 無ᄒᆞᆫ 者ᄂᆞᆫ 强食치 말고 多食ᄒᆞᆷ이 不可ᄒᆞ고 ᄯᅩ 空腹을 忌ᄒᆞ야 適度케 ᄒᆞᆷ이 宜ᄒᆞ니라.

姙婦가 室에 居ᄒᆞᄆᆡ 南或東南에 面ᄒᆞ야 日光이 映射ᄒᆞ고 空氣가 流通ᄒᆞᄂᆞᆫ 處ᄅᆞᆯ 擇ᄒᆞ야 百花가 艶을 爭ᄒᆞᄂᆞᆫ 庭園이나 萬綠陰中이나 或은 山川과 原野의 眺望ᄒᆞᆯ 處가 有ᄒᆞ면 ᄀᆞ장 合宜ᄒᆞ고 만일 如此치 못ᄒᆞ면 반다시 高燥明亮ᄒᆞᆫ 處ᄅᆞᆯ 擇ᄒᆞ야 時時로 窓을 開ᄒᆞ야 空氣로 ᄒᆞ야금 新陳交代케 ᄒᆞ고 居室 內에 陳設이 恒常 准潔ᄒᆞ야 精神을 爽快케 ᄒᆞᆯ 것이오.

姙婦의 動靜

姙婦ᄂᆞᆫ 身體ᄅᆞᆯ 恒常 適宜히 運動ᄒᆞ되 時時로 郊外 或 海濱 或 平曠ᄒᆞ고 空闊ᄒᆞᆫ 地나 或은 庭園田圃間에 散步ᄒᆞ야 新鮮ᄒᆞᆫ 空氣ᄅᆞᆯ 呼吸ᄒᆞ야 心神을 快케 ᄒᆞ고 오직 高下崎嶇의 路에 行ᄒᆞ고 或은 峻坂에 攀ᄒᆞ며 車馬ᄅᆞᆯ 駕ᄒᆞ며 舞蹈을 演ᄒᆞ며 重을 負ᄒᆞ야 用力ᄒᆞᆷ이 不可ᄒᆞ고 日間에 運動이 適宜ᄒᆞᆫ 則 夜間에 睡眠ᄒᆞ기 易ᄒᆞ고 睡眠이 充足ᄒᆞ면 身을 養ᄒᆞᆷ에 益ᄒᆞᆷ이 不少ᄒᆞ니라.

産期가 旣近ᄒᆞ면 더욱히 精神으로 ᄒᆞ야금 爽適케 ᄒᆞ고 身體를 淸潔케 ᄒᆞ야 運動이 舒暢ᄒᆞ고 睡眠이 充足케 ᄒᆞᆫ 後에 産室의 一切 器具를 整頓ᄒᆞ야 産期를 徐待ᄒᆞᆯ지니 通常으로 論ᄒᆞ면 胎를 受ᄒᆞ야 分娩에 至ᄒᆞ기ᄭᆞ지 二百八十日이니 卽 四十星期間(一星期 卽 一週日)이오 陰曆으로 算ᄒᆞ면 大凡 十閱月이라.

哺育

嬰兒를 哺育ᄒᆞ되 乳母를 雇ᄒᆞᄂᆞᆫ 者도 有ᄒᆞ고 獸乳를 用ᄒᆞᄂᆞᆫ 者도 有ᄒᆞᄂᆞ 그러ᄒᆞᄂᆞ 모다 母乳의 佳ᄒᆞᆷ만 ᄀᆞᆺ지 못ᄒᆞ니 元來 天이 人을 生ᄒᆞᄆᆡ 其 甘味의 食料가 임의 溫良ᄒᆞ고 慈惠ᄒᆞᆫ 穀身에 隨生ᄒᆞᄂᆞᆫ지라. 故로 母의 兒를 哺ᄒᆞᆷ은 實노 天賦ᄒᆞᆫ 職으로 此 職을 盡ᄒᆞᄂᆞᆫ 者ᄂᆞᆫ 兒女의 肢體가 强健ᄒᆞ고 否ᄒᆞᆫ則 羸弱ᄒᆞᄂᆞ니 卽 産後에 乳液을 洩漏ᄒᆞ야 哺ᄒᆞᆫ지 不過 三四星期에 絶ᄒᆞ고 否ᄒᆞᆫ 則 六星期 或 八星期에 至ᄒᆞ야 止ᄒᆞᆷ이니 엇지 可恐ᄒᆞᆯ ᄇᆡ 아니리오. ᄯᅩ 産母食量의 增長과 血液의 循環과 如ᄒᆞᆫ 者ᄂᆞᆫ 其 利害가 ᄯᅩᄒᆞᆫ 自乳與否에 大關ᄒᆞ거ᄂᆞᆯ 世人이 或 云ᄒᆞ되 産母가 自乳ᄒᆞᆷ 則 姿色이 衰ᄒᆞ기 易ᄒᆞᆷ으로 他人의게 委ᄒᆞᆫ다 ᄒᆞ니 噫謬哉라. 斯言이여. 婦를 娶ᄒᆞᆷ은 佳兒를 育코져 ᄒᆞᆷ이니 容顔의 美를 何取ᄒᆞ리오. 然이나 方今文明이 歐美와 如ᄒᆞᆫ 處에도 오히려 此 卑陋ᄒᆞᆫ 習俗을 未免ᄒᆞ니 可歎ᄒᆞᆯ 바오. ᄯᅩᄒᆞᆫ 自乳치 아니ᄒᆞᄂᆞᆫ 者ᄂᆞᆫ 母子의 親愛ᄒᆞᄂᆞᆫ 情이 반다시 厚ᄒᆞ기 不能ᄒᆞ야 將來 敎育에 欠失이 殊多ᄒᆞ리니 凡世의 人母된 者ㅣ 삼가 天賦ᄒᆞᆫ 職을 毋棄ᄒᆞᆯ지어다.

졋먹여 길음

어린 아희를 먹여 길음은 어미의 졋과 유모의 졋과 김싱의 졋과 등분이 잇스나 그 즁에 나흔 어미의 졋이 제일 죠흐니라, 하늘게셔 ᄉᆞ롬

나음애 셩질이 유슌ᄒᆞ고 인쟈ᄒᆞᆫ 부인에게 부탁ᄒᆞ며 쏘ᄒᆞᆫ 죠흔 식품으로써 쥬신 고로, 어미가 아ᄒᆡ를 졋먹임은 실샹 하ᄂᆞᆯ이 품부ᄒᆞ신 직분이니 직분을 다ᄒᆞᆫ 자ᄂᆞᆫ 그 신체가 강건ᄒᆞ고 직분을 다ᄒᆞ지 못ᄒᆞᆫ 자ᄂᆞᆫ 그 신체가 반다시 약ᄒᆞᆯ지며 쏘ᄒᆞᆫ 어미가 아ᄒᆡ를 졋먹이면 산후에 누셜홈이 이십여일에 긋칠지오 아ᄒᆡ를 졋먹이지 아니ᄒᆞ면 오륙십일에 게우 긋치며 ᄒᆞ물며 음식먹ᄂᆞᆫ 것과 혈ᄆᆡᆨ의 슌환홈에ᄂᆞᆫ 아ᄒᆡ를 졋먹이지 아니ᄒᆞ면 반다시 비샹ᄒᆞᆫ ᄒᆡ가 날지어ᄂᆞᆯ 어리셕은 사ᄅᆞᆷ덜이 쇽셜에 미혹ᄒᆞ야 말ᄒᆞ기를 아ᄒᆡ를 졋먹이면 부인의 얼골이 슈이 늑ᄂᆞᆫ다 ᄒᆞ야 항샹 아ᄒᆡ를 유모에게 ᄆᆡᆨ기고 도라보지 아니ᄒᆞ며 자칭 문명ᄒᆞᆫ 사람이라 ᄒᆞᄂᆞᆫ 자ᄂᆞᆫ 구라파 미리견에 졔일만 ᄒᆞ니 우슈운 일이로다. 쏘 아ᄒᆡ를 스ᄉᆞ로 먹여 길으지 아니ᄒᆞ면 ᄋᆡ졍이 반다시 열버셔 덕육샹에 방ᄒᆡ될지라, 어미된 자ᄂᆞᆫ ᄒᆞᄂᆞᆯ이 명ᄒᆞᆫ 직칙과 의무를 유의ᄒᆞ고 바리지 말며 어미의 졋은 아ᄒᆡ에게 젹당홈이 우유와 암유와 다름이 업스며, 쏘 어미졋 가온ᄃᆡ 일죵 물질을 포홈ᄒᆞ야 ᄯᆞ뜻ᄒᆞ고 슈히 나리ᄂᆞᆫ 효험이 잇ᄂᆞ니, 타국의 마고리(바다, 풀일홈이니 륙구국과 일본국 풍쇽에 아ᄒᆡ가 나면 마고리와 밋 감초로써 믈에 ᄉᆞᆯ여 마시면 틱독이 풀닌다 홈이라)로써 아ᄒᆡ의 틱독을 풀다가 흔히 리질을 만나 위틱ᄒᆞᆫ 디경에 갓가운 자이 만ᄒᆞ니 그리ᄒᆞ를 엇지 셔로 비ᄒᆞ리오.

母乳의 注意

生母의 乳汁은 牛酪과 乾絡質乳糖, 水分 等을 含ᄒᆞ니 其 配合의 均匀홈이 如此ᄒᆞ고 쏘 産後의 乳汁은 其下홈이 甚緩ᄒᆞ야 妙用은 實노 思量ᄒᆞ기 不可ᄒᆞᆯ지라. 向來積習이 嬰兒가 生ᄒᆞᆫ 後에 鷓鴣藥을 服ᄒᆞ야 胎毒을 除홈은 ᄌᆞ못 危險ᄒᆞ니 맛당히 切戒ᄒᆞᆯ 바오.

婦人이 產後의 衛養에 留意ᄒᆞ기 姙娠時와 不異ᄒᆞ니 酒ᄅᆞᆯ 飮홈을 最忌ᄒᆞᄂᆞᆫ 바오. 또 食物은 맛당히 滋養이 多ᄒᆞ야 消化키 易ᄒᆞᆫ 者ᄅᆞᆯ 用ᄒᆞᆯ 것이오.

初產ᄒᆞᆫ 婦가 哺乳에 未慣ᄒᆞ니 반다시 困難홈을 稍覺ᄒᆞᆯ지라. 然이나 數日을 經ᄒᆞ면 漸次 慣熟ᄒᆞ고 또 其時에 乳汁이 不多ᄒᆞ야 母가 每樣懸慮ᄒᆞᄂᆞᆫ 바이로되 嬰兒가 發育홈에 及ᄒᆞ야ᄂᆞᆫ 乳汁이 自然이 漸增ᄒᆞ고 또 少婦가 就寢ᄒᆞ면 每樣 子女로 ᄒᆞ여금 乳ᄅᆞᆯ 含ᄒᆞ고 睡케 ᄒᆞ다가 熟睡ᄒᆞᆫ 後에 往往히 壓死케 ᄒᆞᄂᆞᆫ 弊가 有ᄒᆞ나니 此ᄂᆞᆫ 不可不 愼重ᄒᆞᆯ 바오.

乳母의 選擇

生母가 만일 有故ᄒᆞ야 自哺치 못ᄒᆞ고 不得已 乳母ᄅᆞᆯ 雇ᄒᆞ야 哺케 ᄒᆞᆫ직 乳母ᄅᆞᆯ 選定ᄒᆞ기ᄅᆞᆯ 가장 留意ᄒᆞ되 반다시 其 身體가 强健ᄒᆞ고 性質이 溫良ᄒᆞ고 遺傳ᄒᆞᄂᆞᆫ 病이 無ᄒᆞ고 年이 二十至三十四五歲間되ᄂᆞᆫ 者ᄅᆞᆯ 擇ᄒᆞ되 其 年齡과 分娩ᄒᆞᆫ 期가 生母로 더부러 相等ᄒᆞ면 尤宜ᄒᆞ고 但 子女ᄅᆞᆯ 乳母에게 委ᄒᆞᆯ진ᄃᆡ 此 時로부터 母의 職을 卸홈이 不可ᄒᆞ고 반다시 時時로 監督ᄒᆞ고 部署에 留意ᄒᆞ고 또 乳母ᄅᆞᆯ 遇ᄒᆞ기 寬柔慈愛로 爲主ᄒᆞ야 其 衣服飮食을 반다시 衛生에 適케 ᄒᆞ고 또 我家로부터 相化成風케 ᄒᆞᆯ지라. 然이나 其 積習을 速變코저 ᄒᆞ면 或 其 健康을 損ᄒᆞ기 反易ᄒᆞ니 漸次 引導홈이 宜ᄒᆞᆯ지라.

ᄉᆡᆼ모가 만일 그 아ᄒᆡᄅᆞᆯ 졋먹이지 못ᄒᆞ고 부득이ᄒᆞ야 유모에게 맛길질ᄃᆡ 맛당히 유모의 쳬격과 혈분과 나흘 볼지니, 반다시 신쳬가 강건ᄒᆞ고 셩질이 온량ᄒᆞ며 젼렴될 병도 업시며 나흔이십셰로 삼십사오세ᄭᆞ지 ᄉᆡᆼ모의 나와 갓ᄒᆞ며 그 ᄉᆡᆼ산ᄒᆞᆫ 날슈가 ᄉᆡᆼ모와 만히 어기지 아니ᄒᆞᆫ 자이라야 가ᄒᆞᆯ지니, ᄉᆡᆼ모가 그 어린 아ᄒᆡᄅᆞᆯ 유모의게 부탁ᄒᆞᆯ진ᄃᆡ

그 직분은 부득불 다 쥽지나 항샹 유모의 거동에 쥬의ᄒᆞ야 ᄃᆡ졉홈을 넉넉히 ᄒᆞ며 의복음식을 극히 졍결케 ᄒᆞ며 위싱에 젹당케 ᄒᆞ야 유모로 ᄒᆞ야곰 우리 졍의가 규칙에 물드려 골육과 갓게 홀지니 오직 이 법을 씀에ᄂᆞᆫ 반다시 졈졈 화ᄒᆞ게 홀지오 갑자기 그 습관을 변코져 ᄒᆞ면 유모의 마음과 몸에 ᄒᆡ가 될 념녀가 잇실지니라.

人工哺育

獸乳 或 乳紛 等으로 哺ᄒᆞᄂᆞᆫ 者를 人工哺育이라 ᄒᆞᄂᆞ니 最宜ᄒᆞᆫ 者ᄂᆞᆫ 牛乳라. 乳를 取ᄒᆞᄂᆞᆫ 牛ᄂᆞᆫ 壯齡에 廣闊ᄒᆞᆫ 牧場에셔 棲ᄒᆞ야 豆蔬와 食鹽 少許를 常食ᄒᆞ던 者를 擇홀지라. 然이나 如此ᄒᆞᆫ 牛ᄂᆞᆫ 得ᄒᆞ기 容易치 못ᄒᆞ리니 此와 近似ᄒᆞᆫ 者를 勉擇ᄒᆞ야 用ᄒᆞ고 ᄯᅩ 牛乳를 朝에 搾ᄒᆞᆫ 者ᄂᆞᆫ 淡ᄒᆞ고 夕에 搾ᄒᆞᆫ 者ᄂᆞᆫ 濃ᄒᆞᄂᆞ니 小兒가 初生ᄒᆞ야ᄂᆞᆫ 淡ᄒᆞᆫ 者를 用ᄒᆞ되 生ᄒᆞᆫ 後 一月로보터 三閱月ᄭᆞ지ᄂᆞᆫ 乳一分 水三分이오 四閱月부터 六個月ᄭᆞ지ᄂᆞᆫ 乳一 水二오 七閱月로브터 九閱月ᄭᆞ지ᄂᆞᆫ 乳一 水一이오 爾後에ᄂᆞᆫ 水를 漸減ᄒᆞ다가 終也에ᄂᆞᆫ 純乳를 用ᄒᆞ고 又或 乳糖과 最上白糖을 和ᄒᆞ야 沸騰ᄒᆞᆫ 後에 少時放冷ᄒᆞ다가 其 適宜ᄒᆞᆫ 溫度에 至홈을 計ᄒᆞ야 哺홈도 亦可ᄒᆞ며 乳를 哺ᄒᆞᄂᆞᆫ 器ᄂᆞᆫ 洗淨ᄒᆞ며 或 時時로 煮ᄒᆞ야 汚物로 ᄒᆞ야금 附着치 못ᄒᆞ게 ᄒᆞ고 飮餘ᄒᆞᆫ 乳를 棄ᄒᆞ야 再用치 말것이오 暑時에ᄂᆞᆫ 더옥히 腐敗ᄒᆞ기 易ᄒᆞ니 速棄홈이 易ᄒᆞ니라.

牛乳의 腐敗ᄒᆞ기ᄂᆞᆫ 人乳버담 速ᄒᆞ야 酷暑를 當ᄒᆞ야ᄂᆞᆫ 朝에 搾ᄒᆞᆫ 者ㅣ 夕에 至ᄒᆞ기 前에 腐ᄒᆞᄂᆞᆫ 故로 貯藏ᄒᆞ랴면 甁口를 密閉ᄒᆞ야 煮沸ᄒᆞ되 煮ᄒᆞᆫ 後에 冷水中에 侵寘홈이 宜ᄒᆞ고

牛乳를 兒에게 哺ᄒᆞᄂᆞᆫ 分量은 兒의 體質의 强弱을 因ᄒᆞ야 一定ᄒᆞ기 難ᄒᆞᄂᆞ 大槪 一哺乳器를 哺ᄒᆞᆫ 後면 十五分時ᄂᆞᆫ 可哺홀지니 用홀 時에

酌量ᄒᆞ야 增加홈이 可ᄒᆞ고 其 用法은 生ᄒᆞᆫ 後 三月에 至ᄒᆞ기ᄭᆞ지 乳茶匙에 水를 加ᄒᆞ기 三勺半이오 三月以後로 八月에 至ᄒᆞ기ᄭᆞ지는 乳一茶匙半에 水三勺半을 加홀지니라.

乳를 哺ᄒᆞᄂᆞᆫ 時刻

凡小兒가 稍長ᄒᆞ야 規矩를 能守ᄒᆞᄂᆞᆫ 者ᄂᆞᆫ 嬰兒時의 習慣을 由ᄒᆞ야 然홈이 多ᄒᆞᄂᆞ니 故로 生ᄒᆞᆫ 後 一週間에 一哺乳時刻을 定ᄒᆞᆫ 然後에 凡百事務에 漸及홀지니라. 乳汁이 胃中에셔 消化ᄒᆞ기를 一時 四十五分을 要ᄒᆞᄂᆞ니 故로 乳를 哺ᄒᆞ기 반다시 二時를 間ᄒᆞ야 一次式與ᄒᆞ고 稍長ᄒᆞ거든 次數를 漸減ᄒᆞ고 또 夜中에ᄂᆞᆫ 就寢과 午夜와 昧爽의 三次間哺홈이 宜ᄒᆞ고 再次 稍長ᄒᆞ거든 就寢과 早晨 二次로 改ᄒᆞ되 自餘時에 비록 號泣ᄒᆞ야도 다만 抱持慰撫ᄒᆞ고 乳를 哺홈은 不宜ᄒᆞ니라.

乳를 斷ᄒᆞᄂᆞᆫ 期

乳를 斷ᄒᆞᄂᆞᆫ 期ᄂᆞᆫ 漫定ᄒᆞ기 不可ᄒᆞ니 만일 不適ᄒᆞ면 兒가 終身토록 病이 多ᄒᆞ고 甚홈에 至ᄒᆞ면 夭折ᄒᆞᄂᆞᆫ 禍를 招ᄒᆞᄂᆞᆫ 故로 不得已홈이 아니면 乳를 速斷치 말고 齒가 生ᄒᆞᆫ 後 稍稍히 食物을 哺ᄒᆞ되 오히려 朝夕으로 乳를 哺ᄒᆞ다가 二年 後에야 全斷홈이 合宜ᄒᆞ니라.(以下次號)

1908년 8월 25일

小兒의 衣食宿

樹木이 初生에 培養者가 深히 用意치 아니ᄒᆞᆫ 則 其 性이 必劣ᄒᆞ야 枝蔓이 橫生ᄒᆞ기에 至ᄒᆞ리니 故로 嬰兒의 發育이 未全ᄒᆞᆫ 時를 當ᄒᆞ야 母氏教育의 得失은 兒童의 强弱과 賢不肖가 繫ᄒᆞ야 習慣이 善히 性質을 轉移ᄒᆞᄂᆞ니 然ᄒᆞᆫ 則 비록 人의 榮枯得失이 全혀 母氏의 製造에 全出ᄒᆞᆫ

다 ᄒᆞ야도 過言이 아니라. 故로 小兒의 衣食宿 等事를 母氏ㅣ 된 者ㅣ 더욱히 用心ᄒᆞ기 周到ᄒᆞᆯ ᄇᆡ니라.

어린 ᄭᅩᆺ이 새로 피면 ᄉᆞ랑ᄒᆞᄂᆞᆫ ᄉᆞ람이 특별히 호위ᄒᆞᄂᆞ니 아해를 ᄌᆞᆯ 길으ᄂᆞᆫ ᄉᆞ람이 엇지 이와 다르리오. 어린 아해의 마음과 몸이 발냥ᄒᆞᆷ은 어릴 ᄯᅢ에 잇ᄂᆞ니 아희의 강ᄒᆞ고 약ᄒᆞ고 어질고 불쵸ᄒᆞᆷ이 그 어미의 교양에 잇셔 아희의 습관과 셩질도 그 어미의 손으로 만드ᄂᆞᆫ 바이라. 이런고로 아희의 의복과 음식거쳐 ᄒᆞᄂᆞᆫ듸 어미된 쟈ᄂᆞᆫ 반다시 십분 쥬의ᄒᆞ야 경ᄒᆞᆯ치 못ᄒᆞᆯ지니라.

衣服의 種類

嬰兒의 衣服은 맛당히 輕暖ᄒᆞ고 疎ᄒᆞ되 綿布와 法蘭絨 等類가 最宜ᄒᆞ고 夏日에ᄂᆞᆫ 麻布도 ᄯᅩᄒᆞᆫ 可ᄒᆞ니라. 다만 모다 白色을 用ᄒᆞ야 其 汚垢를 易顯케 ᄒᆞᆯ 것이오 綢類ᄂᆞᆫ 小兒에게 ᄀᆞ장 不適ᄒᆞ니 此ᄂᆞᆫ 澣ᄒᆞ기 難ᄒᆞ고 汚ᄒᆞ기 易ᄒᆞ고 ᄯᅩ 兒童으로 ᄒᆞ야금 侈의 弊에 染케 ᄒᆞ기 易ᄒᆞᆷ이라. 故로 富貴ᄒᆞᆫ 家라도 ᄯᅩᄒᆞᆫ 兒童으로 ᄒᆞ야금 淸素ᄒᆞᆫ 綿布의 服을 衣케 ᄒᆞᆯ 것이오.

어린 아희의 의복은 가부엽고 더운 면포와 융속으로 ᄒᆞᆯ지오 여름에ᄂᆞᆫ 극히 청결ᄒᆞᆫ 마포로 희게 지어 입힐지며 뎨일 적당치 못ᄒᆞᆫ 것은 비단옷이니 비단은 ᄲᆞᆯ기가 어려워셔 뎡결치 못ᄒᆞᆯ ᄲᅮᆫ 아니라 ᄯᅩ한 어린 아희의 마음을 ᄉᆞ치ᄒᆞᆷ에 닌도ᄒᆞᆯ지라. 그런고로 비록 부귀ᄒᆞᄂᆞᆫ 집이라도 아희들은 뎡결한 무명옷을 입힐지니라.

衣服의 製造

嬰兒의 衣服은 寬博ᄒᆞᆷ을 貴히 너기ᄂᆞ니 故로 身을 覆ᄒᆞᄂᆞᆫ 幅이 宜廣ᄒᆞ고 袖筒은 宜闊ᄒᆞ고 帶ᄂᆞᆫ 堅結ᄒᆞᆷ이 不宜ᄒᆞ니 此ᄂᆞᆫ 四肢의 運動을 妨

홈이오 冬衣ᄂᆞᆫ 綿을 裝ᄒᆞ기 宜薄ᄒᆞ고 夏日은 다만 兜肚(두렁)와 或 半臂의 類를 着ᄒᆞ야 四股를 露出ᄒᆞ야 運動에 便케 홀 것이오.

어린 아해의 의복졔도는 반다시 널게ᄒᆞ야 쎠수족을 편히 운동케 홀지니 여름새이에는 등거리를 입히여 슈족이 것해 나오게 홀지니라.

衣服의 增減

世人이 小兒로 ᄒᆞ야금 衣服을 多着ᄒᆞ야 冒寒을 妨케 홈을 好ᄒᆞᄂᆞ니 元來 小兒의 皮膚가 軟弱ᄒᆞ야 寒을 冒ᄒᆞ기 最易홈으로 依例히 如斯홀 것이로ᄃᆡ 小兒의 感覺力이 最速ᄒᆞᆫ 故로 薄衣의 習慣을 養成홀 것이오 ᄯᅩ 衣服이 厚ᄒᆞ면 四肢의 運動에 殊礙ᄒᆞ야 患疾을 致홈이 淺鮮치 아니ᄒᆞ리니 맛당히 切戒홀 바오.

衣服의 淸潔

嬰兒의 衣服을 맛당히 時時로 濯乾ᄒᆞᆫ 後에 熨로 平平게 홀지니 此ᄂᆞᆫ 衛生에 有益홀 ᄲᅮᆫ 아니라 德育에도 ᄯᅩᄒᆞᆫ 切要ᄒᆞᄂᆞ니 大概 端正홈과 潔淨의 風이 반다시 嬰兒時로브터 始홈이라.

飮食의 種類

小兒ㅣ 生ᄒᆞᆫ 後 一年이면 消食機가 前日에 較ᄒᆞ야 發達ᄒᆞ고 齒도 ᄯᅩᄒᆞᆫ 漸增ᄒᆞ리니 此 時에 可히 粥湯 或 米飯 又或 肉類 菜蔬 果實 等을 哺케 홈도 可홀지라. 然이ᄂᆞ 다만 모다 調理를 適宜케 ᄒᆞ야 飮料ᄂᆞᆫ 溫水 或 牛乳를 用ᄒᆞ고 飮食은 맛당히 微溫ᄒᆞ야 冷熱이 過度홈을 忌ᄒᆞᄂᆞ니 此ᄂᆞᆫ 齒를 傷ᄒᆞ고 胃를 損홈이라.

ᄉᆞ람들이 아희를 ᄉᆞ랑ᄒᆞ야 무거운 옷을 입혀 항상 연약ᄒᆞᆫ 몸이 치위에 상홀가 염여ᄒᆞᄂᆞ니 이는 어린 아희가 속히 발양ᄒᆞᄂᆞᆫ 싱기가 밧게 가득홈으로 의복이 갑여운즉 사지를 운동홈이 활발ᄒᆞ야 비록 엄동이라

도 쏨이 나셔 몸에 유익ᄒᆞᆫ 쥴 몰음이라. 이우에 말ᄒᆞᆷ과 갓치 어린 아ᄒᆡ의 의복은 맛당히 졍결케 ᄒᆞ며 쟈죠 ᄲᆞᆯ아셔 입히면 비단 위싱상에 필요ᄒᆞᆯ ᄲᆞᆫ 아니라 덕육상에도 관계가 됨이니 ᄃᆡ져 어린 아ᄒᆡ가 귀로 능히 듯지 못ᄒᆞ고 입으로 능히 말ᄒᆞ지 못ᄒᆞᆯ ᄯᆡ에 졍결ᄒᆞᆫ 마음과 졍ᄃᆡᄒᆞᆫ 셩졍을 길너내며 또 아ᄒᆡ가 ᄂᆞᆫ지 쥬년이 되면 음식 샥ᄂᆞᆫ 그릇이 졈졈 크미이가 ᄎᆞᄎᆞ 나고 비위에 모양이 젼ᄃᆡ 형샹과 갓ᄒᆞ야 잇ᄯᆡᄂᆞᆫ 왼갓 음식이 입에 맛ᄂᆞᆫ 것을 갈히여 먹이며 우유 갓ᄒᆞᆫ 것도 먹이되 먹이ᄂᆞᆫ 음식을 죠금 덥게 ᄒᆞᆯ지니 과히 ᄎᆞ거나 과히 더우면 다 젹당치 못ᄒᆞ니라.

食物의 調理

小兒의 食物을 熟煮ᄒᆞ야 消化ᄒᆞ기 易케 ᄒᆞ되 味가 甘鹹의 過度ᄒᆞᆷ을 忌ᄒᆞ고 辛香을 尤忌ᄒᆞ며 또 每日種類를 改換ᄒᆞ거ᄂᆞ 或 一物이라도 製造法을 異케 ᄒᆞᆫ즉 兒가 食ᄒᆞ기를 不厭ᄒᆞ야 食量이 自增ᄒᆞᆯ지라. 然이나 用意ᄒᆞ기 過篤ᄒᆞ면 嗜欲의 心이 滋長ᄒᆞ야 常品을 厭ᄒᆞ야 珍味만 貪求ᄒᆞ리니 故로 斟酌을 適意케 ᄒᆞ야 衛生과 德育二者로 ᄒᆞ야금 兩全케 ᄒᆞᆯ 것이오.

어린 아ᄒᆡ의 식물은 맛당히 연ᄒᆞ고 익어서 속히 소ᄒᆞ될 ᄌᆞ를 먹일지오 과히 짜고 밉고 단 것을 기ᄒᆞᆯ지며 음식의 맛의 잘 변ᄒᆞᄂᆞᆫ 쟈ᄂᆞᆫ 날마다 밧구와 반다시 어린 아ᄒᆡ의 입에 맛게 ᄒᆞᆯ지나 오쟉 어린 아ᄒᆡᄂᆞᆫ 무지ᄒᆞᆫ 자라. 식욕이 졈졈 더ᄒᆞ야 혹 랑비ᄒᆞᄂᆞᆫ 심셩을 일우며 혹 항샹 먹ᄂᆞᆫ 물건을 시려ᄒᆞ고 다시 다른 맛을 구ᄒᆞ면 이런 습관은 덕육샹에 방ᄒᆡ가 될지니 그 폐단을 알아 교졍ᄒᆞ야 위싱과 덕욱샹에 과불급의 폐가 업게ᄒᆞᆷ이 또 어미의 직칙이니라.

飮食의 分量

小兒는 安靜혼 時가 無ᄒᆞ야 비록 臥眠ᄒᆞ야도 恒常 手足을 屈伸ᄒᆞ고 또 能히 匍匐ᄒᆞ며 步行홈에 及ᄒᆞ야 또흔 終日 運動ᄒᆞ기를 好ᄒᆞ야 休息ᄒᆞ기를 不肯ᄒᆞᄂᆞ니 故로 飮食이 消하기 易ᄒᆞ야 食量이 頗大ᄒᆞᄂᆞ니라. 然이나 小兒가 分量을 自酌ᄒᆞ기 不能ᄒᆞ야 嗜ᄒᆞ는 바가 有ᄒᆞ면 往往히 食ᄒᆞ기를 貪ᄒᆞᄂᆞ니 母氏가 留心保護ᄒᆞ야 飮食과 運動으로 ᄒᆞ야금 其宜를 兩得케 홀 것이오.

어린 아희는 정신이 가쟝 신령ᄒᆞ고 동ᄒᆞ는 것이라. 어린 아희의 누엇슬 ᄯᅢ롤 볼진ᄃᆡ 손으로 츔츄고 발을 ᄲᅱ놈은 이것이 그 셩품이며 걸음걸을 쥴 알면 능히 물건을 취ᄒᆞ야 희롱홀 마음이 쟈연히 싱기나니 맛치 다람쥐를 농속에 길음이 혹 날며 혹 쟘자며 올느고 ᄂᆞ려셔 두루 다니는 것과 갓흔고로 신체가 발달ᄒᆞ고 운동이 활발ᄒᆞ야 음식먹는 양이 어룬과 갓홀지니 만일 강건흔 아희가 음식을 과히 먹엇슬지면 ᄒᆞ야곰 히롱ᄒᆞ고 운동홈을 식혀셔 속히 소화되게 홀지니 오쟉 어린 아희는 음식을 짐쟉지 못ᄒᆞ고 질기는 음식을 ᄃᆡᄒᆞ면 반다시 식양에 과히 먹을지니 이것도 어미가 맛당히 죠죵홀 바이니라.

食時의 注意

小兒으로 ᄒᆞ야곰 床에 就ᄒᆞ야 習食케 ᄒᆞ야 스ᄉᆞ로 能히 咀嚼ᄒᆞ야 嚥下ᄒᆞ거던 母氏는 婢媼이 咀嚼ᄒᆞ야 授與홈이 不可ᄒᆞ니 元來 傳染ᄒᆞ는 諸病이 此 時에 多基홈이오.

어린 아희가 음식을 먹을 쥴 알면 곳 씹어먹기를 가랏쳐셔 ᄒᆞ야곰 습관이 되게 홀지니 세속의 아희를 ᄉᆞ랑ᄒᆞ는 ᄌᆞ이 그 어미와 ᄒᆞ인들이 왕왕히 음식을 씹어먹이나니 이는 ᄃᆡ단흔 방히가 됨이니 병의 젼염될 염여가 잇ᄂᆞ니라.

居ᄒᆞᄂᆞᆫ 室의 選擇

小兒의 居ᄒᆞᄂᆞᆫ 室은 南 東南 或 西南에 面ᄒᆞ야 日光이 充足히 映射ᄒᆞ고 空氣가 流通ᄒᆞ기 易케 ᄒᆞ고 ᄯᅩ 匍匐과 步行ᄒᆞᄂᆞᆫ 初에ᄂᆞᆫ 危險이 極多ᄒᆞᄂᆞ니 所居ᄅᆞᆯ 斷崖와 沼池 等과 隣치 말게 ᄒᆞ고 만일 池沼가 有ᄒᆞ거던 반다시 高欄을 設ᄒᆞ야 墜落을 預防ᄒᆞ고 寢室에 至ᄒᆞ야도 可히 母氏와 共爲ᄒᆞ되 同衾홈이 不可ᄒᆞ니라.

어린 아ᄒᆡ의 거쳐ᄒᆞᄂᆞᆫ 집은 남향이 뎨일이오 그 다음에ᄂᆞᆫ 동남향과 셔남향이니 반다시 ᄒᆡᆺ빗과 공긔가 류통ᄒᆞᄂᆞᆫ 곳을 ᄐᆡᆨᄒᆞ야 어린 아ᄒᆡ로 ᄒᆞ야곰 새 긔운을 마시게 ᄒᆞ면 신체에 유익ᄒᆞᆯ지며 어린 아ᄒᆡ의 거름 배울 ᄯᅢ에 뎨일 위태ᄒᆞᆫ 일이 만ᄒᆞᆯ지니 ᄯᅡ의 놉고 나즌데와 문에 나가고 드러올 ᄯᅡ와 언덕과 우물 근쳐가 다 위ᄐᆡᄒᆞᆫ ᄯᅡ이니 맛당히 난간으로 막을지니라.

ᄯᅩ져 그 잠ᄌᆞᄂᆞᆫ ᄯᅢ에 어미와 ᄒᆞᆷᄭᅴ 자ᄂᆞᆫ 것은 인졍의 고연홈이라. 그러나 ᄒᆞᆫ 이불속에 자지말지니라.

1908년 9월 25일

室內의 整潔

居室과 寢室은 淸潔케 ᄒᆞ야 汚穢와 惡臭를 發ᄒᆞᄂᆞᆫ 物을 置치 말고 室內의 器具를 一一히 整飾ᄒᆞ야 亂雜치 안케 ᄒᆞᆯ지니 大槪 幼時에 秩序의 整齊홈을 習見ᄒᆞ면 長ᄒᆞ야 能히 規矩를 遵守ᄒᆞᆯ 것이오.

그 잠자ᄂᆞᆫ 방은 맛당히 뎡결케 ᄒᆞ야 더러운 물건으로 갓가이 ᄒᆞ지 말아셔 그 악한 긔운과 냄시가 업게 ᄒᆞᆯ지니라.

방 가온ᄃᆡ 잇ᄂᆞᆫ 세간을 반다시 졍제히 ᄒᆞ야 혼잡지 말아셔 어린 아히의 눈에 보이는 물건이 다 됴리가 잇고 규칙이 잇셔야 법률의 관렴이 늘노 뇌슈에 인이 박히여 부지중에 물드러 혈기가 쏠아화ᄒᆞ고 셩령이 쏠아변ᄒᆞ야 그 쟝셩홈에 진퇴홈이 범에 넘지 아니홀지니 이는 덕육상에 가쟝 긴요ᄒᆞᆫ 자이니라.

小兒의 生齒種痘病疾

小兒의 生齒期를 極히 留心保護홀지니 强健ᄒᆞᆫ 兒는 오히려 能히 康寧을 不失ᄒᆞ되 虛弱ᄒᆞᆫ 兒는 熱을 發ᄒᆞ야 苦悶ᄒᆞ고 또 種痘의 時期를 過홈이 不可ᄒᆞ고 또 極盡히 保護ᄒᆞ다가 만일 病을 罹ᄒᆞ거든 더욱히 鄭重히 調攝케 홀지니 元來 小兒는 草木의 萌芽와 如ᄒᆞ야 損傷ᄒᆞ기 最易ᄒᆞᆫ則 保養ᄒᆞ기를 勿怠홀 것이오.

어린 아희의 니 놀 ᄯᅢ에 졔일 쥬의홀지니 강건ᄒᆞᆫ ᄋᆞ는 염려홀 비 업거니와 허약ᄒᆞᆫ 아희들은 문듯 열이 발ᄒᆞ야 뇌곤홀지며 또 죵두ᄒᆞᆫ 후에는 더욱 쥬의ᄒᆞ야 죠리홀지니라. 아희의 왼갓 질병이 다 마음에 잇ᄂᆞ니 비컨ᄃᆡ 어린 풀이 새로 놀 ᄯᅢ에 풍우를 맛나는 것과 갓ᄒᆞ야 젼혀 배양ᄒᆞ는 쟈의 보호에 잇ᄂᆞ니라.

生齒을 徵候

小兒가 生齒期를 當ᄒᆞ면 不寧ᄒᆞᆫ 徵을 多顯ᄒᆞ야 眼瞼 及 頰邊에 赤色을 現ᄒᆞ거ᄂᆞ 或은 寐ᄒᆞ다가 驚覺ᄒᆞ며 或은 熱을 發ᄒᆞ야 痢를 下ᄒᆞ며 或은 瘍疹을 發ᄒᆞᄂᆞ니 此等 徵候가 有ᄒᆞ면 速히 醫員을 延ᄒᆞ야 診察ᄒᆞ되 만일 齒齦이 微痛ᄒᆞ야 啼泣ᄒᆞ거던 淨布를 溫湯에 浸ᄒᆞ야 屢屢히 拭ᄒᆞ며 或은 樹膠板 等의 柔軟ᄒᆞᆫ 物로 齕케 홈이 亦佳ᄒᆞ니라.

小兒가 生ᄒᆞᆫ 後 七閱月에 下顎에 門齒 二個를 生ᄒᆞ고 後에 上顎에도 또ᄒᆞᆫ 生ᄒᆞ고 又 其 後에 小臼齒와 大臼齒와 大齒 等을 漸生ᄒᆞ고 三年 後

에 乳齒 二十個가 이에 全혀 長成ᄒᆞᄂᆞ니라.

어린 아희의 니 날 ᄯᅢ에 혹 불안ᄒᆞᆫ 형상이 잇셔 눈가와 ᄲᅡᆷ에 불근 빗이 나며 잠잘 ᄯᅢ 눈을 바로 ᄯᅳ고 놀나며 렬이 발ᄒᆞ야 셜샤ᄒᆞ며 왼몸에 죵긔 갓ᄒᆞᆫ 것이 나ᄂᆞᆫ니 맛당히 속히 의원을 마져 진ᄆᆡᆨᄒᆞ며 어린 아희의 니틀이 압파셔 울거든 정결ᄒᆞᆫ 뵈죠각으로 닥가쥴지니 삼도의샤의 죠샤홈을 거ᄒᆞᆫ건ᄃᆡ 우리나라의 어린 아희가 난지 일곱달이 되면 먼져 아ᄅᆡ압니가 나고 그 다음에 우에압니가 나며 그 다음에ᄂᆞᆫ 젹은아금니와 송곳니와 큰아금니가 챠챠 ᄂᆞ셔 샤연을 지ᄂᆡ면 졋먹난 니 이십ᄀᆡ가 나ᄂᆞᆫ니라.

種痘의 必要

昔日에ᄂᆞᆫ 天然痘에 罹ᄒᆞ야 往往히 夭折의 慘을 遭ᄒᆞ고 或은 容貌가 醜惡ᄒᆞᆫ 嫌을 未免ᄒᆞ더니 이에 種痘法을 發明ᄒᆞᆫ 以來로 世人이 드ᄃᆡ여 痘瘡의 可懼홀 바를 忘ᄒᆞ얏스니 此ᄂᆞᆫ 開明의 恩澤이라 ᄒᆞ리로다. 然이나 今에 오히려 愚人이 有ᄒᆞ야 種痘를 不重ᄒᆞ야 도리혀 政府의 勸諭를 厭ᄒᆞ다가 天然痘를 罹ᄒᆞᆫ 不幸을 當ᄒᆞ니 可惜치 아니리오. 故로 母氏된 者ㅣ 種痘의 必要를 知ᄒᆞ야 兒女로 ᄒᆞ야곰 天然痘를 罹ᄒᆞᄂᆞᆫ 悲境에 勿陷케 홀 것이오.

이왕에ᄂᆞᆫ 우리나라에셔 죵두함을 아지 못홈으로 어린 아희들이 시두에 만히 샹ᄒᆞ며 혹 샹치 아니 ᄒᆞ더ᄅᆡ도 얼골이 츄악한 고로 녀자ᄂᆞᆫ 더욱 그 젼염을 두려워ᄒᆞᄂᆞ니 이ᄂᆞᆫ 어미된 ᄌᆞ의 더욱 쥬의ᄒᆞᄂᆞᆫ 바이러니 근년에ᄂᆞᆫ 죵두의 법이 셩홈으로 거의 시두ᄂᆞᆫ 업게 되얏스니 이ᄂᆞᆫ 실노 문명세계에 막ᄃᆡᄒᆞᆫ 힝복이라. 그러ᄒᆞᄂᆞ 흑으ᄂᆞᆫ 풍속이 죵두의 은혜를 아지 못ᄒᆞ야 재샹ᄌᆞ의 간졀ᄒᆞᆫ 효유를 쥬의치 아니ᄒᆞ야 시두가 단니는 써도 염여홀 쓴이니 인쟈호 어미들이여 그 샤랑호는 어린 아해를 보호코져 홀진디 엇지 이러케 졀요호 일에 염여호느뇨.

種痘의 期

小兒의 種痘期는 生호 後 七十日로 六個月에 至호는 間이 宜호되 入種키 前에 먼저 醫의게 診호야 無病호거던 種호고 種호 後 每六個月에 一次式 接種호고 또 만일 痘瘡이 流行호는 時를 値호거던 多次接種홈이 尤宜호니라.

어린 아희의 죵두홈은 난지 칠십일로부터 여셧달 안에 의원을 쳥호야 아희의 몸을 보여셔 다른 방히가 업시면 곳 너을지며 넌뒤에 여셧달마다 또 너을지오. 시두가 다니는 써에는 더귀호느니라.

種痘의 經歷

種痘는 左右兩腕에 各各 三顆 或 五顆式 種호고 種호 後 三日이면 刺痕이 少腫호야 紅痕을 顯호고 四五日 後면 若干 墳起호야 濃紅色을 帶호고 七八日에 至호면 中心이 膿을 釀호고 十日 後면 腕部가 略痛호면셔 身體에 熱이 略干發호야 心神이 不快호다가 十三日이면 痂가 生호고 又其後七八日에 痂가 落호느니 此는 經歷의 次序오.

죵두는 더져 좌우팔에 너으며 넛는 낫수는 세기 혹 다섯기로 호며 너은졔 삼일이 되면 침흔젹이 죠곰 불근빗히 나며 샤오일이 된즉 불근 구실이 나고 칠팔일이 된즉 혼가운더셔 반다시 농집이 놀터이니 그써에는 아희가 반다시 고통호며 렬이 발호고 물을 추즐지니 어미된 쟈 잘 보호호야 열잇틀즘 되면 짝지가 안질지며 또 칠팔일이 지나면 짝지가 써러지고 나을 터이니 이는 죵두호는 긔흔이니라.

小兒의 疾病

小兒가 常患ᄒᆞᄂᆞᆫ 病은 消化器病, 呼吸器病, 腦神經病, 眼耳病과 傳染病 等屬이니 卽 痘瘡, 猩紅熱, 百日咳, 痲疹, 水痘, 流行ᄒᆞᄂᆞᆫ 感祟, 耳下腺痰, 赤痢, 霍扁, 傷寒 等 諸症이오 又 其外 諸病을 致ᄒᆞ기 易ᄒᆞᆫ 故로 幼時에 加意保養ᄒᆞ야 恒常 新鮮ᄒᆞᆫ 空氣를 呼吸ᄒᆞ야 身體의 健康을 得케ᄒᆞ고 ᄯᅩ 만일 頭部가 偏敍ᄒᆞ고 肩背가 屈曲ᄒᆞ며 手足의 屈伸을 自由치 못ᄒᆞᄂᆞᆫ 等 症이 生ᄒᆞ거던 速히 外科醫生을 延ᄒᆞ야 治ᄒᆞᆯ 것이오.

어린 아ᄒᆡ의 질병이 가장 만ᄒᆞᆫ 자ᄂᆞᆫ 위경과 폐경과 두뢰와 심경과 밋 눈과 귀의 병이니 그 젼염ᄒᆞᄂᆞᆫ 병은 곳 두챵과 귀병과 홍진과 덕두와 소두와 감기와 륜감과 온질 등이니 만일 병의 어린 아ᄒᆡᄂᆞᆫ 물론 무삼 병이던지 다 젼염키 쉬을지니 맛당히 어릴 ᄯᅢ에 국진히 위싱에 쥬의ᄒᆞ야 ᄒᆞ야곰 신션ᄒᆞᆫ 공기를 마시며 보ᄒᆞᄂᆞᆫ 음식을 만히 먹여 죠리ᄒᆞ여야 가히 강장홈을 바랄지며 어린 아ᄒᆡ의 머리가 비ᄯᅳ러지며 엇기가 곱으러지며 수족이 능히 굴신치 못ᄒᆞᆯ지면 속히 외과의 의원을 쳥ᄒᆞ야 보일지며.

病徵과 注意

小兒가 異常히 啼泣ᄒᆞ거던 먼져 身體의 溫度와 呼吸 等을 檢視ᄒᆞ야 만일 呼吸이 鋸와 如ᄒᆞ거나 或은 劇苦ᄒᆞ며 或은 寐ᄒᆞ다가 屢屢히 警覺ᄒᆞ거든 速히 醫를 延ᄒᆞ야 診ᄒᆞ며 ᄯᅩ 鼻에 淸涕가 多ᄒᆞ면 暖室에 居케 ᄒᆞ야 發汗케 ᄒᆞ고 ᄯᅩ 小便이 不暢ᄒᆞ거나 或 小便이 白濁홈도 病症이니 亦是 忽視치 못ᄒᆞᆯ지라. 元來 小兒ᄂᆞᆫ 其 體가 弱ᄒᆞ고 兼히 口로 言ᄒᆞ기 不能ᄒᆞᆫ 故로 病이 發ᄒᆞᆯ 時에 곳 診察ᄒᆞᆯ 것이오.

어린 아ᄒᆡ의 울음소래가 평시와 달을지면 맛당히 그 호흡을 검샤ᄒᆞᆯ지라. 숨쉬ᄂᆞᆫ 것은 져를 부ᄂᆞᆫ 것과 갓ᄒᆞ야 혹 급ᄒᆞ게 ᄒᆞ며 혹 잠자다가 놀나쎄는 쟈는 맛당히 의원을 쳥ᄒᆞ야 보일지며 또 ᄯᆷ흘리며 뒤믹히며 리질이 잇흘이샹과 샤ᄒᆞ는 것은 더욱 죵속히 치료홀지라. 어린 아희는 신쳬가 약ᄒᆞ야 비록 젹당치 못홈이 잇슬지라도 능히 스샤로 형샹치 못ᄒᆞᄂᆞ니 어미된 쟈는 맛당히 아희의 몸과 얼골이 엇더홈을 쟈셔이 보와셔 치료치 못ᄒᆞ는 후회가 업게 홀지니라.

看護의 方法

羸弱ᄒᆞᆫ 病兒를 看護ᄒᆞ랴면 室內의 溫度와 衣服의 增減으로브터 乳를 哺홈과 藥을 投ᄒᆞ는 各事에 至ᄒᆞ기ᄭᆞ지 모다 愼重홀지니 其 中에 만일 姑息을 爲主ᄒᆞ야 服藥을 怠ᄒᆞ다가 兒女의 早夭ᄒᆞ는 事가 每每有之ᄒᆞᄂᆞ니 故로 小兒常患ᄒᆞ는 病의 看護法을 左에 揭ᄒᆞ노라.

齒痛 小兒의 齒가 生ᄒᆞ는 時期를 當ᄒᆞ야 保養ᄒᆞ기를 不愼ᄒᆞ면 思齒(齦을 逆ᄒᆞ야 生ᄒᆞ는 齒)를 生ᄒᆞ기 最易ᄒᆞ야 痛을 感ᄒᆞ며 熱을 發ᄒᆞ야 諸病의 根이 되ᄂᆞ니 頭後痛과 或은 膿睡가 多ᄒᆞ며 或은 白睛이 多ᄒᆞ며 或은 鼻孔이 痛痒ᄒᆞ며 或은 口唇이 起絃ᄒᆞ며 或은 熱을 發ᄒᆞ야 痢를 下ᄒᆞ는 等 症이 모다 齒痛에 源ᄒᆞᆫ즉 齒痛의 可懼홈이 如此ᄒᆞ니 엇지 平素에 用心ᄒᆞ야 保養치 아니ᄒᆞ리오. 思齒의 生홀 兆朕이 有ᄒᆞ거던 곳 醫를 延ᄒᆞ야 治홀지니 齒痛의 通常治法은 或 冷水를 含ᄒᆞ며 或은 綿布로 抑ᄒᆞ고 또 齒가 汚穢不潔ᄒᆞ면 齒痛의 原因이 되ᄂᆞ니 齒垢를 不除ᄒᆞᆫ즉 齦을 多傷ᄒᆞ는 故로 每日에 牙粉으로 垢膩를 擦去홀지니 此는 齒患을 防ᄒᆞ는 良法이오.

熱病 熱病은 齒患與否로 由홈을 勿論ᄒᆞ고 手巾을 冷水에 少浸ᄒᆞ야 身體에 纏ᄒᆞ고 更히 毛布로 其 上을 覆ᄒᆞᆫ 則 水氣가 蒸發ᄒᆞ야 體熱을 解ᄒᆞ고 또 水가 濕潤ᄒᆞ야 神經이 鎭ᄒᆞ리니 然則 自然히 病兒가 苦를 忘ᄒᆞ

야 睡眠ᄒᆞ기 易ᄒᆞ고 또 覺ᄒᆞᆫ 後에 仍苦ᄒᆞ거던 更히 前法을 施ᄒᆞᆯ지니 此ᄂᆞᆫ 治熱ᄒᆞ기 最便ᄒᆞᆫ 方이오.

下痢 小兒가 痢를 下ᄒᆞ거던 空氣가 淸淨ᄒᆞᆫ 室에셔 抱持ᄒᆞ고 散步ᄒᆞ며 意를 加ᄒᆞ야 慰撫ᄒᆞ며 食은 粥湯을 用ᄒᆞ고 衣ᄂᆞᆫ 綿布를 用ᄒᆞᆯ지니라.

여린 아희의 병을 죠리ᄒᆞᆷ이 졔일 어려울지라 방이 ᄎᆞ고 더움과 의복의 입히고 벗기ᄂᆞᆫ 것과 졋먹이고 약 먹이ᄂᆞᆫ ᄯᅢ에 ᄃᆡ단히 번란ᄒᆞᆯ지니 어미된 쟈ᄂᆞᆫ 롱가온ᄃᆡ 병든 식식기를 긔르덧이 자셰히 살펴보와 거시리도 말며 고식으로도 말고 맛당히 약을 속히 ᄒᆞ야 치료ᄒᆞᆯ지오. 그 괴로음을 념녀ᄒᆞ야 쥬져ᄒᆞ다가 바리지 말지니라.

1908년 10월 25일

小兒의 動靜과 遊戲

小兒가 酣睡ᄒᆞ며 多動健食ᄒᆞᆷ은 强健ᄒᆞᆫ 徵兆니 强弱이 天賦에 固屬ᄒᆞ되 쏘ᄒᆞᆫ 頗히 胎育의 當否와 幼時의 保養何如에 關ᄒᆞ고 또 兒童이 公德을 重ᄒᆞ며 國家를 愛ᄒᆞᄂᆞᆫ 根性은 實로 家政教育의 力을 全賴ᄒᆞᄂᆞ니 故로 母氏의 膝下薰陶를 忽諸치 말 것이오.

강건ᄒᆞᆫ 어린 아희ᄂᆞᆫ 반다시 편이 자며 잘 먹고 운동을 죠와 ᄒᆞᆯ지니 강ᄒᆞ고 약ᄒᆞᆷ은 비록 쳔품에 달엿스나 그 ᄒᆞᆫ부분인즉 그 ᄐᆡ즁에셔 교육ᄒᆞᆷ이며 쏘ᄒᆞᆫ 어릴ᄯᅥ 배양ᄒᆞᄂᆞᆫ 도리에 잇슬지라. 옛젹 셩현과 호걸이 가졍의 교육에 득력ᄒᆞᆫ ᄌᆞ이 만ᄒᆞᆫ즉 슬ᄒᆞ의 교육을 홀케 못ᄒᆞᆯ지니라.

睡眠

大凡 腦筋의 發達이 不足ᄒᆞᆫ즉 睡眠ᄒᆞᄂᆞᆫ 時間이 必久ᄒᆞ리니 小兒가 生ᄒᆞᆫ 後 六七週間은 乳를 食ᄒᆞ고 便을 撤ᄒᆞᄂᆞᆫ 外에ᄂᆞᆫ 大概 酣眠ᄒᆞ고 酣

眠ᄒᆞ면 腦筋이 漸次 發育ᄒᆞ되 虛弱ᄒᆞᆫ 兒에 至ᄒᆞᆫ즉 久眠치 못ᄒᆞᄂᆞ니 諺에 謂ᄒᆞ되 能히 眠ᄒᆞᄂᆞᆫ 者ᄂᆞᆫ 康ᄒᆞ다 ᄒᆞᆷ이 誣言이 아니라 故로 小兒가 睡眠ᄒᆞᄂᆞᆫ 中에 靜穩케 ᄒᆞᆯ지니라.

小兒가 睡眠ᄒᆞᆯ 時에 被服이 輕暖ᄒᆞ야 體에 適케 ᄒᆞ고 其 面을 覆치 말지니 不然ᄒᆞᆫ 則 空氣를 沮寒ᄒᆞ야 害를 受ᄒᆞᆷ이 不淺ᄒᆞ고 ᄯᅩ 母氏가 腕으로 小兒의 枕에 充ᄒᆞᆷ이 不可ᄒᆞ니 小兒의 體溫이 過度ᄒᆞ면 食을 思ᄒᆞ기 易ᄒᆞ야 安眠치 못ᄒᆞᆷ이오 小兒가 每樣食을 思ᄒᆞ기ᄂᆞᆫ 夜에 二次니라.

아희가 난지 사오십일이 될 ᄯᅢ에ᄂᆞᆫ 졋먹고 ᄯᅱ노ᄂᆞᆫ 외에ᄂᆞᆫ 다 잠자ᄂᆞ니 이ᄂᆞᆫ 다름이 아니라 두뢰의 힘이 완젼치 못ᄒᆞᆫ 고로 잠을 잘 잠이니 이ᄂᆞᆫ 뎍육상에 가장 큰 관계가 잇ᄂᆞᆫ지라. 허약ᄒᆞᆫ 아희ᄂᆞᆫ 결단코 잘 자지 아니ᄒᆞᆯ지니 일본속담에 잠ᄌᆞᄂᆞᆫ 아희가 장부라 ᄒᆞ엿스니 참 상쾌ᄒᆞᆫ 말이로다. 그런 고로 어린 아희의 잘 잘ᄯᅢ에 놀나 ᄭᅵ이지 말고 ᄒᆞ야곰 잘ᄌᆞ게 ᄒᆞᆯ지니라.

運動

小兒가 生ᄒᆞᆫ 後에 春秋溫暖ᄒᆞᆯ 時를 當하야 每二週間에 天氣가 晴和ᄒᆞᆫ 日에 抱持ᄒᆞ고 戶外에 出ᄒᆞ야 半時刻쯤 運動ᄒᆞ고 嚴冬酷暑에ᄂᆞᆫ 每七八週에 一次式 運動ᄒᆞ거ᄂᆞ 或은 室內에서 籃을 徐徐히 撼搖ᄒᆞ야 運動ᄒᆞᆷ도 可ᄒᆞ고 ᄯᅩ 强健ᄒᆞᆫ 兒의 能히 步行ᄒᆞᆷ에 至ᄒᆞ야ᄂᆞᆫ 運動ᄒᆞ며 遊戱ᄒᆞ야 活潑ᄒᆞᆫ 氣像을 自養케 ᄒᆞᆷ이 可ᄒᆞ되 然이나 三歲에 未滿ᄒᆞ면 頭部가 柔軟ᄒᆞ고 四肢가 尙弱ᄒᆞ니 반다시 加意照料ᄒᆞ야 危險ᄒᆞᆫ 處에 勿趨케 ᄒᆞᆯ지니 小兒를 保育ᄒᆞᆷ은 第一 其 動作을 注意ᄒᆞᆷ에 在ᄒᆞ고 ᄯᅩ 兒童이 大聲으로 嬉笑ᄒᆞ면 肺臟을 發達ᄒᆞᆷ에 最易ᄒᆞ고 ᄯᅩ 周身血脈의 運行이 便ᄒᆞᄂᆞ니 맛당히 其意에 放任ᄒᆞ고 沮抑지 말지니라.

涵養

小兒가 生혼 後 二三閱月에 至ᄒᆞ거든 溫和淸朗혼 日을 擇ᄒᆞ야 懷抱ᄒᆞ며 或은 襁負ᄒᆞ며 或은 車籃에 載ᄒᆞ야 戶外에 遊行ᄒᆞ야 自然혼 景色에 觸케 ᄒᆞ야 其 心性을 涵養ᄒᆞ되 만일 室內에 當居혼 則 精神이 沈鬱ᄒᆞ고 氣力이 衰頹ᄒᆞ야 長成혼 後에 身體가 羸弱혼지라. 然이나 身體諸部로 ᄒᆞ야금 風寒을 感冒케 홈이 不可ᄒᆞ니 반다시 抱被ᄒᆞ야 其 身을 護ᄒᆞ고 帽子로 其 額을 覆ᄒᆞ되 覆ᄒᆞ기 過聚ᄒᆞ면 神經의 眩暈를 發ᄒᆞ기 易ᄒᆞ니 寬緊을 得中케 ᄒᆞ고 또 兩眼으로 ᄒᆞ야금 日光을 直觸케 말지니 否혼則 視力을 減損홀 ᄲᅮᆫ 外라 甚ᄒᆞ면 失明에 懼가 有ᄒᆞ리니 맛당히 留心홀 것이오.

어린 아ᄒᆡ의 밧게 나오는 ᄯᅢ는 맛당히 봄이던지 가을에는 나은지 이십일이 되거든 일긔도 청명ᄒᆞ고 바람도 업는 날을 턱ᄒᆞ야 안고 쳔쳔히 문밧에 혼 반시간쯤 운동홀지며 엄혼 치위와 혹한더위에는 나은지 오륙십일을 지나셔 밧게 나올지며 어린 아ᄒᆡ의 거름 배올 ᄯᅢ에는 졔마음ᄃᆡ로 맷겨두고 놀나게 말지며 뎨일 긔홀 것은 무삼 그릇에 담어셔 ᄶᅡ불으지 말지며 어린 아ᄒᆡ가 능히 거러다닐 ᄯᅢ에는 강건혼 자는 그 활발혼 운동과 히롱홈을 맷겨둘지나 오작 공원에 드러갈 ᄯᅢ가 못되야셔는 두뢰와 사지가 극히 연약ᄒᆞ야 족곰이라도 손상홈이 잇스면 극히 위태홀지니 무삼 로동홈을 금홀지라. 고로 어린 아ᄒᆡ를 길으는 자는 쥬의ᄒᆞ야 제 마음ᄃᆡ로 노와둘지라 ᄒᆞ엿스니 이는 삼도학사의 말홈이 극히 진졀ᄒᆞ도다. ᄃᆡ져 울고 웃는 것은 어린 아ᄒᆡ의 ᄯᅥᆺᄯᅥᆺ혼 일이라. 또혼 능히 호흡을 통ᄒᆞ며 장부를 널케 ᄒᆞ면 그 왼몸의 운동을 도음이라 ᄃᆡ단히 유익홀지니 익졔치 말지니라.

入浴

小兒의 身體가 不潔ᄒᆞ면 皮膚가 損傷ᄒᆞ기 最易ᄒᆞ고 ᄯᅩ 疾病에 染感ᄒᆞ기 易ᄒᆞᆫ 故로 반다시 每日 洗浴ᄒᆞ되 水는 맛당히 純良ᄒᆞᆫ 軟水(軟水는 第四編 第三章에 詳言홈)를 用ᄒᆞ고 溫度는 攝氏 三十五度로 三十七八度(華氏 九十五度 以上 百二度 以下)가 宜ᄒᆞ고 浴時는 眠을 覺ᄒᆞ거나 或은 就寢前이 宜ᄒᆞ되 寒冷ᄒᆞᆫ 氣候에는 日中이 可ᄒᆞ고 盥에 臨ᄒᆞ야 먼져 海綿 或 軟布로 輕輕히 全身과 頭部를 摩擦ᄒᆞᆯ지니 此는 浮塵이 毛髮에 多着홈이오 次에 顔面을 洗ᄒᆞ되 溫水를 別措ᄒᆞ야 手巾을 另用ᄒᆞ고 同一ᄒᆞᆫ 手巾을 用ᄒᆞ야 面部를 并洗홈을 忌ᄒᆞ고 其 水中에 居홈이 五分 或 十分時가 好ᄒᆞ고 一便으로는 毛布手巾을 溫水에 預浸ᄒᆞ얏다가 浴ᄒᆞ기를 畢ᄒᆞ거던 全身을 徐拭ᄒᆞ고 拭ᄒᆞ기를 畢ᄒᆞ거던 床上에 安臥ᄒᆞ되 冷氣를 勿觸케 ᄒᆞᆯ지며

어린 아ᄒᆡ는 날마다 슌량ᄒᆞᆫ 더운 믈에 목욕을 식힐지니 물을 덥히는 도수는 셥씨의ᄒᆞᆫ난계 삼십오도로 삼십칠팔도ᄭᅡ지 덥힐지ᄂᆞ 손을 너어보와셔 그 도수를 짐작ᄒᆞ야 가감ᄒᆞᆯ지며 목욕식힐 ᄯᅢ는 아ᄒᆡ의 쳐음 ᄭᆡᆯᄯᅢ와 혹 잠잘 ᄯᅢ에 ᄒᆞᆯ지니 치울 ᄯᅢ에는 ᄒᆞᆫ낫에 식힐ᄶᅵ며 목욕한 후에 고은 베수건으로 머리에서 시작ᄒᆞ야 쳔쳔히 왼몸을 닥그되 눈과 입은 싯지말며 목욕식히는 동안은 오분 혹 십분ᄭᅡ지 ᄒᆞ며 목욕을 다ᄒᆞᆫ 뒤에는 셔양수건으로 왼몸을 닥근 후에 요와 자리에 편히 누어셔 닝긔를 밧지 말지니라.

附記 小兒가 生ᄒᆞᆫ 後에 만일 頭髮을 무히 薙去ᄒᆞ면 大害가 有ᄒᆞᄂᆞ니 반다시 周歲後를 俟ᄒᆞ야 薙去ᄒᆞ여야 方可ᄒᆞ고 ᄯᅩ 頭部가 軟弱ᄒᆞᆫ 兒에 在ᄒᆞ야는 더욱히 遲薙ᄒᆞᆯ 것이오.

小兒의 身體는 垢에 染ᄒᆞ기 最易ᄒᆞᄂᆞ니 故로 衣服 臥床 居室 等을 모다 大段히 清潔케 ᄒᆞ고 또 每次 食後에 반다시 淨布를 溫水中에 浸ᄒᆞ엿다가 小絞ᄒᆞ야 其 口中과 口傍을 徐拭ᄒᆞ고 便溺ᄒᆞᆫ 後에 또ᄒᆞᆫ 下部를 洗滌ᄒᆞ거나 或은 拭淨ᄒᆞᆯ저며

어린 아희의 태발은 세속이 다 싹ᄂᆞ니 이는 크게 ᄒᆡ로음이라. 어린 아희의 머리는 극히 연약한 터이니 머리를 싹그면 뢰가 상ᄒᆞᄂᆞ니라.

遊戱

小兒의 遊戱를 크게 注意ᄒᆞᆯ지니 元來 兒童이 智識이 甫有ᄒᆞ면 耳目에 觸ᄒᆞᄂᆞᆫ 바가 모다 新奇홈을 覺홈이 맛치 大人이 外國에 往ᄒᆞ야 遊歷ᄒᆞ면 반다시 其 眼界를 擴홈을 求ᄒᆞ기에 孜孜홈과 如ᄒᆞ니 또ᄒᆞᆫ 自然ᄒᆞᆫ 勢라. 小兒가 遊戱ᄒᆞᄂᆞᆫ 間에 智德體 三種 敎育의 智識을 獲케 ᄒᆞ면 彼의 耳로 聞ᄒᆞ고 目으로 覩ᄒᆞᄂᆞᆫ 바가 自然히 腦筋에 感入ᄒᆞ기 易ᄒᆞ고 兼히 復忘ᄒᆞᄂᆞᆫ 憾이 永無ᄒᆞᄂᆞ니 母氏된 者ㅣ 반다시 此 時에 留念ᄒᆞ야 兒女의 天性을 育成ᄒᆞᆯ지어다.

翫具(一名 戱具)

翫具ᄂᆞᆫ 樹膠로 製ᄒᆞᆫ 者ᄂᆞ 或은 圓形物을 務擇ᄒᆞ고 琉璃 鐵片 等製와 有毒ᄒᆞᆫ 粧飾品과 彩色을 忌ᄒᆞᄂᆞ니 大凡 小兒의 性이 故를 厭ᄒᆞ고 新을 好ᄒᆞ야 恒常 未知ᄒᆞᄂᆞᆫ 智識을 獲코져 홈으로 一新奇物을 見ᄒᆞ면 반다시 得ᄒᆞᆫ 後에야 已ᄒᆞ고 임의 得ᄒᆞᆫ지 未幾에 또 厭棄ᄒᆞ고 手足을 自由로 動홈에 及ᄒᆞ야ᄂᆞᆫ 翫物을 毁壞ᄒᆞ야 其 內裏를 見홈을 最喜ᄒᆞᄂᆞ니 此ᄂᆞᆫ 恒性이라. 故로 富家라도 小兒에게 値가 高ᄒᆞᆫ 翫具를 與치 말고 맛당히 通當ᄒᆞᆫ 物을 給ᄒᆞ야 自由로 毁壞케 ᄒᆞᆯ지라. 然이나 次次人의 言을 解得ᄒᆞ거던 반다시 天物을 暴殄홈이 不可ᄒᆞ고 兼히 己를 節ᄒᆞ야 人의게 施

홈이 可훈 道를 諭ᄒᆞ야 勤儉ᄒᆞ고 慈惠ᄒᆞᆫ 心을 養成케 홀 것이오.

小兒가 稍長ᄒᆞ야 言語를 能通ᄒᆞ거던 其 用ᄒᆞᄂᆞᆫ 바 翫具ᄂᆞᆫ 반다시 智識을 養成ᄒᆞ며 或은 體育에 補助될 物을 擇ᄒᆞ되 無益ᄒᆞᆫ 翫具를 給치 말 것이오. 또 有益ᄒᆞᆫ 翫具ᄂᆞᆫ 藏之陳之ᄒᆞ야 秩序가 整然有條케 ᄒᆞ고 또ᄒᆞᆫ 汚瀸ᄒᆞᆫ 者ᄂᆞᆫ 洗ᄒᆞ고 破傷ᄒᆞᆫ 者ᄂᆞᆫ 修ᄒᆞ야 亂雜히 抛棄치 말게 홀지니 此ᄂᆞᆫ 兒童의 德性을 養成홈이오.

保姆(一名 乳母)

保姆ᄂᆞᆫ 生母를 代ᄒᆞ거나 或은 生母를 輔助ᄒᆞ야 小兒를 看護ᄒᆞᄂᆞᆫ 人이니 保姆의 選擇을 留心홀지라. 西洋 各國은 保姆學校가 有ᄒᆞ야 保育學을 專修ᄒᆞᄂᆞᆫ 者가 有ᄒᆞ고 또 家庭教育學者가 有ᄒᆞ되 我國에 至ᄒᆞ야ᄂᆞᆫ 오히려 如此히 文明ᄒᆞᆫ 域에 未達ᄒᆞ얏스니 今日의 計ᄂᆞᆫ 身體가 强壯ᄒᆞ고 性質이 溫厚ᄒᆞ고 또 國文을 少識ᄒᆞᄂᆞᆫ 者를 擇用ᄒᆞ되 更히 時時로 善良ᄒᆞᆫ 教誨를 授ᄒᆞ면 兒童을 撫育ᄒᆞᄂᆞᆫ 道에 欠點이 幾無ᄒᆞ리로다.

어린 아희의 희롱ᄒᆞ고 놀 ᄯᅢ에 제일 쥬의 홀 것은 무엇이냐 ᄒᆞ면 아희가 쳐음으로 세상에 남의 보고 듯ᄂᆞᆫ 바이 다 신긔ᄒᆞ고 죠와홀 물건이니 사름의 셩품을 교육홈이 먼져 드러감으로써 쥬장을 삼을지라. 고로 어릴 ᄯᅢ에 패물 갓흔 것을 ᄒᆞᆫ번 보면 곳 뇌수에 인이 빅히ᄂᆞ니 어미된 ᄌᆞᄂᆞᆫ 아모죠록 올흔 도리로 인도ᄒᆞ면 곳곳마다 유익홀지며 가지고 희롱홀 것은 공갓치 모가 업ᄂᆞᆫ 것을 줄지오 류리와 쇠로 만드러 혹 무쇡을 드린 것은 일졀히 쥬지말지니 어린 아희가 무삼 신긔ᄒᆞᆫ 물건을 보면 반다시 가지고자 ᄒᆞ며 가졋다가 반다시 슬여홀지니 물론 무삼 상자와 공갓흔 것이라도 깨트려셔 그 속을 보고자 홈은 어린 아희의 ᄯᅥᆺᄯᅥᆺᄒᆞᆫ 티도이니 아무리 부귀ᄒᆞᄂᆞᆫ 집이라도 결단코 죠흔 물건으로 어린 아히롤 쥬지말지오. 맛당히 갓가온 말과 쉬운 이치로 그 마음을 인도ᄒᆞ야 근검ᄒᆞᆫ 심셩을 길을지니라.(以下次號)

1908년 11월 25일

第二章 家政教育

第一 家政教育의 要旨

花草를 培養ᄒᆞ랴면 반다시 먼저 土壤을 擇ᄒᆞ며 佳種을 選ᄒᆞ고 또 其肥料를 厚케 ᄒᆞᆫ 後에 萌芽의 善良을 可期오 萌芽가 임의 成ᄒᆞ면 風을 防ᄒᆞ며 雨를 避ᄒᆞ기 爲ᄒᆞ야 朝夕看護홈에 모다 方法이 有ᄒᆞᆫ즉 懈怠치 못ᄒᆞ겟고 또 枝葉이 稍長ᄒᆞ야 만일 枉ᄒᆞᆫ 者가 有ᄒᆞ면 矯ᄒᆞ고 劣ᄒᆞᆫ 者가 有ᄒᆞ면 美케 ᄒᆞ고 또 或은 日에 暴ᄒᆞ고 或은 水를 灌ᄒᆞ야 無數히 匠心을 費ᄒᆞ고 無數히 辛苦ᄒᆞᆫ 後에라야 이에 實의 秀홈을 能見ᄒᆞᄂᆞ니 是以로 兒童教育의 道가 또ᄒᆞᆫ 正히 若此ᄒᆞᆯ지라.

孩提時를 當ᄒᆞ야 家庭에셔 應施ᄒᆞᆯ 教育은 贅論ᄒᆞᆯ ᄇᆡ 無ᄒᆞ거니와 其學齡에 達ᄒᆞ면 學校에 入ᄒᆞ야 業을 修케 ᄒᆞ되 此時에 功課의 稽査와 品格의 立定과 德을 進ᄒᆞ고 學을 勵ᄒᆞ며 善에 趨ᄒᆞ고 邪를 避ᄒᆞᄂᆞᆫ 道ᄂᆞᆫ 또ᄒᆞᆫ 母氏가 一一히 監督ᄒᆞ며 教誨ᄒᆞᆯ ᄇᆡ니 西俗에 男女學童의 言行이 明達홈을 見ᄒᆞᆫ즉 言ᄒᆞ되 此ᄂᆞᆫ 彼의 母가 반다시 賢ᄒᆞ고 彼의 家庭이 반다시 嚴홈이니 不然ᄒᆞ면 彼가 엇지 若此ᄒᆞ리오 ᄒᆞ고 또 學者가 學藝의 優홈을 見ᄒᆞ면 言ᄒᆞ되 彼의 師가 반다시 良ᄒᆞ고 彼의 學校가 반다시 善홈.이니 不然ᄒᆞᆫ즉 彼가 엇지 如此ᄒᆞ리오 ᄒᆞᄂᆞ니 西俗에 家庭과 學校를 重視홈이 如此ᄒᆞᆫ 則 兒女教育의 善否ᄂᆞᆫ 母氏의 薰陶何如에 在ᄒᆞ다 ᄒᆞ리로다.

틱즁에셔와 ᄌᆞ보에셔 교육홈이 긴요홈은 우에 말ᄒᆞ얏거니와 그 ᄌᆞ

녀가 학문을 빅울 ᄯᅢ에 밋처셔는 먼져 그 긔쵸를 세울지라, 고로 삼사 셰가 되야 유치원에 들어갈 ᄯᅢ에 어미된 ᄌᆞ이 가졍교육ᄒᆞ는 도리에 죠곰이라도 어긔지 말지라. 셔양풍속에 아희의 언힝이 단뎡ᄒᆞᆫ ᄌᆞ를 보면 문듯 지목ᄒᆞ야 ᄀᆞᆯ오ᄃᆡ 이 아희의 모친이 반다시 현슉ᄒᆞ며 가졍교육이 극히 엄슉ᄒᆞᆯ지라. 그러치 아니ᄒᆞ면 엇지 이갓ᄒᆞ리오 ᄒᆞ며 ᄯᅩ 그 직죠와 학문이 넉넉ᄒᆞᆷ을 보면 문듯 의논ᄒᆞ야 갈오ᄃᆡ 져 아희의 션싱이 반다시 완젼ᄒᆞᆫ 교육가이라. 그럿치 아니ᄒᆞ면 엇지 이갓ᄒᆞ리오 ᄒᆞ얏스니 그 ᄂᆞ라이 가졍교육에 ᄃᆡᄒᆞ야 이갓치 즁히 녁이는 고로 그 ᄌᆞ녀들이 맛참ᄂᆡ 착ᄒᆞᆷ에 이르ᄂᆞ니라.

一 品格

先哲의 言에 ᄀᆞ라ᄃᆡ 大人은 其 赤子의 心을 不失ᄒᆞᆫ다 ᄒᆞ고 西教에 ᄯᅩᄒᆞᆫ ᄀᆞ라ᄃᆡ 人이 嬰兒의게 比ᄒᆞ기 不能ᄒᆞᆫ즉 天國에 入치 못ᄒᆞᆫ다 ᄒᆞ야 東西聖賢이 嬰兒의 品格을 重視ᄒᆞ기 若此ᄒᆞ니 此는 小兒의 純潔無疵ᄒᆞ기 美玉의 無疵ᄒᆞᆷ과 如ᄒᆞᆷ니라. 然ᄒᆞᄂᆞ 我國人은 智識이 未開ᄒᆞ야 往往히 小兒를 視ᄒᆞ기 土偶와 如ᄒᆞ야 待ᄒᆞ기 極히 疎慢ᄒᆞ니 彼가 비록 口로 能히 言치 못ᄒᆞ되 五官의 感觸ᄒᆞ는 바가 모다 單純ᄒᆞᆫ 腦中에 存ᄒᆞ야 其 性質의 善惡이 此 丈大人의 行動을 視ᄒᆞ야 轉移變改ᄒᆞᆷ을 不知ᄒᆞ나니 元來 嬰兒가 胎를 脫ᄒᆞ면 呱呱의 聲을 發ᄒᆞ야 곳 國民의 一人이 되고 其 長ᄒᆞᆷ에 及ᄒᆞ야는 或은 國家의 干城이 되고 或은 朝廷의 賢吏가 될 바를 모다 預知치 못ᄒᆞᆯ지라. 一人의 力으로 或은 國家의 疆土를 拓ᄒᆞ고 或은 文明의 鴻業을 興ᄒᆞ야 國家로 ᄒᆞ야금 重ᄒᆞ기 九鼎과 如케 ᄒᆞ고 民智로 ᄒᆞ야금 日漸發達케 ᄒᆞᆫ 者를 顧ᄒᆞ건ᄃᆡ 萬國史乘을 縱覽ᄒᆞ면 其 例가 實로 勝數치 못ᄒᆞ리니 如此ᄒᆞᆫ 英雄豪傑을 成年人의게 望ᄒᆞ▧ 不可ᄒᆞ고 實로

呱呱ᄒᆞ는 赤子의게 求ᄒᆞᆯ지라. 然ᄒᆞᆫ 則 小兒品格의 敎育을 加意치 아님이 豈可ᄒᆞ리오.

ᄃᆡ인이란 ᄌᆞ는 그 젹ᄌᆞ의 마암을 일치 아니ᄒᆞᆫ다 ᄒᆞ얏스며 셔교에도 사ᄅᆞᆷ이 젹ᄌᆞ와 갓지 못ᄒᆞ면 텬당에 못드러간다는 말이 잇스니 동셔양 셩현의 말삼이 ᄒᆞᆫ길로 ᄒᆞ얏스니 아희의 가라치기가 참 즁ᄒᆞ도다, ᄃᆡ긔 젹ᄌᆞ의 셩졍은 물욕이 업슴으로 슌젼홈이 ᄇᆡᆨ옥과 갓고 졍결홈이 ᄇᆡᆨ실과 갓ᄒᆞ야 눈으로 능히 보지 못ᄒᆞ며 귀로 듯지 못ᄒᆞ나 션악과 샤졍이 이ᄣᅢ 분간 될지니 이는 교육ᄒᆞ는 자에게 잇슴이라. 어린 아희가 ᄯᅡ에 ᄯᅥ러질 ᄯᅢ부터 곳 그 나라에 ᄒᆞᆫ낫 ᄇᆡᆨ셩이라. 후일에 혹 죠졍에 올나 착ᄒᆞᆫ 졍치를 죠직ᄒᆞ야 한 ᄉᆞᄅᆞᆷ의 힘으로 왼나라에 ᄒᆡᆼ복을 지을는지 알지 못ᄒᆞᆯ지니 져 동셔양 호걸들이 그 특별ᄒᆞᆫ 공을 셰우며 큰 사업을 일워 셔 소ᄅᆡ와 일홈이 지구상에 들인ᄌᆞ이라도 다 아희 ᄯᅢ로 좃차옴이니 아희의 갑이 참 즁ᄒᆞᆯ지니라.

二 習慣

習慣의 力은 可히 兒童의 性質을 變改ᄒᆞ며 ᄯᅩ 足히 感應을 敏捷케 ᄒᆞᄂᆞ니 往往히 世人의 能히 危에 趨ᄒᆞ고 險을 冒ᄒᆞ야 一學을 硏究ᄒᆞ며 一事를 辨別ᄒᆞ다가 其 目的을 不達ᄒᆞ야는 不已홈을 엇지 幼時習慣의 所致가 아니라 ᄒᆞ리오. 故로 敎育은 兒童의 習慣을 養成ᄒᆞ는 機關이라 ᄒᆞᆯ지니 假令 至難ᄒᆞᆫ 事라도 幼時로부터 見習ᄒᆞ면 艱苦를 不覺ᄒᆞ되 至易ᄒᆞᆫ 事라도 長成ᄒᆞᆫ 後에 始行ᄒᆞ면 繁難치 아니ᄒᆞᆫ 事가 無ᄒᆞᆯ디라. 故로 母氏는 幼兒의 心身이 幼弱ᄒᆞᆯ 時에 可히 各種 善良ᄒᆞᆫ 習慣에 就케 ᄒᆞ야 其 天賦가 良能ᄒᆞᆫ즉 增進ᄒᆞ며 其 氣稟이 缺乏ᄒᆞᆫ즉 培補ᄒᆞ고 充足케 ᄒᆞ야 智德이 兼全ᄒᆞᆫ 人物을 成케 ᄒᆞᆯ디니라.

먹에 갓가운 ᄌᆞ이 검어지나니 군ᄌᆞ가 되며 소인이 되는 것이 다 어릴 ᄯᅢ에 잇슴이라. 습관의 힘이 가쟝 크며 그 물듬이 ᄯᅩᄒᆞᆫ 큼으로 습관ᄒᆞᆫ 바이 악ᄒᆞᆫ즉 몸이 맛도록 그 ᄒᆡ를 바들지니 엇지 두렵지 아니ᄒᆞ리오. 교육ᄒᆞᄂᆞᆫ ᄌᆞ이 악함을 바리고 그 착ᄒᆞᆷ을 도으며 그 덕을 길으고 그 지혜를 발달ᄒᆞ야 지극히 착ᄒᆞᆫ 습관에 인도ᄒᆞᆯ 바이라. 그럿치 아니ᄒᆞ야 어렷슬 ᄯᅢ에 비우지 못ᄒᆞ고 장셩ᄒᆞᆫ 뒤에 아모리 독칙ᄒᆞ야도 유익ᄒᆞᆷ이 업슬지니 어미된 ᄌᆞᄂᆞᆫ 반다시 어린 아ᄒᆡ의 텬셩이 완젼ᄒᆞᆯ ᄯᅢ에 그 습관을 삼가ᄒᆞ야 써 ᄒᆞᄂᆞᆯ이 품부ᄒᆞᆫ ᄌᆞ를 버양ᄒᆞ야 그 ᄌᆞ녀의 지혜와 덕셩을 완젼케 ᄒᆞᆯ지니라.

兒女教育의 重ᄒᆞᆷ이 如此ᄒᆞ거ᄂᆞᆯ 自來로 人의 母된 자ㅣ 每樣 家庭教育에 留心치 아니ᄒᆞ야 其 子가 粗暴에 流ᄒᆞ며 羸弱에 陷ᄒᆞ야 氣習이 輕薄ᄒᆞ고 性質이 愚鈍ᄒᆞ여 장차 何境에 至ᄒᆞᆷ을 恬然不顧ᄒᆞ니 實로 慨歎ᄒᆞᆯ 비로다. 父母ᄂᆞᆫ 天然의 教師로 母氏에게 對ᄒᆞ야 더욱히 教育의 主腦가 되ᄂᆞᆫ 故로 母氏의 一大要務가 此에 莫過ᄒᆞᆯ지라. 然이ᄂᆞ 兒女의 教育이 至難치 아니ᄒᆞ야 或 針黹이ᄂᆞ 或 中饋의 餘暇에 行ᄒᆞ야도 足ᄒᆞ리로다.

上에 述ᄒᆞᆫ 바ᄂᆞᆫ 全혀 母氏의 義務에 屬ᄒᆞᆫ 者ㅣ니 其 進步의 程度ᄂᆞᆫ 實로 家庭의 風紀와 互相消長ᄒᆞᆯ지라. 外에 賢師良友가 有ᄒᆞ야도 內에 賢母의 奬勵鼓舞가 無ᄒᆞ야 兒女로 ᄒᆞ야금 其 師友ᄅᆞᆯ 不尊ᄒᆞ며 其 學步를 不勵ᄒᆞᆫ즉 必也에 兒女의 賢明을 能히 望치 못ᄒᆞᆯ지니 然則 母氏의 責任이 엇지 不重타 ᄒᆞ리오. 孟母가 三遷ᄒᆞᆫ 教ᄅᆞᆯ 觀ᄒᆞ면 可히 瞭然ᄒᆞ도다.

그러ᄒᆞᆫ즉 어린 아ᄒᆡ의 어질고 불쵸ᄒᆞᆷ이 다 가졍교육에 잇슬지니 만일 안으로 어진 어미가 잇고 ᄯᅩ 밧으로 밝은 스승과 유익ᄒᆞᆫ 친구로 더부러 상죵ᄒᆞ면 어린 아ᄒᆡ의 이, 목, 구, 비에 ᄃᆡ이고 졉ᄒᆞᄂᆞᆫ 바니 ᄒᆞᆫ낫도 불션홈이 업스면 습관이 쳔셩으로 더부러 일울지니 가졍교육의 필요홈을 이에 가히 알지니 사람의 어미된 주는 그 싱각홀지어다.

第二 家庭教育의 準的

家庭教育中에 讀書 算學 窮理 等은 모다 要圖에 屬훈지라. 然호느 忽諸치 못홀 者는 兒童의 意志를 鞏固케 호며 兒童의 德性을 進步케 호며 愛國의 感情을 養成케 호며 體育의 習練을 發達케 호야 公德을 重히 너기며 任俠을 好호는 精神으로 호야금 健康훈 身體에 宿케 홈이니 如是호면 長成호야 公業을 振興호는 義務를 擔負호기에 能히 勞苦를 堪耐호야 百折不回홀지니 若此훈 性質은 幼時에 養成치 아니호면 其 功을 不成홀지니라.

가졍교육의 목젹은 글 일ᄭᅩ 산놋는 류이니 다 지혜를 교육호는 뎨일 긴요훈 者이라, 그러나 덕으로 교육홈이 뎨일 긴요호느니 덕으로 교육호야써 그 마암을 굿게 호며 그 졍을 厚케 호며 그 공경호고 사랑호고 효도호고 우익호는 덕을 가라친 후에 그 신쳬를 강건케 호며 그 졍신을 단련호야 능히 칩고 더움을 견듸며 쥬리고 목말음을 참게 홀지니 듸져 남주는 뜻이 ᄉ방에 잇느니 이런 습관을 평시에 길너셔 만일 급한 일이 잇슬지경에는 비록 바람에 다니며 이슬에 잠주나 무삼히 가 잇스리오.(以上次號)

1908년 12월 25일

一 大成을 期홈이라.

兒童을 教育홈은 小就를 求치 아니호고 大成을 期홈에 在호니 世人이 往往히 兒女의 銳敏홈을 誇호야 如干讀書作字에 能홈을 見훈즉 百端

으로 譽揚ᄒᆞ야 驕傲ᄒᆞᆫ 心을 長케 ᄒᆞ야 不遜ᄒᆞᆫ 人을 成케 ᄒᆞ며 或은 他兒의 學藝가 優勝홈을 羨ᄒᆞ야 己의 兒를 深責ᄒᆞ야 天分의 高低를 不問ᄒᆞ고 督責이 比至ᄒᆞ다가 其 能力이 反히 漸疲ᄒᆞ며 身體도 亦是 羸弱ᄒᆞ야 畢竟 夭折의 慘에 至ᄒᆞᄂᆞ니 此ㅣ 所謂 矯角殺牛ㅣ라 엇지 悲慘ᄒᆞᆯ ᄇᆡ 아니리오. 故로 兒童의 教育은 其 進步의 遲緩홈을 過憂치 말고 揠苗助長ᄒᆞᄂᆞᆫ 法을 行치 말지니라.

아ᄒᆡ를 교육홈이 그 젹은 지혜를 길이지 말고 크게 일홈을 구ᄒᆞᆯ지니 셰속의 아ᄒᆡ를 길으ᄂᆞᆫ 자이 약간 글자이나 일ᄶᅥ 알면 곳 빅단으로 칭찬ᄒᆞᄂᆞ니 어려 지각업ᄂᆞᆫ 아ᄒᆡ로 ᄒᆞ야곰 사랑홈을 인ᄒᆞ야 교만ᄒᆞᆫ 마암이 싱겨 졈졈 불손ᄒᆞᆫ 지경에 드러가게 ᄒᆞ며 혹 다른 아ᄒᆡ의 직죠를 부러워셔 양에과ᄒᆞᆫ 과졍으로 가랏쳐 그 뢰력을 곤케 ᄒᆞ면 아ᄒᆡ의 졍신과 신체가 졈졈 약ᄒᆞ야 말릐에 요샤ᄒᆞᄂᆞᆫᄃᆡ 일을 지니 이ᄂᆞᆫ ᄲᅮᆯ을 바로잡다가 소를 쥭임과 갓ᄒᆞ니라.

兒童이 長ᄒᆞ야 入學ᄒᆞ거든 ᄇᆞᆫ다시 먼져 其 方針을 定ᄒᆞ고 方針이 既定ᄒᆞ면 猶預未決치 말고 我의 所志에 達케 ᄒᆞᆫ 然後에 已ᄒᆞᆯ 것이오 ᄯᅩ 兒女의 仁恕博愛ᄒᆞᄂᆞᆫ 性情과 不折不撓ᄒᆞᄂᆞᆫ 精神은 必也에 襁褓의 時로부터 育成ᄒᆞᆯ지니 此所謂精神教育의 基礎ㅣ니라.

학업의 진보홈은 맛당히 그 형셰를 인ᄒᆞ야 리ᄒᆞ게 인도ᄒᆞᆯ지오 맛당히 직촉지 아니ᄒᆞᆯ지라. 그러ᄒᆞᄂᆞ 반다시 일졍ᄒᆞᆫ 방침이 잇슬지오 가히 놀아다녀셔 쥬쳐업게 못ᄒᆞᆯ지라. ᄃᆡ져 어질고 샹량ᄒᆞᄂᆞᆫ 셩졍과 굴ᄒᆞ고 흔들니지 아니ᄒᆞᄂᆞᆫ 졍신은 맛당히 강보즁에셔 길너닐지니 이ᄂᆞᆫ 곳 졍신을 교육ᄒᆞᄂᆞᆫ 긔쵸이라. 가히 늣츄지 못ᄒᆞᆯ 자이니 비우ᄂᆞᆫ 직죠와ᄂᆞᆫ 달으니라.

二 先哲을 則ᄒᆞ라.

大凡 世運의 進化ᄒᆞᄂᆞᆫ 風潮ᄂᆞᆫ 逆行치 못ᄒᆞᆯ 者ㅣ 有ᄒᆞ니 譬喩컨ᄃᆡ 堤를 築ᄒᆞ야 水를 防코져 ᄒᆞᆯ 時에 其 基礎가 未固ᄒᆞ면 ᄇᆞᆫ다시 倏忽間에 崩壞ᄒᆞᆯ지라. 國運이 發達ᄒᆞᄂᆞᆫ 日을 當ᄒᆞ야 學校가 林과 如ᄒᆞ면 有用ᄒᆞᆫ 人物이 漸漸 增加ᄒᆞ고 國運이 否塞ᄒᆞᆫ 時에ᄂᆞᆫ 大奸巨猾의 輩가 往往히 機를 乘ᄒᆞ야 起ᄒᆞᄂᆞ니 語에 曰 居ᄒᆞᆫ 則 氣를 移ᄒᆞ고 養ᄒᆞᆫ 則 體를 移ᄒᆞᆫ다 ᄒᆞ니 旨哉라. 斯言이여. 方今 我國의 變法維新ᄒᆞᆷ과 人才를 作育ᄒᆞᆷ은 實로 可慶ᄒᆞᆯ 바ㅣ라. 然이나 人智의 發達이 每樣 道德으로 더브러 幷進키 不能ᄒᆞᆫ 弊가 有ᄒᆞ니 此時를 當ᄒᆞ야 血氣가 未定ᄒᆞ고 學養이 未深ᄒᆞᆫ 人은 義憤에 迫ᄒᆞ야 謀ᄒᆞᆷ이 不端ᄒᆞ야 文明의 進化가 學術에 根ᄒᆞ고 學術의 振興은 敎育에 在ᄒᆞ고 敎育은 반다시 漸進ᄒᆞ야 一旦에 大成의 域을 造ᄒᆞᆯ 者이 아님을 不知ᄒᆞᄂᆞ니 故로 我國의 此後 兒童敎育은 더욱히 留心ᄒᆞ야 東西先哲의 言行事蹟을 將ᄒᆞ야 時時敎誨ᄒᆞ야 學을 好ᄒᆞ고 正을 習ᄒᆞᄂᆞᆫ 心을 啓發ᄒᆞᆯ지라. 다만 注意ᄒᆞᆯ 것은 海天萬里에 兒童이 嘗히 習見치 못ᄒᆞ야 或 其 感情을 促進ᄒᆞ야 功效ㅣ 도로혀 不著ᄒᆞᆯ 것이 有ᄒᆞ리니 故로 同國 或 同族 中 先哲의 言行功蹟에 就ᄒᆞ야 語ᄒᆞᆷ이 甚宜ᄒᆞ고 또 兒童으로 더브러 年齡이 相等ᄒᆞ고 身分이 相若ᄒᆞᆫ 者의 事蹟을 取ᄒᆞ야 效則케 ᄒᆞ면 더욱히 其 觀感을 足動ᄒᆞᆯ지니라.

세게에 바람과 물결을 거슬이ᄂᆞᆫ 자ᄂᆞᆫ 어린 아ᄒᆡ를 잘 가라치ᄂᆞᆫ ᄌᆞ이 아니라 지금 어린 아ᄒᆡ를 교육ᄒᆞᄂᆞᆫ 요지ᄂᆞᆫ ᄃᆡ져 덕을 교육ᄒᆞᆷ에 잇ᄂᆞ니 덕을 교육ᄒᆞᆷ이 후ᄒᆞ지 못ᄒᆞ면 흘으ᄂᆞᆫ 폐단이 만ᄒᆞᆯ지니 비컨ᄃᆡ 언덕을 막ᄂᆞᆫ 것과 갓ᄒᆞ야 견고ᄒᆞ며 튼튼케 ᄒᆞ면 약ᄒᆞᆫ 물결이라도 능히 터지게 못ᄒᆞᆯ지며 또 집짓ᄂᆞᆫ 것과 갓ᄒᆞ야 그 터를 놉고 후케 ᄒᆞ면 비록 더럽고

ᄒᆞ린 물건이 잇슬지라도 ᄯᅩᄒᆞᆫ 드러오지 못ᄒᆞᆯ지라. 그런 고로 풍속이 후ᄒᆞᆫ즉 사람마다 착ᄒᆞᆷ을 권ᄒᆞᆯ지오 풍속이 박ᄒᆞᆫ즉 사람마다 불쵸ᄒᆞᆷ을 붓그려 ᄒᆞ지 아니ᄒᆞᆯ지라. 이졔 우리나라 사회ᄂᆞᆫ 비록 이젼보담 낫다 ᄒᆞ나 사람의 지혜 진보됨과 도덕의 발달됨은 아직 지극지 못ᄒᆞᆫ 고로 지혜로써 간ᄒᆞᆷ을 막고 말로써 글음을 꿈이ᄂᆞᆫ 류가 불의ᄒᆞᆫ 영광을 구ᄒᆞ고 부졍ᄒᆞᆫ 부ᄌᆞ를 일우ᄂᆞᆫ 자이 죵죵 잇슴으로 후진이 살피지 아니ᄒᆞ고 더욱 본밧아셔 지죠와 지혜가 밋지 못ᄒᆞ면 반다시 범을 그리다가 도로여 ᄀᆡ의 긔롱을 밧을지니 어미된 ᄌᆞ이 엇지에 방치 아니ᄒᆞ랴 맛당히 동셔양 옛젹 셩현의 사졀을 말ᄒᆞ야 어린 아희로 ᄒᆞ야곰 표쥰을 삼게 ᄒᆞᆯ지니 ᄃᆡ기 듯기를 죠와ᄒᆞ고 보기를 시려ᄒᆞᆷ은 사ᄅᆞᆷ마다 그럴지니 옛젹 일을 말ᄒᆞ기보담 지금을 징거ᄒᆞᆷ이 나을지며 ᄯᅩ 다른 나라의 다른 ᄉᆞᄅᆞᆷ을 말ᄒᆞᆷ이 ᄂᆡ 나라의 갓흔 ᄉᆞ람을 말ᄒᆞᆷ만 갓지 못ᄒᆞᆯ지니 혹 친쳑 즁에 이젼 법ᄒᆞᆷ직ᄒᆞᆫ ᄌᆞ를 드러 말을 ᄒᆞᆯ지오 그럿치 못ᄒᆞᆯ지면 곳 나도 갓고 셔로 아ᄂᆞᆫ 아희의 착ᄒᆞᆫ ᄒᆡᆼ실을 드러 말ᄒᆞᆯ지니라.

第三 家庭教育의 方法

家庭教育의 必要ᄂᆞᆫ 前에 詳述ᄒᆞ얏거니와 其 實行ᄒᆞᄂᆞᆫ 方法에 至ᄒᆞ야ᄂᆞᆫ 大概 如左ᄒᆞ니라.

家庭教育의 要ᄂᆞᆫ 兒童의 衣食起居와 身體를 運動ᄒᆞᆷ과 滿足히 睡眠케 ᄒᆞᆷ과 行事에 次序가 有ᄒᆞ며 處物에 規模가 有ᄒᆞ며 遷善改過ᄒᆞ야 正義를 嗜愛ᄒᆞᄂᆞᆫ 人을 作ᄒᆞᆷ에 在ᄒᆞ며 我國 維新의 基가 已肇ᄒᆞ얏스니 쟝차 小學이 林立ᄒᆞᆷ을 見ᄒᆞᆯ지라. 故로 兒女가 學齡에 達ᄒᆞᆫ 者ᄂᆞᆫ 卽時 就學케 ᄒᆞ야 誘掖奬勵를 勿怠ᄒᆞ되 學問과 實際가 相輔幷行케 ᄒᆞᆯ 것이오 ᄯᅩ 兒女로 ᄒᆞ야금 硏學케 ᄒᆞ되 不可不 其 腦力과 體格發育의 如何와 學步程

度의 高低를 計ᄒᆞ야 總히 太過ᄒᆞ거ᄂᆞ 不及ᄒᆞᆫ 弊가 無케 ᄒᆞᆯ지며 ᄯᅩ 學校와 家庭은 ᄇᆞᆫ다시 其 方針을 同케 ᄒᆞ야 兩相抵觸치 말게 ᄒᆞᆯ지니라.

가뎡교육의 필요ᄒᆞᆷ은 압헤 말ᄒᆞ엿거니와 실ᄒᆡᆼᄒᆞᄂᆞᆫ 방법에 ᄃᆡᄒᆞ야 다시 말ᄒᆞᆯ지니 쳣지ᄂᆞᆫ ᄌᆞ녀간 음식과 의복과 거쳐ᄒᆞᆷ에 반다시 쥬의ᄒᆞ야 운동을 젹당케 ᄒᆞ며 잠잠을 달게 ᄒᆞ야 그 신체를 강건케 ᄒᆞᆯ지오 둘지ᄂᆞᆫ 인군게 츙셩ᄒᆞ고 나라를 ᄉᆞ랑ᄒᆞᄂᆞᆫ ᄉᆡᆼ각이 가삼에 엉키게 ᄒᆞ야 그 올흔 일을 법밧으며 바른 길로 ᄒᆡᆼᄒᆞ야 무삼 일이라도 다 규률이 잇게 ᄒᆞ며 다시 우리나라의 나라된 샤젹과 력ᄃᆡ의 덕화와 동셔양 고금셩현의 아람다운 말ᄉᆞᆷ을 낫낫히 셜명ᄒᆞ야 악ᄒᆞᆷ을 버리고 착ᄒᆞᆷ에 올마셔 어질고 사랑ᄒᆞ고 셩실ᄒᆞ고 졍ᄃᆡᄒᆞᆫ 사람이 되게 ᄒᆞᆯ지며 셋지ᄂᆞᆫ ᄌᆞ녀가 입학ᄒᆞᆯ ᄯᅢ가 되거든 그 ᄇᆡ우ᄂᆞᆫ 의무를 가ᄅᆞ쳐셔 입학ᄒᆞᆫ 후에 스승을 놉히고 벗을 공경케 ᄒᆞ며 집으로 도라오거던 그 ᄇᆡ움을 단련ᄒᆞᆯ지나 다만 그 아ᄒᆡ의 졍신과 체격의 졍도와 강약과 ᄃᆡ소를 보와셔 졍당케 ᄒᆞ야 가졍교육이 학교에셔 교육ᄒᆞᄂᆞᆫ 방침과 갓치 ᄒᆞᆯ지니라.

一 教育의 次序

家庭教育의 次序ᄂᆞᆫ 兒童의 能力의 發達을 隨ᄒᆞ고 躐等ᄒᆞ야 進치 못ᄒᆞᆯ지라. 但 誨輸로 爲主ᄒᆞ야 終日토록 喋喋ᄒᆞᆷ은 甚히 不宜ᄒᆞ니 元來 兒童은 智識이 未深ᄒᆞ야 向學ᄒᆞᄂᆞᆫ 心이 頗弱ᄒᆞ미 中道에 倦怠ᄒᆞ기 易ᄒᆞᆫ 故로 過度히 誨諭ᄒᆞ면 銳進ᄒᆞᄂᆞᆫ 心이 反縮ᄒᆞᆯ지니 此ᄂᆞᆫ 곳 幼兒를 教育ᄒᆞᆷ에 不可不 其 程度를 從ᄒᆞᄂᆞᆫ 所由ㅣ라. 其 法은 惟何오. 曰 其 已知ᄒᆞᆫ 事物에 就ᄒᆞ야 其 未知ᄒᆞᆫ 事物에 推及ᄒᆞᆯ ᄲᅮᆫ이니 譬喩컨ᄃᆡ 一物을 取ᄒᆞ야 講論ᄒᆞ되 반다시 其 名稱으로부터 性狀과 大體와 各部와 全體와 有形과 無形에 及ᄒᆞ되 些毫라도 紊亂케 ᄒᆞᆷ이 不可ᄒᆞ고 論理에 至ᄒᆞ야ᄂᆞᆫ

可히 單純으로부터 複雜에 及ᄒᆞ며 卑近으로브터 高遠에 及ᄒᆞᆯ지니 如斯히 ᄒᆞᆫ 則 能히 敎育의 效를 奏ᄒᆞᆯ지니라.

가졍교육은 반다시 차례가 잇슬지니 뜰과 마루에 올을 ᄯᅢ에 급ᄒᆞ게 못ᄒᆞᆯ지라. 무릇 어린 아희를 가랏침이 무삼 일이던지 그 아ᄂᆞᆫ 것을 좇차 모르ᄂᆞᆫ데 밋츠며 그 일홈을 좇차 그 형샹에 밋츠며 갓가음을 좇차 먼데 밋쳐야 알아듯지 못ᄒᆞᄂᆞᆫ 폐단이 업슬지니라. 우리가 외국의 말과 글을 ᄇᆡ울지라도 먼져 그 글ᄶᆞ를 안 후에 간단ᄒᆞᆫ 말로부터 물리ᄭᆞ지 ᄇᆡ우ᄂᆞᆫ 차례가 잇슬지니 ᄒᆞ물며 어린 아희랴.

二 敎育의 程度

兒童敎育의 程度ᄂᆞᆫ 又其心身의 發達을 隨ᄒᆞ야 方針을 定ᄒᆞᆯ지ㅣ니 假令 運動은 其 體格의 羸壯과 年齡의 多小ᄅᆞᆯ 相ᄒᆞ야 施行ᄒᆞ고 過度케 홈이 不可ᄒᆞ니라.

지금 우리나라의 습관이 청년ᄌᆞ뎨ᄂᆞᆫ 다 학교에 들어감을 죠와ᄒᆞ니 곳 그 학교의 가릇치ᄂᆞᆫ 과졍이 아희의 뎡도에 젹당홈을 보와 입학ᄒᆞᆯ지며 만일 학교에 들지 아니ᄒᆞᆯ지라도 반다시 왼갓 학문과 기슐을 ᄇᆡ와 특별ᄒᆞᆫ 연고가 업거든 간단치 말게 ᄒᆞᆯ지며 뎨일 쇼즁홈은 덕육이니 ᄒᆞ야곰 옛사람의 아람다운 언힝을 일너 듯게 ᄒᆞ고 ᄯᅩᄒᆞᆫ 그 언힝을 살펴셔 표뎜ᄒᆞ야 스사로 살피게 ᄒᆞᆯ지며 ᄯᅩ 젹당ᄒᆞᆫ 운동과 왼갓 위싱이 몸에 유익홈을 식힐지며 칭찬ᄒᆞ고 ᄭᅮ지즘을 과히ᄒᆞ지 말고 반다시 아희의 체격을 ᄯᅡ라 젹당케 ᄒᆞᆯ지니라(以下 次號)

1909년 1월 25일

三 賞罰의 寬嚴

小兒의 習慣은 襁褓로브터 始ᄒᆞᄂᆞ니 故로 賞罰도 不可不 此時에 行ᄒᆞ되 其 年幼홈을 嫌ᄒᆞ야 忽諸치 말고 寬嚴을 適當케 홀지니 過譽ᄒᆞᆫ 則 驕ᄒᆞ며 貪ᄒᆞ고 過嚴ᄒᆞᆫ 則 屈抑ᄒᆞᄂᆞᆫ 弊가 不無홈으로 疑懼를 常懷ᄒᆞ야 憂憤ᄒᆞᆫ 餘에 甚ᄒᆞᆫ 則 轉變ᄒᆞ야 剛愎不羈ᄒᆞᆫ 者가 되ᄂᆞ니 故로 賞罰의 道ᄂᆞᆫ 恕ᄒᆞ되 公ᄒᆞ고 嚴ᄒᆞ되 正홀지라. 然이ᄂᆞ 詭詐의 言을 好ᄒᆞ며 或은 諛語獻媚ᄒᆞᄂᆞᆫ 等事ᄂᆞᆫ 모다 兒童의 惡習이니 假借치 말고 從速히 徵除ᄒᆞ되 其 餘의 患됨이 不大ᄒᆞᆫ 習은 智識이 漸長홈에 至ᄒᆞ야 再誨ᄒᆞ며 矯ᄒᆞ고 ᄯᅩ 仁慈ᄒᆞᆫ 心과 誠實ᄒᆞᆫ 行은 幼時로브터 涵養홀지며 如或兒童이 人의 不幸을 憐ᄒᆞ며 人의 窮厄을 救ᄒᆞ며 或은 過를 知ᄒᆞ고 곳 改ᄒᆞ거든 溫言으로 褒奬ᄒᆞ야 善에 益進케 홀지니라.

어린 아ᄒᆡ를 강보에 잇슬 ᄯᅢ붓터 졍제ᄒᆞᆫ 샹별을 뵈여 습관이 되게 홀지며 ᄯᅩᄒᆞᆫ 그 완급의 도슈를 졍홀지니 칭찬을 과히 ᄒᆞ면 그 교만ᄒᆞᆫ 긔운을 길을지오 ᄭᅮ지즘을 과히 ᄒᆞ면 어린 아히가 반다시 의심ᄒᆞ고 두려워 홀지며 혹 그 반ᄃᆡ홀 마암을 격동ᄒᆞ야 염치의 마암이 엄셔져셔 감화홈이 어려울지라. 연고로 어린 아ᄒᆡ를 샹쥬고 벌쥴 ᄯᅢ에 맛당히 공졍ᄒᆞ고 용셔홀지나 만일 속힘과 아쳠ᄒᆞᆫ 일에ᄂᆞᆫ 비록 어릴 ᄯᅢ라도 반다시 엄ᄒᆞ게 ᄭᅮ지져셔 그 밍동ᄒᆞᄂᆞᆫ ᄊᆞᆨ을 ᄭᅳᆫ을지며 여간 사소ᄒᆞᆫ 허물은 지각날 ᄯᅢ를 기다려 다사릴지며 혹 구급ᄒᆞ랴ᄂᆞᆫ 덕이며 허물을 숨키지 아니홈과 허물을 곳치ᄂᆞᆫ 훈게로 권면ᄒᆞ야 그 언힝이 공졍ᄒᆞᆫ 의리에 합당홀지면 샹당ᄒᆞᆫ 칭찬으로 포샹홀지니라.

第四 家庭教育의 戒則

家庭教育中에 戒愼홀 點이 不少ᄒᆞ니 左에 臚列ᄒᆞ노라.

一 欺를 戒홈. 兒童을 教育홈은 誠實홈이 第一이라. 然ᄒᆞᄂᆞ 世人이 往

往히 小事를 欺詐ᄒᆞᆷ에 介意치 아니ᄒᆞᄂᆞ니 假令 疾病이 有ᄒᆞ야 藥을 勸ᄒᆞᆯ 時에 苦ᄒᆞᆫ 物을 甘ᄒᆞ다 ᄒᆞ며 或은 給予ᄒᆞᆯ 物이라 ᄒᆞ다가 맛ᄎᆞᆷᄂᆡ 不給ᄒᆞ며 甚ᄒᆞᆫ 則 隨意誑語케 ᄒᆞ야 虛詭ᄒᆞᆷ이 如此ᄒᆞ면 兒童이 習慣ᄒᆞ야 쟝ᄎᆞ 改ᄒᆞᆯ 可望이 無ᄒᆞ야 畢竟 不信ᄒᆞᆫ 人을 成ᄒᆞᄂᆞ니 可히 戒愼ᄒᆞᆯ지어다.

一 脅迫을 戒ᄒᆞᆷ. 父母가 兒童을 脅迫ᄒᆞ야 己의 命을 强從케 ᄒᆞᆷ은 自來의 積習이니 不可不亟改ᄒᆞᆯ지라. 世人이 幼兒가 命을 不從ᄒᆞ면 往往히 空室에 幽閉ᄒᆞ고 各種으로 脅迫ᄒᆞ며 自思ᄒᆞ되 我의 擧動이 剛猛ᄒᆞ야 足히 兒童을 壓伏ᄒᆞ리라 ᄒᆞ야 他人이 見ᄒᆞ고 其 愚ᄅᆞᆯ 笑ᄒᆞᆷ을 不知ᄒᆞ거니와 處罰의 要ᄂᆞᆫ 兒童으로 ᄒᆞ야금 命을 樂從케 ᄒᆞᆷ이니 罰은 반다시 施行ᄒᆞ고 施行ᄒᆞ랴면 難堪ᄒᆞᆫ 罰은 不可ᄒᆞ고 ᄯᅩ 難堪ᄒᆞᆫ 罰을 强迫히 施行치 말지니라. 然ᄒᆞ면 母氏의 威嚴을 不損ᄒᆞ고 兒童도 ᄯᅩᄒᆞᆫ 命을 從ᄒᆞ기 易ᄒᆞ고 ᄯᅩ 處罰ᄒᆞᆯ 時에 怒ᄅᆞᆯ 忽發ᄒᆞᆯ저니 怒氣가 發ᄒᆞᆫ 則 處罰에 其 宜를 失ᄒᆞ기 易ᄒᆞᆷ이오.

一 報復을 戒ᄒᆞᆷ. 報復의 事로 幼兒ᄅᆞᆯ 教치 말지니 假令 兒童이 地에 仆ᄒᆞ거ᄂᆞ 柱에 觸傷ᄒᆞ면 地를 詈ᄒᆞ며 柱를 打ᄒᆞ야 其 心을 慰ᄒᆞᆷ은 恒有ᄒᆞᆫ 事어니와 兒童의 報讐ᄒᆞᄂᆞᆫ 念이 此等 事로브터 胎生ᄒᆞ야 長成ᄒᆞ면 自己ᄅᆞᆯ 傷ᄒᆞ거나 罵ᄒᆞᄂᆞᆫ 者에게 報復을 肆行ᄒᆞᆫ 後에 快히 너기ᄂᆞ니 不可不 注意ᄒᆞᆯ 것이오.

一 恐嚇을 戒ᄒᆞᆷ. 長成ᄒᆞᆫ 人의 性이 怯懦ᄒᆞᆷ은 幼時에 父母가 兒童을 順從케 ᄒᆞ기 爲ᄒᆞ야 往往히 設計恐嚇케 ᄒᆞᆫ 故이니 無知ᄒᆞᆫ 人은 姑捨ᄒᆞ고 稍히 學識이 有ᄒᆞᆫ 者도 此弊가 不無ᄒᆞ니 幼時에 鬼神의 妖怪ᄒᆞᆷ을 言ᄒᆞᆫ 則 長成ᄒᆞ야 怯懦ᄒᆞᆫ 心이 必生ᄒᆞ고 幼時에 英雄豪傑을 言ᄒᆞ고 鬼神妖怪ᄂᆞᆫ 足히 畏ᄒᆞᆯ 비 아님을 知케 ᄒᆞᆫ 則 懦者가 變ᄒᆞ야 勇者가 될 것이오 ᄯᅩ

兒童이 或 微傷홀지라도 過度히 愛憐ᄒᆞ면 其 氣가 虛弱ᄒᆞ야 將來에 勞苦를 不堪ᄒᆞ리니 맛당히 剛强ᄒᆞᆫ 性이 生ᄒᆞ도록 奬勵ᄒᆞ고 撫摩ᄒᆞ기만 爲主ᄒᆞ야 涕泣케 홈이 不可홀 것이오. 況女子ᄂᆞᆫ 天性이 柔弱ᄒᆞ거ᄂᆞᆯ 更히 怯懦ᄒᆞᆫ 事를 敎ᄒᆞ면 將來에 事變을 少遇ᄒᆞ야도 但 涕泣홀 ᄲᅮᆫ이리니 可히 戒홀 빅오 世人이 每樣 涕泣은 女子常態라 ᄒᆞᄂᆞ 此ᄂᆞᆫ 積習의 所致오.

一 嫉妬를 防홈. 父母가 兄의 純良ᄒᆞ고 弟의 頑陋홈을 相提竝論ᄒᆞ야 優劣을 顯然히 分間ᄒᆞ며 或은 一兒를 偏愛ᄒᆞ야 他兒로 ᄒᆞ야금 善에 遷코져 ᄒᆞᄂᆞ니 如是ᄒᆞᆫ 則 도로혀 兄弟姊妹間의 愛情을 必傷홀 ᄲᅮᆫ 外라 猜忌嫉妬의 心을 助長ᄒᆞ야 맛ᄎᆞᆷ님 兄弟鬩墻의 禍가 生ᄒᆞᄂᆞ니 人의 父母된 者ᄂᆞᆫ 不可不 愼홀 것이오.

一 妄言을 戒홈. 婦女가 相聚ᄒᆞ면 往往히 戲談과 妄言을 發ᄒᆞ고 乳母侍婢 等은 其 習이 尤甚ᄒᆞ야 兒女의 視聽을 汚染ᄒᆞᄂᆞ니 不可不 戒홀 것이오.

一 禁令을 愼홈. 兒童이 嬉遊娛樂ᄒᆞ기 太過홀지라도 空然히 禁止치 말지니 만일 其 娛樂의 機와 私心의 希望을 阻遏ᄒᆞ야 竟日토록 愁苦ᄒᆞ고 樂趣가 毫無케 홈이 不可ᄒᆞ고 또 嚴禁ᄒᆞ면 兒童이 每樣 樂從치 아닐 것이오 又或 樂從홀지라도 其 希望을 他에 轉ᄒᆞ야 意外의 事를 反行ᄒᆞ리니 實狀 過失이 有ᄒᆞ기 前에ᄂᆞᆫ 禁止치 못ᄒᆞ깃고 또 不得不 禁止홀 事가 有ᄒᆞ야도 溫和ᄒᆞᆫ 色으로 從容히 挽止홀지니라.

一 博愛를 勵홈. 博愛ᄒᆞ야 物에 及홈은 實로 至要ᄒᆞᆫ 敎法이니 此 敎가 普及ᄒᆞᆫ 則 殘酷凶暴의 徒가 可히 日減홀지라. 幼時에 恣意로 蟲鳥를 殘殺ᄒᆞᆫ 則 長成ᄒᆞ야 必也에 其 手段을 儕輩에게 施ᄒᆞ야 凶惡殘暴ᄒᆞᆫ 人이 되리니 不可不 幼時로브터 物을 愛ᄒᆞᄂᆞᆫ 習慣을 養成홀지니라.

一 言行을 一케 홈. 自己는 人을 遇ᄒᆞ기 不篤ᄒᆞ거ᄂᆞᆯ 親愛ᄒᆞᆫ 意趣로 兒童을 教ᄒᆞ며 自己는 良人의 命을 不從ᄒᆞ면셔 兒童을 恭順ᄒᆞ라 ᄒᆞ야 責ᄒᆞ며 自已가 人을 對ᄒᆞ야 僞言이 多ᄒᆞ거ᄂᆞᆯ 信實ᄒᆞᆫ 言으로 兒童을 教ᄒᆞ면 自己言行의 不一홈이 如此ᄒᆞ거ᄂᆞᆯ 兒童이 엇지 準行ᄒᆞ리오. 此는 自己가 先愼홀 ᄇᆡ니라.

一 慈惠ᄅᆞᆯ 施홈. 母氏의 叱咤ᄅᆞᆯ 聞ᄒᆞ며 母氏의 憤怒ᄅᆞᆯ 見홈은 元來 兒童의 恐懼ᄒᆞ는 ᄇᆡ니 然ᄒᆞᄂᆞ 叱聲과 怒色은 空然히 兒童의 性을 頑惡케 홀 ᄲᅮᆫ이오 兒童을 教育ᄒᆞ는 正軌가 아니니 西哲이 言ᄒᆞ되 愛는 强코져 ᄒᆞ고 怒는 弱코져 홈이라 ᄒᆞ니 實로 至論이라. 兒童이 母氏의 怒ᄅᆞᆯ 屢遭ᄒᆞᆫ 則 其 喜怒가 無常홈을 知ᄒᆞ고 傲慢ᄒᆞᆫ 心을 反生ᄒᆞ야 다시 教키 不能ᄒᆞ기에 至ᄒᆞ리니 故로 兒女를 教育ᄒᆞ되 溫和ᄒᆞᆫ 色과 悲憫ᄒᆞᆫ 心으로 苦口勸戒ᄒᆞ면 其 效가 鞭笞叱咤에 過홈이 尤遠홀지라. 西哲이 又 云ᄒᆞ되 人에게 愛ᄅᆞᆯ 施ᄒᆞ면 必也에 人에게 見愛ᄒᆞᆫ다 ᄒᆞ얏거ᄂᆞᆯ 況且 母子의 間이리오.(以下 次號)

1909년 3월 25일

第三章 小學教育

第一 小學教育의 要旨

小學教育의 主腦는 智ᄅᆞᆯ 開ᄒᆞ며 德을 明홈과 兒童의 健康을 保홈에 在ᄒᆞ니 如斯히 教育홈으로 修身成業의 階梯ᄅᆞᆯ 作ᄒᆞᆫ즉 能히 利國平民의 思想을 能養ᄒᆞ야 國家富强의 基礎가 될지라. 是以로 文明ᄒᆞᆫ 邦國에는 遐邑僻壤에 小學의 設이 無處不有ᄒᆞᆫ지라 近日 我國에셔도 明詔ᄅᆞᆯ 迭頒ᄒᆞ야 各 地方에 小學을 設ᄒᆞ니 人의 親된 者는 맛당히 兒女로 ᄒᆞ야금 就

學케 ᄒᆞ야 興邦의 基ᄅᆞᆯ 肇ᄒᆞᆯ 것이오.

一 教育의 關涉

小學教育의 盛衰ᄂᆞᆫ 實로 家庭教育의 何如에 攸關ᄒᆞ거ᄂᆞᆯ 愚夫愚婦가 往往히 入學의 益됨을 不知ᄒᆞ고 兒女ᄅᆞᆯ 入學케 ᄒᆞ지 아니ᄒᆞᄂᆞᆫ 故로 學校의 執事者가 若輩ᄅᆞᆯ 對ᄒᆞ야 慇懃히 勸勉ᄒᆞ다가 不聽ᄒᆞ면 罰金을 科ᄒᆞᄂᆞ니 此 制ᄂᆞᆫ 德國에셔 行ᄒᆞ야 效力이 頗大ᄒᆞ며 其他 日本과 西洋 諸國에ᄂᆞᆫ 大概 其 父兄을 譴責ᄒᆞᆯ ᄲᅮᆫ이니 我國 將來의 立制도 必也에 此法을 倣則ᄒᆞᆯ 지니라.

二 教師의 責任

兒女ᄅᆞᆯ 教育ᄒᆞᆷ은 父母의 責에 屬ᄒᆞᆫ지라. 然ᄒᆞᄂᆞ 父ᄂᆞᆫ 恒常 職務에 從事ᄒᆞ야 終日토록 外에 在ᄒᆞ고 母도 亦是 家計의 勤勞ᄒᆞ야 教育의 要務ᄅᆞᆯ 專關키 不能ᄒᆞᆫ 故로 教師ᄂᆞᆫ 其 父母ᄅᆞᆯ 代ᄒᆞ야 其 義務ᄅᆞᆯ 執行ᄒᆞᄂᆞᆫ 者오 尤況 脩身一科에 至ᄒᆞ야ᄂᆞᆫ 父母가 兒女ᄅᆞᆯ 督責ᄒᆞ면 必也에 恩惠ᄅᆞᆯ 損ᄒᆞᆯ지니 古者에 子ᄅᆞᆯ 易ᄒᆞ야 教ᄒᆞᄂᆞᆫ 理ᄂᆞᆫ 孟軻의 言으로 可히 徵ᄒᆞ리니 是以로 教師ᄂᆞᆫ 教ᄒᆞᄂᆞᆫ 바 兒女의 親友의 地位에 居ᄒᆞ고 又ᄂᆞᆫ 其 父母의 思想을 代ᄒᆞᆫ 者라. 然則 當路者가 人師ᄅᆞᆯ 擇ᄒᆞᆯ 時에 但 其 人의 學藝ᄅᆞᆯ 調査ᄒᆞᆯ ᄲᅮᆫ 아니라 其 人의 性行을 審察ᄒᆞᆯ지니 弟子가 師의게 對ᄒᆞ야ᄂᆞᆫ 影이 形을 隨ᄒᆞ며 響이 聲을 發ᄒᆞᆷ과 如ᄒᆞ야 感應이 極速ᄒᆞᄂᆞ니 不可不注意ᄒᆞᆯ 것이오. 西人이 謂호ᄃᆡ 三教가 有ᄒᆞ다 ᄒᆞ니 此ᄂᆞᆫ 父母와 賢師ᄅᆞᆯ 指함이라. 此 三者가 반다시 互相 輔行ᄒᆞ야 偏廢ᄒᆞᆷ이 不可ᄒᆞ고 其間에 責任이 最重ᄒᆞᆫ 者ᄂᆞᆫ 母氏라. 故로 國家의 賢才ᄂᆞᆫ 母氏로브터 出ᄒᆞᆫ다 ᄒᆞᄂᆞ니 然則 擇師의 責任도 ᄯᅩᄒᆞᆫ 母氏의게 在ᄒᆞ니라.

第二 兒童을 教育ᄒᆞᄂᆞᆫ 主腦

世人이 大概 讀書 算術 習字 等類로 教育의 主腦를 作ᄒᆞ니 此ᄂᆞᆫ 智識과 理想의 階梯를 養成ᄒᆞ기에 必要ᄒᆞᆫ 지라. 然ᄒᆞ나 此 外에 ᄯᅩᄒᆞᆫ 더욱히 切要ᄒᆞᆫ 者ᄂᆞᆫ 其 氣質을 養成ᄒᆞ며 品行을 方正케 ᄒᆞ며 態度를 優美케 홈에 在ᄒᆞ니 故로 幼時에 能히 此 事를 習脩ᄒᆞᆫ 則 長成ᄒᆞ야 有用의 人材가 될지로되 不然ᄒᆞ면 或 剛强ᄒᆞ야 人을 凌ᄒᆞ며 誠敬을 不脩ᄒᆞ며 一已의 歡樂을 除ᄒᆞᆫ 外에ᄂᆞᆫ 顧見홈이 無ᄒᆞ다가 後日에 반다시 放縱無忌ᄒᆞ고 又 或은 向學ᄒᆞᄂᆞᆫ 心이 無ᄒᆞᄂᆞ다ᄆᆞᆫ 脅迫을 畏ᄒᆞ야 一時 强從ᄒᆞ며 ᄯᅩ 服役과 義務의 科를 不脩ᄒᆞ면 將來國事에 勤勞ᄒᆞ며 公利와 民福을 謀ᄒᆞ기 不能홀지라. 元來 英傑의 士ᄂᆞᆫ 모다 幼時의 教育을 因ᄒᆞ야 得ᄒᆞᄂᆞ니 人의 母된 者ᄂᆞᆫ 不可不 此等 事에 注意ᄒᆞ야 學校에ᄆᆞᆫ 徒委치 말고 家에 歸ᄒᆞ거던 ᄇᆞᆫ다시 其 課를 復習케 ᄒᆞ다가 遺忘ᄒᆞᆫ 者가 有ᄒᆞ면 곳 指教ᄒᆞ야 家庭과 學校가 兩兩相輔홀 지니 如是ᄒᆞᆫ 則 兒童이 비록 家中에 在ᄒᆞ야도 곳 教師의 側에 在홈과 無異ᄒᆞ야 可히 知識의 進步를 立致홀지니라.

第四章 養老

先聖이 言ᄒᆞ되 五十에 帛이 아니면 暖치 못ᄒᆞ고 七十에 肉이 아니면 飽치 못ᄒᆞᆫ다 ᄒᆞ엿스니 家에 老가 有ᄒᆞ야 供養홈도 ᄯᅩᄒᆞᆫ 家庭의 要務ㅣ라. 凡人이 老ᄒᆞᆫ 則 身體가 枯瘦ᄒᆞ고 視聽이 漸衰ᄒᆞ며 精神이 ᄯᅩᄒᆞᆫ 消耗ᄒᆞ야 草木이 秋節을 當ᄒᆞ면 凋落ᄒᆞ야 其 狀이 可憐홈과 如ᄒᆞ니 元來 人이 少壯홀 時에 終日토록 營營勤勞홈은 老後의 安樂을 冀홈에 不過홀지라. 故로 主婦가 老를 待遇ᄒᆞ되 ᄇᆞᆫ다시 撫慰ᄒᆞ기를 懇切히 홀지니 女子가 家에 在ᄒᆞ야 父母를 事홈은 出閣ᄒᆞᆫ 後에 舅姑를 事ᄒᆞᄂᆞᆫ 責任의 重홈만 不如ᄒᆞ거든 況 夫家의 凡百家庭을 一一이 監督ᄒᆞ며 保護ᄒᆞ야 失誤

가 無케 홈이리오. 故로 女子는 家에 在흔 日에 맛당히 此等 事에 就흐야 預先注意흘지니라.(以下 次號)

13. 농학

〈표 51〉 '농학' 관련 텍스트 목록

잡지명	저자명	제목	표기	권호(발행일)	쪽수
太極學報	金志侃	農業硏究談	국한문	제15호(1907.11.24)	24~26
夜雷	金東完	農學叢談	국한문	1권1호(1907.2.5) 1권2호(1907.3.5) 1권3호(1907.4.5) 1권5호(1907.6.5)	42~47 49~52 54~57 26~27
湖南學報	李沂	農學說	국한문	제6호(1908.11.25) 제7호(1908.12.25) 제8호(1909.1.25) 제9호(1909.3.25)	33~41 32~37 25~30 24~30

이기, 「농학설」

1908년 11월 25일

농학은 옛날에 보면 오직 주관분양周官糞壤의 법과 이리대전李俚代田의 방법이로되 그 상세함은 또 듣지 못했으니 곧 우선은 그대로 둠은 말할 것도 없음이요, 우리나라가 본디 농업국가라 칭하고 어리석게 또한 농가로 성장하나 그러나 그 항상 듣고 본 바로써 그것을 말하면 하늘의 가물고 수고로운 때를 막을 수 없을 것이요, 땅의 비옥하고 병든 뜻을 고칠 수 없을 것이요, 사람의 교묘하고 졸렬한 공을 변화시킬 수 없을 것이다. 그러므로 그 밭가는 것과 그 소출이 또한 대동소이할 따름이다. 비록 폐관자수閉關自守함이 있을 때에도 오히려 먹을 사람은 많으나 먹을 것이 적음을 면치 못함과 같아서 나라 계획의 허출虛絀과

민생의 곤고困苦가 이루 다 말할 수 없거늘 하물며 지금 척식회사가 이미 성립되어서 그 이해득실의 수가 현재 눈앞에 있으니 농학 강구講究가 또한 이미 늦었다. 그러나 금일의 준비가 혹 내일의 효과가 있을 수 있으니 즉 어찌 갑자기 자포자기하겠는가. 그러므로 이 농학 초계初階 다음과 같이 베껴 적노라.

농학초계農學初階

일 온도와 식물

동물과 식물은 적당한 온도를 얻어야 생장번식하는 것이니 만약 온도가 적당치 못하면 완전히 생육치 못하니 가령 식물이 봄에 생장하고 여름에 번무繁茂하고 가을에 홍엽紅葉을 되고 겨울에 이르러 고목상枯木狀을 이룸은 모두 온도관계에 연유함이니라.

일 식물은 적당한 온도를 얻어야 생육하며

이 식물이 다름에 좇아 각기온도가 또한 다르며

삼 식물은 최저 온도와 최고 온도에는 생육하기 불가능하니라.

이 파종의 시절

수확물의 다량과 또 품질의 우등을 얻고자 하면 반드시 하종기절下種期節에 주의할지니 하종기절에 불과한 작물은 완전한 생육에 이르지 못하고 생육에 완전치 못하면 또 수확이 많지 못하니라.

일 동일한 작물이라도 토지가 다르면 하종기절이 다르며

이 하종기절이 다름은 기후와 토질이 같지 않음에 연유하며

삼 종자의 발아는 기후 또는 온도에 원인이 있으며

사 온도가 적당한 때는 속히 발아하며

오 온상을 사용하면 기절期節을 불구하고 발아하나니라.

삼 발아와 수분水分

종자는 적당한 온도와 공기가 통하는 곳에 심고 수분을 주면 흙 속이 아니라도 능히 발아하나니 어떠한 종자라도 수분이 부족한 때에는 발아가 늦느니라.

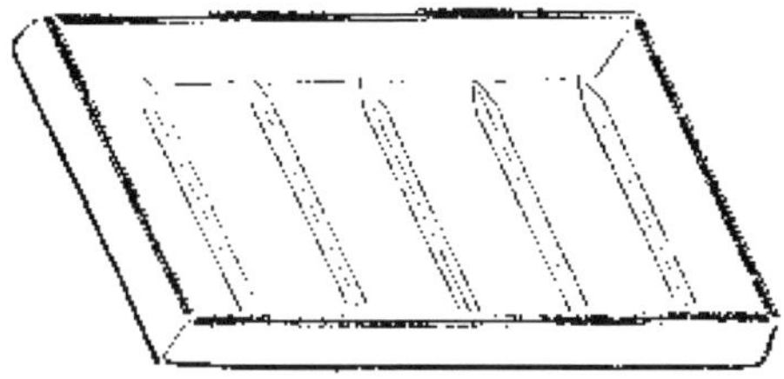

圖一第

토도土圖와 같이 발아시험기에 포布를 담아 양단을 기중器重에 드리워 물 오륙 분分에 입入하면 포양단布兩端으로부터 물을 흡토吸土하야 적당히 적신 후에 종자를 하下하야 발아케 하나니라.

일 발아에는 온도와 공기 외에 수분을 필요로 하며

이 발아에는 일광을 필요치 아니하며

삼 하종下種 후 건조한 때에는 물을 대어 수분의 부족을 보충하며

사 도종稻種을 물의 침浸함은 발아를 용이케 함이라

사 종자의 대소와 경중

종자는 내피 외피 배급배유胚及胚乳가 있으니 비유컨대 도종稻種의 곡穀은 외피오 강糠은 내피오 미米는 배유胚乳오 미米의 일단백부一端白部는 배胚니 배중소아胚中小芽는 배유胚乳를 양료養料삼아 생장하고 지상에 나와서는 토중土中과 공기중으로 양료養料를 흡취하나니라.

일 배유胚乳의 배胚는 유모의 소아와 같으니 어린 식물은 온전히 배유胚乳를 인하야 생장하며

이 완전한 종자와 반절半切한 종자를 시蒔하면 그 생장이 크게 차이나며

삼 크고 무거운 종자는 작고 가벼운 것보다 완전히 생장하며

사 근래 수선水選과 염수선법鹽水選法 등을 사용함은 이를 위함이며

오 발아시험기에 각종종자를 시蒔하야 물육物育하는 모양을 시험하나니라.

오 모본母本의 양부良否

종자를 선택함은 미래수획未來收獲을 위함이니 작물의 품질을 개량코자 할진대 먼저 모본을 선택할지니 종식물의 성질선악이 모두 유전하나니라

일 순량純良한 모본에 결실은 양종良種이 되며

이 불량한 모본에 결실은 악종惡種이 되며

삼 매년 순량한 모본을 선택하야 종자를 캐고 다시 그 중 순량한 것을 선택하야 사용하면 작물의 성질을 점차 개량하나니라.

륙 종자의 신구新舊

종자는 연월을 오래 지나면 발아하는 힘이 감소하나니 고로 일양년一兩年 내에 채취한 종자를 사용함이 가하니라.

일 신종자를 공단功斷하면 그 면에 소유한 윤택색이 있으나 구종자는 그렇지 않으며

이 신종자는 먼저 치근穉根이 생장하고 다음에 치아穉芽가 나오나 구종은 그렇지 않으며

삼 발아시험기에 신종과 구종을 함께 시험하면 신종은 발아가 많아도 구종은 그렇지 않으며

사 아삼亞麻과 호과胡瓜는 삼사년 지난 종자가 좋다 하니 이는 예외며

오 발아력이 감소하는 근본적인 원인은 저강貯藏 중 공기에 닿는 바와 혹은 한난寒暖이 변함을 조우함에 있음이니라.

칠 파종의 심천深淺

각종 식물이 유치 시에는 종자 중에 함유한 양료로 인하야 생육하고 경엽莖葉이 지상에 나와서는 비로소 다른 것으로 인하야 양료를 흡취하나니 복토覆土가 지나치게 깊으면 해가 있나니라.

일. 종자가 작은 것은 복토覆土를 얄게 함이 좋으며

이. 종자가 큰 것은 복토를 깊게 함이 좋으며

삼. 지소至小한 종자는 흙를 뒤집어 발아치 못하는 경우에는 절고切藁와 혹 도각稻殼을 복覆하며

사. 온도와 공기와 수분을 적당케 하나니라.

팔 정지整地의 목적

농작물의 뿌리는 대저 연약하야 토양이 딱딱하면 뿌리가 곧게 펴서 자라기 어려운 고로 파종과 혹 이식移植하기 전에 토양을 굴기堀起하야 토괴土塊를 부수고 잡초를 제거하야 전포田圃를 청결케 하나니 이를 정지整地라 부르나니라.

일. 인마人馬의 통행과 강우降雨 등을 인하야 토지가 딱딱한 고로 토괴를 부수고 와석瓦石을 거去하야 토지를 연후軟厚케 하나니 토지가 연후하면 작물의 생장이 가장 알맞으며

이. 작물의 생장이 알맞으면 생산물이 많고 또한 품질도 좋아지니라.

일 간기쇄토墾起碎土의 기구器具

농업상에 필요한 기구는 쟁기와 호미와 가래와 삽과 우파牛耙와 낫과 목파木耙이니 그중 호미, 가래, 낫이 가장 긴요한 것이니라.

일. 쟁기는 철로 만듦이 대부분이니 그 값이 귀하고 우리나라 농사짓는데 많이 사용하며

이. 호미는 흙을 고기刳起하야 작물 뿌리를 배培하고 잡초를 굴거掘去하나니 이를 철로 만들어 사용에 가볍고 편하게 하며

삼. 가래는 흙을 기起하야 토괴土塊를 부수고 잡초를 제거하는 등 일에 겸용하기 편리하며

사. 삽은 도랑을 치는 것이니 바탕은 나무로 만들어 자루가 길고 말단은 반월형과 같으며 철인鐵刃을 갑甲하고 양변에 대삭大索을 매어 한 사람은 자루를 잡고 두 사람은 동아줄을 당겨 흙을 파내며

오. 우파牛耙는 토괴를 부수고 땅을 고르게 함에 용이하며

육. 철삼구鐵三鉤〔소시랑〕은 퇴비를 쌓고 또 감저류甘藷類를 수확함에 사용하나니라.

이 경서耕鋤의 심천深淺

경서耕鋤하기 얕게 하면 작물근이 임의로 신장치 못하야 능히 생장치 못하는 고로 깊게 밭을 가는 것이 가장 마땅하다.

일. 심경深耕함은 작토作土를 증심增深케 하며

이. 토양이 연후軟厚함으로써 공기가 유통하야 비료의 분해를 재촉하며

삼. 뿌리가 깊게 펴서 길어지면 한해旱害를 면하며

사. 일시 심경深耕한 때는 하층에 유해물을 상층에 보내는 해害가

있으나 후에는 무해하며

오. 재배하는 작물에 따라 경서耕鋤의 심천深淺이 매우 다르니라

삼 일광과 식물

만물은 태양의 변형물이라 하나 태양빛은 최대 긴절緊切한 것이니 이것이 없으면 하루도 생존치 못하나니라.

일. 암지暗地에 생장한 식물은 처음에 그 색이 황백黃白하고 필경에 고사함은 양기가 통화通化치 못한 까닭이며

이. 빽빽하게 자란 식물이 연약함은 일광이 부족한 바이며

삼. 일광은 식물에 몸을 굳세게 하며

사. 양묘良苗를 얻고져 할진대 일광이 적당한 땅에 묘판을 설치하며

오. 파와 독활獨活 등을 연약하게 하고자 하면 일광을 막나니라.(未完)

1908년 12월 25일

사 파종량播種量

이종작물異種作物에 파종량播種量이 같지 않음은 물론하고 동종작물同種作物이라도 파종하는 방법이 다를 시에는 그 양이 같지 않으니 필요는 과부족이 없게 할지니라.

일 소파疎播함은 지면을 허비하고 수확할 양이 또한 적으며

이 밀파密播함은 종자를 많이 허비하고 발아 후에 햇빛이 투사치 못한 고로 도미倒靡하는 폐弊가 있으며

삼 작물 중에 밀파密播하는 것은 세선細線을 사용하는 아마亞麻(어자커)와 하간모자夏間帽子에 사용하는 맥간麥稈 등물이니라.

오 시비施肥

작물의 수확을 많이 얻고자 할진대 비료를 주기를 게으르지 않게 할지니 혹은 비료를 주지 않아도 농산물이 다수하다 하나 비록 비옥한 토양이라도 연해連年 비료가 없고 작물을 재배하면 양료養料가 점차 감모減耗하야 농산을 감각減却하나니 이를 지력地力이 쇠모衰耗한다 부르니라.

일 작물을 수확할 때는 땅 속의 양료를 작물이 흡진吸盡하였으며

이 양료를 흡수한 고로 다음번 농작을 위함에 시비施肥할 필요가 생기며

삼 토양이 척박瘠薄한 땅에 양료를 보충하지 않으면 작물이 생육치 못 하나니라.

륙 시비량施肥量

비료는 작물재배상에 결缺치 못할 것이나 토지비척土地肥瘠과 작물 종류에 인하야 시용施用하는 양이 다르니라.

일 시비는 농작에 매번 시행함도 있고 혹은 시행하지 않음도 있으며

이 일차농작에 여러차례씩 시행함도 있으며 혹은 전작前作에 시행하고 후작後作에 시행하지 않음도 있으며

삼 기후가 온난하고 또 온윤溫潤한 지방에는 서서히 분해할 비료를 사용하고 이에 반한 지방에는 용해하기 쉬운 비료를 사용하며

사 흡수축력吸收蓄力이 강한 점토粘土는 일차 시비함이 족하나 사토砂土는 수차 시비하며

오 하종下種과 또 이식移植할 때에 시행하는 비료를 원비元肥 또 기비基肥라 하고 그 후에 시행하는 것을 가비加肥 또 보비補肥라 하나니라.

칠 잠蠶의 소취掃取

춘기春氣가 방난方暖하야 상수桑樹가 발아하거든 저장하였던 잠종蠶種을 잠실蠶室에 출송出送하야 잠蠶을 취출取出하나니 의례 춘분절에 잠종을 실내에 두어 온도를 가한 즉 그 색이 점점 변하야 청색을 띠나니 이를 최청催青이라 부르나니라.

일 잠실蠶室에 옮겨 두어 점차 온도를 가하는 때는 대저 이주일 간에 난화卵化하며

이 최초에 난화한 것과 최후에 난화한 것은 제거하고 그 중간에 발생한 것을 소취掃取하야 사육하며

삼 가잠家蠶은 난화할 때는 흑색이오 전체에 가는 털이 생기나니 이 때는 의충蟻虫이라 하나니라.

팔 작물의 해충

작물을 성량증진成良增進코져 할진댄 먼저 곤충의 대요大要를 알아야 할지니 그 형상과 성질을 자세히 알지 못하면 익충益蟲을 죽이고 해충을 보호하나니라.

일 명충螟蟲은 일년에 이차 발생하는 것과 삼차 발생하는 것이 있으니 모두 줄기 가운데에 들어가 해가 생기며

이 부진자浮塵子(비충飛蟲이니 신흑시백身黑翅白하고 두유서頭有絮하야 천음天陰 시에 무리지어 날면 원망遠望에 운하雲霞와 같은고로 일명은 운하雲霞)는 이십여종이 있으니 일년에 사오차례 발행하야 벼 줄기와 벼 잎의 액즙을 흡수하며

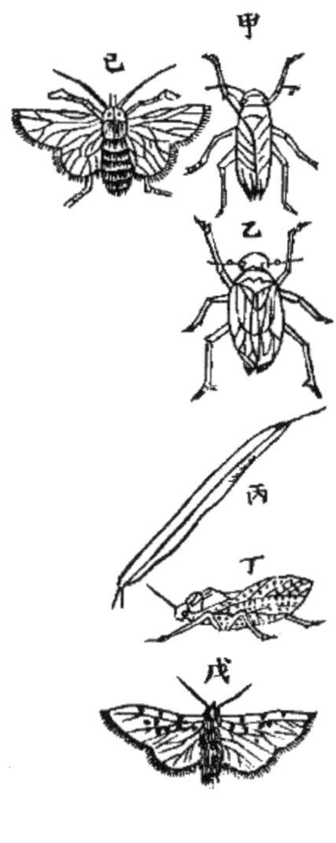

삼 위표충僞瓢蟲은 가자와 감저엽甘藷葉을 좀먹으며

사 기타 천우天牛, 황蝗, 고사오촉蛄蟖烏蠋(상충桑蟲), 수슬水蝨(설인충囓人蟲)(사루하무시)(벽경壁鏡박휘), 아충蚜蟲, 목두木蠹 등이 있나니라.

구 해충예방

작물에 해되는 것이 각종이 있으나 그 가장 해로운 것은 곤충이니 곤충 중에 작물의 줄기와 잎을 먹는 것이 있고 혹은 뿌리를 먹는 것이 있고 혹은 줄기, 잎, 뿌리의 액즙을 빨아마시는 것이 있느니라.

일 해충이 발생한 후에 제거함은 불급不及할 근심이 있으니 고로 발생하기 전에 예방하며

이 해충이 발생할 때에는 한 개라도 경홀치 못하며

삼 구제예방은 한 사람의 힘으로 능하지 못하나니 일구一區, 일촌一村 혹은 수촌數村이 힘을 합쳐야 하나니라.

일 상설霜雪

추동秋冬의 서리는 작물에 해가 없다 하나 조추早秋에 결실이 미숙할 때에 서리가 내리면 그 해가 많고 또 계춘季春 발아 후에 내리는 서리는 싹을 고사케 하는 고로 해가 있나니라.

일 서리는 하늘이 개고 바람이 고요한 효야曉夜에 많으며

이 하늘이 어둡고 바람이 불 때에는 서리가 없으며

삼 상해霜害를 막으려면 전포田圃에 연기를 훈燻하고 혹은 일출 전에 작물에게 물을 대고

사 조휘朝暉를 불수不受하는 땅은 상해霜害를 면하나니라.

이 전식田植

도묘稻苗를 밭에 이식함을 전식田植 또는 이앙移秧이라 하나니라.

일 일 년에 한 번 경작하는 밭은 겨울 끝의 토양을 경기耕起하야 양기陽氣를 폭쇄曝曬하고 봄 끝에 정지整地하나 일 년에 두 번 경작하는 밭은 수확 후에 땅을 균평均平케 하나니라.

이 일주一株의 묘수苗數가 많고 주간株間이 서疎한 것보다 일주一株의 묘수苗數가 적고 주간株間이 밀密한 것이 승勝하며

삼 주간株間을 종횡정직縱橫正直케 하고 또 천식淺植하는 것이 마땅하며

사 삽앙揷秧은 양난풍정陽暖風靜한 날에 행하며

오 이앙移秧할 때에 앙묘秧苗를 상하지 않도록 하나니라.

1909년 1월 25일

삼 식묘법植苗法의 소밀疎密

식묘법植苗法의 소밀疎密은 후일에 수확할 실효를 위하야 토질과 품종을 택하야 심는 것이니라.

일 비옥한 토지에는 주간株間을 넓게 하고 박토薄土에는 좁게 하며

이 종자의 품질이 다른 고로 분얼력分孽力의 다소多少가 있으니 분얼력이 많은 것은 묘수苗數를 작게 하고 분얼력이 적은 것은 묘수를 많게 하며

삼 만도晩稻는 조도早稻보담 묘수苗數를 적게 하나니라.

사 식법植法의 천심淺深

작물재배 중에 하종下種과 이식移植이 절당切當하나 심식深殖함은 불가하니 매양 이앙移秧할 때에 고인雇人을 많이 써 분망히 사역함은 좋은

방법이 아니니라.

일 심식深植하면 뿌리가 발육하기 불능하야 근연近延하고 천식淺植하면 뿌리가 발육하기 마땅하야 원연遠延하나니라.

이 고로 묘주苗株가 쓰러지지 않도록 천식淺植함이 가장 좋으니라.

오 누에 몸의 명칭

누에 새끼를 사육함에는 누에 몸의 각부 명칭을 숙지할지니라.

일 누에 새끼는 머리와 몸에 열 두 개의 환절環節이 있으며

이 다리는 가슴에 세 쌍, 배에 네 쌍, 최후에 한 쌍이 있으니 나방이 될 때에는 가슴에 있는 다리 세 쌍만 남아 있고 나머지는 소진하나니라.

삼 제십일절 등 위에 돌기한 것은 뾰족한 꼬리이며

사 기혈은 제일절과 제사절로부터 제십일절까지 그 사이 양측에 있어 공기를 호흡하며

오 제오와 제팔절 등 위에 반문斑紋이 있으니 팔절의 반문은 생란기生卵器가 되고 오절에 반문은 나방이 될 때 깃털이 생기는 곳이니라.

륙 눈은 좌우에 각 여섯 개 씩 있으며

칠 체내통명體內通明하야 곡결曲結할 승양繩樣으로 이근二筋이 있으니 이는 견사맥絹絲脈이라 부르나니 실이 생기는 곳이니라.

륙 누에의 성질

누에는 이면잠二眠蠶, 삼면잠三眠蠶, 사면잠四眠蠶의 구별이 있으니 사면잠의 성질을 다음에 기록하노라.

일 누에 새끼는 처음 태어났을 때에 흑색털이 있으나 점차 자라서는 체모를 벗고 회백색을 이루며

이 누에 새끼는 생장시에 먹는 것을 그치고 정식靜息하는 때가 네 차례이니 이를 면眠이라 말하고 또 화용化蛹, 화아化蛾 또 난화卵化를 합하야 일곱차례가 되며

삼 사면四眠한 틈을 영齡이라 하나니 생장하는 중간에 다섯 차례 영齡이 있으니 제오령第五齡에 이르러는 뽕잎을 가장 잘 먹어서 몸길이가 이촌二寸이 넘고 종말에 먹는 것을 그칠 때에는 신체가 축소하고 통명通明하나니 이를 만항잠滿項蠶이라 하며

사 만항잠滿項蠶은 상신후上薪後 이주일에 고치를 만들어 고치 안에서 변화하여 번데기가 되며 이삼주일 사이에 나방이 되어 고치를 탈출하야 산란하나니라.

칠 양잠상의 용어

양잠상의 용어는 각 지방이 동일하지 않지만 대략은 다음과 같으니라.

일. 누에에 뽕잎을 주는 것을 급상給桑이라 하고 면眠하기 전에 주는 것을 지상止桑이라 하고 면기후眠起後 최초에 주는 것을 각면상覺眠桑이라 하며

이. 누에를 먹이는 그릇을 잠석蠶席이라 하고 생장할 때에 잠석을 다른 곳에 증치增置함을 분박分箔이라 하며

삼. 잠분蠶糞을 제거함을 제분除糞이라 하며

사 고치를 작성하는 그릇을 신薪이라 하나니라.

팔 누에의 사육법

사육법은 냉잠冷蠶, 온잠溫蠶, 겸냉온잠兼冷溫蠶 삼종구별이 있으니 냉잠을 사육하는 법은 완전히 천연으로 맡겨두고 잠시라도 화기火氣를 사용하지 않고 온잠을 사육함은 인력으로써 종시 온도를 가하고 겸랭

온잠을 사육함은 한랭寒冷할 때에만 화기火氣를 사용할 뿐이니라.

일 잠실내蠶室內에 공기를 유통流通케 하며

이 잠실蠶室과 잠구蠶具를 청결케 하고 제분除糞하기를 불태不怠하며

삼 분박分箔을 적당케 하야 소밀踈密한 폐弊가 없게 하며

사 온기가 태과太過함을 피하고 온기가 적당케 하며

오 급상給桑하는 다소량多少量과 번수番數를 착오케 아니하며

륙 유상濡桑과 우상雨桑과 노상露桑을 주지 아니하며

칠 상신후上薪後에도 공기의 유통과 온도와 습도에 가감을 주의할 지니라.

일 잡초의 해

농작물에 해 되는 풀을 잡초라 부르니 잡초는 농작물에 비하면 한서풍우寒暑風雨를 감내하는 힘이 강하니 제거하지 않으면 작물이 생육하지 못 하나니라.

일 잡초는 작물의 흡수하는 양료養料를 빼앗으며

이 잡초가 번무繁茂하면 작물을 엄도掩倒하고 일광을 차遮하며

삼 햇빛을 막는 고로 토양을 차게 하나니라.

이 전田의 제초除草

도전稻田은 의례 사오차를 제초하나 우리나라 농작법은 삼차에 불과하나니라.

일 제일차 제초는 이식 후 십수일이 지나서 묘근苗根이 초신稍伸하거든 물을 줄이고 안조鴈爪(소서小鋤)로 세밀히 주간株間을 괄기括起하며

이 제이차 제초는 제일차 후 일주일이 지나서 전면田面을 평균케

하고 동시에 잡초를 제거하며

삼 그 후 십일 내외간에 삼차, 사차, 오차 제초를 행하며

사 최후 제초는 매양 다음 해에 잡초가 생기지 못하게 예방하는 것이며

오 제초함은 잡초를 제거하고 토양을 연후軟厚케 하나니라.

삼 도전稻田에 관개灌漑

관개는 도묘稻苗의 수기水氣와 양료養料를 주는 법이니라.

일 이식 후에 수심이 일이촌이 되면 적당하며

이 도稻가 이삭을 밸 때부터 점차 수심을 증가하고 개화 시에는 삼사촌 깊게 하고 결실 시에는 물을 배출하야 전면田面을 건조케 하나니 이 시기에 배수치 하니하면 미질米質을 손損하며

삼 관개를 온난溫暖케 하야 양료를 함유케 하나니라.(이하 차호)

1909년 3월 25일

사 농작물재배상에 용어

작물재배상의 용어는 다음과 같으니라

일. 맥麥과 유채油菜 등은 겨울에 재배하는 고로 동작冬作이라 하며

이. 도稻와 대두大豆 등은 여름에 재배하는 고로 하작夏作이라 하며

삼. 혹 작물을 다른 작물 수확한 땅에 경작하는 때에는 하나는 전작前作이라 하고 하나는 후작後作이라 하며 혹 작간作間에 다른 작물을 교작交作하면 이를 간작間作이라 하며

사. 매년 같은 작물을 같은 땅에 짓는 것을 연작連作이라 하고 다른 종을 바꾸어 짓는 것을 환작換作이라 하나니라.

오 환작換作과 연작連作

환작과 연작은 앞 장에 설명한 고로 이해제조利害諸條를 다음에 게揭하노라.

일. 연작은 이익이 적고 환작은 이익이 많으며

이. 후작은 전작의 남아 있는 양료를 이용하며

삼. 대저 작물은 종류가 다른 고로 상해相害되는 것도 역시 다르니 환작하는 때에는 그 해를 면하며

사. 작물 중에 연작하야 이익을 얻은 것이 있으니 가령 면棉과 남藍과 감저甘藷 등이니라.

륙 항한亢旱

오래 비가 내리지 아니함을 항한亢旱이라 하나니라.

일. 일기가 오래 가물면 흙 속에 수기水氣가 공핍空乏하며

이. 수기가 공핍하면 어떤 식물이라도 생장치 못하며

삼. 물은 흙 속 양료를 용해하야 식물체내에 돌려보내며

사. 점토粘土는 가물 때에 구탁龜坼하야 식물 뿌리를 상해하며

오. 토양은 지하에 물이 있는 고로 외면이 건조하야도 자연수기가 있으니 한해旱害를 예방하려면 토양을 심경深耕하여 연후軟厚케 하야 뿌리가 깊은 곳에 들어가 펴지도록 해야 할지니라.

칠 토양의 모관毛管(세관細管)인력引力

포지布紙 혹은 세공관細孔管 일단一端을 물에 침侵하야 물을 끌어 올리는 힘을 모관인수毛管引水라 하나니라.

일. 관공管孔이 작을수록 물을 빨아올리는 힘이 강하며

이. 토립土粒의 틈새가 작으면 물을 빨아올리는 힘이 강하며

삼. 점토粘土는 틈새가 작으나 사토砂土, 역토礫土는 틈새가 크며

사. 점토는 모관인력毛管引力이 강하고 사토砂土, 역토礫土는 약하며

오. 모관인력毛管引力이 약하면 한해旱害를 역피易被하나니라.

팔 수원水源

하수河水는 우리의 음료飲料가 되고 또 관개灌漑함에는 인수기계引水機械를 사용하며 천川, 계溪, 택澤 등 물은 기계가 없어도 우리나라 농지에 관개하기 편리하니라.

일. 우설雨雪은 물의 근원이니 우설이 적은 지방에는 수원水源이 핍乏하며

이. 삼림이 많은 지방에는 수원이 불핍不乏하며

삼. 자고로 눈은 풍년징조라 부르며

사. 우리나라는 우설이 많은 고로 오곡이 풍숙豊熟하며

오. 사막지방은 식물이 생육치 못하나니라.

구 삼림의 공용功用

우리의 거주, 가옥과 일용기구, 기계와 신탄薪炭과 죽은 후 관곽棺槨에 이르기까지 모두 수목樹木을 사용하나니라.

일. 수목 중에도 의식, 거주에 원료되는 것이 많으며

이. 수목의 공효功効는 또 기후를 조화하고 우설이 다량케 하며

삼. 산에 수목이 많으면 낙엽이 퇴적하야 빗물을 흡수하며 나무뿌리가 사방에 만연하야 산이 무너지지 않으니 산림을 함부로 벌목하면 비가 많을 때에 홍수가 많으니라.

일 조류의 공해功害

조류는 벌레를 먹는 것과 농작물의 종자경엽種子莖葉을 먹는 것이 있으니 벌레를 먹으면 해충을 제거하는 공이 있는 고로 익조益鳥라 하고 작물을 해하는 것을 해조害鳥라 하나니라.

일. 종지리조從地理鳥, 산작山雀, 사십작四十雀, 탁목조啄木鳥, 척령鶺領, 앵鶯, 초료鷦鷯, 효梟, 백로白鷺, 연燕, 수면아繡眠兒, 순鶉 등을 익조라 하며

이. 조류는 항상 작물종자를 먹는 추雛를 포哺하는 고로 곤충을 포식하며

이 충류蟲類의 공해功害

충류에도 농작물을 해하는 것과 해충을 먹는 것이 있으니 작물을 먹는 것을 해충이라 하고 해충을 먹는 것을 익충益蟲이라 하나니라.

일. 명충螟蟲, 부진浮塵, 종사螽斯, 지잠地蠶, 명령螟蛉, 양충蘘蟲, 고사蛄螄, 천우天牛(一名 黃金蟲), 금구자金龜子, 척확충尺蠖蟲, 상비충象鼻蟲, 춘상椿象, 아충蚜蟲(벽경壁鏡박휘) 등은 작물을 해하며

이. 표충瓢蟲, 히메기구스이, 꼬미무시 수슬水虱, 청전蜻蜓, 당랑螳螂, 실솔蟋蟀, 반묘斑猫, 기생봉寄生蜂, 시리앙에무시 등을 익충이라 하나니라.

삼. 익충을 보호하야 번식케 하고 해충을 구제驅除하야 예방하니라.

삼 적아摘芽

농작물의 싹을 적채摘採함을 적아摘芽라 하나니 과수果樹, 고류苽類, 면棉, 남초南草 등은 적아를 행함이 심히 마땅하니라.

일. 작물에 실효를 비대케 하고자 할진대 무용한 싹을 적거摘去하야 그 양료를 옮겨 작물을 완전케 하며

이. 과수는 결실하는 해와 불결실하는 해가 있으니 적아를 행하면 이 폐해가 없으며

삼. 적아를 행하면 품질이 가량佳良하고 수량이 많아지니라.

사 동화작용同化作用

엽표리葉表裏에 다수한 작은 구멍이 있으니 대개는 기공氣孔과 호흡공呼吸孔이니 기공은 엽표葉表보다 엽리葉裏에 많으나 부초浮草와 같은 것은 표表에 있고 이裏에 없느니라.

일. 기공은 공기의 건습乾濕과 햇빛의 다소에 있어 개폐하며

이. 잎은 햇빛의 유화流化함을 받아 공기 중으로 흡수하는 기체의 양료와 뿌리로 흡수하는 체액의 양료를 소화하야 신물질을 만들어 식물을 생장케 하나니 이를 동화작용이라 부르며

삼. 식물의 잎이 있음은 동물의 위가 있음과 같으니라.

오 햇빛과 동화작용

어두운 곳에 생육하는 식물은 중차대하나 가물질假物質을 생성함이 아니오 수기水氣로 말미암아 증대함이니라.

일. 햇빛을 받으면 동화작용함이 성행하야 그 중에 생성하는 물질이 많은 고로 생장함이 빠르며

이. 일음지日蔭地의 식물은 그 색이 황백黃白하야 생장치 못하는 고로 밀파밀식密播密植한 작물은 그 생장함에 해가 있나니라.(이하 차호)

14. 삼림학

〈표 52〉 '삼림학' 관련 텍스트 목록

잡지명	저자명	제목	표기	권호(발행일)	쪽수
大韓興學報	種樹生 譯	森林學	국한문	제3호(1909.5.20)	39~42

종수생 역, 「삼림학」

1909년 5월 20일

토지생산물에 미속米粟과 아울러 용도가 광대하며 경제상에 대영향이 있는 것은 즉 삼림이라. 가옥도 이것이 아니면 세우기 어렵고 교량도 이것이 아니면 가설하기 어렵고 선박차량도 이것이 아니면 짓기 어렵고 모든 기구가 이로 인하야 이루어지니 실로 인류사회에 빠지기 어려운 요물이로다. 지나간 옛날에 있어서는 세계육지가 대부분은 수목樹木이 울창하야 채무진용불갈採無盡用不竭함이 마치 물과 공기와 같은 고로 경제상에 가격이 있는 줄을 알지 못하였더니 그후 인류가 증가하고 지식이 진보됨에 따라 재목의 수용도 또한 증익하야 채벌함이 다대한 고로 삼림의 면적이 감소하고 또 감축의 유력한 대원인은 농업의 진보 때문이라. 삼림을 벌하며 태워 전포田圃를 개간하고 원습原隰을 착鑿하며 평평하게 하여 옥택屋宅을 짓게 하니 삼지森地의 스스로 줄어듦은 필연한 이세理勢라. 이 감축됨으로 인하야 재목을 수용치 아니하면 가하거니와 감축됨을 계산치 아니하고 용도는 하루한달 증가하야 제반 제조공업에 의외 수용이 왕왕 현출하며 또 홍수와 가뭄이 불시에 극렬하여 손해가 몹시 많아 세상 사람의 욕망을 다다르지 못하게 하는 경우가 하나가 아닌 고로 이제야 삼림을 황폐함이 불가하다는 주장이 생겨나 상고上古와 같이 천연적에 주지 아니하고 인위적에 용의用意하야 인공을 더하며 경영정리하나니 이것이 근대문명 제국의 일반통칙이라.

삼림이라 이름은 임지林地와 재목材木을 합칭한 바이니 즉 그 임지상에 천연적 또 인위적으로써 육성하야 인류의 수용을 채우며 또 간접으로 그 삼림존재함으로 인하야 국토의 보안을 유지하기로 인정한 토지라. 한 번 정부의 인정에 의하야 삼림지목森林地目에 들면 비록 혹시 재목이 없더라도 그것을 삼림이라 칭함이라.

삼림의 종류

삼림의 종류를 두 종으로 구별하니 하나는 원생림原生林이요 둘은 시업림施業林이라. 원생림이라 함은 천연적으로 자생자육함을 일컬음이요 시업림이라 함은 인공을 더하야 경영하는 것이라.

시업림을 경제상 목적으로 구별하면 다시 두 종이 있으니 경제림經濟林과 보안림保安林이 그것이라. 경제림이라 함은 영업적으로 그 목재를 생육하야 생산에 수용할 목적이요 보안림이라 함은 영업생산에 주목적을 두지 아니하고 여수원如水源을 함양함과 토사를 타지打止함과 조풍潮風을 방어하는 등 무형의 이익을 목적으로 하야 생육하는 거시라. 보안림은 원칙상에는 채벌를 금지하였으되 혹 경우를 따라 채용採用하나니 그러하나 종종 제한을 가하여 이용하며

작업상에 의거하여 삼종 분류가 있으니 말하자면 교림喬林, 왜림矮林, 중림中林이라. 교림은 삼송회杉松檜과 같은 종류의 종자에 의하며 경신

하야 용재用材 생산을 목적함이요, 왜림은 역저유櫟櫧楢과 기타 잡목의 구분이니 맹아萌芽를 의지하며 경신하야 신탄재薪炭材를 생산함을 목적함이요, 중림운은 이상 이종에 혼합된 것이니 즉 상목하목上木下木 두 구분이 있는지라. 상목은 송松과 같은 교목喬木이 있고 하목은 유楢와 같은 신탄림薪炭林이 존재한 것을 칭함이로다.

또 소유의 종류가 여섯 종種이 있으니 어료림御料林, 국유림國有林, 부분림部分林, 공유림公有林, 사사림社寺林, 사유림私有林이 그것이라.

어료림이라 함은 황실의 소속이니 궁내성에서 이를 관리하야 그 수입을 황실경제에 충당하는 것이요, 국유림이라 함은 농상무성에셔 이를 관리하야 그 수입을 국가경제에 충당하는 것이요, 부분림이라 함은 그 임지林地는 국가 소유라도 인민人民이 이에 수목樹木을 식재植栽하야 그 수입을 정부와 인민이 분배하는 것이니 이상 삼종은 흔히 관림이라 칭하고 공유림이라 함은 시정촌市町村과 기타 단체의 소속이요, 사사림이라 함은 신사불우神社佛宇의 소속이요, 사유림이라 함은 일개인의 소유니 그 삼종은 민림民林이라 칭하나니라.

조림법造林法

무릇 종자種子가 그 모수母樹의 성질을 유전적으로 이어받으니 조림하는 자가 십분 주의하야 종자를 취할지라. 종자는 그 성性이 숙熟하고 그 모양이 크고 그 양이 무거운 것이 가장 마땅하니 형상이 편편하며 혹 가늘고 긴 것은 마땅치 않도다. 경험상으로 논할진대 그 열매를 절단하여 그 속살이 충만하고 그 색이 광택하고 향기와 즙액 등이 있음을 구할지라.(未完)

2장_자연과학

1. 과학

〈표 53〉 '과학일반론' 관련 텍스트 목록

잡지명	저자명	제목	표기	권호(발행일)	쪽수
太極學報	張膺震	科學論	국한문	제5호(1906.12.31)	9~12
大韓學會月報	李昌煥	哲學과 科學의 範圍	국한문	제5호(1908.6.25)	16~18
西北學會月報		諸學釋名 科學	국한문	1권11호(1909.4.1)	8~11
普中親睦會報	金容喆	最近泰西科學의 概觀	국한문	제1호(1910.6.10)	51~58

장응진, 「과학론」

1906년 12월 24일

우리 인류가 생활居生하는 지구가 비록 광대하다 이르나 저 무궁히 광활한 우주에 비하면 창해일속과 같고 우리의 일평생 생활하는 시간이 비록 백년에 이른다하나 저 무한히 영원한 시간에 비하면 일순만년一瞬萬年에 비할 바가 아니라. 비록 우리 인류가 지구상에 서식한 이래로 지금까지의 연대年代로써도 저 무한히 영원한 시간에 비하면 일 초 억만년에 비할 바가 아니로다. 이와 같이 광활한 우주 간에 이렇듯 영원한 시간 중에 천태만상으로 변화하는 기기묘묘한 무한의 자연적 현상을 우리의 유한한 두뇌와 지식으로 일일이 진상을 규파窺破하고자 함은 도저히 기망期望하기 어려울 따름이라. 우리가 비록 어떠한 뇌력腦力으로써 어떠한 정력精力을 다할지라도 그 억만 분의 일을 규지窺知치 못하리로다. 그러나 인류는 지구상의 영물靈物이오 생물계의 패왕覇王이라. 정신이 특출하고 지력이 발달하여 지구상 만물을 다스리며統御 자연계의 현상을 미치는 정도까지는 연구 이용하여 자기 생활을 도우며 종종의 편리한 규범을 제정하여 인류 공동의 행복을 유지 향상하게 함이로다.

위의 소위 자연적 현상이라 함은 어떠한 것을 가리킴이뇨. 이는 우주 간 만물이 천연적天然的으로 일어나는 사실을 이르는 것이니 일월성진日月星辰은 공제空際에 매달려懸 쉬지 않고 운행하고 서거야래書去夜來[3] 하며 춘하추동은 일정한 법칙으로 상호 교대하니 봄에 초방화향草芳花香하면 조아접동鳥兒蝶童은 이때에 비음飛吟하고 여름에 뇌명雷鳴이 은은殷殷하면 음우陰雨가 미비靡霏하고 가을에 상풍霜風이 슬슬瑟瑟하면 본엽本葉이 황락黃落하고 겨울에 북풍北風이 늠렬凜烈하면 백설白雪이 교교皎皎하며 청천淸泉이 화빙化氷하고 수군獸群은 들에 달리며 조류鳥類는 공중에 날고 임금林檎은 지상地上에 낙하落下하며 풍선風船은 공제空際로 상승하고 물은 높은 곳으로부터 낮은 곳으로 아래로 향하고 이러한 자연적 현상(사실)은 일일이 거론하기 어려우나 이러한 현상에 대해서는 우리의 지식이 경험상 대개 일정한 법칙으로 종출從出함을 추상推想할

3 주거야래(晝去夜來)의 오식이다.

지니 이러한 종종의 현상을 우리가 사실로 연구하여 이 사이에 일정한 공통의 규칙을 발견하는 것을 자연과학 혹 사실과학이라 칭하니 천문학, 지리학, 박물학, 물리학, 화학, 심리학, 기타 종종의 구별이 있고 또 우리 인류가 사회생활 상에 필요한 종종의 규칙(규범)을 제정하고 표준을 세운 후에 종종의 사실을 이러한 표준에 대조하여 선악善惡, 정부정正不正, 호불호好不好 등의 구별을 정신상으로 판단함에 이러한 학문을 규범적 과학이라 칭하니 윤리학, 정치학, 미학, 논리학 등은 모두 규범적 과학이라. 윤리학은 자식이 그 부모에게 대하여 효도를 다해야 할 이유를 우리에게 가르쳐주며 국민이 되어 그 국가를 사랑하고 인류는 인류를 서로 사랑하며, 사람을 살해하고 물건을 훔치면 악이라 하고 약자를 도와 보호하며 병자를 연민하여 구휼하여 박애博愛의 도를 행함은 선이라 하여 한 개인이 세상에 처할 때에 가족에 대해 어떠한 행위를 어떻게 행하며 국가와 사회에 대하여는 어떻게 행위할 것을 규범적으로 연구하는 것이오. 정치학은 인류의 단체행동에 대하야 규범적으로 연구하는 것이니 즉 인류는 정치적 단체를 이루는 것이라. 어떠한 단체가 어떻게 조직될는지 어떠한 단체가 어떻게 행동할 것을 규범적으로 연구하는 것이오. 미학은 사물의 미추美醜를 연구하고 윤리학은 사실의 진위를 확정하는 학문이니 과학을 대별大別하면 이상의 두 명칭 아래에 대략 포함하겠도다. 그러나 과학이라 하는 것은 어떠한 성질을 구비한 연후에 이르는 것인지 바꿔 말하면 어떠한 요건을 구유俱有한 연후에 과학의 요건을 만족할고 하면 아래 예시한 세 조건을 구비한 연후에야 실로 과학의 성질을 진비盡備하였다 이르리로다.

一 관찰

二 분류

三 설명

이 예를 천문학에 들어 말하면 우리가 천문학을 연구할 때에는 먼저 일월성진 모든 천체天體가 어떻게 상호의 위치를 변하는 것을 정밀히 관찰하고 다음에는 이러한 모든 천체를 그 운행하는 법도度와 기타 성질에 따라 분류함이니 태양계와 다른 항성恒星의 모든 계통을 구별하며 유성과 위성을 구별하매 태양의 주위를 운행하는 것은 유성이니 지구 등이 이것이요 지구에 주위를 운행하는 것은 위성이니 태음太陰 등이 이것이라. 이러한 사실을 정밀히 관찰하고 이러한 사실을 그 특성에 따라 구분한 후에도 다시 정세精細한 설명을 한 연후에야 비로소 과학에 의의義意를 다하나니 대저 어떤 현상을 설명한다 함은 이 현상을 생기게 하는 모든 조건의 구성 상 어떠한 현상이 생기지 않을 수 없는 이유를 명시함이라. 우리의 경험하는 일반凡般 현상은 각기 전체가 한 체계를 이루니 체계적 전체를 조성한 각 부분의 상호 관계를 명확히 안 후에야 비로소 전체의 조건을 다했다고 이를 수 있겠도다. 가령 우리가 우리의 손을 설명할 때에는 먼저 손이 신체 전체에 대한 위치를 고찰하며 신체 전체의 관능상官能上으로 사고하고 손 이외 모든 기관機關과 범반凡般의 관계를 명확히 하여 신체 전체에 대한 손의 의의를 설명하는 것이오. 결코 신체 이외에 손 하나를 독립으로 연구할 것이 아니니 만일 손을 신체 이외에 분리하여 연구하면 반드시 의미가 없을지라. 이와 같이 천체天體에 현상을 설명함에도 먼저 태양계의 조직을 감찰監察하고 또 태양계 중 모든 부분의 상호 관계와 그 운행의 법칙을 확측確測하여 일정한 시간 내에 우리의 주거住居하는 지구의 부분이 태양의 방면에 회전하여 내임來臨하는 것을 설명하지 않으면 일출 일몰의 현상은 십분 설명하지 못하겠고 또 일식 월식하는 현상은 상고上古시대에는 자못 재변災變의 조짐兆이라 하여 이를 신비神秘로 돌렸으나 지금今日은 태양太陽, 태음太陰, 지구地球 등의 위치와 그 운행 상 노정路程의 관계로 부득불 그러한 이유를 설명하니 대저 사실의 관찰 혹 분류는 우리의 상식으로도 인식할 것이 적지 않으나 일일一一의 현상을 설명함에 이르러서는 과학적 지식을 얻은 후에야 기약하리로다.

이상 설명한 다수의 과학으로 연구하는 각종 현상은 개개가 특수한 의의를 지님이 아니라 그 상호 심밀深密한 관계가 있으며 결국 이러한 현상계에 모든 범위를 다 포함하여 일대一大 관계 즉 우주 전체가 조성된 것이니 이 우주 전체를 체계적으로 설명함은 실로 철학의 목적이라. 각 과학의 연구하는 체계는 정해진 범위가 있으나 철학을 연구하는 체계는 전 우주를 포용하여 각 과학의 구극적究極的 설명을 공급하는 것이니 이로써 보면 철학은 과학 이상의 과학이라 부르리로다. 그러나 철학의 연구가 철학의 영역에 달하면 그 이치가 현묘하고 그 의의가 심원 무궁하여 예로부터 수많은 철인명사哲人明士의 뇌장腦漿을 교착불절絞搾不絶한 것이나 설명한 바가 도시 주관적 사상에 불과하고 그 현현玄玄한 비밀은 의연依然 암중暗中에 숨어 있으니 우리의 불완전한 두뇌와 불완전한 감관感官이 도저到底 우주에 비밀한 진상眞相을 규파窺破할 능력이 없는가.

2. 수학

〈표 54〉 '수학' 관련 텍스트 목록

잡지명	저자명	제목	표기	권호(발행일)	쪽수
數理學雜誌		筭術新講義	국한문	1권1호(1905.12.5)	3~13
				1권4호(1906.3.5)	13~23
				1권5호(1906.4.5)	15~24
				1권6호(1906.5.5)	15~24
				1권7호(1906.6.5)	12~26
太極學報	金洛泳 譯述	東西兩洋人의 數學思想	국한문	제10호(1907.6.3)	28~31
				제11호(1907.7.5)	11~14
	朴有秉	數學의 遊戱	국한문	제16호(1907.12.24)	38~42
少年韓半島	柳錫泰	數學	국한문	제1호(1906.11.1)	31~33
				제2호(1906.12.1)	36~37
				제3호(1907.1.1)	36~38
				제4호(1907.2.1)	34~36
				제5호(1907.3.1)	28~29
				제6호(1907.4.1)	26~28
西友	李裕楨	論筭學	국한문	제1호(1906.12.1)	32~33
				제2호(1907.1.1)	30~31
				제3호(1907.2.1)	29
				제4호(1907.3.1)	33~34
				제5호(1907.4.1)	21~22
				제6호(1907.5.1)	33~35
敎育月報		산슐(算術)	국문	제1호(1908.6.25)	40~47
				제2호(1908.7.25)	33~38
				제3호(1908.8.25)	30~36
				제4호(1908.9.25)	30~35
				제5호(1908.10.25)	28~35
普中親睦會報	趙東薰	數學(MATHEMATICS)	국한문	제1호(1910.6.10)	111~120

유양표, 「수학」

1906년 11월 1일

산술문답 제1과

제1편 정의

제1장 서언

(1) 수數

수는 수효가 존재하여 계산하고자 할 바를 이름이라. 즉 1에 1을 더해 2, 2에 1을 더해 3, 또 1에 반을 빼 반, 반에 반을 빼 반의 반됨과 같은 증손增損변화의 이의理義를 함재含在하고 가계가산可計可算할 목적을 구비한 바 1, 2, 3, 또 반 등을 수라 부르니라.

수에 주의를 말하건대, 위의 항과 같으나 수는 물物을 목적하고 물物은 수를 반드시 가진 까닭으로 그 성립에 관해서는 물物에 격格하고 이理를 부여한 후에 1이나 2 혹 3과 같은 수를 발표하니, 이를 명언明言하면 두 명, 혹 책 세 권과 같아서 그 사람 혹 책이 있은 후에야 두 명 혹 세 권의 수를 작성하고 계산할 이의理義와 목적이 함께 있느니라.

(2) 명수名數 및 불명수不明數

위와 같이 두 명, 혹 세 권이 있어 2, 혹은 3의 수가 사람 혹 책이란 물物에 있을 때는 두 명 혹 세 권이라 하니 이를 명수名數라 부르며 그렇지 않고 물物과 서로 떨어져 있어 홀로 2, 혹은 3으로 된 때는 불명수不明數라 부르니라.

그러나 단순한 2, 혹 3 등으로 된 불명수는 목적에 따라 하물하처何物

何處를 물론勿論하고 임의적용할 것이니 즉 포백布帛 혹 금액에 대해 이 척, 혹 삼 척 이 원, 혹 삼 원이라 부를지라도 어그러지지 않으니 고故로 수에 공용성이 있다 부르니라.

(3) 단위單位

계산은 기본이 있어야 착잡錯雜의 탄식이 없을지며, 수는 언제나 1에서 기起한 까닭으로 한 개의 기본을 취해 수의 단위로 정하니, 이에 백미, 혹 연필鉛筆이 있어 그 수가 얼마인가를 계산할 때는 한 두斗, 혹 한 개箇를 단위라 부르니라.

그러나 백미 한 두를 단위라 이름은 이론상에 부합할 사事가 있으나 이는 유래 궤습慣習할 뿐 아니라 실질상에는 심히 득중得中한 바라. 되 혹 석으로 논하면 그 크고 작음으로 인해 과불급過不及한 영향은 사용에 불편함이 응당 많을지로다. (도度에서 척尺, 형衡의 양兩은 이와 같음)

(4) 정수整數 및 소수小數

단위의 한 개, 혹 몇 배에 적등適等한 수를 정수라 부르고 그렇지 않고 단위 한 개, 혹 몇 배에 미만하고 기령奇零이 있는 수를 분수 혹 소수라 부르니, 즉 일 촌寸, 일 승升, 또는 半반 등이 이것이라.

(5) 산술刪述

수에 관한 여러 성질과 계산에 관한 여러 법술法術을 연구하는 학문을 산술이라 부르니라.

제2장 명수법命數法

(6) 명수법命數法

1을 1이라 이르고 1보다 1이 많은 것을 2라 이르고 2보다 1이 많은 것을 3이라 이르며 또 1의 반을 반이라 이름과 같이 문자로써 그 수에 각각 명목名目을 정한 바를 명수법命數法이라 부르니라.

(7) 기수基數 및 위차位次

일, 이, 삼, 사, 오, 육, 칠, 팔, 구 이 아홉 개에 서자書字로 기수基數라 부르고 단單 십, 백, 천, 만, 억, 조, 경, 해, 자, 양, 구, 간, 정, 재, 극, 항아사恒阿沙, 아승지阿僧祇, 나유타那由他, 불가사의不可思議, 무량수無量數 이의 순서로 위차位次를 정하고, 기수基數와 위차位次를 서로 교착交錯하여 적의適宜케 命할 때는 허다한 명칭을 얻을 것.

각 위位의 수는 1에서 9까지 한限하고 십에 이르면 동시에 한 단위씩 바꾸어 나가니 그 위位로부터 매每 네 단위씩 나누어 일대一大 원위原位라 부르고 억億 이상의 명칭을 이에 적용할 것.

각 대원위大原位 간에는 그 직하直下 원위原位에 있어 명칭 상에 십, 백, 천 등으로 적의適宜케 더하여 이를 명命하니라.

1906년 12월 1일

1에 1이 많아서 2, 또 1이 많아서 3, 이렇게 점점 많아져 9에 이르고 또 1이 많으면 10이라 부르며 10에 1이 많은 때는 11이라 부르고, 또 1이 많으면 12, 또 1이 많으면 13, 이렇게 점점 많아져 19까지 이르고, 또 1이 많은 때는 20이라 하니, 30, 40으로 90에 이르고, 이에 10이 또 많으면, 즉 10이 열 번인 까닭으로 백百이라 불러 일위一位를 다시 나아가니라. 백 식式 10을 천이라 하고 천 식式 10을 만萬이라 하며 이로부터 이상以上에도 그 십진十進 일위一位하는 법은 상동相同하여 2만, 3만으로 9만에 이르고, 이에 또 만이 많은 때는 10만이 되어, 또한 일위一位를 진점進占하며, 10만이 열 번이면 백만이 되고, 백만이 열 번이면 천만이고, 천만이 열 번이면 억億을 이루니, 이 以上은 모두 일정한 원칙이 되니라.

경京 이하는 이 예를 따르나 세상에서 드물게 사용하는 까닭으로 이에 불거不擧할 것.

십위十位 이상의 수를 명命할 때는 기수基數를 먼저 하고 위차位次를 나중에 하여 부르니 이에 스물 되는 수가 있어 이를 명命하려면 이십二十이라 부르며 또 백 식式 셋이 있을 때는 삼백이라 하니 남은 것 모두 이를 본뜨니라.

이위二位 이상의 같은 수를 명命할 때는 그 중에 수량이 많은 수를 먼저 하고 순차에 따라 내려 부르니 가령 동일한 검은 묵 10개와, 또한 3개가 이에 있어 명命할 때는 십삼 개라 하니라.

위의 명칭 및 위차位次는 정수整數에만 사용할 사事요 소수小數에 관한 명수법命數法은 후편에 양여讓與하노라.

1907년 1월 1일

만약 기록할 수가 육천사백삼십오이면, 먼저 그 자리 수가 얼마나 되는가를 센 후에 단單, 십, 백, 천 등을 오른쪽으로부터 왼편에 자하달상自下達上케 횡기橫記하고 각 그 위차位次에 대한 수를 기호記号로 본위本位 하에 기록하니

천	백	십	단單
6	4	3	5

이와 같고

만약 그 기록할 수가 육천사백오이면 10의 수는 없는 까닭으로 그 자리에는 (0)을 기록하니

천 백 십 단單
6 4 0 5
이와 같으니라.

이에 숙련하면 단, 십, 백, 천 등의 위차位次는 생략하고 다만 숫자로만 기록할지니

육천사백삼십오는 6435
육천사백오는 6405

이와 같이 할 것.

(9) 독수법讀數法
숫자로만 기록한 수를 읽는 법을 이름이라
247659238 이와 같이 기록한 수를 읽으려면 가장 오른쪽 단에 3 호하号下에 단자單字를 기록하고, 이로부터 왼편에 한 단위씩 세어 가면서 매每 네 단위를 나누어 만, 억, 조 등에 대원위大原位 명칭을 순차로 기록하고 왼쪽으로부터 오른쪽으로 읽어 내려가느니라.

2 4 7 6 5 9 2 8 3

億　　萬　　單

이와 같이 기록한 후 이억사천칠백육십오만구천이백팔십삼이라 부르느니라. 이에 연숙鍊熟하면 만, 억 등을 기록하는 대신에 한 개의 점(·)으로 그 오른쪽 아래에 타표打表하고, 이 점의 개수대로 대원위大原位를 증가하야 적당한 명칭으로 부르느니라.

문제

왼쪽과 같이 명命한 수를 기록하라.

(1) 칠천이백구

(2) 삼억 사천삼백오십일만 육백팔십오

답

(1) 7209

(2) 3,4351, 0685

왼쪽과 같이 기록한 수를 읽으라.

(1) 4,0057,0386

(2) 25,0400,0390

답

(1) 사억 오십칠만 이백팔십육

(2) 이십오억 사백만 삼백구십

제2편 사칙四則

제1장 가법加法

계산법의 범위는 그 수의 변화를 따라 각존각이各存各異한 솔칙率則이 백이 되고 천이됨에 그치지 아니할 바라. 고로 우리가 이를 학습하려 할 때 그 중 어떠한 법술法術을 먼저 강구講究함이 가능한가 하는 관념이 반드시 있을지로다.

그리고 비분교화지술比分較和之術과 면체방원지솔面體方圓之率에 막불주용莫不主用하는 것은 가감승제加減乘除의 사법四法이요 이 네 개 중에는 가법加法이 일층 계근緊近한 것인 까닭으로 산법算法의 입문이 될지로다.

(10) 가법加法

가법加法이란 것은 수를 만들 처음에 동시에 만들어진 것이오. 또 어떠한 법法에 관한 어떠한 수數를 물론勿論하고 이 리理는 실개함재悉皆含在한 바니라.

가령 1에 1을 주면 2가 되오. 2에 1을 주면3이 되는 즉, 이러한 2가 되고 3이 되는 등의 수는 가법加法을 반드시 먼저 따른 까닭이니라.

이를 다시 말하면 두 조條 이상以上으로 분리한 여러 수를 몇 개든지 서로 합해 한 조條의 수를 만드는 법이라.

갑과 을의 두 수를 합해 병이란 한 수를 얻을 때는 그 갑과 을을 합하는 법술法術을 수의 가법加法이라 부르고 그 합한 후에 병이 된 것을 가산加算의 화和라 부르니라.

가령 갑 궤櫃에 금金 8원과 을 궤櫃에 금金 6원을 서로 합해 병 궤櫃에 옮겨 넣을 때는 그 안에는 갑의 8원과 을의 6원을 서로 합한 화和 14원이 되나니라.

◎ 문답 및 연산식

(문) 어떠한 수를 물론勿論하고 두 조條 이상以上이 있을 때는 가법加法을 시施하느냐.

(답) 수는 물物에 있고 물物은 종류와 목적과 형상이 각각 다른 것이니 가법加法은 종류와 목적과 단위가 동일한 것에 시용施用하느니라.

1907년 2월 1일

(문) 종류가 같지 아니하면 화和를 이루어도 가加라 아니 부르랴.

(답) 대답하다. 이에 금金 약 천千과 은銀 약 천千을 용화溶和하면 일괴一塊의 물物을 얻을지니, 이는 화和는 이룰 수 있으나 가加라 보기는 불가不可하니 그 안에 금과 은은 각기 상이相異한 종류와 일정한 중량으로 서로 존재해 구별이 소상昭詳하니라.

(문) 종류가 서로 같으면 어떠한 수든지 가법加法을 시施하느냐.

(답) 종류는 비록 같으나 목적이 각기 다르면 가加를 못 이루느니 이에 음용수飮用水 약간과 비과수肥科水 약간이 있는데, 이를 한 그릇에 함께 담고자 하면 누가 그것을 알 수 있겠는가.

(문) 종류와 목적이 동일한 외에는 다른 관념이 다시 없느냐.

(답) 단위가 같지 않으면 가법加法을 이루기 어렵느니라. 이에 동전東田 한 무畝와 서전西田 한 평坪이 있는데, 이를 가加하면 밭 두 무畝, 혹 두 평坪이 될 수 없으니 그 무畝와 평坪은 단위가 같지 않은 까닭이니라.

고故로 사람이 소유한 양미粮米 다섯 두斗와 일곱 두斗를 가加하면 화和 12두斗를 이룰지니, 이는 종류와 목적과 단위가 모두 같은 고故로 그 가加할 수도 있고 화和도 이루며 필요必要도 있을 것이니, 이 쌀 12두斗

는 다섯 두斗와 일곱 두斗에만 일정 한계가 아니오 세 두斗와 아홉 두斗로도 이룰 것이며, 또한 이에서 다섯 두斗의 쌀과 일곱 두斗의 쌀을 다시 분별할 수 없느니라.

(11) 가표加標

수와 수를 서로 가加할 때는 그 가加하고자 하는 두 수를 각각 좌우로 열기列記하고 그 중간에 상가호相加號 (+)를 기록해 그 가수加數됨을 표시하니, 이를 수의 가표加標라 부르니라.

가령 8과 6을 가加하려면 (8+6) 이와 같이 기록하나니, 이 좌의 8과 우의 6은 화和하여 14가 될 것이라.

(12) 상등相等

표標 왼쪽과 같이 8과 6을 가加할 때에 (8+6) 이와 같이 기록할 것인데, 그 가加한 후에 화和가 14라 하는 기호記號도 반드시 있을 바라. 고故로 그 답을 표시하기 위해 쌍동호雙同號 (=)을 사용해 또 그 중간에 기록하나니, 이를 상등호相等號라 부르니라. 가령 8과 6을 가加하니 14라 할 것이면 (8+6=14) 이와 같이 하나니 교표交標는 좌우의 수가 서로 같아 차이가 없다는 증용證用이 되니, 가법加法에는 고사姑舍하고 하법하처何法何處에든지 수와 수가 서로 같은 이상에는, 이를 무애無碍히 인용할지라. 고故로 이 표를 대帶한 수는 그 왼쪽의 수가 어떠하게 성립하고 그 오른쪽의 수가 어떠하게 변화한 것이라도 이 좌우의 수는 동등한 것으로 인주認做할지라.

(13) 운산運算

이에 2854.7452.823. 과 같은 세 조條의 수를 가加하고자 하면 운산식運算式이 왼쪽과 같으니

각 그 같은 단위의 숫자가 수미首尾 접촉하여 일직선상에 왼쪽처럼 중첩重疊 열기列記하고 최저最低에 횡선橫線을 그어 한계를 표表한 후, 그 외면에 위차位次대로 가加한 결과로 얻은 수를 열기列記하나니라.

```
    823
   7452
+  3967
-------
  12242
```

1908년 3월 1일

그 방법은 가장 끝자리에서 경시輕始하여 한 단위씩 가상加上하니, 그 加할 수가 위와 같으면 끝자리의 수는 3, 2, 7인즉, 이를 심중心中으로 셈하되, 먼저 가장 아래의 숫자 7을 취해, 기본을 삼고 이에 바로 위의 2 자字를 인引해 1씩 두 번 첨산添算하면 7 첨添 1이 8이 되오. 또 첨添 1이 9가 될 것이니 즉 (7+1=8) 재차再次 (8+2=9) 종식終式 (7+2=9), 동시에 또 그 위의 3 자字를 취取해, 일례一例 가합加合하면 9첨添 1이 10이 되고, 또 첨添 1이 11이 되며, 또 첨添 1이 12가 되리라. 그러면 (7+2=9).(9+3=12) 위와 같은 무형無形 산식算式이 흉안胸案 상上에 활여약活如若 나열羅列 현출現出할지로다.

다음에 더해서 얻은 12를 기록하되, 위의 식을 보라. 표선標線 외면外面에 7자字 하영下影을 따라 2자字만 기록하고 다음의 10은 왼편으로 바로 다음 상위上位 즉 10위爲의 수 중 최하 6자字 아래에 작은 점 한 개를 1이란 숫자의 적용한 것으로 의식하고, 이에 의지하여 동시 원래 있던 수와 합계하되, 이전 법法에 의하면 1가加 6이 7이 되고, 또 가加 5는 12

가 되고, 또 가加 2는 14가 되었던 것에, 또 그 4자字만 그 자리 아래에 기록하고, 10은 또 그 윗자리로 움직이라. 이와 같이 일족一足한 규식規式을 준수하면 최후는 (12242) 즉 일만이천이백사십이에 화和를 얻을지니, 여개방차餘皆倣此하니라.

그 연산의 법술法術은 이와 같으나, 이를 사람에게 보이기 위해 간단한 방식으로 기록하니 (823+7452+2854)「或은 (2854+7452+823) 이와 같이 기록해도 무방」이를 산식이라 부르니라.

예제例題

좌左의 각 수의 화和를 구하라.

(1) 9981+8864+7749+6636

(2) 5525+4416+339+224

(3) 팔천구백칠십이와 육천칠백사십이와 사천오백이십과 이백삼십육의 합수.

(4) 칠천구백육십삼과 육천팔백사십팔과 오천칠백삼십오와 삼만사천칠십의 화和

답

(1) 33230. (2) 13504. (3) 20470. (4) 23958.

1907년 4월 1일

제2장 감법減法

수는 물物과 목적을 따라 각각 절대적 양量이 있고 그 양量은 때와 처소處所에 의해 대소다과大小多寡의 차별이 있는 까닭으로 이를 인해 수의 감법減法이 생긴 바라.

감법減法은 가법加法의 반대적으로 된 환원법이라 즉 1에 1을 가加해 2, 2에 1을 가加해 3 이와 같이 증가한 것을 반대적으로 3에 1을 감하면 2, 2에 1을 감하면 일 이와 같이 감축減縮하는 법이라.

이를 다시 말하면 수와 수의 양을 비교해 그 대소의 값을 구하는 방법이라.

피감수被減數 및 감수減數

수와 수를 비교할 때는 통상 큰 수에서 작은 수를 감출減出하니 전자를 피감수被減數라 부르고 후자를 감수減數라 부르니라.

차差 및 잔殘

큰 수에서 작은 수를 감출減出할 때는 남은 수가 있으니 이를 잔殘 혹 차差라 부르니라.

가령 8과 5의 두 수를 비교할 때는 그 차는 3이 되니 그 8은 5보다 3이 많다, 혹은 그 5는 8보다 3이 작다 부르니라.

감표減標

감법減法의 기호記号는 (−)이니 이를 감표減票라 부르니라.

(예) 8−5=3

오른쪽과 같이 기록해 그 왼쪽의 수 8에서 그 오른쪽의 수 5만큼 감減함을 표表함이라.

이를 특별히 8과 5와 같은 수에 의탁하지 말고 그 논리상으로만 말하면 관계식은 왼쪽과 같으니라.

(예) 피감수被減數−감수減數 = 차差

이미 말한 것과 같이 큰 수에서 작은 한 수를 감減할 때 차差라 부를 수를 가히 얻을 것인데, 이 큰 수 중에는 다른 작은 한 수와 또 차差가 되는 수의 절대적 동량同量의 두 개 수를 반드시 스스로 함재含在한 바는 명료하니, 이 큰 수에서 그 차差와 적당한 수를 감減하면 그 잔여는 반드시 감수減數와 적합한 수를 얻을지라.

(예) 피감수被減數-차差 = 감수減數

위에 의해 보면, 감수減數와 차差의 두 수를 서로 가加할 때는 피감수被減數를 즉 얻을 바는, 또 소상昭詳하니라.

(예) 감수減數+차差=피감수被減數

그러한 때는 그 피감수被減數를 화和라 불러도 무방한 것이라. 고故로 가법加法과 감법減法은 서로 귀납격歸納格이 되느니라.

1의 피감수被減數에는 감수減數와 차수差數 외에는 조금이라도 과부족過不足이 없음으로, 만약 그 피감수被減數 혹 감수減數 중 1에 따라 다른 수를 첨가할 때는 그 차差에 따라 같은 양의 수를 증감하느니라.

(예1) 8-3=5

이러한 수 중 피감수被減數 8에 2를 가加할 때는 8+2=10, 10-3=7, 그 차差는 5보다 2가 많은 7을 얻느니라.

(예2) 8-3=5, 이와 같은 수 중 그 감수減數 3에 2를 가加할 때는 3+2=5, 8-5=3, 그 차差는 또한 5보다 2가 작은 3을 얻느니라. 피감수被減數와 감수減數에 같은 수를 함께 가加, 혹 함께 감減할 때는 그 차差는 조금이라도 변화가 없느니라.

(예1) 8-3=5, 이와 같은 수 중 피감수被減數 및 감수減數에 각기 2를 가加하면 그 8과 8에 2를 가加한 10이든지 그 3과 3에 2를 가加한 5와는 다 불등不等한 수이나 그 서로 감減한 차差는 8-3=5, 10-5=5 항상 같느니라.

(예2) 8-3=5, 이와 같은 수 중 피감수被減數와 감수減數에 각기 2라는 수를 함께 감減할지라도 그 차差는 불변하니 8-3=5와 6-1=5는 역시 같이 차差 5를 얻느니라.

3. 물리학

〈표 55〉 '물리학' 관련 텍스트 목록

잡지명	저자명	제목	표기	권호(발행일)	쪽수
親睦會會報	卞國璿	物理總論畧述	한문	제5호(1897.9.26)	27~30
少年韓半島	朴晶東	物理學論	국한문	제1호(1906.11.1) 제2호(1906.12.1) 제3호(1907.1.1) 제4호(1907.2.1) 제5호(1907.3.1) 제6호(1907.4.1)	25~26 27~28 23~24 22~23 16 15~16
		物理學問答	국한문	제1호(1906.11.1)	27
大韓學會月報	姜荃	物理學의 摘要	국한문	제2호(1908.3.25)	20~24
教育月報		물리학(物理學)	국문	제1호(1908.6.25) 제2호(1908.7.25) 제3호(1908.8.25) 제4호(1908.9.25) 제5호(1908.10.25)	47~51 38~43 36~42 36~41 36~41
工業界	尹正夔	物理學 總說	국한문	1권1호(1909.1.28) 1권2호(1909.2.28) 1권3호(1909.4.28)	32~34 32~33 31~33
普中親睦會會報	咸大燮	物理學의 地位, 硏究法, 效用及區分	국한문	제1호(1910.6.10)	104~107

윤정섭, 「물리학 총설」

1909년 1월 28일

우리의 주위에 천태만상으로 나타나는 사事는 그 수가 헤아릴 수 없이 많아 매거枚擧키 어려우나 일절 이를 현상 혹 자연현상이라 이르나니, 생체상 현상에 관한 것을 생리학이라 하며 심의心意상 현상에 관한 것을 심리학이라 하며 물리상 현상에 관한 것을 물리학 혹 화학이라 하나니 물체상 현상은 어떠한 것을 칭함인가. 수종數種 실례實例를 들진대 물이 유동流動하며 불이 연소燃燒하며 우로雨露가 강하降下하며 초목이 부패腐敗하는 등 제반 현상이 서소상계書宵相繼하야 잠시도 쉬지 않음은 우리의 목격하는 바이어니와 이러한 현상을 설명하기 전에 벽두劈頭로 물리학과 화학을 구별함이 필요하도다.

물체物體상 현상을 크게 나눌진대 두 가지가 있으니 (1)은 즉 신탄薪炭이 연소하야 재를 만들며 초목이 부패하야 흙을 만드는 것과 같이 물체 실질에 관한 변화라. 이는 화학으로 연구하는 고로 화학현상이라 하며 (2)는 물이 얼어 얼음을 만들며 높은 곳에서 물체가 낙하함과 같이 물체 실질에 관련 없는 변화라. 이는 물리학으로 연구하는 고로 물리학 현상이라 이르나니, 그런즉 물리학 현상을 대강으로 구분할진대 이하 수종數種에 불과하니 즉 (1) 상태의 변화, (2) 형체의 변화, (3) 위치의 변화 (4) 외관의 변화, (5) 외감外感의 변화 등이니라.

(1)은 물체의 체태體態가 변화함이니 유동流動하는 물이 얼어서 견고한 얼음을 만들며, 동철銅鐵이 용해하야 액즙液汁을 만드는 등이라. 물이 얼음으로 변하며 동철이 액즙으로 변하였으나 그 물체를 조성한 실질에는 관계가 없거나 적으며

(2)는 물체의 형체가 변화함이니 둥근 것이 모가 나며, 긴 것이 짧아지는 등이라 그 물체는 형체 변화하였으나 그 실질에는 관계가 없거나 적으며

(3)은 물체 외 점유한 처소를 변화함이니 왼쪽에 있는 것이 오른쪽

으로 이동하며, 위에 있는 것이 밑으로 떨어짐이라. 그런즉 그 위치는 변하였으나 조성한 실질에는 관계가 없거나 적으며

(4)는 물체의 색태色態가 변함이니 하얀 것에 검은 색을 칠하면 검어지며, 노란 것에 붉은 색을 칠하면 주홍이 될지라. 이는 그 외관상으로는 전보다 변하였으나 물체 실질에는 관계가 없거나 적으며

(5)는 뜨거운 것이 차가우며 습한 것이 건조함이라. 그 온냉습조溫冷濕燥의 도度는 변하였으나 물체 실질에는 관계가 없거나 적으니

1909년 2월 28일

지금으로부터 대략 이백오십년 전에 영국 학자 뉴ㅡ돈 씨가 우연이 정원에서 한보閒步하다가 나무 위에서 사과가 낙하함을 보고 소감이 있어서 그 낙하하는 이유를 연구하더니 필경 그 원유를 해득한지라. 무릇 물체는 상호견인相互牽引하는 힘이 있는 고로 임금林檎이 지두枝頭에서 분리되어 토지에 낙하한다 증명하였더니 이것뿐이 아니라. 타양변화他樣變化에도 씨의 언론에 기인하야 비로소 설명할 것이 매우 많은지라. 고로 그 후 일반학자一般學者 씨의 언론을 찬성贊成하야 지금까지 물리학계상에서는 씨의 설명이 확신무의確信無疑한 것으로 인정하였더라.

이와 같은 것은 우리가 조석으로 일성一聲하는 심상현상尋常現象이라. 고로 치이무의置而無疑하야 연구치 아니하고 혹 묻는 자가 있으면 답하되 이는 나뭇가지가 부패하야 지지치 못하는 고로 낙하함이라 하나니, 이는 그 원인을 설명하는데 십분 만족지 못한지라. 어떤 이유에서인가. 나뭇가지가 비록 부패하야 과실을 지지치 못할 지라도 사과가 낙하하는 운동이 생길 이유가 없도다. 그런즉 뉴ㅡ돈 씨의 언론과 같

이 물체간에 인력이 있는 고라 인정할진대 십분 확실한 이유가 있으니 나뭇가지가 부패하기 전에 임금林檎과 지구간에 인력이 있어서 호상접착互相接着하려 하나 나뭇가지가 임금林檎을 지지하는 힘이 지구인력보다 큰 고로 능히 그 인력을 반항하다가, 나뭇가지가 부패하야 그 지지력이 멸소減少한 후에야 임금林檎의 낙하하는 운동이 처음 생김은 사실상 당연하도다.

이는 심상尋常 일례一例에 불과하나 이를 따라서 기백년간에 구지불이求之不已하야 소위 천지간 조화 즉 풍취우주風吹雨酒하며 뇌명전체雷鳴電掣하는 등 제반 현묘玄妙한 변화를 능히 해석하며, 문명상에 기관되는 전신, 전화, 기선, 기차와 기타 각양기계各樣機械를 제조하야 금일 이 사회를 조성하는데 이르렀으니 그 학문이 우리 생존경쟁에 영향이 무엇과 같을가.

무릇 학문의 차서次序는 일절 평이함으로부터 점점 복잡한데 나아감은 일반 정칙定則이어니와 물리학 응용의 결과를 살펴볼진대 필경 우리의 뇌력腦力으로 해득지 못할 듯하나, 그 본원本源을 추구할진대 이와 같이 지근지이至近至易한데서 생겨났으니 이는 완전히 우리의 연구력에 기인한 것이라. 그런즉 우리의 안전眼前에 비록 연구할 재료가 아무리 많은 들 뉴―돈 씨의 주의와 근기根氣가 아니면 그 효과를 얻지 못하리니 이를 따라서 우리는 뇌력을 연마硏磨하며 인내忍耐를 적루積累하면 하등 장관이 층생層生할는지 알 수 없도다.

1909년 4월 28일

어떠한 학문이든지 그 발달할 때를 당하여는 그 학문에만 일정한 의의意義로 사용하는 언어가 반드시 생기나니, 이를 술어術語라 하는지라. 철학에는 철학상 술어가 있고, 법학에는 법학상 술어가 있으니, 물리학을 연구할진대 그 과학에 사용하는 술어를 먼저 아는 것이 반드시 필요하기로 왼쪽에 물리학에 사용하는 23술어를 설명코자 하노라.

(1) 현상

우리가 우주간에 처함에 천태만상으로 생기는 사事를 매거枚擧키 어려우나 일절 이를 자연현상으로 혹 현상이라 이르나니 생체상에 관한 현상을 연구하는 것을 생리학이라 하며, 심의心意상에 관한 현상을 연구하는 것을 심리학이라 하며, 물체에 관한 현상을 연구하는 것을 물리학이라 하거니와, 물체에 관한 현상은 전술前述함과 같이 물이 유동流動하고 불이 연소하는 등 사事니 전자는 물리학이오 후자는 화학에 속한 것이라.

(2) 경험과 실험

자연현상을 견문함을 경험이라 하며 자연현상을 연구하기 위하야 특히 전의경험專意經驗함을 관찰이라 하나니, 그런즉 노인은 소년보다 경험이 많으며 학자는 일반인보다 관찰이 많으니라.

자연현상은 그 생겨남이 심희甚稀한 것도 있으나 각종 현상이 동시에 발생하여 심히 복잡함이 보통이라. 고로 자연현상에 대한 관찰만으로는 연구상에 불편함이 매우 많은지라.

이 불편을 피하기 위하야 이과학理科學에서는 실험을 행하나니 실험이라 함은 그 연구할 현상을 특히 인조人造로 야기惹起하되 연구하기에 적당한 연후에 관찰함이니, 가령 물체의 낙하하는 상태를 연구하는데 공기의 영향을 피하기 위하야 진공 내에서 물체를 낙하케 함과 같으니,

이와 같이 실험을 행하는 학문은 그 발달이 급속하되 그렇지 않은 것은 심히 지완遲緩하니 철학과 같은 것은 희랍希臘 태고시太古時와 대차大差가 없으되 물리학과 화학같이 일절 실험을 위주하는 것은 불과 기백년에 그 급진함이 다른 예에 차할 바 없으니 이 역시 우연함이 아니로다.

(3) 법칙

우주간에 생기는 자연현상을 잠관暫關할진대 심히 복잡하야 필경 인의人意로 능히 측지測知치 못할 듯한 고로 고석몽매시대古昔蒙昧時代에는 인생 이상에 조화를 주장하는 신이 있어서 일절 자연현상은 그 신의 심의心意로 좇아 일어나는 것으로 추상하야 재이災異와 상서祥瑞를 변별하였으나 상세히 고찰할진대 일개 현상이라도 그 일어남에 이르러서는 우연한 것이 없고 반드시 일정한 규칙이 있으니 이 규칙을 법칙 혹 정률定律이라 하거니와 물리학은 경험 혹 실험을 근본으로 삼아 자연현상을 조종操縱하는 법칙을 발견함을 목적하나니라.

(4) 가설과 학설

전 조에 논함과 같이 우주간의 일절 자연현상이 생기기를 당하여는 일정한 법칙을 반드시 따른다 하였으나, 어떤 이유로 그 법칙을 반드시 따르는가 하는 문제에 대하여는 그 이유를 설명하기 십분 곤난한지라. 일례一例를 들진대 물체를 누르면 축소함은 일정한 법칙이어니와 어떤 이유로 축소하는가 하는 이유는 십분 해석하지 못할지라. 비록 그러하나 무릇 물체는 최초부터 한 덩어리로 이루어진 것이 아니요, 한량없이 극미극세極微極細한 입말粒末 즉 분자가 무리지어 합하여 형성한 것이라 가정하고 그 세립간細粒間에는 사소些少 공극空隙이 있다고 할진대 물체의 축소하는 이유를 설명할 여지가 있는지라. 이와 같이 설명하는데 편하며 우리의 고사를 보조하기 위하야 설정한 상상을 가설이라 하나니, 가설은 단 그 상상에 불과한 고로 이 가설을 근본으로 삼아 추론함이 사실과 부합지 아니함이 혹 있되 사실과 일치됨이 많을수록 그 학설의 품品이 높으니라.

가설을 인하야 자연현상을 논한 것을 학설이라 하거니와 가설과 학설을 심히 구분할 필요가 없느니라.

4. 화학

〈표 56〉 '화학' 관련 텍스트 목록

잡지명	저자명	제목	표기	권호(발행일)	쪽수
太極學報	朴廷義	化學瞥記	국한문	제18호(1908.2.24)	47~50
夜雷	李弼善	理化學의 主旨	국한문	1권1호(1907.2.5) 1권2호(1907.3.5) 1권3호(1907.4.5) 1권4호(1907.5.5) 1권5호(1907.6.5) 1권6호(1907.7.5)	13~15 27~29 25~28 26~30 7~10 16~19
大韓留學生會學報	崔鳴煥	化學問答	국한문	제2호(1907.4.7) 제3호(1907.5.26)	62~63 32~35
畿湖興學會月報	李範星	化學問答	국한문	제12호(1909.7.25)	26~28
工業界	李弼夏	應用化學의 槪論	국한문	1권1호(1909.1.28)	10~11
工業界	鄭海설	化學	국한문	1권1호(1909.1.28) 1권2호(1909.2.28) 1권3호(1909.4.28)	11~24 33~36 33~37
普中親睦會報	吳一英	無機化學의 問答	국한문	제1호(1910.6.10)	99~104

정해설, 「화학」

1909년 1월 28일

「제1장 총론」

(一) 무릇 화학이라는 것은 물질의 변화를 연구하는 학문이나 우리 주위에는 두 가지 종류의 변화가 있으니 하나는 표면적 변화요 두 번

째는 실질적 변화이니라. 가령 고처高處에 있는 물이 저지低地로 유하流下하던지 철연鐵鉛 등을 용해케 하던지, 또한 이를 추鎚로써 타격하야 연축延縮하는 등 변화는 우리들이 숙지하는 바이라. 그러나 물는 하처何處로 유이流移하던지 물의 성질은 잃지 않음이요 또 철연鐵鉛 등이 용해하야 유동체流動體가 되든지 타격함에 인하야 신축伸縮함이 있어도 그 외관만 변할 뿐이요 그 실질은 불변함이라. 고로 이를 물리적 변화라 칭하나니라. 또 기타 목재가 연소하야 회분灰分만 잔류殘留하든지 식물이 부패하야 식과食料에 공급키 불능不能하는 등 변화도 쉽게 목격하는 바이라. 그러나 목재가 연소하면 최초와 전혀 다른 성질의 고유한 물질이 생겨나고 또 육류 등이 일도一度 부패함에 이르면 원질原質을 복생復生하기 불능不能하나니 이러한 변화는 즉 실질實質의 변화이니 앞에 기록한 물리적 변화와 비교하면 큰 차이가 있으니 이를 화학적 변화라 칭하나니라. 그러한즉 물질의 외관 여하의 변화는 이과理科에 참고할 바요, 이번에는 실질 변화를 연구할 것이니라.

(二) 분자分子와 원자原子, 일물체一物體에 그 본질은 부실不失케 하고 분할分割하면 소부분小部分이 되나니 즉 차후 소부분은 호상분자互相分子라 칭하나니라. 가령 물는 수소와 산소에 화합한 결과로 생겨난 것이니 그 분자도 또한 수소와 산소가 되나니라. 그러나 물의 분자는 화학 작용으로 이를 이종二種으로 분해함을 득得하나 그 분해된 산소와 수소에 이르러는 어떠한 방법을 사용하든지 이를 또 나누기 불능하니 이는 원자라 칭하나니라. 그런즉 원자는 분자를 조성組成한 최소부분最少部分이니라

(三) 원자중原子重과 분자중分子重, 원자중原子重은 만물 중에 제일 가벼운 수소의 중량을 일로 정하고 이를 표준하야 모든 원소 일원자一原子에 이를 비교하여 중량을 표시함이니 즉 수소 일「릿돌」의 중량은 ○○팔구육「크람」이요 산소 일「릿돌」에 중량은 일,사삼「크람」이 되는 고로 산소는 수소에 비하면 그 중량이 십육배가 되나니라 고로 산소의 원자량은 십육이 되고 기타 원소는 이 비례로 원자량을 정하얏나니라

분자중分子重은 물체에 일분자량一分子量을 표시함이니 가령 물의 분자중은 수소 이원자량二原子重과 산소 일분자량一原子重을 가합加合하면 얻게 되니 즉 십팔이 됨과 같으니라.

(四) 원자가原子價(친화가親和價), 두 개 이상의 원소를 호상화합互相化合케 하려면 일정한 할합割合이 필요하니 즉 식염食鹽은「나토륨」일원자一原子와 감소監素 일원자一原子가 화합한 것이니 각각 일원자一原子씩 포화飽化한 고 로 양원소兩原素가 각각 타원소他原素와 화합력化合力이 일一이(원자가原子價) 유有하고 그 외에 물은 수소 이원자二原子와 산소 일원자一原子가 포화飽化한 것이니 수소는 타원소他原素와 화합력이 일一이 유有하고 산소는 타원소他原素와 화합력化合力이 이二(이가원소二價原素)가 유有하니라 그러나 이로 추측컨대 염소鹽素와 수소는 각각 일가원소一價原素인 고로 염소 일원자一原子와 타원소他原素 일원자一原子와 화합할 때 그 원소는 일가一價되는 줄을 확신할 것이오 염소 이원자二原子와 화합이 될 때 그 원소는 이가二價가 되나니라.

(五) 원소原素, 우주 간에 존재한 천종만물千種萬物이 혹 단독 혹 결합 배치하야 상론詳論키 불능할듯하니 그 중에 단독單獨한 물질(원소)로부터 기본함이라. 이 단독한 물질은 화학분석 상 어떠한 방법을 시행하던지 이종二種 물질에 분해키 불능하니 이를 원소라 칭하나니 그 수는 칠십종에 불과하니라.

(六) 원소의 분류, 원소를 대별하야 금속과 비금속의 이종二種이 있으니 금속이란 것은 금속광택金屬光澤과 신연성伸延性, 열과 전기의 양도성良導性이 겸유兼有하고 기타 화학 상으로 거언擧言하면 산소와 작용하야 염소鹽素를 구성하는 성질이 있느니라. 비금속이란 것은 이상 성질이 전무함은 아니나 희유稀有하고 또 화학상 상태는 산류酸類를 구성하는 성질이 있느니라. 즉 수산水酸 이소二素가 화합할 때는 산酸을 성成하나 산소만 화합할 때는 무수산無水酸 즉 산화물酸化物을 생生하나니라.

(七) 부호符號, 화학 부호는 화학반응 연구자의 편의를 위하야 채용採用하는 것인데 각 원소에 명칭(라전어羅甸語)의 수자首字 일이一二를 취하야 간단히 대용하나니라.

금차今此의 제원소諸原素를 열거함 단 제원소 중 금속과 비금속의 구별은 kP로 표시하나니 즉 금속은 k자로 표시하고 비금속은 P자로 약시略示하나니라

1909년 2월 28일

「화학총론 (속)」

전기前記한 것 원소 중에 성질이 상반되는 것도 있고 근사한 것도 있으며 그 성질이 상이함에 따라 화합력化合力이 유강愈强하나니 가령 철과 유황은 그 성질이 상이하나 주석과 납은 근사하며 철과 유황은 쉽게 화합하나 주석과 납은 화합하지 아니함과 같으니라.

(八) 삼태변화三態變化, 물체의 각 분자간 견인牽引 반발 양력兩力의 다소多少에 따라 각 물체가 고체, 액체, 기체의 세 가지 상태를 정呈하며 이를 변화케 하는 것은 온도 고저高低에 인하나니 즉 저온이 될 때는 고체로 변하고 고온이 될 때는 액상液狀과 기태氣態를 생生함에 이르니라.

(九) 화합물의 명칭, 각 원소가 호상화합互相化合하야 성생成生하는 각종 신물체新物體를 호칭함에 편리키 위하야 일반 원소의 명칭을 열기列記할 때에 화자化字를 붙이나니 즉 산소의 화합물을 산화물이라 칭하고 염소의 화하花下물은 염화물이라 칭하나니 가령 동銅과 산소의 화합물은 산화동(CUO)이라 칭하고 염소와 은銀의 화합물은 염화은(AGCL)이라 칭함과 같으니라.

(一〇) 산류酸類, 금속과 작용할 때 교환할만한 수소를 함유하고 청색 시험지(리도마스)를 적색으로 변하게 하는 성질이 있고도 산미酸味가 있는 것을 산류酸類라 칭하나니 즉 유산硫酸(H2SO4), 유산硫酸(HN03), 염

산鹽酸(HCL) 등이라.

(一一) 염기鹽基, 산酸과 화합하야 중성화합물 즉 염鹽을 생生할만한 화합물이니 적색 시험지를 청색으로 변하게 하는 것을 염기라 칭하나니 가령 석회수산화나토륨, 수산화가리움 등과 같은 것이니라.

수산화나토륨		염산		식염 물
NAOH	+	HCL	=	NACL + H2O
염기		산		염

(一二)

염류鹽類는 적색 시험지를 청색으로 변하게 아니하고 청색 시험지를 적색으로 변하게 아니하는 성질이 있는 것이니라.

(一三) 화합化合, 분해分解, 복분해復分解, 두 개 이상의 원소가 호상결합互相結合하야 신물체新物體를 구성할 때에 그 작용을 화합이라 칭하나니라. 시험, 수소를 산소 중에서 연소하면 수소와 산소와 결합하야 화합물 즉 물을 생성함과 같으니라.

2H	+	O	=	H2O
				水

화합물이 호상분해互相分解하야 두 개 이상이 될 때에 그 작용을 분해分解라 칭하나니라.

시험, 물속에 전류를 통하면 물이 분해하야 수소와 산소를 만듦과 같으니라. H2O=2H+O 화합물에 다른 물질을 더하야 두개의 새로운 화합물을 이루는 작용을 복분해復分解라 칭하나니라.

시험, 공기 중에서 납촉蠟燭이 연소할 때 공기 중 산소의 작용으로 물과 탄산와사炭酸瓦斯를 만듦과 같으니라.

(一四) 금속표면에 녹이 생기는 이유

공기 중에서 연편鉛片을 칼로써 박할剝割할 때 최초에는 광휘가 미려하나 시일이 지날수록 흑피黑皮를 생生하야 광휘가 소멸하나니 이는 즉 공기 중 산소가 작용하야 산화연酸化鉛이 생김이라. 그러나 황금과 같은 금속은 영구히 공기 중에 방치하야도 광택을 잃음이 없느니라. 그런즉 금속 중에도 공기 중에서 녹이 발생하는 것도 있고, 생기지 않는 것도 있느니라.

시험, 연설鉛屑을 취하야 이를 정밀히 칭량秤量한 후 공기 중에 방치하야 충분히 녹이 생기게 한 후에 이를 정밀히 칭량秤量하면 그 중량이 전보다 증가함을 발견할지라. 이에 의하야 추상推想하면 녹이란 것은 공기 중에 있는 물질이 납, 철 등과 기타 금속 표면에 더하여 생기는 줄로 확신할 바로다

(一五) 탄炭, 유油, 납촉蠟燭 등의 연소하는 이유

탄炭, 유油, 납촉蠟燭 등과 기타 연소할 만한 물질에 점화하면 화염을 발하고 소실함은 우리가 매일 목격하는 바이나 그 이유를 구출究出한

즉 이 또한 공기 중에 있는 산소의 작용이니 그러한즉 공기가 없으면 물질이 연소키 불능하니라.

시험, 초자기硝子器 중에 점화한 납촉을 넣은 후 이 그릇을 폐복閉覆하면 화염이 점차 쇠진하야 마침내 소멸함에 이를지라. 그러나 촉화燭火가 소멸하기 전에 폐기閉器를 서서히 개방하야 공기를 통하면 화세火勢가 부생復生함을 볼지라. 고로 불은 공기가 없으면 연소키 불능한 증거이니라.

이상 여러 가지 실험한 결과를 관찰하니 공기 중에서 물질의 연소함은 흡사 금속표면에 녹을 발생시킴과 같이 공기 중에 있는 물질이 연소될만한 물체에 더하야 연소케 함이니 이를 연소작용이라 칭하고 납촉 등과 기타 연소할만한 물질은 가연물可燃物이라 칭하나니 가연물이 연소할 때는 물과 탄산와사炭山瓦斯를 발생하나니라.

시험 일一, 물질이 연소할 때에 냉각한 자기磁器를 복覆하면 자기내면磁器內面에 노적露滴이 부착함을 보게 될지니 이는 즉 물을 발생하는 증거니라.

시험 이二, 납촉蠟燭을 그릇 안에서 연소케 한 후에 이 그릇 안에 투명한 석회수石灰水를 주입하야 진동하면 백탁白濁이 발생함을 볼지니 이 백탁은 탄산석회炭酸石灰라 칭하는 백색의 물질이라. 이는 납촉 연소할 때에 탄산와사炭山瓦斯를 발생함으로 이에 석회수를 더하면 석회와 탄산과 화합하야 백색의 탄산석회를 발생시키나니 이 화학방정식은 다음과 같다.

석회		탄산		탄산석회
CAO	+	CO2	=	CACO3

1909년 3월 28일

「화학총론 (속)」

공기, 공기는 무색 무미 무취의 기체인 고로 우리의 육안에는 접견接見키 불능하니라. 고로 화학연구에 몽매한 자는 이를 허공이라 부르나 결코 이는 오견誤見함이라. 간단히 공기의 유무를 시험해 보려면 신속히 손을 움직이면 공기의 파동이 생기면서 손에 대하야 저항력이 생기나니라. 이는 즉 공기의 파동압력이 있는 까닭이니 공기의 성분은 산소와 질소의 혼합물이니라.

실험, 그릇 안에 물을 담은 후 물 위에 목편木片을 부치浮置하고 목편 위에 인燐을 두고 점화한 후 급속히 초자병硝子瓶을 도복倒覆하면 인燐은 병 안에 있는 산소와 화합하야 산화인酸化燐이 되야 물 안에 용해되고 물이 병 안의 오분의 일까지 오르니라. 이를 보니 공기의 1/5는 산소요 4/5는 질소니라 그러하나 그중에 수증기와 탄산와사炭酸瓦斯와 소량의 「아콘」과 안모니아安母尼亞 등이 함유하엿나니라. 그러나 공기도 일정한 중량이 있으니 즉 공기 일 「릿틀」의 중량은 천이백구십삼 「그람」이니 물보다 대략 칠백칠십삼분의 일이 경經하니라

동식물의 호흡, 인류와 기타 동물은 코와 입으로 공기를 불절不絶 흡입하고 또 이를 토출吐出하나니 이 작용을 호흡이라 하니라. 그런즉 공

기 중에서 생활하는 동물은 대개 호흡하지 아니하는 것이 없으니 동물의 호기呼氣 중에는 항상 물과 탄산와사炭酸瓦斯를 함유하엿나니라.

실험, 한랭寒冷한 경면鏡面을 향하야 호기呼氣를 취출吹出하면 경면鏡面이 ◯迷하면셔 노층露層을 발생하나니 이는 호기呼氣 중에 수분을 함유한 연유요 또 초자관硝子管을 사용하야 호기呼氣를 투명한 석회수 중에 취출吹出하면 백탁白濁이 발생함을 볼지라. 이는 호기呼氣 중에 탄산와사炭酸瓦斯를 함유한 까닭이다.

식물도 또한 호흡작용이 있으니 이는 공기 중에 있는 탄산와사炭酸瓦斯만 흡입하야 일광력日光力의 보조로 탄산炭酸을 분해하야 [C+02] 탄산은 자기가 취하야 영양을 구하고 산소는 공기 중에 토출吐出하야 동물 생활에 공급케 하나니라.

실험, 생초엽生草葉을 취하야 초자병硝子甁 안에 입치入置하고 이 그릇 안에 탄산을 함유한 물를 성입盛入한 후에 일광日光에 폭로曝露하면 초엽草葉 표면에 소포小泡가 발생함을 볼지라. 이는 즉 식물호흡을 인하야 탄산을 분해하야 산소를 토출呼出하는 바이니라. 고로 이는 인류가 폐장肺臟으로 호흡함과 같이 식물은 엽葉과 근根으로 탄산와사炭酸瓦斯를 흡수하고 산소만 토출呼出하나 그러나 일광日光이 없으면 이 분해작용을 행하는 것이 불가하니라.

물질불멸物質不滅, 이상 실험함과 같이 납촉을 연소하면 공기 중 산소와 결합하야 물과 탄산와사炭酸瓦斯를 발생하야 공기 중으로 비산飛散하고 소허少許의 회분灰分만 잔류함을 보았나니 그런즉 이 연소된 납촉은 원형을 재복再複키 불능한 고로 물질이 소멸한 듯하나 결코 소멸치 아니하엿나니 만약 연소할 때에 성생成生한 수분과 탄산와사炭酸瓦斯와 회분灰分을 취집取集하야 정밀히 칭량秤量하면 그 총량은 최초 납촉의 중량을 정당正當하고도 尙且 여식餘量이 잔유하나니라 그 여량餘量은 어떤 것인가 하면 납촉이 연소할 때는 항상 공기 중 산소를 더하나니 고로 산소의 중량이 증가함으로 기 중량이 잔재殘在함이니라.

선생고문先生顧問

문, 공기는 산소 소량과 질소 다량이 혼합하야 된 것이라 하시니 만일 산소로만 되였다면 동식물 생활 관계가 어찌 될 뻔 했습니까?

답, 허허 그 이치를 자해自解치 못한단 말이냐? 이전에 강의한 것과 같이 공기 중 산소란 것은 동식물과 기타 물질에 작용치 아니하는 곳이 없는데 만일 공기가 산소로만 될 것 같으면 모든 물질에 산화력酸化力이 강하야 동식물의 생활작용이 없어지고 마침내 모두 연소가 되야 없어지리라 그런고로 이를 희박稀薄케 하느라고 질소가 많이 들었느니라.

문, 공기 중에 수증기가 함유하였다 하시니 그 소출所出한 이유와 또 유무를 알려면 어떻게 하여야 되겠습니까?

답, 그것은 다름이 아니라 지상에 잇는 물이 태양의 온도를 받아서 공기 중으로 증발할 뿐 아니라 사람이 숨 쉴 적과 물건 탈 때 이에 수분이 생겨서 공기 중으로 비산飛散하는 것이요, 또 공기 중에 수분이 있고 없는 것을 알려면 쉽게 말할 것이니 네가 아직 우雨, 령靈, 상霜, 운雲이

토지土地에서 지하로 떨어지는 것은 가지고 연구치 못할 터이고, 여름에 무슨 그릇에다가 빙괴氷塊를 담아두면 그릇 바깥으로 물이 생겨서 흐르리라. 이것을 보면 수증기가 눈에는 보이지 아니하다가 냉기를 만나면 응축이 되어 물이 됨으로 사람의 눈에 보이나니라.

문, 네에. 네에. 이제 알겠습니다. 그러면 우령상운雨靈霜雲이 공중에서 내려오는 이치도 알겠습니다. 내가 그렇게 설명을 할 터이니 들어보십시오. 아까 선생님 말씀하실 때에 수증기가 냉기를 만나면 응축이 되어 물이 된다고 하셨지요? 그러면 그와 같이 토지에 잇는 물이 온도를 받아서 수증기가 되어 공중으로 올라가서 냉기를 만나면 그 한랭고저寒冷高低에 인하야 혹 비 혹 이슬 혹 서리 혹 눈이 되어 떨어지는 것을 혹 속담에 용이 비를 준다고 하지요. 이 이치로 보면 오해를 한참 했습니다.

답, 옳다. 옳다. 그렇다네. 그것 봐라. 화학 좀 배운 효력이 얼마큼 있나니?

문, 동물이 공기 중에 있는 산소를 흡수하는 것이 대단이 유조한 것으로 말씀하시니 체내에 있는 물질을 산화하야 체내에서 연소작용이 일어나면 어찌합니까?

답, 동물이 체온을 보존하는 이치를 모르는구나. 이 애야 자세히 들어라. 공기 중에셔 물질이 연소하는 것과 꼭 마찬가지니라. 가만히 연구해 보아라. 물질이 연소할 때에도 탄산와사炭酸瓦斯와 물이 생기지, 또 동물의 코와 입으로도 탄산와사炭酸瓦斯와 물이 나오지. 그러니까 동물이 식물을 먹으면 흡수한 공기 중 산소의 작용으로 연소를 일으키는 까닭으로 호출呼出하는 기체氣體 중에 탄산와사炭酸瓦斯와 물을 함유할 뿐 아니라 체온을 발생하나니라.

문, 투명한 석회수에 다 입김을 불어넣으면 석회수가 하얗게 흐린 물이 된다니 그 자세한 이치를 알고자 합니다.

답, 입김 중에 탄산와사炭酸瓦斯를 함유한 까닭으로 석회와 화합하야 백색세분말白色細粉末의 탄산석회炭酸石灰를 석출析出함으로 백탁白濁이 되나니라.

문, 위생 잘하는 사람들이 집안에다가 초목을 많이 배양하든지 초목이 많이 있고 높은 산에다가 집을 짓고 사니 그 이치를 화학적으로 증명하야 주시기를 바랍니다.

답, 그것은 다름이 아니라 화학상에 말하되 동식물은 서로 생활을 도와준단 말이 있나니라. 이 말로 보면 가령 동식물은 공기를 흡수한 후에 산소만 취하야 체내에서 연소를 일으킨 후에 탄산와사炭酸瓦斯를 호출呼出하나니 그러면 공기 중에 산소는 차차 멸소하야지고 탄산와사만 많아질 이치 아니냐? 그리되고 보면 탄산와사라는 것은 동물에 대하야 유해물이니라. 다행히 이 탄산와사를 식물이 분석을 하야 탄소는 제가 영양을 보존하고 산소는 공기 중으로 내여 놓나니라. 그러면 이 산소는 공기 중으로 내여 놓나니라. 그러면 이 산소는 동물에게 얼만큼 공급하는 동시에 오예汚穢되였던 공기가 신선하게 되나니라. 이것으로 보면 인구 조밀한 곳의 공기는 초목이 무성한 산촌벽읍山村僻邑의 공기보다 불결할 뿐 아니라 위생에 대단히 해롭다는 것이니라.

문, 너무 질문이 심하야 선생님이 곤뇌하실 듯하오니 이만 그치겠으나 요 다음 강의부터는 화학 상 원소의 각론을 하여주시오.

답, 나의 곤뇌한 것은 생각 말고 의심 있는 데는 얼마든지 물어라. 화학에는 총론을 확실히 알아야 화학 각론을 배울 거시나 원하는 바이니 이 다음부터 각론을 시작하자.

5. 천문학

〈표 57〉 '천문학' 관련 텍스트 목록

잡지명	저자명	제목	표기	권호(발행일)	쪽수
太極學報	仰天子	天文學講話	국한문	제14호(1907.10.24) 제16호(1907.12.24) 제20호(1908.5.12)	44~47 28~30 35~38
普中親睦會報	金仁湜	天文學史의 槪要	국한문	제1호(1910.6.10)	93~95

앙천자, 「天文學講談」

1907년 10월 24일

제일 천문학의 유래

천문학이라는 말은 희랍국希臘國 방언方言으로 별의 규칙이라 하는 의의意義니 최고시대最古時代부터 개전開展한 학문이라. 고대古代를 소고溯考하건대 태고유민太古遊民들이 창공지하蒼空之下에서 주야晝夜를 분간하지 못하고, 생식生息하며 혹은 유목遊牧을 영존營存하는 사이에 자연히 그 찬란한 광체光體를 주시하며 운전運轉을 관찰하여 필경은 금일의 천문학 기초를 구성하였고, 또 다른 방면에서 보면 여행이나 이주移住나 항해에 일종의 목표로 대공大空의 광체光體가 자연히 주시되어 인지人智가 증진하는 대로 그 필요가 점점 더하고 그 관찰이 더 쌓여 마침내 금일의 천문학까지 진달進達한 것이며 역사상으로 보건대 천문이 가장 먼저 관측된 것은 현금 파사국波斯國 칭끄리스 강과 유프―렛 강 사이에서 서력 기원전 이천 삼백년경에 최성最盛한 갈뎨아 국國인듯한데 지나역사支那歷史를 본즉 서력 기원전 이천년경에 전욱顓頊 고양씨高陽氏가 역상歷象을 정하였으니 그러한즉 천문관측은 태고시대에 행한 줄로 생각할지라. 그러면 갈뎨아와 지나支那 양국 중에는 그 선후를 상고하기 어렵고 그 다음에는 에집트埃及 인듯하니 전래 역사가의 말에 의하면 그 건국이 비상고구非常古舊될 뿐 아니라 그 지세地勢에 광막廣漠한 원야原野와 평원, 사막 등이 많은 고로 만리萬里의 눈을 차遮함이 업고 다만 영조映照하는 것은 대공大空의 천상天象뿐인 고로 자연과 천문관측을 촉진한 듯하며 어떤 들리는 말에 의한즉 이 나라의 천문학자들은 천문관측에 비상히 열중하여 야간에 천체를 응시하면서 진취進就하다가 발아래 깊은 우물에 몰락한 것이 있다 하니 이 나라 천문학이 성하였던 것은 이 일로도 족히 상상할 것이지마는 당시에는 정밀한 기계가 없음으로 조개早開한 천문관측이 정확치 못한 결과를 얻었도다.

제이 우주의 조립組立

(가) 우주의 성숙星宿, 정야靜夜에 천공天空을 우러러보면 만목萬目이 도시都是 성숙星宿이요, 더욱 망원경으로 규측窺測하면 그 수가 일층 더하고 좀 더 큰 망원경을 사용하면 비상히 증가하여 실상 무수히 보이거니와 망원경은 유한有限의 물경物鏡이니 그 밖에도 별의 수가 오히려 많을 것이며 또 광채가 오인吾人의 안중眼中에 들어오지 아니함으로써 우주의 별의 수는 전수全粹히 상상 밖에 있는 것이라 이를 것이며 빛의 속도는 본래 비상히 빠르고 커서 일초 간에 십팔만 오천 영리英里를 진행하나니 굉장히 큰 망원경이 허락한 것과 같은 속도로 빛을 내보낼지라도 우리 지구까지 도달하기에 육만년을 경經할 원거리에 있는 별까

지 규견窺見함을 얻을지니 그 중간에는 성숙星宿 아닌 것이 없을지라. 그러면 별의 수는 얼마나 총다叢多하며 우주는 얼마나 광대한고.

(나) 성숙星宿의 계통 우주에는 성숙星宿이 이와 같이 잡다하나 다 상호의 인력引力으로 인하여 견제牽制되어 각각 계통을 이루었나니 그 형상을 생각건대 그 중앙에는 우리 태양 같은 별이 있고, 그 주위에는 우리 지구와 같은 성구星球들이 회환回環하고 또 그 중앙 별은 주위의 유성遊星을 거느리고 다시 타일정점他一定點의 주위를 회환回環하나니 저 밤중에 찬란한 광휘를 발하는 별이 다 우리 태양과 동류의 별이라. 이를 일컬어 항성恒星이라 하고 우리 지구와 같은 별은 일개一個도 광채를 스스로 발하지 못하고 다만 태양 빛을 차광借光하여 우주에 반조返照할 뿐이니 이는 일컬어 유성遊星이요. 유성에는 다시 일층 적은 소성小星이 부속附屬하여 우리 지구에 태음太陰 즉 달과 같이 주성主星의 주위를 회환回環하나니 이는 일컬어 위성衛星이라.

제삼 태양계통太陽系統

일 태양

(갑) 태양계통太陽系統의 유래, 태양계통은 중심에 태양이 있고 그 주위에는 여덟 개의 유성遊星과 사백四百에 이르는 소유성小遊星과 그밖에 혜성慧星이라 칭하는 일종의 별이 요회繞回하고 그 외 이십 개 위성衛星이 유성의 주위를 요회繞迴하는 것인데 이러한 사실은 일조일석에 확정한 것이 아니오 장구한 연월을 필요한 후에야 비로소 일반 준신準信함에 이르는 것이라.

지구와 다른 유성이 태양의 주위를 요회한다는 사실은 서력 기원전 오백년경에 희랍국希臘國 대리학자大理學者 피다쓰라스가 처음 주장하였으나 그 외관外觀은 전부 반수反殊하여 태양과 기타 천체가 동에서부터 서로 지구를 천천히 도는 것인데 당시 사람들이 다 이를 준신치 아니하고 지구가 모든 천체의 중심에 서 있는 줄로 생각하였더라.

아포로니우쓰라 불리는 천문학자는 모든 천체가 다 태양으로 중심을 삼고 그 주위를 요회하며 또 태양은 각 별을 거느리고 우리 지구의 주위를 요회한다 말하였고, 또 에집트 천문학자 트레미는 말하기를 우주는 숱한 중공구中空球로 성립하고 이 중공구들은 각각 중합重合하여 그 각 구球에 태양, 위성, 유성과 기타 모든 천체가 상대한 중심에 우리 지구가 존재하매 각 구는 각 천체를 담부擔負하고 우리 지구의 주위를 스물네 시간에 매양 동에서 서로 회전하며 또 각 구는 결정질結晶質인 고로 잘 투명透明하여 내부의 구가 외부의 천체를 막遮하지 못한다 논하였으니 이는 십육 세기경에 성행한 학설이라. 저 유명한 푸로시아 대천문학자 고페루닉스가 나타나 그 미신을 전복하고 피다쓰라스의 설說을 부활시켜 진리를 발휘하니 씨氏는 푸로웽쁘루이의 앗트렌슈타인의 주택住宅을 근거하고 이십사 년간 침식寢食을 망각하고 천체의 운동을 관측하여 일천오백삼십년에 유명한 천체론을 완성하였으나 박해를 두려워하여 장구히 밀장密藏하였더니 친구의 권고를 따라 천오백사십삼년에 비로소 출판하니 그 당시에 찬성을 얻지 못하고 이태리 대물리학자 쌀닐레오가 세상에 나온 이후에야 점차 확실히 입정立定하니라.

쌀닐레오가 당시에 유행하는 망원경을 개량하여 실물의 삼십이배가 되게 제조하고 이를 사용하여 천체의 운동을 관측하며 코페루닉스의 학설을 확정하였으나 고루한 학자는 이에 반대라. 쌀닐레오가 목성의 네 위성을 발견한 것을 발표하매 피등彼等은 사이비정捨而非定하였으며, 당시 푸로렌스 지방에 한 천문학자의 재미있는 이야기가 있으니 말하기를 나의 머리 위에는 양 눈 두 귀와 콧구멍 그리고 입의 일곱 개 구멍이 있고 또 금속에는 금, 은, 동, 철, 납, 주석, 아연의 일곱 금속이며 일주일에는 칠일뿐인즉 유성도 또한 이와 같이 일곱 개뿐이라. 수, 금, 화, 목, 토, 일, 월의 칠성七星의 수가 이위충분已爲充分하였다하여 깔닐레오가 발견한 네 개의 위성을 허설虛說로 귀송歸送하였으니 지식이 미개하면 괴론怪論이 생겨남은 자고로 정해져 온 사실이로다.

1907년 12월 24일

(을) 태양의 체대體大, 태양계 중에 가장 거대한 것은 태양이니 열과 빛의 대본원大本源이요 모든 유성遊星을 합한 것의 칠백배 가량이라. 지금 가령 태양을 우리 지구의 위치에 치置할 것 같으면 달의 궤도를 지나 사방 십팔만 영리英里에 이를지니 그 직경은 팔십오만 이천 영리英里요 그 체적體積은 지구의 백이십오만배 가량이오 그 실질은 삼십만 배가 되리로다.

(병) 태양면의 흑점, 망원경으로 규견窺見하면 태양은 화구와 같으나 그 전면이 항상 광휘를 발하지 아니하고 때때로 기허幾許의 흑점이 여기저기 점재點在하여 황도黃道(태양의 적도)의 양변兩邊 각 삼십오도 사이에 산재하나니 그 수와 그 크기는 일정하지 않으며 어떤 것은 이 개월 이상을 장속長續함도 있고 어떤 것은 매일 변형하며 또 돌연히 사라지고 졸지에 생겨나 일 년 내에 그 현상이 보이지 아니할 때도 있으며 이백개 이상도 생겨나 광휘가 감하減下함도 있느니라.

정밀한 관측에 의하건대 그 수와 그 크기가 점차 증가하야 극한에 달하였다가 또 점차 소멸하는데 그 주기는 십일년이오. 왕왕 비상히 거대한 것이 생겨나 육안으로도 볼 수 있으니 서력 기원 천팔백사십삼년 유월 중 일주간에 출현한 것은 그 직경이 칠만칠천리이라 하였으니 우리 지구의 거의 십배나 더 큰 것이 될지라. 그 원인으로 말하면 과히 분명치는 못하나 어떤 학자가 말하기를 태양분위기太陽雰圍氣가 화구火球에서 발사하는 광휘를 흡수함으로 생겨난다고도 하고 어떤 학자는 말하기를 태양의 폭풍을 인하여 비교적 암면暗面이 폭로曝露함을 인함이라 하는 각 파派 설說이 있으나 분명 마지막 말이 근리한 듯 하도다.

(정) 태양의 결구結構, 태양의 밀도는 우리 지구 사분의 일에 불과한데 그 내부의 결구結構는 조금도 해지解知키 어려우나 분광기分光器를 사용하여 태양의 스팩트럼을 궁구窮究하건대 우리 지구에 존재함과 동일한 모든 금속의 증기가 태양분위기太陽雰圍氣 중에 존재하여 백열기상白熱氣狀이 되어 있으니 이를 처음 연구한 자는 킬히홉이라 칭하는 물리학자이더니 최근까지 연구를 차제次第 적래積來한 결과 다음에 기록한 모든 물질이 함유한 것을 해득解得하였더라.

나토리움, 막네씨움, 철, 칼시움, 니켈, 빠리움, 크로미움, 코빨티움, 수소, 망가니움, 티타니움, 알미니움, 스트로시움, 아연, 가쓰니움, 쎄리움, 우라니움, 가리움, 바나지움, 파라딕움, 모리쓰뗀, 인디, 리시움, 루쎄디움, 씨디움, 창연蒼鉛, 주석, 은, 쓰라씨남, 란터남.

(무) 태양면의 온열溫熱, 태양면에서 발사하는 열량의 어떤 부분은 그 분위기雰圍氣에 흡수되는 오인吾人은 그 어떤 부분을 형수亨受할 뿐이니 태양의 전열량全熱量은 도저히 계산하기 용이하지 않지만 푸에라고 하는 학자가 추산한 바에 의하건대 가령 공기가 없다하면 우리

지구 전면에 이촌二寸 삼사분三四分 두께로 포위한 얼음을 하루에 족히 용거溶去하리라 하니 그러한즉 우리 지구가 형수亨受하는 열량은 태양에서 발사하는 것의 이십이억만분의 일에 불과함이니 만일 이 전열량으로 얼음을 용해코져 하면 우리 지구를 오억륙만 척尺의 두께로 포위한 얼음을 하루에 소진케 하리니 실로 굉대宏大 무량無量하다 이를 것이오. 우리 지구가 형수亨受하는 전열량 중으로 과반은 지구의 온도를 보충시키고 겨우 천분의 일이 직접 생물의 생명을 유지함에 이바지하나니라.

태양면의 온도는 섹가이 라 불리는 학자가 추산하여 섭씨 육백십만도의 결과를 얻었는데 가령 보통 탄화炭火의 온도를 점검할지라도 오륙백도에 불과하고 특별한 장치를 사용할지라도 이천도에서 더 승고昇高할 수가 없을지니 이같이 사고思考하면 저렇듯 상상 밖에 나타날 수는 없으나 과연 이교할 바는 없다 하리로다.

비교할 수 없는 온도를 포유包有한 무한의 열량이 태양면에서는 이처럼 어찌 생길까. 어떤 학자는 태양면에 낙하하는 성체星體가 충돌하는 열에 원인됨이라 앞장서서 주장하고 어떤 학자는 태양 자체가 다음 차례에 수축함으로 인하여 위치의 세력勢力(energy)이 운동의 세력으로 변화되는 연고라 말하니 이 설說이 가장 신인信認할 만한데 이 설說에 따르면 태양은 백년간에 그 직경을 사영리四英里씩 수축시킴이니 현재와 같은 열량으로도 오만년을 경과하면 이분의 일이 될 터이요 천만년을 경과하면 태양도 생명이 다하게 되리로다.

(기) 태양의 운동, 태양의 운동은 흑점의 변위變位를 좇아 관측할 수가 있으니 최초에는 동단東端에서 현출現出하고 점차 서단西端으로

진거進去하야 거의 십삼일에 소멸하고 십삼일 후에는 또다시 현출現出하나니 이에 의하여 살피건대 태양이 서에서 동으로 자전한 줄을 알게 될 터이오. 그 주기는 이십오일 여덟 시간이 되는 것을 또한 실측하리로다. 이외에 태양이 모든 유성游星을 이끌고 일초 간에 팔 영리英里의 속도로 대궤도를 공전하여 있는데 이 궤도를 일회一回함에 천팔백이십만년을 필요로 한다고 말하나니라.

1908년 5월 24일

제유성諸遊星

(갑) 우리 태양계의 모든 유성遊星은 일반적으로 태양을 중심으로 일어나고 각자의 궤도를 종전從轉하며 태양의 빛을 받아 이 반사로 찬란한 광채를 발하는 것이니 우리 지구도 지구 이외의 성구星球에서 규窺하면 달이 청야淸夜에 비춤과 같이 위황煒煌한 광채를 발할지라. 원래 유성遊星이라 하는 것은 무엇을 이름이뇨. 이에 그 칭의稱義를 고구考究하건대 희랍希臘 국어로 표박자漂泊者라 칭함이니 태고부터 유성이 표박함음 사위발견已爲發見 하였도다. 그러한즉 유성과 항성恒星을 어떻게 분별하나 하면 이는 비난非難의 현상을 거擧하여도 족히 증명하려니와 무릇 항성은 찬란한 광채를 발출發出하고 유성은 침정沈靜한 명광明光을 발하나니 이로도 족히 증명하리로다.

(을) 유성의 궤도, 궤도는 유성이 태양의 주위를 회전하는 바를 이름이니 그 모양이 모두 타원형(장이원형長而圓形)인데 태양이 그 중심의 위치를 점거하매 중심에서 원주圓周

에 이르는 거리가 혹은 길고 혹은 짧고 혹은 멀고 혹은 가깝나니라.

(병) 제유성諸遊星의 유래, 제유성 중에 수성, 금성, 화성, 목성, 토성, 이 다섯 가지는 오인吾人의 육안으로도 능히 볼수 있는 것이니 옛 사람들도 이위지실已爲知悉하였으나 천왕성은 서력 기원 일천칠백팔십일년 삼월 십일에 영국 천문학자 하-쉘 씨가 발명하였더라. 다음으로 하-쉘 씨의 사력事歷을 잠거暫擧하건대 씨氏가

서력 일천칠백삼십팔년에 덕국德國 하노뼈 라 이르는 곳에서 태어나니 그 부친은 미천한 음악사音樂師라. 그 부업父業을 계승하야 음악을 학습하니 그 아곡雅曲이 당시 열방列邦에 유명한 성가聲價를 지유持有하되 단지 음악으로만 인생의 위안을 스스로 채우지 못하리라 하야 한극閑隙이 있으면 어학語學과 수학數學을 근실勤實히 강구하더니 필경 천문학의 흥미를 감득感得하고 천만의 신고辛苦를 경진經盡하야 대망원경을 제조하고 이를 사용하야 천체관측을 실행할 때 시업始業한지 일년유반一年有半에 하룻밤은 칠척七尺 초점거리의 망원경을 사용하야 하늘의 일방一方을 규견窺見한즉 그 광휘가 항성과 현수懸殊한 일개 별이 군성群星 중에 나타나는지라. 수일간을 연속하여 관측한 후에 하나의 유성인 것을 확정하고 천하에 발표하니 당시 영국 왕의 이름이 쬬치인고로 이 별을 쪼치로 명명하였더니 오늘날에는 천왕성으로 통칭되었더라.

해왕성은 일천팔백사십육년에 덕국德國 천문학자 쌀라박사가 발견한 것이니 최초 발견의 사력事歷에 의하면 당초 천왕성의 운전행동運轉行動이 임시 불완不完하야 확정한 시간을 난지難知하겠기에 당시 각국 천문학자가 의예불결疑豫不決하더니 불국佛國 천문학자 루루발네아 가 이 문제를 십분 연구하고 그 거리와 그 운행을 상세히 기록하야 동년 구월 십삼일에 파리경巴里京에 보고한지라. 쌀라씨가 강력한 관천기觀

天機를 사용하야 그 지시대로 하늘의 일방一方을 수도搜到하니 증전曾前에 미지未知하던 일개 별이 있는지라. 그 다음날 밤에 상세히 탐견探見한즉 전후 위치를 홀변忽變하였거늘 유성遊星됨을 처음으로 알고 해왕성이라 명명하니라.

(정) 제유성諸遊星의 비교, 하쉘씨가 제유성과 그 궤도의 비교를 이해하기 위하여 아래와 같은 방법을 사용하니

평탄한 광야에 직경 이척二尺의 구球를 두고 태양이라 가정하면 직경 일백륙십사척 원주상에 개자립芥子粒은 수성과 수성의 궤도를 표하고 직경 이백팔십사척 원주상의 대두립大豆粒은 금성과 금성의 궤도를 표하고 직경 사백삼십척 원주상에 대두립大豆粒은 우리 지구와 지구의 궤도를 표하고 직경 육백오십사척 원주상에 초대稍大한 유침留針의 머리와 같은 것은 유성과 유성의 궤도를 표하고 직경 천척으로 천이백척 원주상의 사립砂粒은 소유성과 그 궤도를 표하고 직경 반리半哩의 원주상에 은행실銀杏實과 같은 것은 목성과 그 궤도를 표하고 직경 일리의 오분의 사 원주상에 소은행실小銀杏實과 같은 것은 토성과 그 궤도를 표하고 직경 일리반여一哩半餘 원주상에 도실桃實과 같은 것은 천왕성과 그 거리를 표하고 직경 이리반 원주상에 대매실大梅實과 같은 것은 해왕성과 그 궤도를 표하리라 하니라.

(무) 제유성諸遊星에 생물의 유무, 이 문제는 자고로 다수 학가學家가 일반 고심초사苦心焦思로 무상한 경험을 적진積盡하였으되 오히려 이제까지 확실한 증명을 얻지 못하였으니 가령 타유성他遊星도 우리 지구와 같이 인류가 있다 가정할지라도 우리 지구상 인류와는 현수懸殊하리니 하자何者오. 비타非他라 온도와 중력과 분위기雰圍氣며 만반 상

황이 각수불일各殊不一하나니 그러한즉 그 위에 존재한 생물도 상태종류狀態種類가 각수불동各殊不同할 것을 추측하리로다.

수성, 수성은 태양에 가장 가까운 유성이니 일몰 혹은 일출시에 수분간數分間 오인吾人 육안에도 통상 능히 볼 수 있는 것인데 대개 태양과 동시출몰함을 인하여 그 광휘가 십분 위황煒煌치 못함으로 원만圓滿히 망견望見할 기회는 없거니와 만일 보게되면 삼등성위三等星位로 견見하며 타유성他遊星과는 특이特異하야 담홍색淡紅色을 방放하여 반듯반듯하고 망원경으로 규견窺見하면 월륜月輪이 만월滿月로 신월新月을 이루고자 할 때와 같이 변화함을 알게 되니 수성이 시시로 태양면에 상조相照되고 아니 됨을 인因함이니라. 현재까지 관측한 바에 의하면 수성은 그 차此에 분위기雰圍氣가 없는듯하며 또는 일개 반점斑點이 존재치 아니함으로 그 자전을 증명하자면 그 변화로는 의거하기 어렵다 하니 고로 자전의 유무를 알지 못할 것이며 그 열량은 그 자생열自生熱이 아니고 태양에게서 받은 것인데 지구보다 일곱 배의 열량을 받는다 하고 그 온도는 물의 비등沸騰함과 같다 하니라.

6. 지리 · 지문학

〈표 58〉 '지리·지문학' 관련 텍스트 목록

잡지명	저자명	제목	표기	권호(발행일)	쪽수
大朝鮮 獨立協會會報		地理初桄	한문	제17호(1897.7.31)	9~14
大韓自强會月報	沈宜性 譯述	歷史及地理의 槪論	국한문	제11호(1907.5.25)	52~55
	呂炳鉉	本國地質을 由흔 物産論	국한문	제12호(1907.6.25)	23~26
太極學報	研究生	地文學講談	국한문	제13호(1907.9.24) 제14호(1907.10.24)	34~39 38~40
少年 韓半島	元泳義	地理問答	국한문	제1호(1906.11.1) 제2호(1906.12.1) 제3호(1907.1.1) 제4호(1907.2.1) 제5호(1907.3.1) 제6호(1907.4.1)	23~24 24~26 19~21 19~20 12~14 12~13
	朴晶東	地文論	국한문	제1호(1906.11.1) 제2호(1906.12.1) 제3호(1907.1.1) 제4호(1907.2.1) 제5호(1907.3.1) 제6호(1907.4.1)	33~34 37~39 38~39 36~37 29~30 28~29
大韓留學生會 學報	崔生	地理學雜記	국한문	제2호(1907.4.7)	45~51
共修學報	李康賢	地文學의 問答	국한문	제4호(1907.10.30)	22~26
洛東 親睦會 學報	仰俯生	地文學	국한문	제2호(1907.11.30) 제3호(1907.12.30) 제4호(1908.1.30)	25~27 25~27 23~25
教育月報		대한디지(大韓地誌)	국문	제1호(1908.6.25) 제2호(1908.7.25) 제3호(1908.8.25) 제4호(1908.9.25)	15~23 14~20 14~19 11~17

잡지명	저자명	제목	표기	권호(발행일)	쪽수
				제5호(1908.10.25)	9~14
		만국디지(萬國地誌)	국문	제1호(1908.6.25) 제2호(1908.7.25) 제3호(1908.8.25) 제4호(1908.9.25) 제5호(1908.10.25)	30~40 26~32 24~30 25~30 21~28
자선부인회잡지	김범경	디리문답	국문	제1호(1908.8.5)	25~29
畿湖興學會月報	朴晶東	地文略論	국한문	제1호(1908.8.25) 제2호(1908.9.25) 제4호(1908.11.25) 제6호(1909.1.25) 제8호(1909.3.25)	36~37 38~39 29~30 14~15 12~13
	金夏鼎	大韓新地理學	국한문	제3호(1908.10.25)	29~31
少年		地理學硏究의 目的	국한문	2년10권(1909.11.1)	83~97
		初等 大韓地理 稿本	국한문	3년4권(1910.4.15)	5~44
大韓興學報	洪鑄一 譯	地文學(地球의 運動)	국한문	제3호(1909.5.20) 제4호(1909.6.20) 제5호(1909.7.20) 제6호(1909.10.20)	36~39 32~34 26~28 48~52
嶠南敎育會雜誌	李然庠	地理學의 原理	국한문	제3호(1909.5.25) 제4호(1909.7.25)	1~2 2~9
普中親睦會報	金振璜	地文學問答	국한문	제1호(1910.6.10)	95~99

최생, 「지리학 잡기雜記」

1907년 4월 07일

지리학이라 하면 옛날 노인 중에는 혹 전래하던 풍수지서風水之書와 같다고 볼 자도 있을지 모르겠거니와, 이는 결코 청낙적박지설靑囊赤霳

之說을 사구査究하고 옥척금두지서玉尺金斗之書을 인조引照하여 독자첨언讀者僉彦으로 더불어 극월복주지세郤月覆舟之勢와 계서우면지형鷄棲牛眠之形을 말하고자 함이 아니라 다만 우리의 현방서식現方棲息하는 지구 상 현상에 취하여 우리가 불가불 알아야 할 사항을 기술하여 고차미실姑且未悉하는 인사人士에게 반시頒示하고자 함이니, 즉 청조자여류靑鳥子餘流의 지매담地埋談이 아니라 고금 수많은 학자가 적년토구積年討究하여 정확험산精確驗算한 사실이니라.

본편本篇이 원래, 잡초雜鈔 중에서 수의적록隨意摘錄한 것인 즉 자연히 차서次序도 없고 상략詳略이 일정하지 않아 타인의 눈에 거슬리기 실로 부끄러우나 모르는 사람이면 보지 않는 것보다 나을듯하여 감히 본보本報의 여백을 조금씩 점오點汚하려 함이니 독자는 용서하시오.

[二] 지리학의 분류

지금 세상은 전업시대專業時代라 입상출장入則相出則將하고 재조즉랑묘재在朝則廊廟宰오 재야즉학문가在野則學問家하여 한 사람의 몸으로 의례히 수제치평修齊治平, 학문훈도學問訓導에 무일불의無一不宜하든 옛날과는 다르니, 정치가와 학자가 그 택澤은 상몽相蒙할지언정 그 길은 각별各別할뿐더러 학자라 하여 만유 과학 즉 온갖 학문을 모두 닦고 익혀 연구하는 것이 아니라 문학은 문학가, 이학理學은 이학가理學家가 하여 각각 전문가가 있고 또한 날로 정밀해지는 학문을 연수硏修하는데 이렇게만 하여서는 만족할 수 없으므로 가령 문학 일과一科라도 취중就中에 혹 사학史學을 전구專究하고 혹 철학을 전수專修하며 혹 언어학을 주主하고 혹 순문학을 주主하여 일부분을 각각 궁구窮究하여도 오히려 미흡하니 드디어 철학 한 학문 안에서도 순정철학純正哲學, 심리학, 논리학, 생리학, 윤리학, 종교학, 사회학 등을 다시 나누어 연구하고 이중에서도 심리학의 아동심리와 병적심리病的心理며 논리학의 연역演繹과 귀납歸納 등과 같은 것을 세분하니 이는 대개 정익구정精益求精하는 저의底意라. 이상은 언론이 횡출橫出하여 객고客股를 긁었거니와 이제 이 지리학은 어떠한 과학에 예속되고 어떠한 분호分戶가 있냐고 할진대 많은 말 할 것 없이 이학理學의 한 부분으로 다시 다음과 같이 나누니.

지리학분류표

지리학地理學

자연지리自然地理

지문학地文學

수리지리數理地理

인문지리人文地理

정치지리政治地理

상업지리商業地理

공업지리工業地理라.

이하에 각 분학分學의 정의를 간략히 설명하겠노라.

[二] 지리학 정의

지리학온 지구의 표면, 각국의 광무廣袤, 인구, 산물 및 주민에 관한 사항 등을 인류생활의 방면으로서 고찰하는 것이니 즉 지구에 관한 만반현상萬般現象을 고구考究하는 학문이니라. 근세학문의 진보로 지리학 연구도 또한 세미細微하게 되어 허다한 분과分科를 만든 것은 전 절에 예시하였거니와 지금 그 정의를 별록別錄할진대.

[一] 자연지리 지구표면에 일어난 천연현상을 고구하는 것이니 즉

수륙기계水陸氣界의 구별, 수륙의 위치, 형세, 광협廣狹, 분포, 물과 공기의 운동, 지구상 각지의 기후, 생물과 광물의 분포, 지구상의 변동(화산 지진 등)의 이법理法, 곤과困果, 관계 등을 연구하는 것이라. 보다 상세히 설명할진대 조류潮流의 한난寒暖의 차이別이며, 절후節候에 사시四時의 변화가 있음이며 상전벽해桑田碧海가 질상변화迭相變化함이며, 육지에 천태만상의 산악원야山岳原野가 기복起伏함이며, 해양에 각종 생물이 분포함이며, 대지가 진동하고 화산이 폭발하여 무수한 생령生靈을 해하며, 지각地殼이 붕괴파열崩壞破裂함이며, 지상으로 흐르는 강하수江河水와 지하로 흐르는 지하수의 지구에 미치는 영향이 어떠하며, 바람의 방향과 계절풍의 영향 등을 심구審究하는 분학分學이오.

[二] 수리지리 혹 천문지리天文地理라 하니 지구를 일개 별星을 삼아, 우주 간에 지구의 위치와 외지外地 천체 간의 관계, 지구의 형상, 운동, 경위선經緯線, 지구상 각지의 위치, 오대五帶, 지도地圖상에 표출하는 지위地位의 측정법 등, 천문학과 지리학이 서로 관련된 지리의 해설을 연구하는 것이라. 혹 자연지리와 수리지리에 지질학(견見 주해)을 합해 지문학地文學이라 하니 이는 즉 광의廣義의 지문학이오 협의의 지문학은 즉 자연지리이며

[주]지리학, 성무설星霧說의 말한 바와 같이 우리의 서식하는 지구는 원래, 우주에 존재한 고열가스체高熱瓦斯體가 분리하여 수많은 집단을 이룬 후, 방열 냉각하여 액체가 되고 다시 액체면液體面이 냉방함으로 마침내 응고하여 지피地皮를 이루고 암석을 침전하며, 지열 냉각과 기타 내외작용으로 인해 산악이 굴기掘起되고 해양이 징벽澄碧되며, 공기 및 물의 침식작용이 시작하여, 암석을 붕괴하여 토사土砂를 만들고 토

사가 옮겨져 침적沈積하여 층상암層狀岩이 되고, 화성암火成岩이 이를 중관中貫하여 병발迸發시키는 등의 일과 같이 자못 복잡한 변천을 거치고 수억만 년의 세월을 지나 지금에 이르렀으니, 지금 지구의 상태는 종국終局의 시기가 아니라 시시각각으로 변화불식變化不息하여, 무한한 역사를 만드는 중이니, 지구가 전술과 같은 변천을 거쳐 오늘에 이른 역사를 익히고, 그 원인을 생각하여 현상을 추구推究하는 학과를 지질학이라 하니 지구로 하여금 그러한 변화를 일게 하는 동력과 결과로부터 형성된 구조, 변상變狀의 역사, 또는 지금 지구가 갖춘 지모地貌 등이다. 지질학의 강구講究할 범위니라.

[三] 인문지리 지구를 인류의 사는 곳으로 간주하여 지구상의 모든 국민, 인위人爲의 구분, 각국의 인정풍속, 개화의 정도, 사회의 조직, 활동(즉 정치, 종교, 교육, 생업生業, 군사, 교통 등), 물산物産 등을 서술하는 것이니, 정치지리와 상공지리가 이에 속하였느니라.

[三] 지구의 성인成因

우리가 이 절에 이르러 아무리 장황하게 될 폐가 있어도, 불가불 상세히 논술하여 반고盤古 씨가 개천벽지開天闢地하였다는 누설陋說에 침염浸染된 속이俗耳를 깨끗하게 씻을 필요가 있으나 이미 전 호부터 게재하여 오는 「지구의 과거 및 미래」에 상략詳略 간에 설명한 것이 있고, 또한 전절 주해 중에 대강 언급한즉 여기에서는 생략하고 다른 날 다시 칸트 씨의 성무설星霧說 개요를 소개하겠노라.

[四] 태양계

태양이 주성主星된 일성진계통一星辰系統이니, 태양의 주위에는 8개의 큰 유성大遊星과 400여개의 작은 유성小遊星과 20여 개의 위성衛星이 있으니.

[一] 태양은 본계本系의 중심에 있어 광열光熱을 내보내 부속 성군星群을 비추고 자가自家의 인력引力으로 모든 별의 운동을 관리하며, 지구와 상거相距는 9143만 리哩오, 그 직경은 86만 5천리이니 지구의 직경에 비하면 109배나 되며, 양면陽面의 흑점 출몰로 인해 태양은 정정부동靜定不動하는 것이 아니라 우리 지구의 25일 반半으로 일자전하는 줄을 깨달아 알았으며.

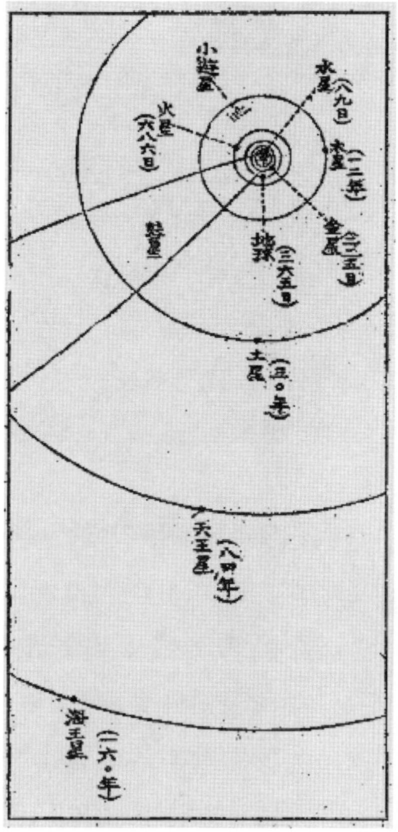

[부기] 태양의 광열은 비상히 크나 지구가 받는 바는 그 22억분의 1에 불과하고, 태양과 지구의 거리는 전기前記함과 같이 약 9200만 리인즉 가령 태양까지 철도가 있어 한 시간에 20리의 속력으로 달리는 기차를 탔다하여도 300년 후가 아니면 도달하지 못할 것이오. 태양계에 속한 모든 유성遊星, 위성, 혜성, 유성流星을 합하여 한 덩어리로 타작打作한다하여도 그 크기가 겨우 태양의 700분의 1일에 불과하니라.

[二] 대유성大遊星

대유성

[三] 소유성小遊星 화성과 목성 사이에 있으니 그 수는 「세레스」, 「파라스」, 「찌유스」 등 대소 400여에 달하며, 큰 것이라도 300여 리에 불

星名	衛星	直徑（哩）	太陽距離（哩）	公轉日數	自轉時數（時, 分, 秒）	軸의 傾斜（度, 分, 秒）
水星		二,九六二	三五三九,三00	八七,九六九二	二四,0五,二八	
金星	一	七,五七0	六六一三,一00	二二四,七00七	二三,一六,一九	四九,五八,00
地球	一	七,九二六	九一四三,000	三六五,二五六三	二三,五六,0四	二三,二七,二四
火星	二	四,000	一三九二一,二00	六八六,九七九四	二四,三七,二三	二八,五一,00
木星	五	八五,三九0	四七五六九,三00	四三二二,五八四八	九,五五,二八	三,0四,00
土星	八	七一,九0四	八七二三,五00	一0七五九,三九七	一0,二九,一七	二六,四九,00
天王星	四	三三,0二四	一七五三八一,五00	五0六八六,八二0五	一0,00,00	
海王星	一	三六,六二0	二七四六三七,一00	六0一二六,七二二0		

과하고 작은 것에는 20리에 미치지 못하여

[四] 혜성 (전호「혜성설」에 상기하였기에 생략)

[五] 유성流星 맑은 밤에 홀연히 나타나 이 가장자리에서 저 가장자리로 긴 선의 빛을 발하면서 운행하다가, 조연倏然히 소멸하는 것이니, 그 빛을 발함은 그 별이 지구에 가까이 붙어 공기로 더불어 마찰되므로 인해 발열하는 것이니라.

[六] 운성隕星, 유성流星이 심히 지구에 접근할 때에는 지구인력의 흡인吸引한 바가 되어 마침내 굉연轟然한 음향을 내면서 지상에 낙하하니 이는 즉 운성隕星이라, 그 성분여하를 따라 운철隕鐵과 운석隕石의 구별이 있으니 귀화鬼火의 일종이라 하여 고인의 공포하는 바이니라.

7. 식물학

〈표 59〉 '식물학' 관련 텍스트 목록

잡지명	저자명	제목	표기	권호(발행일)	쪽수
少年韓半島	崔在翊	植物學問答	국한문	제1호(1906.11.1)	28
				제2호(1906.12.1)	30~31
				제3호(1907.1.1)	26~28
				제4호(1907.2.1)	25~27
				제5호(1907.3.1)	21~22
				제6호(1907.4.1)	18~21
西北學會月報	柳海瑛	植物學	국한문	1권18호(1909.12.1)	23~26
畿湖興學會月報	元泳義	植物學	국한문	제2호(1908.9.25)	34~36
				제3호(1908.10.25)	27~28
				제4호(1908.11.25)	22~23
				제5호(1908.12.25)	24
				제6호(1909.1.25)	15~16
				제7호(1909.2.25)	12~13
				제8호(1909.3.25)	18~19
				제9호(1909.4.25)	16~17
				제10호(1909.5.25)	14
				제11호(1909.6.25)	12~13
				제12호(1909.7.25)	20~21
少年		花學教室	국한문	2년5권(1909.5.1)	5~47
普中親睦會報	張道淳	植物學의 一斑	국한문	제1호(1910.6.10)	107~111

류해영, 「식물학」

1909년 12월 1일

식물학植物學

총론

생물과 무생물의 구별　지구표면상에 존재하는 평원광야平原廣野와 산정해저山頂海底를 막론하고 동물과 식물이 주거치 아니하는 곳이 없으며 겸하여 생리生理의 작용이 있어 생장번식을 자유로 하는 고로 이 두 가지 것을 생물계라 합칭合稱하고 그 표면에서 중심에 이르기까지 각종 광물이 충만하였으나 이는 다 생활의 힘이 없음으로 인하여 생장번식의 기능이 없는 것이라. 고로 이를 무생물계라 총칭하나니 이 두 가지 계界는 상당히 혼잡할지라도 한 번 보면 그 구별이 명백하니라. 그러나 생물계에 존재는 그렇지만은 않아 동물에 고등되는 우마와 식물의 송백松柏 등은 그 황연煌然한 구별이 생물과 무생 양계兩界보다 심히 명정明定하나 동식動植 양자가 공히 최하등에 이르러는 형상대소 성질생리와 번식의 차이가 상호 닮아있어 확연히 구별하기 어려운지라.

동식물의 유사작용類似作用　동물은 운동력이 있어 움직임과 머무름을 자유로 행하되 식물은 운동하는 힘이 없어 한 곳에 고정하며 동물은 육류와 채소를 먹되 식물은 그 영양분을 광물 중에서 취하며 동물은 감각이 있되 식물은 기관이 없으니 이상의 기능이 있는 것은 동물이라 하야 생물계의 하등을 모두 동물이라 칭하며 식물은 가지와 잎이 있되 동물은 이 기관이 없으며 식물은 혹 운동(맥조류貉藻類)하되 동물도 혹 정지(도종충류倒鍾蟲類)한 것이 있으며 또한 육식하는(토사자兎絲子)와 감각이 있는(무초舞草)등이 있으니 이상 모든 기관능력이 있는 것은 식물이라 하야 생물계의 하등을 모두 식물이라 하니 이로써 동식물 양계兩界가 학문상 정중鄭重한 구별이 없느니라. 식물계 식물이라 칭하는 것이 비단 우리의 육안으로 식별하는 초목뿐만 아님이라. 지의地衣, 선태蘚苔, 미균黴菌 등 체소형이자體少形異者까지 모두 이에 속하니 그 종류의 심히 많음이 수십만에 이르고 그 분포가 극히 광활하야 지구상에 생식生息치 아니하는 곳이 없고 또 종류의 다과多夥를 쫒아 대소가 각각 다르니 큰 것은 송松, 삼杉, 편백扁柏, 화樺, 저櫧, 종樅, 거欅 등과 같이 수도樹梌가 거대하고 지엽枝葉이 번무繁茂하야 높이가 수십장에 달하며 둘레가 수십척에 달하야 기백천년의 수명을 연延하고 작은 것은 세균細菌과 같이 일적수중一滴水中에도 수천만소체數千萬少體를 보유하되 고온도현미경이 아니면 능히 발견치 못함에 이르니 여하이 최대최소의 사이의 종류를 따라 형상이 각각 다르니라.

식물과 유용　식물은 대부분의 사람들에게 직접 혹 간접으로 막대한 이해가 있음은 일일이 거론하기 어려우나 삼림은 좋은 재목을 제공하고 농림은 미곡米穀을 생산하고 식료食料에 없어서는 안 될 지의地衣, 선태鮮苔, 균심菌蕈 등과 중요한 약품이 거반 식물에서 산출하는 등 사실의 현저와 또 기후를 조화롭게 하며 수원水源을 함양하야 그 생명을 즐겁게 하며 토사土沙를 우지扜持하야 그 거주를 편안케 하는 간접의 효과뿐 아니라 두려워할만한 호열자질부사虎烈刺窒扶斯 등 유독성전염병이 모두 이에 있느니라.

식물학의 종류　식물에 대하야 각기 연구적 경험으로 인하야 편성된 것이니 취중식물就中植物의 형상여하形狀如何를 논한 것을 식물형태학이라 칭하고 식물의 구조여하構造如何를 논한 것을 식물해부학植物解剖學이라 칭하고 식물생리상 기능여하機能如何를 논한 것을 식물생리학이라 칭하고 식물의 종류를 구분한 것을 식물분류학이라 칭하며 이 외에 또 실지實地에 응용식물학이 있고 사학斯學 중에도 농업식물학, 삼림

식물학, 약용식물학 등이 있느니라.

식물의 분류 다수의 식물을 한 번에 그 수를 알고자 하야 대별하야 둘로 나누니 제일은 현화식물現花植物이니 매梅, 앵櫻, 도桃, 시柹, 조棗, 상桑, 난蘭, 백합百合, 도稻, 맥麥, 송松, 회檜 등과 같이 꽃이 피며 혹 열매를 맺는 특성이 있는 것이오. 제이는 은화식물隱花植物이니 꽃을 피우지 아니하고 다른 기관으로 번성하는 것을 칭함이니 문형門荊, 목적木賊, 지의地衣, 선태鮮苔, 균용菌茸, 미薇, 궐蕨, 수조水藻 등과 같은 것이니라.

본인의 주의은화식물에 있어서는 종류도 심히 많으며 그 구조도 상이할 뿐 아니라 형상이 하나가 아니라서 작으면 식별키 어려운지라. 이런 이유로 본인은 현화식물에 대하야 형태 생리 해부 등을 약론하고 은화식물에 대해서는 분류학과 같은 방법으로 가급적 추후에 논하고자 하노라.

8. 동물학

〈표 60〉 '동물학' 관련 텍스트 목록

잡지명	저자명	제목	표기	권호(발행일)	쪽수
少年韓半島	柳濟達	動物問答	국한문	제2호(1906.12.1) 제3호(1907.1.1) 제4호(1907.2.1) 제5호(1907.3.1) 제6호(1907.4.1)	28~30 24~26 23~25 18~20 16~18
畿湖興學會月報	金鳳鎭	動物學	국한문	제2호(1908.9.25) 제3호(1908.10.25) 제5호(1908.12.25) 제6호(1909.1.25) 제7호(1909.2.25) 제8호(1909.3.25) 제11호(1909.6.25) 제12호(1909.7.25)	32~34 28~29 15~16 22~23 13~14 22~23 11~12 30~31
普中親睦會報	李秀三	動物進化의 槪意	국한문	제1호(1910.6.10)	69~80

김봉진, 「동물학」

1908년 9월 25일

동물학의 범위

무릇 생물을 공구攻究하는 학學을 생물학이라 칭하니 이를 동물학과 식물학의 두 학으로 나누느니라. 동물학은 동물형태와 생리 등을 연구하는 학이니 이를 다음의 제과諸科로 또 나누느니라.

(一) 형태학 형태학은 동물의 형태를 강구講究하는 학學이라 이를 분

分하여 해부조직의 두 학學과 및 발생학의 이과二科로 정하나니라.

(1) 해부학 및 조직학은 그 구별이 할연割然 판명判明치 못하나 그러나 개론槪論하면 해부학은 동물 성체成體에 취하여 그 기관의 위치, 형상 등을 연구하는 것이오, 조직학은 각 기관의 구조, 조직 등을 연구하는 자이니라.

(2) 발생학은 각종 동물이 수차례의 변태變態를 거쳐 성체成體에 이르는 순서를 연구하는 학學이라 이를 개체발생과 계통발생의 두 학문으로 나누니 개체발생학은 일개동물이 발생, 성장하는 순서를 연구하는 것이오, 계통발생학은 그 동물이 어떠한 선조를 거쳐 현 동물現 動物을 이루었는지 이를 고구考究하는 것이니라.

(二) 생리학 생리학은 동물의 생활 작용을 강구하는 학이니라.

이상 형태, 생리 등의 모든 과를 통합하여 각 동물 간의 관계 및 동물이 외계外界에 대한 관계(즉 그 자연에 대한 위치 영향 등)를 연구하는 것을 동물철학(혹은 외생리학外生理學)이라 칭하나니라.

동물학(동물철학)

(一) 형태학

해부학−조직학

발생학{개체발생학, 계통발생학}

(二) 생리학

동물의 종류

동물은 천태만상의 이동異同이 있으므로 이를 일일이 거론하기 불가능하나 동물학자의 연구함을 말미암아 그 종류를 다음과 같이 구별할 수 있나니라.

(1) 척수동물脊髓動物이니 이러한 동물을 나누어 와류蛙類, 어류魚類, 원구류圓口類, 파충류爬蟲類, 조류鳥類, 포유류哺乳類의 구별이 있으며

(2) 연체동물軟體動物이니 이러한 동물을 나누어 엽새류葉鰓類, 굴족류掘足類, 복족류腹足類, 두족류頭足類, 관복류管腹類의 구별이 있으며

(3) 절지동물節肢動物이니 이러한 동물을 나누어 갑각류甲殼類, 지주류蜘蛛類, 다족류多足類, 곤충류昆蟲類의 구별이 있으며

(4) 환절동물環節動物이니 이러한 동물을 나누어 모족류毛足類, 수질류水蛭類의 구별이 있으며

(5) 전고동물前尻動物이니 이러한 동물을 나누어 태선충류苔蘚蟲類, 완족류腕足類의 구별이 있으며

(6) 원형동물圓形動物이니 이러한 동물을 나누어 선충류線蟲類, 구두류鉤頭類의 구별이 있으며

(7) 유형동물紐形動物과 편형동물扁形動物이니 편형동물扁形動物을 나누어 와충류渦蟲類, 흡충류吸蟲類, 조충류條蟲類의 구별이 있으며

(8) 차륜동물車輪動物과 극피동물棘皮動物이니 극피동물棘皮動物을 나누어 해연류海燕類, 해섬류海蟾類, 사손류沙噀類의 구별이 있으며

(9) 강장동물腔腸動物이니 이러한 동물을 나누어 수실수모류水螅水母類, 산호류珊瑚類, 수모류水母類의 구별이 있으며

(10) 해면동물海綿動物과 원생동물原生動物이니 원생동물原生動物을 나누어 육질충류肉質蟲類, 편모충류鞭毛蟲類, 섬모충류纖毛蟲類의 구별이 있으니

이상 각종에 대하여 이류異類됨이 또 있으나 번다繁多함을 피하여 그 대개大概만 거론하노라. (미완)

1908년 10월 25일

척추동물 (와류) 속續

개구리蛙(속俗에 「개고리」를 다른 곳으로 옮겨놓으면 고리古里로 개귀皆歸한다고 하여 이름이라[4])는 모두 수전水田과 구거溝渠 등 습지에 서식함을 좋아하고 충류蟲類를 취식取食하여 생활하는 동물이라. 그 종류가 극히 많아 무미류無尾類와 유미류有尾類의 2종으로 구분하니 무미류는 청마青蟆(속칭 청막고리)와 무와巫蛙(붉은색이니 속칭 무당개고리)와 창섬瘡蟾(속칭 둑겁이)과 우와雨蛙(푸른색이니 속칭 청개고리)등이 이것이요, 유미류有尾類는 정수井守(네 발을 모두 갖춘 와두어미蛙頭魚尾의 형形)와 산초어山椒魚(산초어는 대소大小 두 종이 있어 큰 것은 원두소안圓頭小眼이오 항변다우項邊多疣하여 그 울음소리가 어린아이가 우는 것 같고 작은 것은 형소경장形小頸長하며 배흑복적背黑腹赤하여 주문紬紋이 있으니 두 종류 모두 기어 다니는 동물이라) 등이 그것이니 유미류는 개구리의 발생 중 아직 꼬리를 잃지 아니한 것과 상사相似하므로 무미류 유미류와 같은 선조로부터 변래變來한 것이라 관측하나 그러나 무릇 다른 잠어潛魚와 및 나는 새, 달리는 짐승 등 동물에 견주면 그 유이有異한 점이 자못 많으므로 동물학자는 유미 무리의 두 종류를 일괄하여 양생류兩生類라 명칭하느니라.

청마青蟆는 두단頭端으로부터 후지말단後肢末端에 이르는 길이가 6촌

4 '고리로 개귀'한다는 말은 원래 살던 곳으로 모두 돌아간다는 뜻이다. 개구리의 어원에 대한 내용으로 일종의 언어유희로 볼 수 있다.

내지 8촌에 달하는 것이 있으니 그 머리는 삼각형과 흡사한데 선단先端은 둔각鈍角을 이루어 큰 입을 갖추고 그 눈이 또한 커서 주의에 금색으로 환잡環匝하며 눈과 두단頭端 사이에 한 쌍의 콧구멍이 있고 그 뒤로 귀의 고막을 갖추었느니라. 그러나 목이 없어 머리에서 점차로 체구體軀를 이루니 등의 뒷부분은 돌기突起하여 곱사등이의 형形을 작作하고 그 후단後端에 배설문排泄門이 있으며 사지四肢는 전후 이대二對로 나뉘어 전지前肢는 상박전박上膊前膊과 수手 및 사본四本의 지指로 이루고 후지後肢는 고각股脚과 발 및 오본五本의 지趾로 이루니 후지後肢를 전지前肢에 서로 견주면 초장稍長하고 그 지간趾間에 완전히 발달하는 물갈퀴蹼가 있느니라. 대개 그 전체를 자세히 살피건대 그 외면에 있는 모든 부분은 체구의 중앙선되는 좌우에 자리하고 있으므로 이 선을 따라 좌우 동형同形되는 두 부분으로 그 몸을 절단하면 우리의 신체를 정중종단正中縱斷하여 좌우 차이가 없음과 흡사하니 이를 이름하여 좌우상칭左右相稱이라 이르느니라.

또 그 복부腹部의 체벽體壁을 협도鋏刀로 절개截開하면 그 안쪽에 대공처大空處가 있어 이를 체강體腔이라 이름하니 체강은 내장 모든 기관器官된 즉 심장, 폐장, 간장과 위장, 신장 및 생식기 등으로 충만한 것이니라.

1908년 12월 25일

척추동물 (와류) 속續

전술함과 같이 체강體腔 내에 충만한 모든 기관器官은 모두 그 식물食物을 수입 소화輸入 消化하고 흡수 배송吸收 排送하여 전체를 양성하는 설비設備라. 그 순서를 개론하건대 식물食物이 입에 들어오면 양악구개兩

顎口蓋에 나열한 상하 치上下 齒로 저작끽탄咀嚼喫呑하여 식도를 경유하여 위에 이르니 위는 간장 좌측에 있어 후벽厚壁을 갖춘 부분이라. 그 이면裡面에는 식물食物의 소화를 돕는 액즙液汁이 분비하므로 식물食物은 이 액즙의 소화를 받아 장관腸管에 들어갈 때 장腸은 크고 작은 두 부분으로 나누어 소장小腸은 영양액營養液을 흡수하는 부분이 되고 대장大腸은 불소화不消化의 폐물廢物 즉 똥을 유치溜置하는 부분이 되므로 식물食物은 장관腸管에 들어가는 그 초부初部에서 간장 및 수장膵臟[5] 이관二官으로부터 소화액을 또 받아 그 소화된 영양액은 소장으로 침입浸入하여 혈맥관血脈管 내에 혈액과 서로 섞어 몸의 모든 부분을 양養하고 불소화물不消化物은 대장大腸으로 아래로 내려가 배설문을 따라 체외로 배출하니 이 그 식물食物이 구강口腔으로 들어가 배설문으로 나가는 시종始終의 대개 순서라. 기타 모든 기관에 이르러서는 상호 관계가 좌분우수左分右殊하여 여주일관如珠一貫히 쉽게 통언統言하기 곤란하므로 나누어 설명하면 다음과 같노라.

혈맥관血脈管

혈맥관은 혈액이라 부르는 액체를 주입하여 몸의 모든 부분으로 유통하게 하는 관이니 심장과 서로 잇닿은 것이라. 그 일부의 계란형과 같이 상대하첨上大下尖한 것을 즉 심장이라 칭하니 청마와靑蟆蛙(청막고리)의 심장은 이를 이란실二卵室에 나누어 하나는 후벽厚壁으로 이루어진 심실心室이니 원추형圓錐形과 같고 다른 하나는 박벽薄壁으로 이루어

5 췌장(膵臟)의 오식으로 보인다.

진 심이心耳니 심이心耳는 또 박막薄膜으로 좌우 2방二房에 나누어 심실배면心室背面에 위치하니 혈맥관血脈管은 즉 심실심이心室心耳와 연접連接하여 심실心室의 신축伸縮으로 혈액을 유통하여 몸의 모든 부분으로 순환하게 하니 심실로 나간 혈관은 동맥관動脈管이라 하고 심이心耳로 향해 흐르는 혈관은 정맥관靜脈管이라 하니 혈액은 동맥관으로 나가 모세관毛細管(동맥관이 심실로부터 수차례 분기分岐하여 신체 모든 부분의 모세관이 됨이라)의 박막薄膜을 투철透徹하여 그 근방의 체부體部를 양성하고 그 잔여 혈액은 불결물不潔物과 함께 정맥관靜脈管을 따라 심이心耳로 향하느니라. 그러나 체내에 순환하는 혈액은 식물食物을 운반할 뿐 아니라 체내 각 부분에서 산화작용酸化作用으로 탄산와사炭酸瓦斯와 질소화합물窒素化合物의 불용물不用物을 많이 얻음으로써 이들 불용의 물질은 체외로 배출하지 않을 수 없기 때문에 이를 배출하게 하는 기관이 있으니 폐장肺臟과 피부皮膚 및 신장腎臟이 그것이라.

폐장

폐장은 한 쌍의 박막薄膜으로 이루어져 그 내강內腔에 수많은 기실氣室이 있는 주머니로 심장 좌우에 위치하여 몸의 모든 부분으로부터 귀류歸流하는 혈액이 우심이右心耳로부터 심실에 이移하고 그 우측으로 나가는 동맥관動脈管에 유주流注하여 모세관이 되고 기실氣室을 위요圍繞할 때 그 탄산가스는 배출하고 산소는 흡수하는 폐장肺臟의 작용이 일어나니 이를 호흡작용呼吸作用이라 이르나 청마와靑蟆蛙의 호흡작용은 폐장肺臟만 이 작용이 일어날 뿐 아니라 폐장肺臟으로 유입하는 정맥혈靜脈血의 일대부분一大部分은 피부皮膚로 행하여 그 표면에서 탄소와

산소를 교환하는 피부호흡이 또 있느니라. (미완)

1909년 1월 25일

척추동물 (와류) 속續

신장腎臟은 짙은 홍색紅色의 장체長體로 체강體腔의 하부下部 배면背面되는 중앙선 좌우에 위치하여 마루비기이씨氏 관이라 칭하는 수백의 가는 관으로써 이루어진 것이니 그 관을 자웅雌雄에 나누어 수컷雄은 수뇨수정관輸尿輸精管이 되고 암컷雌은 수뇨관輸尿管이 되어 몸의 모든 부분을 순환하여 심장으로 회귀하는 정맥혈이 신장腎臟 안쪽으로부터 유주流注하여 질소화합물窒素和合物되는 요수尿水 등의 불용물不用物을 마루비기이씨 관 안으로 보내면 그 요수尿水는 수뇨관輸尿管으로부터 배의 하단을 경유하여 배설문排泄門으로부터 체외로 배출되느니라.

생식기生殖器는 신장腎臟 복면腹面에 위치하여 이를 자웅雌雄 두 부분으로 나누니 웅방雄方을 정소精巢라 이르고 자방雌方을 난소卵巢라 이르니

정소는 한 쌍 타원형의 노란색으로 성체成體되어 그 외측으로부터 수조數條의 관管을 발發하니 이는 각 관의 입구가 신장으로 들어간 후 수뇨수정관으로 향하여 열린 것이며 난소는 그 형태의 대소大小가 시계時季를 따라 다르니 소내巢內에 품고 있는 알이 성숙되어 발생할 때는 그 알이 체강體腔으로 빠져 좌우에 있는 수란관輸卵管이 나팔형과 같이 개구開口하였다가 이를 수납受納하여 배의 하단을 열고 아래로 내려가 배설문 밖으로 산출産出하는 것이니라.

이상 진술은 체강 내에 있는 내장 모든 기관器管의 조직과 그 운용의

대개를 논한 것이어니와 전체에 제일 견경堅硬한 것 즉 뼈骨의 구성을 개론하건대

골축骨軸은 몸의 배면背面되는 중앙선中央線에 있어 그 전단前端은 입口의 전단前端까지 이르고 후단後端은 배설문 위까지 달하는 것이며

골격은 사지내四肢內 및 사지四肢와 중축中軸을 연락連絡한 것이니 이를 나누어 두골頭骨과 척추골脊椎骨로 하고 두골頭骨을 또 나누어 두개골頭蓋骨과 안면골顔面骨로 하니

척추골은 추골椎骨 9개와 미저골尾骶骨 1개로써 성립한 것이라 각 추골椎骨이 모두 견경堅硬 편평扁平하여 전면前面은 요입凹入하고 후면後面은 철출凸出한 골체骨體 및 그 배면背面 양측으로 만궁형彎弓形과 같이 기起한 골호骨弧가 있으니 그 골호骨弧는 상호 연락하여 척수관脊髓管이라 이르는 일관一管이 두개강頭蓋腔으로 개단開端하여 척수脊髓를 관통하니라. 사지골격은 전후가 상이한 것이 있으나 그 구조된 요점은 모두 동일하니 이를 지지支持하는 골격을 전후에 나누어 전지前肢에 있는 것을 견대肩帶라 부르고 후지後肢에 있는 것을 요대腰帶라 부르느니라. 미완

1909년 2월 25일

와류

이상 진술함과 같이 척추골脊椎骨이 그 골체배면骨體背面으로 관주형貫珠形과 같은 환상環狀을 이루어 개개 각 환環이 상호 연쇄하니 그 전단前端은 두골 내로 들어가고 후단後端은 미저골尾骶骨에 이르러 그치는지라. 머리로부터 꼬리에 이르는 그 관 안에 신경중추라 하는 것이 있어 그 전단前端 두개골 안에 들어 있는 것이 뇌腦가 되고 그 척추관 안으로

향한 것은 척수脊髓가 되니라.

뇌는 대소大小와 간중사뇌間中四腦 및 연수延髓의 5부분으로 조성組成한 것이라. 그 뇌의 좌우 및 척수의 좌우로서 발發하는 여러 쌍의 신경이 있어 이를 2종으로 구분하니 하나는 몸의 모든 부분에 대해 동로働勞하는 것이오, 다른 하나는 몸의 모든 부분으로부터 뇌 및 연수로 감래感來하는 것이니 즉 외계外界에 있는 천태만양千態萬樣의 변동을 내계內界로 하여금 지각케 하는 것은 이 제2의 신경작용이오. 그 지각케 함을 응하여 몸의 모든 부분으로 하여금 일하게 하는 것은 제1의 신경작용을 의依하는 것이니라. 감각기관은 외계外界의 관계 종류를 의依하여 우진右陳한 제2의 신경 말단과 이에 접근된 체부體部는 반드시 변동變動하는 까닭으로 이에 대하여 능히 감각이 있는 기관을 감각기관이라 이르니 즉 시각, 청각, 후각, 미각, 촉각視聽嗅味觸의 5관이 이것이라. 이 5관 중 촉관觸官을 제외하고는 모두 두부頭部에 위치하니 특히 시청視聽 2관은 광음光音만 느낄 수 있는 까닭으로 이를 고등감각기관이라 이르고 기타는 하등감각기관이라 부르느니라.

근육은 능히 전신 및 모든 기관으로 운동케 하고 또는 운동할 때에 편익을 주는 것이라. 이를 나누어 2 종류로 하니 하나는 수의운동隨意運動이오, 다른 하나는 불수의운동不隨意運動이라. 그러나 각 근육은 모두 그 명령되는 신경의 작용을 대待하여 신축伸縮할 수 있나니라. (미완)

1909년 3월 25일

척추동물 (와류)

청마青蟆의 체구體軀는 이미 진술함과 같이 구조된 것이라 고로 만약 그 흉부胸部에 대하여 용도횡단用刀橫斷할 때는 원판형圓板形과 같은 체중體中에 2개의 환環이 있어 그 배면背面에 가까운 것은 소이小而 중앙신경中央神經을 수유收有하고 그 복면腹面에 가까운 것은 대이大而소화기 심장 등의 내장 모든 기관器官을 납용納容하는데 이 2환環 중간에 척추골脊椎骨이 있느니라.

형태는 청마青螞와 흡사하되 체질體質이 초稍히 약소한 것은 보통의 개구리라 규硅는 청양시후青陽時侯에 수전水田 혹은 구거溝渠 등으로 들어가 그 알을 산출하니 알은 교질괴중膠質塊中에 있어 형태는 둥글고 작으니 즉 원형질原形質이라 부르는 단백蛋白과 유사한 물질로 성립되어 반면半面은 백색白色이오 반면半面은 흑색黑色이라. 백색의 극極은 난황卵黃을 함유하여 하면下面으로 향하고 흑색의 극은 원형질을 대유帶有하여 핵이라 하는 일소체一小體를 함장含藏하니 상면上面으로 향하니라.

알은 수중水中에 난지 여러 시간 후에 이분二分하여 2개가 되니 이 두 개체는 분열하기 전의 알과 동양同樣되는 두 개의 핵을 각각 가지고 있는지라 그러나 이 두 개체가 또 나누어져 4개가 되고 4개가 각자 또 분열하여 8개가 되고 8개가 또 분열하여 16개, 32개 64개 등으로 분열하여 마침내 수백의 소구小球를 지닌 한 덩어리塊가 되나니 그 각개의 소체小體는 분열 전 난체卵體와 같이 핵이 있는 원형질괴原形質塊라 이를 분열구分裂球라 이르고 난체가 분열되어 분열구의 증가함을 알의 분열이라 이름하나니라.

각 분열구는 비록 처음에는 서로 같은 구형球形이나 그 증가함을 따라 수차逐次로 형상을 변하고 상호 집합하여 근육과 피막皮膜과 신경 등으로 구성되니 여차히 군집하여 일정의 형태를 이루고 일정의 작용을 지닌 것을 조직組織이라 이름하느니라.

조직은 다수가 집합하여 전술함과 같이 소화기관 순환기관 등의 모든 기관으로 성립하는 것이라 따라서 어떤 기관이든지 이를 자세히 조사한즉 모두 알과 동양同樣되는 유핵원형질有核原形質의 소체小體니라 이 소체를 세포細胞라 이름하나니라.

개구리의 알은 이와 같이 변형되어 과두蝌斗를 수성遂成하니 이 과두蝌斗는 몸의 중앙선으로 척색脊索이라 이름하는 색상중축索狀中軸이 있어 이로 인해 사지四肢를 유有함이 없고 인후咽喉 양측으로 아가미顋가 생겨나 물에서 호흡하다가 또 말기에 변형하여 아가미는 수차遂次로 축소하고 사지를 수생遂生하며 식도食道 복면腹面으로 폐장肺臟을 생生하며 척색脊索이 변하여 척추골脊椎骨이 되며 그 꼬리도 점차 수축하여 부미無尾에 이르니 이후에 대기大氣를 호흡呼吸하여 처음에는 풀을 먹다가草食 나중에는 육식肉食하는 개구리를 전성轉成하나니라. (미완)

1909년 6월 25일

척추동물 어류

어魚는 그 종류의 과다夥多함을 기인하여 형태가 또한 천차만별이라 할지나 척추가 없는 것을 제외하면 모두 그 체구體軀가 방추형紡錘形과 같고 또 측방側方으로 압편壓扁한 것이 많으니 그 구조됨이 능히 수중에서 유영함에 적합하여 자유로 부침잠약浮沈潛躍함이 흡연恰然히 우리가 이 공기 중에서 호흡 운동함과 같으니라.

피부

피부는 이를 나누어 표피表皮 진피眞皮의 두 층으로 이루어지니 표피는 담담연무색투명淡淡然無色透明으로 활연滑涎과 같은 점액이 있으며, 진피는 표피에 비해 초稍히 육후肉厚하고 또 탄력이 있어 인편鱗片을 갖춘 것이 다수 되느니라.

비늘鱗

비늘은 무색의 지박至薄한 골편骨片이니 진피로부터 생긴 낭중囊中에 있는 것이라 그 내면에는 은색銀色과 같이 결교潔皎하여 장육각형長六角形의 결정체를 대유帶有하고 이에 박층薄層을 이루니 대개 수중에 헤엄치는 고기를 볼 때에 그 좌우 번신翻身을 따라 은색이 번쩍번쩍閃閃함은 이 박층薄層이 있기 때문이며 (이 결정체를 취용取用하여 초자구硝子球의 내면內面을 도말塗抹하면 위진주僞眞珠를 만듦) 또는 표피의 하층과 또는 진피 중에 색소色素한 세포가 있어 각종의 색채를 방현放現하나니 이 색소세포는 외부로부터 오는 자극에 의해 그 형상도 변하며 체색體色도 변함이 있으니 즉 교접기交接期에 있는 혼인복婚姻服과 같고 때때로 수저水底나 혹은 조류藻類 등의 색채를 모방하여 그 몸을 은현隱現하는 등 일이 모두 이를 말미암음이니라.

골격

골격은 골질로 된 것이 비록 많으나 연골질軟骨質로 된 것도 또한 있으니 이를 나누어 두개頭蓋와 척추脊椎 및 사지四肢로 하는지라.

대개 이를 경골어硬骨魚의 구조로써 말하면 그 두골頭骨은 대저 박薄한 골편骨片으로 집성集成하여 뇌 및 시視, 청聽, 후嗅의 삼관三官을 용유

容有하는 뇌개腦蓋, 입口, 아가미顋의 포피包被에 갖추고 있는 안면의 두 부분이 있으며

척추脊椎는 연주連珠와 같이 원주형圓柱形의 골절骨節이 서로 이어지니 그 중심을 관통하여 일조一條의 구혈溝穴을 통하고 이에 배복돌기背腹突起를 생生하니라.

9. 광물학

〈표 61〉 '광물학' 관련 텍스트 목록

잡지명	저자명	제목	표기	권호(발행일)	쪽수
大朝鮮 獨立協會會報		礦學論	한문	제10호(1897.4.15) 제11호(1897.4.30) 제12호(1897.5.15) 제13호(1897.5.31) 제14호(1897.6.15) 제15호(1897.6.30)	4~8 10~16 6~13 9~13 8~13 8~10
少年 韓半島	崔在翊	鑛物學問答	국한문	제1호(1906.11.1) 제2호(1906.12.1) 제3호(1907.1.1) 제4호(1907.2.1) 제5호(1907.3.1) 제6호(1907.4.1)	29~31 32~33 29~32 27~29 23~25 21~23
夜雷	劉玩鍾	鑛學槪要	국한문	1권2호(1907.3.5) 1권3호(1907.4.5) 1권4호(1907.5.5)	21~23 17~21 30~33
畿湖 興學會 月報	閔大植	鑛物學	국한문	제2호(1908.9.25) 제3호(1908.10.25) 제4호(1908.11.25) 제6호(1909.1.25) 제7호(1909.2.25) 제8호(1909.3.25) 제9호(1909.4.25) 제10호(1909.5.25) 제11호(1909.6.25) 제12호(1909.7.25)	30~32 33~36 21~22 25~27 15~17 19~21 11~13 19~20 24~26 21~22
普中 親睦會報	李宗萬	礦物及地質에서	국한문	제1호(1910.6.10)	122~12 5

민대식, 「광물학」

1908년 9월 25일

제一장

우리들이 거주하는 가옥의 건축 재료와 일용즙물日用汁物은 그 종류가 많으나 자세히 이를 관찰하면 금석金石의 점유한 부분이 가장 많음을 발견할지라. 초계礎階, 옥배屋背, 장원墻垣, 화로爐 등과 같은 것이 각기 용처用處에 응하여 다소 차이가 있으나 돌의 쓰임이 특히 넓어 화강암으로 초계礎階를 지으며, 연와煉瓦로 옥배屋背를 복覆하며 각종의 돌 혹은 연와煉瓦로 장원墻垣을 쌓으며 사암沙巖 혹 내화연와耐火煉瓦로 화로를 만들고, 난로라 부르는 일종의 화로는 철로 만들었으나 이에도 석탄이라 하는 일종의 석괴石塊를 분焚하며 이밖에 시가에 나가 볼지라도 그 금석의 사용처를 세기 어려울지니 금석의 종류의 많음과 또 용도의 넓음을 미루어 알지니라.

사용되는 금석의 유래

천연으로 있는 금석이 건축 기타 각양 공용供用함에 이르기 여러 인공人工을 필요로 하니 예컨대 장원墻垣을 쌓는 돌은 처음에 산석山石을 채출採出하여 수의隨意로 방원方圓의 형태를 만들며, 연와鍊瓦는 점토를 물에 섞어 고양물餻様物을 만든 후 불에 구우며, 각 금속은 각기 종류의 금속을 함유한 바 광석鑛石을 화열火熱로 용해하여 취출取出하느니라.

광물계 삼라만상이 그 수가 매우 많으나 일반 광물부鑛物部 간에 속한 것을 광물계鑛物界라 부르나니 위로 일월성진日月星辰과 아래로 산악

원야山嶽原野며 공기 물 등이 모두 광물계의 요령要領되는 것이니라.

광물학

광물학은 광물계에 관한 사리事理를 연구하는 학문이니 천연의 물物을 채굴 이용하여 인간생활에 자資하는 긴요한 학과가 되니, 이와 동물학과 식물학을 합쳐 박물학博物學이라 하느니라.

만물

무생물계－광물학

생물계－식물학, 동물학

제二장

암석과 광물

세속에 돌의 큰 것을 암巖이라 칭하며 작은 것을 석石이라 칭하고, 또 연軟한 것을 암이라 칭하며 경硬한 것을 석이라 칭하는 습관이 있으나 광물학 상에서는 산악과 평지를 막론하고 지반을 이루고 있는 것은 그 작은 조각이라도 암석이라 칭하며 암석을 구성한 물物을 광물鑛物이라 칭하느니라.

화강암

암석 중에 우리나라에서 가장 많이 산출하여 건축 공사에 널리 쓰는 것은 화강암이니 화강암으로 이루어진 산은 불규칙적으로 기립起立하여 괴상塊狀을 이룸이 보통이니라.

지금에 화강암 한 조각을 캐 그 면을 검찰檢察하면 모두 입상소체粒狀

小體 즉 광물로 구성하였음을 발견할지라. 그중 색이 검은 것은 운모雲母라 칭하는 것이오, 혹 백색 혹 붉은색을 띠는 것은 장석長石이라 칭하는 것이오. 쥐색鼠色을 띠고 다소 투명한 것은 석영石英이라 칭하는 것이니, 이와 같이 결합하여 암석을 이루는 광물을 조암광물造巖鑛物이라 칭하느니라. 이 화강암은 그 조암광물의 집합상태가 십분 불규칙하므로 평렬平列함이 적으나 극히 치밀하며 견강하기 때문에 큰 건축으로부터 작은 비석, 돌절구石臼 등의 쓰임이 적절하며 다만 내화력耐火力은 심하게 약하느니라.

화강암의 산출

화강암은 우리나라 산맥의 다수를 구성하니 가까이 보건대 삼각산이며 강화의 애석艾石도 이 종류에 속하니 애석은 예로부터 우리나라에 저명한 석종石種이니라.

화강암{석영, 장석, 운모}

화강암의 득실{중압을 견딤, 동렬凍裂이 없음, 풍우를 견딤, 외관이 아름다움, 화열에 약함}

1908년 10월 25일

제三장

수정水晶

화강암을 조성한 석영은 일정한 형상으로 있지 않으나 석영 중에 일정한 형상을 이룬 것을 수정이라 칭하고 수정이 군집群集하여 있는 것을 정군晶群이라 칭하니 정군이라 함은 홀로 수정에만 대하여 쓰는 것이 아니요 일반 광물에도 누누이 사용함이니라.

지금 수정 한 개를 취해 보면 육각주형六角柱形이오 양단兩端이 뾰족하며 투명하고 견강堅强하여 능히 초자硝子를 박상剝傷하며 약품에 변화가 생기지 않으며 뜨거운 불에 녹지 않으며, 깨뜨리면 불규칙형으로 파쇄되는 것이니라. 무릇 광물의 단단한 정도를 경도硬度라 하며 깨진 면破面을 단면斷面이라 하느니라.

수정에 대각주형大角柱形을 이름과 같이 광물이 일정한 규칙에 의해 형상을 이루는 바를 결정結晶이라 하니 결정의 형상은 수정에 수 삼종이 있으나 어떤 종의 형상을 이루던지 측각기測角器라 하는 기계를 이용하여 수정의 면과 면이 이루는 각도를 재면 그 각도가 서로 같음이 인공으로 만든 것보다 낫나니라.

보통 수정은 무색이나 자수정이 있으며 또 초팔수정草八水晶이라 하는 것은 수정체 내에 가는 선이 있어 풀잎과 같이 보이나 이는 다른 광물을 함유함이오. 수팔수정水八水晶이라 하는 것은 그 안에 수구水球가 있어 진동함을 보이는 것이니라.

석영류

석영의 종류 외에 옥수玉髓, 단백석蛋白石, 마류瑪瑠 등이 있어 그 형상은 수정과 같이 결정結晶치 아니한 것인 까닭에 이를 비결정非結晶이라 하니 옥수玉髓는 회백색 반투명이요, 단백석蛋白石은 담녹색이니 투명함이 보통이요, 마류瑪瑠는 각색의 문채紋采를 정呈하여 심히 미려하니라.

석영류의 용도

석영류는 일반 지환指環, 안경眼鏡 등 장식물과 인재印材에 쓰니 경주의 수정은 예부터 유명한 것이니라. 단백석의 순정純精한 것은 귀중한 보옥寶玉이라. 근래에 초자硝子로 수정과 단백석을 모조模造함이 있어 한 번 보고 진위를 구별하기 어려우나 경도硬度가 판이할 뿐 아니라 초자硝子는 그 서늘함凉과 광택이 요遙히 이상 양자兩者에 미치지 못하는 까닭에 혀 혹은 입술을 닿아 그 서늘함을 시험하던지 혹 물속에 넣고 그 광택을 비교하면 그 진위를 발견할지니라.

초자硝子

통상 초자를 제조함에는 석영사石英砂에 탄산조달炭酸曹達과 석탄 등을 혼합하여 강하게 열을 가하면 석영이 용해되어 점액상물粘液狀物로 변할지니 이에 철제로 된 긴 관의 한 끝을 삽입하여 용해한 석영을 부착하게 하고 다른 끝으로 강하게 불면 양등洋燈의 등피燈皮와 술병甖, 항아리缸 등을 만들며 또 용액을 모형에 주입하여 각종 물건을 제조하니 각양으로 착색함에는 각종의 예품藥品을 배합하나니라.

석영류

수정水晶

자수정紫水晶

오수정烏水晶

석영石英

옥수玉髓

단백석蛋白石

마류瑪琉

광물의 성질

형상

경도

명암

단면

1908년 11월 25일

제四장(운모)(장석)

운모

화강암을 이루는 운모는 석영과 같이 세소細少하나 대개 대형大形으로 산출하여 널빤지板狀 모양의 결정이니 기매幾枚에던지 박薄히 쪼개기 쉬운 성질이 있으니 그 박편薄片은 투명하여 광택이 있고 단단하지 않으며 손톱으로도 긁을 수 있고 또 굽히면 튕기는 성질이 있으니 이를 탄성彈性이라 하느니라.

무릇 결정성結晶性의 광물이 쪼개지기 쉬운 성질이 있을 때 이를 벽개劈開라 칭하느니라.

운모의 종류와 용도

운모의 은색인 것을 백운모, 흑색인 것을 흑운모라 하니 모두 열을 견디는 성질이 있으므로 시베리아 인도 등지에서 생산하는 2~3척 큰 조각되는 백운모는 창초자窓硝子에 대용代用하고 또 난로의 창에도 사용하니 초자보다 탄성이 뛰어나 파쇄되지는 않으나 상처나기 쉽고 또 운모의 분말은 벽지壁紙 및 선지扇紙 등에 칠할 때 쓰느니라.

흑운모의 일종에 질석蛭石이라 하는 것도 있으니 다수한 육각주장六角柱杖의 입자粒를 이루고 물을 함유하였으므로 불에 넣으면 팽창하며 길게 늘여 거머리蛭의 형태를 이루느니라.

장석

장석은 화강암 외에 넓게 암석의 성분이 되어 조암광물 중에 제1위를 점하였으니 그 형태는 사각 혹 육각의 기둥모양이 되어 가로로 쪼개지는 성질이 있으니 그 색은 백색 혹은 담홍색이 보통이라. 장석은 풍우로 인해 오朽하여 백색의 흙으로 변하니 이를 도토陶土라 하여 많이 화강암 지방에 존재하고 도토陶土가 다른 물질을 함유하여 회색 등으로 변한 것을 점토粘土라 이름하여 식息을 불면 토취土臭를 내니 끈끈한 성질이 있으므로 점토는 도기연와陶器鍊瓦 등을 소성燒成하고 도토陶土는 도자기의 원료이니라.

도자기의 제조

도자기를 제조함에는 도토의 장석과 석영의 분말을 섞어 물로 반죽하여 적당히 연활軟滑하게하여 이를 녹로상轆轤上에 얹고 발로 돌리면서 손으로 각종의 형태를 만드는 것도 있고 혹은 거푸집에 의해 형태를 만드는 것도 있으니 이를 그늘에서 말린 후에 구우면 소소素燒를 얻을지니 이에 서화書畵를 넣고 유약釉藥(장석과 회변灰汴의 혼합물)에 담가거듭 구울 때는 장석이 녹아 소소상素燒上에 붙어 미려한 기물器物을 이루느니라.

도자기의 구별

도토陶土의 정조精粗와 구울 때 온도 강약에 의해 도기 자기의 구별을 하니 그 제품으로 말하면 자기는 치밀하여 박薄하고 도기는 조잡하여 후厚하니라.

점토

점토 토기

도토 도기 자기

운모의 종류 백운모 흑운모

1909년 1월 25일

제五장(석류석)(황옥)(강옥)

석류석石榴石

석류석은 입상결정粒狀結晶이오 적색이니 석류의 열매와 같은 까닭에 이 이름을 얻었으며 결정의 면은 12면 24면 혹 48면되는 것 등이 있나니라. 이는 불투명한 것이 많으나 혹 투명한 것도 드물게 있느니라.

석류석의 분말은 초자硝子, 수정, 등 연마공사研磨工事에 사용하니 속俗에 금강사金剛砂라 부르는 것이라. 지로紙鑪 지석반紙石盤 등을 제조함에 사용하나 지금에는 초자분말로 이를 대용하느니라.

황옥黃玉

황옥은「토파스」라 부르는 것이다. 한번 본즉 수정과 유사하니 투명주상柱狀결정이오 색은 담황과 담녹이 있느니라.

황옥은 수정보다 단단하고 선택先澤이 자못 강하여 가락지指環, 양토수구洋吐手釦 등을 제조하느니라.

강옥鋼玉

강옥은 경도가 광물 중 제2위에 있는 것이니 색이 붉은 것은 홍옥(루비)이요, 푸른 것은 청옥(싸뷔야)이라 부르니 모두 면전緬甸, 석난錫蘭, 영령 인도英領印度 등지에서 생산하느니라.

강옥은 황옥보다 귀중한 보석이기 때문에 예로부터 각 장식품에 사용해 가치가 자못 귀중하니라.

화강암에서 생기는 광물{석영, 운모, 장석, 석류석, 황옥, 강옥}

제六장 (안산암) (현무암) (흑요석)

안산암安山岩

안산암은 일본에서 생산되는 암석이니 색은 회색 혹 흑색이나 그중에 장석을 혼합하여 있을 때는 백색의 반점이 있느니라.

현무암玄武岩

현무암은 그 질質이 치밀하고 흑색주상黑色柱狀의 암석이니 다수 죽간竹桿을 속립束立한 듯한 모양을 하느니라.

흑요석黑曜石

흑요석은 흑색초자질 암석이니 광택이 있고 그 외관은 흡사 보통 맥주병의 파편과 같으며 파개破開한 단면에는 반원半圓한 무늬가 있느니라.

화성암火成岩 우리 지구의 내부에는 암석을 용해하여 당糖飴과 같은 상태로 있을지니 이를 용암鎔岩이라 하고 용암이 지반地盤에 공돌孔突

을 만들고 유출할 때는 화산이 되느니라.

용암이 지상地上에 냉결될 때는 안산암, 현무암. 흑요석 등을 이루되 화강암과 같은 것은 용암이 지상에 나와 서서히 고결固結됨이니 이 등을 화성암이라고 하고 또 그 형상으로 인해 괴상암塊狀岩이라도 하느니라.

화성암

화강암

안산암

현무암

흑요석

1909년 2월 25일

제七장 (납석) (각섬석) (사문석)

석면石綿, 납석蠟石, 활석滑石, 휘석輝石, 각섬석角閃石, 휘석輝石과 각섬석角閃石은 모두 화성암 중에 존재하는 광물이나 각섬석은 화강암에 존재함이 많아 그 입자가 작은 것은 종종 운모로 오인하는 경우가 많으니 대개 휘석은 짧은 팔각주상이요, 각섬석은 긴 육각주상이며 그 색은 진녹색 혹은 흑색이니라. 청국清國으로부터 오는 옥이란 것도 휘석 각섬석 등과 유사한 광물이니 백색, 녹색 및 흰색, 녹색의 반점이 있는 것 등이 있고 모두 광택이 있어 모든 장식품을 제조하느니라.

사문석蛇紋石

사문석은 휘석, 각섬석이 변질한 것이나 혹 감람석橄欖石이 변화한 것도 있으니 심녹색지(바탕)에 황색의 무늬紋가 있어 뱀가죽蛇皮과 비슷

한 까닭으로 이 이름을 얻었느니라. 이 돌은 단단한 것도 있고 연한 것도 있으며 광택이 있는 까닭에 우리나라 연초합煙草盒 묵상墨床 등을 제조하는 경우가 많으니라.

석면石綿

석면은 암석의 하극罅隙 중에서 박취剝取하는 가늘고 긴 섬유상纖維狀 광물이니 면과 흡사하나 고열高熱과 극악劇樂에 변화가 없느니라.

이의 응용은 증기철관蒸氣鐵管을 이로 권券하여 열의 방산放散을 막으며 화완포火浣布 양등심洋燈心 등을 제조하느니라.

납석蠟石, 활석滑石, 납석蠟石은 도장재료印材와 석필石筆 등을 제조하는 광물이니 사람이 좋아하는 바라 그 질質은 연하고 그 색은 백적반白赤斑 등 각종이니라.

활석滑石 활석은 납석이 변화한 것이니 심히 미끄러우며 색은 녹색이 많으나 백색토상白色土狀으로 변화한 것도 있느니라.

제八장 (유황) (백반) (초석)

유황硫黃

유황은 화산火山지방에서 많이 생산하는 광물의 일종이니 천연으로 황색 반투명의 결정이오 그 한 덩이를 불에 던지면 청염靑焰을 양揚하며 유황 냄새를 맡으면 아황산가스를 씀으로 인해 다른 광물과 구별하기 쉬우니라.

유황의 시험

화산에 있는 유황의 결정은 아황산가스로부터 생긴 것이나 또 유황을 그릇 가운데 용해한 후 이를 냉각하면 침상針狀 결정을 이루니 그러면 결정은 가스체와 용해체로부터 생겼음을 알지니라.

유황을 소독, 표백 등에 사용함은 아황산가스의 작용으로 인한 것이라 그 표백작용을 보고자 할진대 유황을 큰 술병 안에 연소燃燒하고 아황산가스를 가득 채워 물에 젖은 풀이나 꽃을 매달아 놓으면 오래지 않아 그 퇴색함을 볼지니라.

명반明礬

명반은 맛이 떫은 백색 팔면체의 결정이니 천연 명반 즉 화산지방이던지 온천 부근에 산재한 것을 모아 물에 용해한 후 이를 정제하여 얻느니라.

명반은 염료와 결합하는 성질이 있어 특히 염물공染物工의 소용所用이 되고 또 유지油脂와 혼합하면 하얗게 굳게 되는 까닭에 납촉사蠟燭師가 사용하고 기타 제지製紙, 제혁製革 등에 빠지지 못할 것이니라.

명반의 결정

명반을 온탕溫湯에 용해하였다가 서서히 냉각하면 그릇 아래에 결정이 생길지니 만약 그 중에 실을 드리우면 그 주위에 무수한 결정이 부착함을 볼지니 이로 말미암아 보건대 결정은 용액으로부터도 생김을 알 수 있을지니라.

초석硝石

초석은 명반과 같아 백색 혹 무색투명하나 떫은맛이나 혹 단맛이 없고 다만 차가움을 느낌이 있느니라. 불에 던지면 연소하기 쉽고 목탄木炭과 함께 태우면 특히 맹렬하게 타올라 화약의 원료로 쓰임도 이로 말미암음이요, 초산硝酸도 초석으로 제조하느니라. 초석은 다락 밑 등 불결한 곳에 생기나 또 화산지방에도 산출하니 대개 남미지리국南米智利國에서 많이 생산하느니라.

화산지방에서 생산하는 광물

휘석 각섬석 유황 명반 초석

화약

초석 75

대탄大炭 15

유황 10

결정이 생기는 경우

기체氣體－예 유황

용체鎔體－예 유황

용액溶液－예 명반

1909년 3월 25일

제九장 암석의 붕해

풍화 암석이 공기 중에 있어 장구한 세월에 순식간이라도 끊어짐 없이 한서寒暑를 겪으며 풍우風雨의 엄습을 당하면 비록 어지간히 단단한 것이라도 어느 때던지 그 조직이 이해弛解하여 붕괴崩壞함에 이르니 이를 풍화라 칭하느니라.

장석은 풍화로 인해 분토粉土로 변하기 쉬운 까닭에 이를 많이 함유한 화강암 안산암 등은 붕해崩解의 시기가 비교적 빠르고 그렇지 않은 부분은 비교적 느리므로 철요단애凸凹斷崖 혹 석주石柱 석문石門 등을 만들어 일종의 풍경風景을 만드느니라.

수식水蝕

암석의 붕해崩解는 따로 공기 중에서만 일어나는 것이 아니요, 수중水中에서도 일어나니 이를 수식水蝕이라 하니 빗물雨水이 산복山腹에 내릴 때와 강물河水이 지상地上에 흐를 때에 풍화風化로 인해 생긴 암편巖片을 운반하여 땅을 깎으며 암석을 부수고碎 바다에 있어서는 때리는 파도波浪가 언덕岸을 침삭浸削하여 점점 붕락崩落하는 바와 같은 바이니 모두 물의 작용이니라.

침적沈積

암석이 풍화작용으로 붕해되던지 혹 수식작용으로 파쇄되던지 모두 조약돌礫을 만들고 이것이 하류로 흐르는 사이에 서로 부딪히며 갈려 둥글게 될 뿐만 아니라 다시 부서지고 또 부서져 모래, 점토 등을 만드니 이들은 유수流水와 함께 호수나 바다에 압류押流하되 무거운 것은 가까운 곳에 가벼운 것은 먼 곳에 이르러 물밑에 침적沈積하여 모래는 사층역砂層礫을 역층점토礫層粘土는 점토층粘土層을 이루니 이를 침적沈積이라 부르느니라.

이렇게 생긴 모래, 자갈, 점토 등이 파도로 인해 안상岸上에 퇴적하여 사주砂洲를 만들고 그 위에 소나무가 자라 백사청송白砂青松의 풍경을 만드는 것도 있느니라.

토양土壤

암석이 풍화와 수식으로 인해 모래, 자갈, 점토를 만들며 이들은 물의 운반으로 다른 곳에 쌓이고 식물이 이에 생장하며 또 그 식물이 부패하여 흙土을 이루니 이를 토양이라 하느니라.

암석의 붕해崩解

공기……풍화작용

물………수식작용水蝕作用

제十장 (사암) (규암) (역암) (점판암) (응회암)

사암砂巖

물 밑바닥에 침적하여 생긴 것으로 모래, 자갈, 점토의 층 등은 그 위의 무거운 압력을 받아 단단하게 굳어 암석을 이루니 그 모래로 만들어진 것을 사암砂巖이라 부르느니라. 사암은 칼과 도끼를 가는 숫돌도 역시 그 중의 하나라. 보통의 암석이니 지금 그 한 조각을 취해 보면 화강암과 판이한 바를 알 수 있을지라. 즉 물속에서 마찰되어 원형圓形된 돌입자石粒로 이루어지고 쪼개면 평판상平板狀으로 깨지는 성질이 있으니 이는 이 암석이 물로 인해 이루어진 증거가 되고 그 돌입자는 석영이 많이 차지하느니라.

규암硅巖

사암의 석영입자가 작고 가늘어 육안으로 판별하기 어려운 것이 있으니 이는 곧 규암이라. 바둑돌, 시금석試金石 등에 쓰느니라.

역암礫岩

역암은 소석小石과 모래가 혼합하여 이루어진 것이라. 혹 지자석持子石이라고도 부르나니 응용의 방법은 없느니라.

점판암粘板巖

물밑에 가라앉은 점토가 굳은 암석을 점판암이라 하니 색은 흑색 또는 황색이며 엷게 박취剝取하기 쉬운 까닭에 옥개屋盖에 쓰며(우리나라 속칭 능와) 석판石板 연석硯石 등을 제조함에 널리 쓰느니라. 점판암의 끝을 물에 적시면 점기粘氣가 생겨 보통 점토로 변하느니라.

응회암凝灰石

화산이 열렬히 파열할 때는 용암은 재도 되며 혹 작은 돌도 되어 분출하고 또 그 화구火口 주위의 암석도 작게 파쇄되어 굳은 것을 응회라 하니 성질이 연하여 공작工作에 쉬운 것은 돌담 등 무겁지 않은 건축에 쓰고 그 조직 가늘고 단단한 것은 벼룻돌, 숫돌 등에 사용하느니라.

수성암水成巖, 사암砂巖, 역암礫巖, 점판암粘板巖, 응회암凝灰巖 등과 같이 물의 작용으로 인해 이루어진 암석을 수성암이라 통칭하며 혹 층상層狀으로 되어 있으므로 층상암層狀巖이라고도 부르니 수성암은 화성암과 대조하여 암석의 큰 부류가 되느니라.

암석의 대별大別

화성암……괴상암塊狀巖

수성암……층상암層狀巖

(미완)

1909년 4월 25일

제十一장 (석회암) (방해석)

석회암石灰巖

석회암도 역시 수성암의 일종이니 원래 해수 중에 서식하는 동물의 껍질이 물밑에 가라앉아 생긴 암석이라. 그 색은 흰색, 회색, 검은색이며 품질은 연하여 작은 칼로 깎을 수 있느니라. 또 염산을 부으면 거품이 생기면서 녹는 까닭에 석영 혹은 규암 등과 구별하기 쉬우니라.

모두 동식물의 유체遺體는 수성암에만 한정된 것이니 이를 화석化石이라 부르니라. 석회암 중에 화석을 함유하지 않고 결정의 집합으로 이루어진 대리석大理石이라는 것이 있으니 그 색은 백사당白砂糖 덩어리와 같은 것도 있으며 또 검은색과 흰색이 서로 섞인 것도 있느니라.

석회암의 용도

석회암 중에 대리석과 같은 것은 모든 종류의 기구器具, 장식, 조각 등에 쓰고 또 기타는 석회, 탄산가스 등을 제조함에 사용하니 심히 유용한 암석이니라.

석회의 제조

석회를 제조함에는 석회암에 석회나 다른 분료焚料를 혼합하여 가마에 넣고 태우면 흰색의 돌덩이가 가마 밑바닥에 생기니 이를 생석회生石灰라 하며 이에 물을 부으면 분말을 이루니 이를 소석회消石灰라 부르니 즉 보통 판매하는 석회가 이것이니라.

지금 생석회 여러 덩이를 그릇에 담고 물을 부으면 열을 발생하며 왕성히 수증기를 비양飛揚하고 후에 소석회만 남으니 소량의 소석회를 초자병硝子甁에 넣고 거기에 다량의 물을 부으면 맑은 석회수를 얻을지니 이는 탄산가스에 닿으면 흰색으로 탁하게 되는 까닭으로 어느 곳이던지 탄산가스의 유무를 시험함에도 쓰고 또 진한 석회수는 불결한 장소에 철포撒布하여 소독함에 사용하느니라.

탄산가스 제법製法

시험으로 탄산가스를 만들 때는 병 안에 대리석 몇 조각을 넣고 누두漏斗로 소량의 물을 부은 후에 강한 염산을 넣으면 일종의 증기가 발생하니 이는 즉 탄산가스라. 이 가스 안에서는 불도 유지하지 못하고 생물도 생활하지 못하느니라. 보통 건축공사에 사용하는 시멘트도 석회와 점토와 혼합하여 구운 것에 불과하니라.

방해석方解石

방해석은 암석의 정극간定隙間에 있는 능방형菱方形으로 결정이 있는 것이니 그 성질은 쪼개기 쉽고 그 색은 순량한 것은 무색투명하고 광택이 강하나 불순한 것은 불투명하니라. 순량한 것은 심히 희귀하나 유빙주惟氷洲에서 생산하므로 이름을 빙란석氷蘭石이라 하니 이를 글자 위에 두고 보면 글자가 2종으로 보여 이를 광선의 이중굴절이라 하고 이와 동일한 성분으로 전혀 다른 형상을 이룸도 있으니 이를 동질결정同質異晶의 광물이라 부르느니라.

석종유石鍾乳 석순石筍

산중山中에 가끔 동굴이 있음을 볼지니 이들은 즉 회형灰洞이라 부르는 바라. 굴 안의 윗부분에서 빙조상氷條狀으로 드리운 것도 있고 아래에 죽순과 같이 곧게 서있는 것도 있으니 전자는 석종유라 하고 후자는 석순이라 하느니라. 또 가끔 두 개가 서로 연결되어 기둥을 이루어 동굴이 마치 일대전자一大殿字와 같은 광경을 나타내느니라.

석회굴의 성인成因

무릇 땅위의 물은 공기 중 탄산가스가 녹아있지 않은 것이 없으니 이러한 물이 땅속에 스며들어 석회암을 용해하므로 동굴을 만들고 그 후에 석회를 함유한 물이 동굴 윗부분에서 낙하할 때 석회가 응결하여 석종유가 되고 떨어진 것이 응결하여 석순이 되느니라.

수성암

사암, 역암.

규암, 점판암.

응회암, 석회암

석회질의 암석 및 광물

{석회암, 대리석} 암석

{석종유, 석순, 방해석} 광물

(미완)

1909년 5월 25일

제十二장 (석고) (형석) (인회석)

석고石膏

석고는 마름모형, Y자형 또는 섬유형 등의 각종 형상으로 현출現出하니 담황색 반투명체라. 한번 보면 방해석과 같으나 그 성질이 심하게 유연하여 손톱으로도 긁을 수 있으며 염산에 거품이 일지 않으면서 용해하므로 구별하기 쉬우니라. 이 광물은 수성암 지방과 화성암 지방에서도 산출하느니라.

석고의 용도

석고를 불에 태우면 그 결정 중에 함유한 수분을 잃고 흰색 분말이 되니 이는 즉 보통 소석고燒石膏니라. 이를 물에 섞어 말리면 팽창하면서 응고하는 성질이 있어 양정洋灯에 구금口金을 접착함이나 주형鑄形에 사용하고 또 백묵白墨, 비료 등에도 사용하느니라.

형석螢石

이를 한번 본즉 방해석과 같으나 어두운 곳에서 뜨겁게 하여 자체自體가 따뜻해지면 담청색의 빛을 발하여 반딧불과 같이 빛나는 까닭으로 형석이라 부르니, 그 형태가 입방체요, 미려한 자주색을 띠는 것은 귀하여 보물에 쓰이나 보통 무색이나 황녹색이 서로 섞인 것이 많으니라.

형석으로 분말을 만들고 이에 유산硫酸을 부으면 불산弗酸 일명 불수소弗水素라 부르는 일종의 가스를 발생하니 이 가스는 초자硝子를 부식하는 성질이 있어 초자면을 납蠟으로 도포塗布하고 조각하고자 하는 부분만 납을 벗긴 후 이를 이 가스에 닿게 하면 즉시 그 초자면이 조각됨을 발견할지니라. 또 형석은 광물의 매용제媒鎔劑가 되느니라.

인회석燐灰石

인회석은 육방주六方柱의 결정으로 화성암의 간극 중에 있는 경우가 많으니 대개 담록색, 흰색, 황갈색 등이 있느니라.

인회석에 유산硫酸을 가하면 과인산석회過燐酸石灰를 얻으리니 그중 함유한 인산燐酸은 일반 식물에 결핍되면 안 되는 양분이라 농업에 쓰임이 많으니라. 인회석의 가는 입자가 점토와 혼합하여 있는 것도 있으니 이는 즉 인토광燐土鑛이니라. (미완)

1909년 6월 25일

석탄의 성질

석탄은 단순히 검은 덩어리와 같을지나 그 한 덩어리를 취해 검사해 보니 박판薄板을 거듭함과 층리層理가 있어 벗기기 쉽고 이를 종縱으로 태우면 횡橫으로 태울 때보다 성盛하고 태운 후에는 재를 잔류殘留하느니라.

또 석탄의 박편薄片을 현미경으로 검사할 때는 나무 무늬를 명확히 볼지라. 그러함으로 그 층리라 함과 혹은 그 타는 방향이 다른 등이 목탄木炭과 크게 흡사하니라.

석탄의 산출상태

석탄의 상태를 보고자 하면 산에 들어가 탄갱을 땅속에 종횡으로 뚫은 구멍에 내려가 갱부坑夫의 굴출窟出한 것을 볼지니 먼저 정호井戶와 같은 견갱堅坑으로부터 바구니를 타고 내려가면 굴 밑바닥은 어둡고 가스가 폭발하여 화재를 일으키는 염려가 있으므로 연화燃火에는 안전등이라 하는 금인金絪을 매단 유등油燈을 사용하느니라.

석탄은 혹은 두텁게 혹은 얇게 연속해서 층을 이루니 이를 석탄층 혹은 단순히 탄층이라 하느니라.

탄층은 평탄한 것도 있고 혹은 굴곡한 것도 있고 심하면 끊어져 단층을 이룬 것도 있느니라. 갱부는 학취鶴嘴 등으로 층을 따라 탄괴를 굴취窟取하느니라.

혹 단층을 캐다가 일시 탄맥을 잃으나 다시 위치를 바꿔 재차 그 탄맥을 발견하여 캐는 것이라. 굴의 내외에는 철도를 부설하고 견갱堅坑에도 운반기관이 있어 탄괴를 캐냄을 따라 굴 밖으로 운반하느니라.

다음에 탄층의 위아래에 있는 땅을 검사하여 아래에는 이판암泥板巖의 층이 있어 식물의 뿌리 혹 가지의 형태로 된 석탄을 혼渾하고 위에는 사암이 쌓여 있는 경우가 흔하니라.

석탄의 유래

이와 같이 석탄의 성질과 암층巖層의 모양에 말미암아 보면 석탄은 식물의 변화에 불과하니 이를 상상함에 태고 늪지대의 흙에 삼림이 번식하다가 토지의 변천에 말미암아 그 줄기, 잎 등이 진흙에 묻히고 그 위에 흙과 모래가 거듭 쌓여 눌려서 생긴 바 되어 오랜 시간을 거쳐 식물의 탄화炭化하여 석탄에 이른 것이라. 그러한데 그 토사는 탄 위에 있는 사암이요, 이토泥土는 탄 아래의 이판암泥板巖이 된 것이니 곧 석탄은 식물의 화석이라 이를지니라.

석탄의 종류

이렇게 생긴 석탄은 그 생성에 신구新舊가 있고 따라서 탄소炭素의 함량에도 많고 적은 차이가 있어 석탄을 4종으로 분류할 수 있으니 그 이름은 다음과 같으니라.

평분중平分中 탄소합량략표炭素合量略表 품종品種 탄소炭素

品種	炭素
木質	五0
泥炭	五九
褐炭	六九
黑炭	八二
無烟炭	九五

이탄泥炭

이탄은 식물의 섬유와 이토泥土의 덩어리인데 늪에 생긴 이끼와 풀 등의 줄기와 잎이 진흙에 묻혀 석탄으로 변한 것이라.

갈탄褐炭 및 흑탄黑炭

갈탄과 흑탄은 탄소 함량의 차이는 있으나 외관으로는 똑같이 흑색이요 쉽게 구분하기 어렵느니라. 광업법鑛業法으로 아탄亞炭이라 하는 것도 역시 이에 속하고 갈탄인데 탄화炭化가 충분하지 않아 나무 무늬가 분명히 보이는 것도 있으니 매목埋木이 그것이니라.

무연탄無烟炭

성질이 연하고 광택이 강하며 태울 때는 연기 및 냄새가 적으니 석탄 중에 가장 상위를 점하느니라.

1909년 7월 25일

석탄의 공용功用 (一)

대개 석탄은 연료로 사용하니 연소할 때에 강한 화력을 내는 것은 그 안에 함유한 탄소가 연소함이니라. 무연탄과 흑탄은 기관汽罐에 불태워 증기를 만들고 또 난로에 사용하여 공기를 데우고, 갈탄은 시목柴木을 대신하여 도기제조소에서 이를 많이 사용하고 또 이탄泥炭도 역시 건조하여 연료에 사용하느니라.

석탄의 공용 (二)

석탄의 공용은 이상에 그칠 뿐 아니라 흑탄黑炭을 건조하여 석탄가스를 내뿜으니 이를 가스 저지貯池에 쌓고 도관導管으로 인가人家에 보내 정화灯火, 취사炊事 등에 제공하느니라. 상항上項과 같이 흑탄을 건조할 때는 콜타라 부르는 일종 취기臭氣가 있는 액체를 만들고 또 꾹(해탄骸炭)이라 하는 연각燃殼이 잔류하니 꾹은 공장에 연료로 제공하며 또 일가一家에 시탄柴炭 대용도 되고 또 콜타는 철재鐵材, 목재木材 등에 칠하는 방부防腐에 쓰이는 외에도 그 액으로 아니린액(염료의 원료), 석탄산石炭酸, 싸가린 당糖(사탕 대용품) 등을 제조하느니라.

지금 흑탄 조각을 초자관硝子管에 넣고 이를 뜨겁게 할 때는 석탄가스가 발생하니 그 가스를 물속에 통한 후 불을 붙이면 잘 타오를 것이오. 관 속에는 차색茶色의 콜타 액과 다공질多孔質의 꼭이 잔류할지니라.

석탄

이탄泥炭 갈탄褐炭

흑탄黑炭 무연탄無煙炭

흑탄黑炭

석탄가스 석탄산石炭酸

콜타 아니린 염료

꼭 싸가린칠柒

10. 생리학

〈표 62〉 '생리학' 관련 텍스트 목록

잡지명	저자명	제목	표기	권호(발행일)	쪽수
太極學報	莪丹山人	生理學初步	국한문	제24호(1908.9.24)	33~36
少年韓半島	三凡齋尙灝	生理學上談論	국한문	제4호(1907.2.1) 제5호(1907.3.1)	29~31 25~26
夜雷	申海容	生理學	국한문	1권1호(1907.2.5) 1권2호(1907.3.5)	15~18 17~21
大韓學會月報	李豊載	生理學의 普通要用	국한문	제7호(1908.9.25)	31~34
西北學會月報	夢蓮 宋憲奭	生理衛生學	국한문	1권19호(1910.1.1)	24~28
畿湖興學會月報	劉秉珌	生理의 正義及緖論	국한문	제1호(1908.8.25) 제2호(1908.9.25) 제3호(1908.10.25) 제4호(1908.11.25) 제5호(1908.12.25) 제6호(1909.1.25) 제7호(1909.2.25) 제8호(1909.3.25) 제9호(1909.4.25) 제10호(1909.5.25) 제11호(1909.6.25) 제12호(1909.7.25)	33~35 26~28 25~27 18~20 12~15 23~25 10~12 23~25 19~20 17~19 22~24 18~20
嶠南敎育會雜誌	金科奉	生理學	국한문	제8호(1909.12.25)	4~8

신해용, 「생리학」

1907년 2월 5일

생리학生理學은 박물학博物學의 일 분류이니 생물체의 활동현상을 연구하는 학學이라. 그러나 여기에 게재한 것은 인신생리학人身生理學의 대지大旨를 간단히 설명하고 겸하야 해부학解剖學(신체 각부의 위치, 형상, 대소, 구조, 관계 등을 논하는 학) 일단을 합하여 설명하노라.

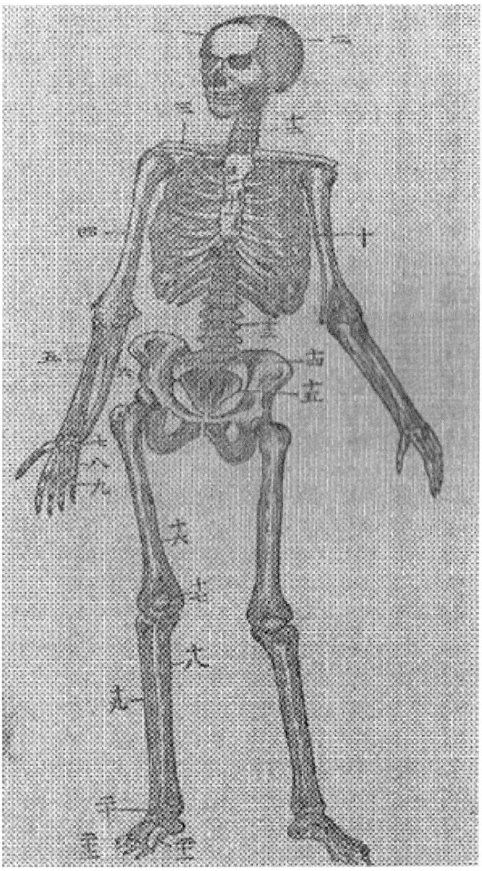

전신골격도

일 전두골
이 후두골
삼 쇄골
사 상박골
오 요골
육 척골
칠 완골
팔 장골
구 지골
십 륵골
십일 흉골
십이 경추골
십삼 요추골
십사 무명골
십오 자골
십육 대퇴골
십칠 슬개골
십팔 경골
십구 비골

이십 부골
이십일 척골
이십이 지골

인체구조의 대요大要

인체는 두부頭部, 구간軀幹과 사지四肢의 세 부분으로 이루어져있으나 그 구조를 상언詳言하건대 골격으로 기초를 만들고 근육과 피부로 그 외부면을 피포被包하야 완미婉美의 형태를 주며 체강體腔의 내에는 중간에 횡격막이 있어 흉강胸腔과 복강腹腔으로 구별하니 흉강胸腔 내에 호흡기관(폐장肺臟), 순환기관(심장)을 담고 복강腹腔 내에 소화기관(위, 간장, 췌장, 비장, 장), 배설기관(신장)을 품고 있으며 두부頭部에는 눈, 코, 귀, 혀 등의 감각기관이 있고 두개頭蓋 내에는 정신작용의 추부樞府되는 뇌수를 품었느니라.

(1) 골격骨骼과 그 작용

골骨과 골격
사람의 몸에 대략 이백여 개의 뼈가 교호관련交互關聯하야 혹은 신체의 지주支柱를 작하며 혹은 유연한 기관을 포호包護하야 전체의 골격을 이루니라.

골의 형상

골은 황백색을 띠어 장골, 단골, 편골 등이 있으니 장골에는 중공이 있어 골수를 품고 골의 표면에는 골막骨膜이라 칭하는 박피를 포함하야 근육의 마찰을 대비하니라.

연골

연골은 귀와 코, 골단骨端에 있는 백색골이니 탄력성이 많아 외부에서 오는 충격을 완화케 하며 또한 평활유연平滑柔軟하야 골의 굴신운동屈伸運動을 자유케 하느니라.

골의 발육

골은 혈액으로 생성하는 것이니 최초 연골이 점점 경골로 변함을 화골작용이라 하나니라.

관절

관절은 양골兩骨이 교호연접交互連接한 곳이니 수족 등과 같이 운동이 있는 것을 가동관절可動關節이라 하며 두개頭蓋와 같이 봉합밀저縫合密着한 것을 부동관절不動關節이라하고 또 관절막關節膜은 점활액粘滑液을 분비하야 골 사이를 민활케 함이 차축車軸에 기름을 치는 것 같으니라.

인대

인대는 강인하야 가죽과 같은 것이니 양골兩骨을 연접連接하야 그 위치를 유지하며 탈구를 막느니라.

1907년 3월 5일

(2) 근육과 작용

근육

인체에 오백여 개의 근육 조각이 있으니 건강한 몸에 있어서는 대략 체중의 오분의 이를 점유하야 신체의 용모와 모든 부위의 운동을 주관하니라.

근육의 형상과 부분

근육의 형상은 장단광협長短廣狹이 같지 않으나 대개 원추형이 많으니 그 중앙의 팽배유연膨大柔軟하야 적색赤色을 띤 곳을 근두筋肚라 칭하며 양단兩端의 강인첨소强靭尖小하야 백색을 띤 것을 건腱이라 칭하나니라.

근육의 종류와 그 동작

근육에는 수의근隨意筋과 불수의근不隨意筋의 이종이 있으니

(일) 수의근은 세미細微한 섬유로 이루어져 적색을 띠며 오로지 골격을 위요圍繞하야 전신의 연부軟部를 짓는 것이라. 그 기능은 신의소도神意所到에 백반운동百般運動을 자유능기自由能起하나니 안검眼瞼, 구진口唇의 개폐開閉와 사지 골절의 굴신屈伸 등이 즉 그 일례이다.

(이) 불수의근은 양단이 첨소尖小한 세장섬유細長纖維로 이루어져 그 중앙에 핵이 있으며 담황색을 띠어 오로지 내장을 구조한 것이라. 각

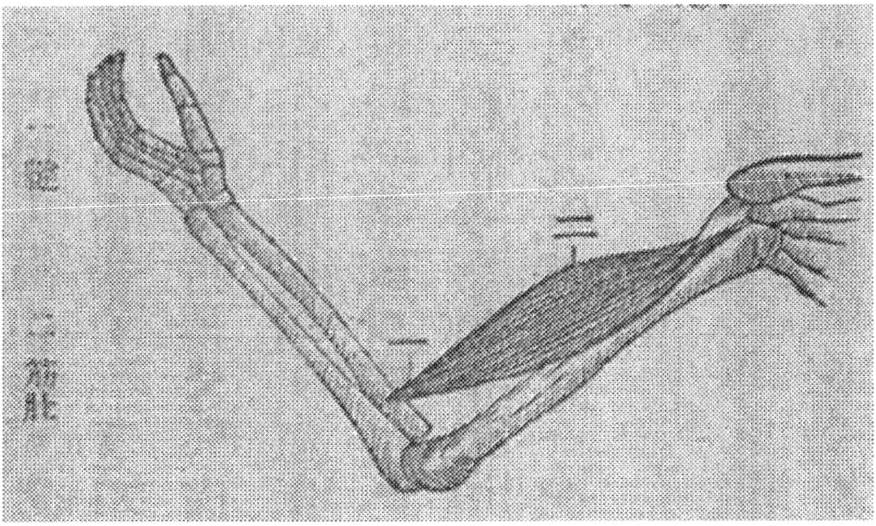

근육의 부분도

각 일정한 운동으로 생활을 영위하야 의식意識 이외라도 간단間斷이 소무少無하나니 심장의 축장縮張과 창위腸胃의 연동 등이 즉 그 일례이다.

갑 수의근隨意筋

을 불수의근不隨意筋

자 원섬유原纖維

근육의 강직

근육은 사망死亡 혹 화열火熱, 냉수冷水, 중독中毒 등으로 인하여 탄력을 잃고 강직함에 이르나니 이는 근육 중에 함유한 단백질이 응고함이니라.

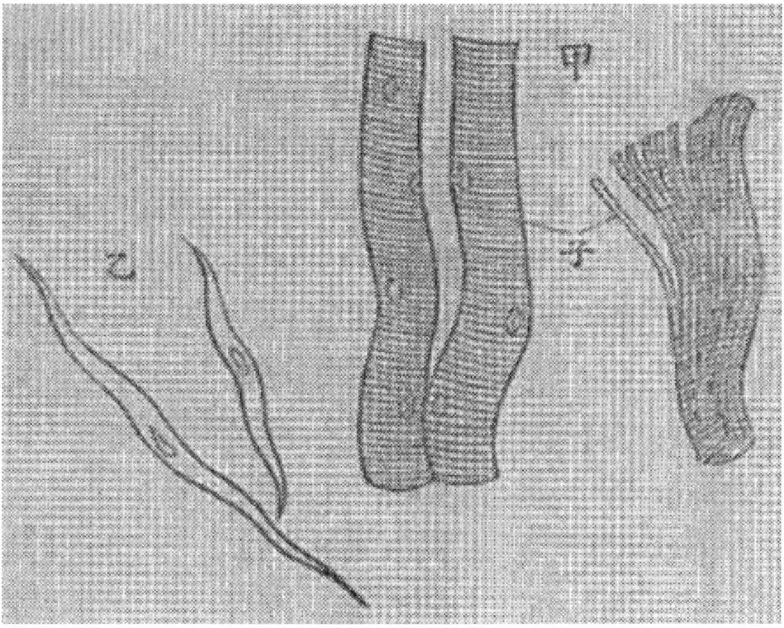

筋 纖 維 圖

근육의 피로

근육은 과도히 사용하거나 혹 오랜 시간 동작할 때는 다음 차례로 그 기능이 멸소하야 쇠약함에 이르나니 이는 근육의 분해함이 신물질의 대상代償보다 초과하는 이유니라.

(3) 피부와 그 작용

피부

피부는 신체 외면을 둘러싸 엉긴 것이니 그 두께가 한 부분에 미치지 않는 표피와 진피의 이층으로 구별하니라.

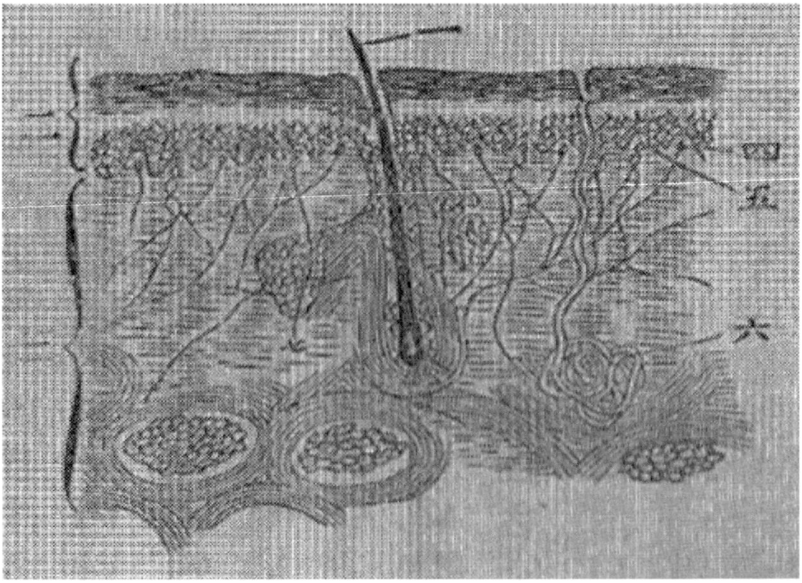

(일)

표피

표피는 비박유연非薄柔軟한 인상막鱗狀膜이니 신경과 혈관이 없는 고로 바늘로 찔러도 통증을 느끼지 못하거나 출혈함이 없고 박리剝離하면 내면으로 새로운 층을 재생하야 비하건대 수목樹木의 내외피 관계와 흡사하고

일 모毛

이 표피表皮

삼 진피眞皮

사 촉각기觸覺器

오 혈관血管

육 한선汗腺

칠 피지선皮脂腺

(이) 진피

진피는 극히 세밀한 섬유로 조직하여 만들어진 그늘 모양의 막이니 그 표피와 서로 접한 곳에 유두상乳頭狀으로 돌출하고 그 내에 신경과 혈관이 많은 고로 바늘로 찌르면 통증을 느끼며 피가 나고 기타 한선汗腺과 피지선皮脂腺을 포함하며 모발과 손톱 등을 발생하니라.

한선汗腺

한선은 진피 내에 권곡卷曲한 괴형塊形이니 한관汗管이라 칭하는 가는 관을 통하여 피부 표면에 무수한 작은 구멍으로 열린 구멍인지라. 그 모든 수는 대인의 경우 무릇 이백오십만여 개가 있으니 가령 총한선總汗腺의 단端을 연결하면 그 길이가 족히 십리허十哩許에 달할지며 그 작용은 체온의 조절과 신체의 노폐물을 배설하나니라.

한汗

한은 권곡卷曲한 한선 주위에 있는 모세혈 중 혈액에서 배설하는 것이니 기후온난과 운동노력 등으로 인하야 신체에 과도한 열을 발생할 때는 한汗을 다량으로 분비하야 열을 체외로 몰아내는 고로 신체에 온도는 이로 인하야 조절되며 또 감모感冒 때에 신열이 높은 원인은 이 한선이 폐쇄하야 발한을 멎게 함이니 고로 발한제發汗劑를 사용하야 그 폐쇄한 것을 파개破開하나니라.

피지선皮脂腺

피지선은 역시 진피 속에 있어 표면에 개구開口하야 액비額鼻 등에 가장 많으니 그 기능은 지유脂油가 끊기지 않도록 분비하야 모발과 피부를 윤택케 하나니라.

피지皮脂

피지는 피지선으로 분비하는 지방이니 이 지방이 그 배설구에서 농조건조濃稠乾燥할 사이에 매연주애煤烟塵埃 등의 불결물이 섞이면 흑색소구黑色小球를 나타내니 이를 면포面皰라 칭하나니라.

모발

모발은 진피에서 발생하나니 그 뿌리를 모발이라 칭하며 모근이 들어있는 곳을 모낭이라 칭하나니라.

조갑爪甲

조갑도 진피에서 발생하는 각질이니 손가락 끝을 보호하며 겸하야 작은 물체를 적취摘取함에 도움이 되는 것이니라.

11. 위생학

〈표 63〉 '위생학' 관련 텍스트 목록

잡지명	저자명	제목	표기	권호(발행일)	쪽수
太極學報	朴相洛(譯)	衛生問答	국한문	제5호(1906.12.31) 제6호(1907.2.16) 제8호(1907.4.5)	35~37 36~38 30~34
少年韓半島	金瓊植	衛生說	국한문	제1호(1906.11.1) 제2호(1906.12.1) 제3호(1907.1.1) 제4호(1907.2.1) 제5호(1907.3.1) 제6호(1907.4.1)	22~23 22~24 39~41 37~39 30~33 29~31
大韓學會月報	李東初 譯述	衛生要覽	국한문	제1호(1908.2.25) 제2호(1908.3.25) 제3호(1908.4.25) 제5호(1908.6.25) 제7호(1908.9.25)	38~42 17~20 30~33 18~20 35~37
敎育月報		위싱론(衛生論)	국문	제1호(1908.6.25) 제2호(1908.7.25) 제3호(1908.8.25) 제4호(1908.9.25) 제5호(1908.10.25)	52~58 44~49 42~47 41~46 41~46

이동초, 「위생요람衛生要覽」

1908년 2월 25일

이르기를, 부모가 수고롭게 우리를 낳아 육체가 완성하고 하늘이 성性을 명命하여 영혼을 갖추니 이는 천지감응의 덕이라. 그 신체와 수명을 지키는 방법이 있으니 이른바 위생이라. 크도다 위생이여! 만사의 근본이로다. 이 방법을 극진히 함으로 건강이 따라서 오니 한 신체가 건강하여야 정신이 맑고 깨끗하고 정신이 맑고 깨끗하여야 심공心孔이 열리며 혜두慧竇가 열리고 사리事理에 민달敏達하여 재결裁決할 수 있으며 동작이 활발하여 용단勇斷할 수 있어 학문가學問家는 연정구오研精求奧하여 미발未發한 바를 능발能發하며 실업가實業家는 간축제직업墾築製織業을 정익부교精益復巧하여 의장意匠을 활용함에 발달이 점진하니 이에 따라 국민의 기상이 완전하며 국가의 부강을 이룰 수 있을지라. 이로 말미암아 보건대 그 국가의 문명정도가 그 국민의 위생사상과 십분 관계한 바인 까닭으로 고루함을 잊고 채이역지采而譯之하여 간역절부관견間亦竊附管見하고 경애하는 동포의 일람一覽을 소원함.

위생 개론

우리가 이 세상에 처해 제일 기쁜 일을 물은즉 반드시 건강이라 이르며 제일 괴로운 일을 물은즉 반드시 질병이라 이름은 모든 사람이 같은 바로다. 그러하니 어떤 사람이 자기의 건강을 원하지 않을 자가 있으리오마는 그 수단이 서지 않고 그 방법이 이르지 못해 사람으로 하여금 하늘이 준 연령을 누리지 못하고 요절하는 재앙에 근심하게 하니 애석하지 않은가. 무릇 사람의 기혈은 배태胚胎하는 초기에 부모에게 받은 것에 따라 다소의 허약을 보이는 일이 없지는 않으나 이로 인해 큰 병의 근본적인 원인이나 불구의 폐해나 연령의 요절함은 극히 적으니 우리 풍속에 전래하는 질병론疾病論에는 뱃속에서부터 불구의 병신이 있다 하나, 저 서양의원의 말을 들은즉 그러한 이유는 없다 하여 출생할 때 혹은 산모의 부주의로 말미암아 생기거나 혹은 산파의 방법이 좋지 못하므로 그 불행한 폐질廢疾에 이른다 하니 인생이 이 세상에 한 번 태어나면 반드시 위기에 처하는지라. 따라서 동서의 석학과 이름난 유학자 무리가 마음을 다하고 이치를 연구하여 우리의 위생상의 감각과 효능이 많도다. 태서泰西 박사의 말에 이르기를 배태胚胎 때로부터 위생의 방법을 정밀하게 하여 일호라도 인신人身에 해가 되는 일을 범하지 않으면 세간世間에 죽지 않는 사람도 있으며 수백 수천 년을 생존할 사람도 있으리라 하니 이 말을 취문驟聞한즉 맹랑한 말인 듯하나 근일 구미 각국에 위생법이 점차 밝아짐을 따라 질병이 감소함은 다시 말할 바 아니오. 그 수명의 한계에 대해 말하여도 옛날과 크게 차이가 나니 '인생 칠십 고래희'는 동양 한 귀퉁이뿐이 아니라 세계에 보편한 전언傳言이더니 근세에 이르러서는 100세를 무병하제無病遐躋하는 사람이 많음은 실로 위생법의 은덕이로다.

혹 말하되 시대변천을 따라 기운도 변천하기로 사람의 수명도 증감이 있다 하여 전회傳會를 상전相傳하되 상원갑자上元甲子의 기운을 종種한 인류는 어떠하고 중원갑자中元甲子는 어떠하고 하원갑자下元甲子는 어떠하다 하여 시대를 망론妄論하여 사람의 질병의 대투對投하는 약제藥劑도 오운육기五運六氣의 무거공리無據公理를 부付하여 인세의 눈을 미혹하게 하며 자기의 마음을 미혹하게 하니 무릇 천지간 기후의 운행은 천만년이라도 변천이 없을지라. 만약 추호라도 변천이 있어 태양이 숨고 햇빛을 비추지 않거나 지구가 멈춰 서서 돌지 않거나 영위하는 대기가 소진하거나 하여 각종 정해진 이치 중에 하나라도 변천이 있는 때는 우리도 자연 그 변천을 따라 다하리니 이러할진대 언론이 위생에까지 미칠 여가가 없으리로다. 이는 속설의 무고함을 망변妄辨하기 위해 이유의 부근설不近說로 이러한 한 비유를 설명함이어니와 시대를 따라 질병 및 사망은 증감이 있으니 어떠한 이유인고. 태고 몽매한 시대는 인류가 짐승류나 조류와 더불어 주거지의 구별이 없고, 나무나 굴에 살며, 겨울엔 볕에 여름엔 그늘에서 지내도 신체 건강하며 수명이 연장함은 산간에서 생활하고 공기와 마시는 물을 자연 좋은 것을 취하며 곳곳에 산재한즉 전염하는 악질이 없으며 천연한 물고기 잡이나 사냥 등 일에 종사하므로 심신心神의 피로가 없어 폐병 및 뇌병 등의 증세가 역시 없어 천연위생을 힘입었더니 인류가 점점 번성함에 따라 주거가 조밀하고 전쟁도 빈번하니 청결한 공기 중에 나쁜 공기가 섞여 인축人畜의 근심을 끼치게 하는지라. 지금 나쁜 공기와 병마의 점점 번성하는 세상에 살아가는 우리가 일호라도 주의하지 않으면 이 재앙에 곧 근심하니 근일의 견문으로 동양계 내 화태樺太 및 자담滋潭 두 섬의 예를 말할진대 그 두 섬에 토착민만 살아 늙어 죽도록 서로 왕래하지 않던 시대에는 인생 수명이 심히 길더니 구미 각국의 원탐가遠探家가 들어와 일절 인류의 의식주법을 다소 교도함으로부터는 사람의 수가 점점 감소하여 지금은 예전의 3분의 1이 겨우 남았기에 이르니 이를 본즉 문명의 수입이 좋은 일이라고 이를 수 있을지나 악질도 역시 따라서 수입함은 필연적인 일이니 문명의 해악이라 이를지로되 이 또한 문명의 수단을 응용하여 전염 악질을 제거하며 퍼져있는 나쁜 공기를 피하면 우리의 생활상 쾌락을 기약할 수 있을지라. 이것이 위생학의 기원한 원인이로다.

제1장 위생법의 관념

근일에 위생법의 학설이 우리나라에 수입됨으로부터 위생보호를 관청에서 실시하며 일반 사회가 주의하는 상황이나 아직 시간이 오래 되지 않아 심천甚淺한 까닭으로 헤아리건대 위생의 관념이 널리 보급되지 못한지라. 이에 대하여 논하는 바가 위생법의 관념이라 함은 그 의의를 이해하기 어려움이 아니오, 그 실행도 하지 못할 것이 아닌지라. 고인古人이 말하길 병이 이미 든 후에 약을 지으며 난亂이 이미 성한 후에 다스리려 함은 비유컨대 목마름에 임하여 우물을 파며 전쟁에 나가서 군사를 만드는 것과 같으니 어찌 미치지 못한 탄식이 없으리오 하였으니 상세하게 의미하는 바 천고의 격언이로다. 대저 우리 위생의 진정한 의의도 한 마디로 말하면 역시 이 격언의 요지와 같도다. 세상에는 흑병黑病, 호열자 등 잡역雜疫과 추위, 더위, 건습, 미균黴菌, 여러 독이 종종히 있어 인간의 생명을 침해하는데 인간의 신체에도 또한 침해를 방어하는 천연적 기능이 있어 외기外氣의 침범을 조절하며 균독의 만연蔓延을 소퇴銷退하는지라. 이 생체生體의 묘한 능력은 근세의 의학상의 진보를 따라 명백히 징험한 사실이라. 그런데 위생법은 이 성질을 이용하여 신체 고유의 저항력을 굳세게 하여 병마로 하여금 틈입하지 못하게 하며, 음식, 의복, 주거, 수면, 색정과 기타 생활상태에 십분 신식愼飾하여 체력의 소모를 막으며 외적의 지촉抵觸이 깨끗하게 하는 예비방책이라. 이로써 우리 사회의 상당한 정도와 우리 생활의 자못 긴한 사항을 요점만 추려 대개 풀어 말하노라.

생명의 아버지인 공기

인간이 공기 중에 생활하는 것이 물고기가 강물 속에 헤엄치는 것과 흡사한지라. 따라서 육체의 생명이 되는 음식은 하루 혹 여러 날을 굶을지라도 신체가 허약해질 따름이오, 목숨에는 별조別條가 없거니와 공기는 구각晷刻이라도 가히 모자라지 못할지라. 공기 없이 몇 분이 지나면 고통을 바로 느끼고 몇 시간이 지나면 목숨이 끊어지니 천지간 만물 중에 제일 중한 보물은 공기 외에 또 없도다. 이러한 까닭으로 생명의 아버지라 이름도 과언이 아니라 하노라. 그런데 우리가 종종 음식의 깨끗함 불결함은 선택하되 공기의 깨끗함 불결함에는 주의하는 일이 극히 드무니 어찌 애석할 바 아니리오.

시험하건대 따뜻한 방에 문을 닫고 가만 앉아 바깥 공기를 통하지 않게 하면 머리는 둔해지고 가슴이 답답하여 기력이 자연 피로하고 나른해지다가 죽원竹園에 산책하며 임정林亭에 산보하여 광원曠遠한 창천蒼天을 바라보니 뇌수가 쾌청하고 용기가 더하는지라. 이는 신선한 공기를 깊게 호흡하여 공기의 신진대사를 돕게 하여 심장의 작용을 활발하게 하는 이유라. 반대로 문을 닫고 있으면 머리는 둔해지고 나른해짐은 실내 대기가 점점 소모하고 입으로 호출하는 불결한 탄산가스는 실내에 가득 차 신선하게 교환됨이 충분하지 못한 까닭이로다.

1908년 3월 25일

환기의 용의用意

우리가 공기 중에 호흡하여 귀중한 생명을 보전하는 이유는 쓸데없이 길게 말할 바 없거니와 인간의 호흡이라 함은 어떠한 것이냐 하면 안으로 진부陳腐한 탄산가스를 뱉어내고 밖으로 신선한 대기를 흡입하는 것이니 그 대기를 흡입하여 폐장肺臟의 기포氣胞에 보낸즉 공기 성분의 한 원소되는 산소가 혈해血海에 흡입하여 탄산가스와 잔폐물과 불결한 수기水氣 등, 몸의 쓸데없는 가스는 일절 제거하여 혈액으로 하여금 깨끗하게 하는 것이라. 그런데 인간이 만일 새로운 공기가 통하지 않는 장소에 거처하여 한 번 뱉은 공기를 다시 마시는 때에는 그 혈액이 순환하여 폐에 이르더라도 산소를 흡수하지 못할 뿐 아니라 다시 불결하고 더러운 공기를 취해 몸 안에 순환하는 까닭에 근육은 활발하지 못하며 혈기는 막혀 심장의 작용이 이완하고 식물食物의 소화가 불순하여 위장이 상하며 뇌수가 둔해져 감각이 쇠하니 실로 막대한 수해受害라 어찌 두려워 삼갈 바 아니리오. 따라서 실내에는 신선한 공기를 자주 들일지니 고인이 말한 바 개문만복래開門萬福來라 함이 이를 이름인가 하노라.

우리가 항상 거처하는 보통 가옥보다 특별히 환기법에 일층 주의할 곳은 학교 교실이라. 이곳은 장래의 국가 간성干城이 될 봉황과 난새 같은 청년 자제를 기르는 곳이라 활발한 아이와 씩씩한 청년이 모여 있는 까닭에 발한작용發汗作用도 심히 활발하여 탄산가스와 기타 불결물不潔物이 유응溜凝하기 쉽고 또한 개중에는 혹 폐결핵 바지루(병명)의 병자가 있어 일호일해一呼一咳에 추기醜氣와 미균黴菌을 비산飛散하게 하거나 가장 전염되기 쉬운 적리赤痢 혹 질부사窒扶斯 등 병의 환자도 왕래하는지 모르겠고 하물며 교장教場은 흙을 밟은 신으로 투입하며 더러운 흙먼지와 백묵의 가루가 살포하니 자연히 코와 목의 점막을 자극하여 병을 일으킬 우려가 있음이라. 그러한즉 보통가옥보다 더 그 환기법에 주의하여 소중한 청년으로 하여금 장래를 그르치게 하지 말지어다.

사람이 많이 모인 곳에는 물론 어느 곳이든지 공기가 불결한지라. 그런데 세간의 무식한 무리는 취기분분臭氣粉紛하며 훈연몽몽燻烟濛濛

한 불결한 장소에서 소처럼 마시고 말처럼 먹으며 방가자유放歌恣遊하여 신체의 수독受毒을 살피지 않으니 실로 하느님의 큰 은혜를 무시함이라 어찌 분개하지 않으리오. 독자 제군이여 생황의 요소되는 공기를 가급적 청결하게 찬택撰擇하시오.

실내의 불결

우리나나 풍속에는 거처하는 방을 장식하되 화문지花紋紙 천판天板에 백로지白鷺紙 도벽塗壁하고 좌언압롱座榎押籠에 산수병풍 걸어 두면 제일 청결한 방이라 하되 그 방안에 육안으로 보지 못하는 불결물이 퇴적한지라. 방을 어떻게 미려하게 장식했을지라도 문을 굳게 닫아 외부 공기의 유통이 없으면 우리의 신체로부터 발생하는 가스 기체의 노폐물이 실내에 유응溜凝하여 불결하게 될 뿐이로다. 화로에 재를 태우며 등화에 불을 밝히면 이로 인해 생기는 불결의 현상이 어떠하리오. 연탄燃炭 등화燈火는 사람의 호흡보다도 일층 더 심하게 탄산가스를 배출하니 이에 이르러서는 그 불결함이 실로 언어도단이로다. 비록 그러하나 등화를 가까이 하지 않으면 낮은 짧고 밤은 긴 삼동에는 도저히 고금의 성현과 시호문걸詩豪文傑을 벗할 수 없고 화로가 아니면 추운 눈 내리는 날에 냉기를 견디기 어려우니라. 그러한 즉 어떤 방책이 가장 알맞으리오. 화로와 등화는 모두 사용할지라도 다만 새로운 공기의 유통만 충분하게 하면 족함이라. 또 화로에 등화가 도도히 불타거든 철병鐵甁 혹 토병土甁에 백수白水를 끓일지니 한편으로 따뜻한 수증기가 방 안에 충만하여 자연 온기가 가득하고 또한 수증기는 탄산가스를 세탁하므로 자연히 청결이 되고 또 공기가 건조해지지 않는 까닭에 기도의 점막이 자극받지 않아 호흡기에 심히 유익하고 또 맹물탕이 끓이지 않으면 갈음渴飮 혹 복약服藥에 편리함이라.

침실

우리나라 사람의 습관은 밤에 잘 때에 문호를 굳게 잠그며 장자障子를 밀폐하고 또 혹 병풍을 둘러 세워 일점一點 바깥 공기가 침입하지 못하게 하니 이로 인해 경야經夜 중에 신선한 공기가 결핍되어 숨을 내쉰 더러운 가스만 남아 있는지라. 시험하건대 이러한 방 안에 밖으로부터 들어가면 어떻다고 형언하기 힘든 취기臭氣가 코를 때리는지라. 비록 그러하나 사리가 어두운 사람은 음식물의 취기는 달다 쓰다 말하되 공기의 취미臭味에 이르러서는 조금도 느끼지 못하니 어찌 개탄할 바 아니리오. 따라서 문명한 서양의 집짓는 제도에는 천정에 통기구를 열었으니 우리 가옥에도 그렇지는 못하나 침실 창호에 통기구를 뚫어 신선한 공기가 유통하게 할지라.

일본인의 습관에는 밤에 잘 때에 이불 가운데 거달炬燵(금중로衾中爐고다즈)을 사용하니 그 폐해가 막대한지라. 기자記者가 증년曾年 일본 도항 초에 온돌 거처하던 습관으로 일본의 차가운 방에 적응하지 못해 한기를 막을 방책이 없는 까닭에 거달을 사용하였더니 입술과 구강이 건조하며 두통이 생긴지라. 그 이유를 생각한즉 공기를 건조하게 하여 탄산에 중독됨이라. 이 실험을 얻은 후로 거달이 위생에 방해됨을 알 수 있었는지라. 따라서 극히 박약한 늙은이가 한기를 견디지 못해 잠을 이루지 못할 때에는 탕병湯甁(유담부)을 사용함이 가장 좋으니라.

1908년 4월 25일

조기朝起

아침에 일찍 일어나고 밤에는 늦게 자는 것은 고인의 경계하는 바라. 면학가와 실업가를 막론하고 잠잘 때 자며 일어날 때 일어나는 것이 우리 생활의 구복求福이라. 그러므로 새벽에 기상해서 즉시 동창을 열며 서호西戶를 걷어 밤 새 유응留凝한 실내의 불결한 기취氣臭를 흩어지게 하며 청정무구한 아침의 신선한 공기를 유입하게 하여 실내를 깨끗이 하고 정원에 산책하여 봄이면 황금 유색柳色에 아침연기 초롱初籠한 아름다운 경치와 난초의 싹과 매화 향기의 미색을 고요히 보며 양춘포택陽春布澤에 그 맛을 느끼며, 여름이면 섬돌 아래 정반庭畔에 이슬 머금은 아름다운 꽃의 고운 자태와 뚜렷하게 맺힌 이슬에 벌레소리가 마치 촉촉한 광경을 보고 들어 눈과 귀의 즐거움을 맛보며, 가을이면 동쪽 울타리 누런 국화가 서리를 두른 아름다운 태도를 희롱하고 야간에 침잠하였던 용기를 더하며, 겨울이면 밤새 쌓인 눈이 조화를 부려 은세계가 되도다. 이와 같이 두루 크게 조망하면 심신心神이 기쁘며 정력이 상쾌하여 부지중에 신명身命을 보익保益함이 되느니 이를 가히 연년익수延年益壽의 신방神方이라 부르리로다.

호흡의 방법

우리가 호흡할 때에 그 공기는 가급적 콧구멍으로 들이 쉼이 좋으니 한편으로 공기의 먼지를 코털로 제거한 후에 폐장에 들어가게 하는 까닭에 폐의 기포를 상처내지 아니하며 또 한편으로는 공기의 온도를 적당히 하고 또 적절한 습기를 줌이라. 이는 위생의 관계 뿐 아니니라. 사람이 길에 다니거나 좌석에 앉거나 웃거나 말하지 아니할 때에는 입을 굳게 닫고 이를 불로不露한즉 위의威儀가 늠름하여 남자의 기상이 엄연하거니와 도연徒然히 입을 열고 혀를 늘인즉 풍도맹연風度盲然하여 백치白痴의 성격이 현저하여 업신여김을 면치 못하느니라.

식목植木의 청기淸氣

무릇 식물植物은 그 성질이 탄산을 흡수하며 산소를 배출하여 공기를 청결하게 하며 태양의 열을 조화하여 겨울에는 따뜻하게 하고 여름에는 시원하게 하여 사람의 기후 침해를 제거하며 또한 방수담예芳樹淡蘂는 사람으로 하여금 안목을 기쁘게 하는지라. 따라서 앞뜰과 후원에는 반드시 각종 초목을 재배하여 때때로 녹색이 넘치는 소나무와 대나무 사이나 청기靑氣가 욕적欲滴한 파초 아래에 산보하여 청풍에 소쇄蕭灑하며 신선한 공기를 들이마셔 혹 맑게 읊으면 마음이 절로 유쾌하고 기운은 융화하니 이 역시 위생상의 한 방법이로다. 비록 그러하나 식목植木이 과도히 번성하여 빽빽이 우거진 무성한 그늘이 가옥을 덮어 태양이 비추지 않으면 그 해를 받을지니 잘 헤아려 적절하게 할진저.

흉곽압박胸廓壓迫의 폐

우리가 신체의 위치를 정직하게 보존함은 한갓 위생상에만 이익일 될 뿐 아니라 행의상行儀上에도 단아엄장端雅嚴莊하거니와 만일 흉곽을 압박하며 복부를 긴속緊束하는 것은 호흡에 천박喘迫하여 공기작용에 장애하니 그 해 적지 않도다.

우리나라 부인이 옷을 입을 때에 복대와 치마로 윗배 늑골부분을 긴속緊束하고 상의는 매우 짧아 유방이 알 모양과 같이 돌출하니 그 풍채도 아름답지 못하고 공기호흡에 충분하지 못하여 위생에 폐해됨이 실로 개탄할 습관이니 빨리 부인의 의제를 개량하되 상의를 길게하여 흉부를 온전히 가릴지니라.

일본의 부인은 광대한 견대絹帶로 늑골 근처를 조조繰繰히 묶고 서양의 부인은 가느다란 허리를 애호하므로 허리부분을 끊어질 듯 단단히 묶으니 이러한 일은 각각 그 관습에 의하여 염악厭惡할 바인 줄 알지 못하되 필경 위생상 도리로써 관찰하면 묵과하지 못할 바라. 따라서 이 역시 사회정도의 진보를 따라 개량이 되기를 희망함.

청년 제자諸子가 독서하거나 서화書畵할 때에 목을 드리우고 가슴을 굽혀 오랜 시간을 움직이지 않고 앉아있는 사람이 있으니 눈앞에는 혁연赫然한 폐해가 없을지라도 장래에 해독이 심한지라. 아! 우리 청년 제자여 무엇을 위해 읽으며 무엇을 위해 쓰느냐. 각기 품은 목적을 성취한 후에 활발우미活潑優美한 태도와 건강 활동의 기상으로 사회상에 높이 서서 모든 능력을 활용하기 위함이니 그 신체를 어찌 스스로 지키고 돕지 아니하리오. 이에 유위有爲한 청년은 특수하게 위생양법衛生良法을 힘써 행할진져.

옛 우물과 동굴의 주의

옛 우물, 동굴, 암굴, 탄갱 등의 곳에는 잡다의 원인으로 말미암아 탄산가스가 유응溜凝하는지라. 이 까닭에 광갱鑛坑에서 인부가 질식하여 갑자기 죽었다는 풍설은 우리가 때때로 듣는 바라. 그러한즉 깊은 우물 혹 채광採鑛 등 일로 인해 부득이 들어갈 때에는 우선 불을 붙여 그 불의 타고 타지 않음을 시험함이 좋은 방법이라. 만일 불이 사라지면 반드시 탄산가스만 유응溜凝하였고 산소가 결핍한 증거니 실로 위험한 지라. 이러한 곳에 소홀이 들어가 졸지에 황천객과 정중귀井中鬼가 되면 애석하지 아니하리오. 삼가 경계할진져.

폐병의 예방

불결한 공기를 마셔서 생기는 병에 제일은 호흡기병呼吸器病이라. 이 병이 점점 위중하면 사람의 목숨을 빼앗는 것과 같이 두려워하는 바이니 폐결핵병이 되는지라. 아래에 폐결핵의 초기 징후와 그 예방법을 약술함.

폐병에 걸리면 안색이 점차 창백하게 되며 식욕이 점점 사라지고 심회心懷가 공연히 즐겁지 않고 신체가 자연히 나른해지며 간혹 식은땀이 나고 일경월심日經月深하면 일포열증日晡熱症이 생겨 오후 4시경이 되면 으슬으슬 추운 증세가 나며 체온은 38~39도에 이르고 이에 따라 기침과 가래가 다소간 나오느니라. 이 모양의 징후가 있으면 움직이지 말고 고명한 의사에게 진찰을 청해 만일 의사가 폐병이 의심된다하면 단연코 깨끗하고 따뜻한 다른 곳에 이주하여 짠맛의 공기를 마시며 적당한 방법으로 요양 조섭할지니라. 따라서 외딴섬이나 바닷가에 머물며 명사십리에 갈매기를 좇으며 비온 뒤 맑은 강의 흥겨움을 머리를 돌이켜 물으며 푸른 물결 만 이랑에 돛대와 노를 놓고 표연飄然히 허공에 기대어 바람을 다스리고 우화등선羽化登仙과 같이 노닐며 혹 때로는 별별 헤엄치는 고기를 회를 떠 구워 입에 맞게 먹고 유유자적하여 만사를 파제

破除하고 모든 근심을 벗으면 아무리 위중한 폐병이라도 신이한 효험이 있을지라. 대저 우리는 병이 생기기 전에 위생을 장려할 것은 물론이거니와 만일 저와 같은 위태로운 병에 걸렸을지라도 낙심하지 말고 오히려 일층 주의하여 아래의 섭생법攝生法을 실천하면 병이 낫지 않을 바 없느니라. 그러한즉 이 같은 어려운 병도 선량한 공기로 인해 치유하거든 하물며 건전한 신체로 청결한 공기를 이용하면 그 효력이 어떠하리오. 귀중하도다. 공기여. 이로 인해 공기는 생명의 아버지라 하였고 이하는 생명의 어머니와 같은 음식에 대해 설명하고자 함.

1908년 6월 25일

제2장 생명의 어머니인 음식물

우리의 생명을 보유함에 평범해서 형상하기 어렵되 은연히 무한한 큰 은혜를 공급하는 것은 전 장에 이미 진술한 바로 생명의 아버지인 공기가 있거니와 그 다음에 또한 조석을 막론하고 평상, 직접으로 우리의 혈액을 만들며 우리의 근육을 보급하여 우리의 골격을 기르고 우리의 활력을 조성하는 것이 있으니 본장에서 논술할 바 생명의 어머니인 음식물이라. 이로 말미암아 보건대 공기와 음식물이 상호 조화하여 그 신체와 생명을 양성하며 보지하는 것이 부정모액父精母液이 천연으로 응결하여 포태胞胎를 생기게 하는 도리와 유사한지라. 따라서 공기를 아버지라 하였으며 음식물을 어머니라고 부르는 까닭이라.

신체의 구조성분을 거슬러 조사하건대 즉 72종 원소의 결정체라 소위 원소는 질소, 산소, 수소, 탄소, 수은, 금, 은, 동, 철, 납류 화학 참조를 일컬음이니 이러한 종류가 어떤 작용으로써 인간의 신체를 합성하는가 하면 그 위세委細한 학문 이치는 생리학과 물리학의 연구범위라. 위생론에는 탐구할 필요가 없거니와 간단히 말할 지경이면 사람이 기체, 액체, 고체를 모두 마시며 먹으니 그 음식물이 원래 원소로 말미암아 이루어진 까닭이라. 그러한데 이 신체의 성분은 신체가 일거일동一擧一動함을 따라 시각으로 점점 감소하는 바이니 비유하건대 등화의 석유가 일분일초에 소멸하며 기계관절의 활유滑油가 일회일전一廻一轉에 말라 없어짐과 흡사한지라. 등유燈油가 다할 때에 석유를 더 넣지 않으면 불이 꺼질 것이요, 기유機油가 다할 때에 활유를 더 붓지 않으면 기계가 구르지 않을지라. 이와 같이 우리의 신체에 공급하는 바의 음식물이 소화하여 공복空腹이 되면 기력을 떨치지 못할 뿐 아니라 장시간을 지나면 필경 생명이 위태로운지라. 따라서 사람이 평상에 일정한 밥 때를 어기거나 잊지 말고 일정한 분량의 음식물을 먹는데 그 음식의 양은 사람의 대소 노약 장년을 따라 각각 달라 일규一規로 제한하기 어렵거니와 대개 적절하게 나눠 먹음이 좋은 방법이라 할지라. 우리가 항상 먹는 음식물이 그 품류品類는 잡다하나 그 물질의 함유한 원소성분에 의해 구분하면 3종물에 불과하니 하나는 함질소물含窒素物이오. 다른 하나는 함탄소물含炭素物이오. 마지막은 광물질함유물鑛物質含有物이라. 이하에 순서대로 풀어 설명하노라.

함질소물

질소를 함유한 식물食物은 몸의 뼈를 반고胖固하게하며 근육을 살찌게 하여 쇠모衰耗를 보양하는 효력이 많으니 수육獸肉, 조육鳥肉, 우유, 계란, 치즈 등의 자양분이 이것이라.

함탄소물

탄소를 함유한 식물食物은 그 성질이 수소와 산소의 분량이 적은 까닭에 체내에서 소화할 때에 산소를 많이 취해 온난한 기를 생기게 하는 까닭에 신체를 따뜻하게 하니 사탕, 지방 류가 이것이라.

광물질함유물

광물질함유물은 물, 철, 유황, 식염, 마굴열수모痲掘涅叟謨, 가류모伽榴謨, 석탄, 인燐 등을 함유한 것을 이르니 아래에 그 각질의 효력을 설명하건대

물은 식물食物을 용해하여 전신에 순환하게 하므로 잔폐물殘廢物을 씻어 제거하여 신체를 청량하게 하는 효용을 주고

철은 혈구 중에 있어 산화작용을 돕고

유황은 신경을 민첩하게 하며 피부조직을 강장强壯하게하고

식염은 소화액의 분비를 빠르게 하며 또한 잔폐물을 체외로 빼는 효능이 있고

마굴열수모痲掘涅叟謨는 신체조성의 각종 세포를 만드는 데 무한한 필요가 되고

가모伽謨는 장부臟腑를 강고强固하게 하며 심신心神의 인력忍力을 베풀고

석탄은 골질骨質과 치질齒質을 징밀徵密 견고하게 하고

인燐은 뇌질腦質 가운데 있어 사람의 활정력活精力을 돕는다.

3종 물질 동화작용

앞의 항목에 이미 진술한 3종 물질 가운데 물과 식염 같은 것은 단순

히 직접 마시거나 먹어서 얻는 줄은 삼척동자라도 아는 바이어니와 기타 철, 유황, 석탄 등에 대해서는 일견一見에 조악粗惡한 취품臭品이오 단단한 광괴鑛塊라 어떻게 먹으며 어떻게 삼킬 바를 상상하리오. 비록 그러하나 우리가 이러한 물질은 직접으로 식용하는 것이 아니라 각종 음식물품의 함유한 성질을 인하여 간접으로 취용하니 시험하건대 육식肉食의 감지甘旨와 곡물의 담박淡泊과 과실의 맛과 기타 산나물 야채와 약재 향료의 직미直味가 오로지 3종 물질을 함유한 까닭이라. 이 음식물을 때때로 환체換替하여 할팽구자割烹炙煮하여 마시며 먹으면 그 천부의 영묘한 소화기작용으로 인해 그 물품物品이 각각 성질을 따라 수이殊異한 효능으로 신체를 튼튼하게 지키니 이를 동화작용이라 부른다.